ATLANTIC

大西洋的故事

一部生存与冒险、探索与发现、海战与霸权、财富与贸易、飓风与灾难的人类史诗

Great Sea Battles, Heroic Discoveries, Titanic Storms, and a Vast Ocean of a Million Stories

（英）西蒙·温彻斯特——著　梁煜——译　杜岳——校译

U0319652

化学工业出版社

·北京·

Atlantic，1st edition by Simon Winchester

ISBN 978-0-06-170262-4

Copyright© 2010 by Simon Winchester. All rights reserved.

Authorized translation from the English language edition published by Barnhill Press Ltd..

北京市版权局著作权合同登记号：01-2018-8584

图书在版编目(CIP)数据

大西洋的故事/（英）西蒙·温彻斯特（Simon Winchester）著；
梁煜译.—北京：化学工业出版社，2019.10（2020.2重印）
书名原文：Atlantic：Great Sea Battles，Heroic Discoveries，
Titanic Storms，and a Vast Ocean of a Million Stories
ISBN 978-7-122-34940-8

Ⅰ.①大… Ⅱ.①西… ②梁… Ⅲ.①大西洋–历史 Ⅳ.①K1

中国版本图书馆CIP数据核字（2019）第153211号

责任编辑：王冬军　张　盼　　　　　　　装帧设计：水玉银文化
责任校对：王　静

出版发行：化学工业出版社（北京市东城区青年湖南街13号　邮政编码100011）
印　　装：北京凯德印刷有限责任公司
710mm×1000mm　1/16　印张23 $^1/_2$　字数356千字　2020年2月北京第1版第2次印刷

购书咨询：010-64518888　　　　　　　售后服务：010-64518899
网　　址：http://www.cip.com.cn
凡购买本书，如有缺损质量问题，本社销售中心负责调换。

定　价：98.00元　　　　　　　　　　　　　版权所有　违者必究

西蒙·温彻斯特是一位极具天赋的英国作家，就算是泥土的历史，在他的笔下也会变得妙趣横生。事实上，读他的书感觉像在做……一场欢快的骑行……没有人能比温彻斯特讲出更好的传奇故事了。

——《华盛顿邮报》（*Washington Post*）

温彻斯特生动地描述了大约 1.9 亿年前大西洋是如何诞生的，目前，大西洋继续以每年约 1 英寸的速度不断扩张，并且将在 1.8 亿年之后消失……这是一本令人愉快的好书。

——《今日美国》（*USA Today*）

西蒙·温彻斯特……真是太棒了！温彻斯特的作品不仅是分享他在旅行和冒险过程中的见闻……这本书好像一座矿山，充满了大大小小、不计其数的迷人信息和新奇想法。

——布赖恩·厄克特（Brian Urquhart），《纽约书评》（*New York Review of Books*）

这是一本令人惊叹、充满悬念（海洋并不总是具备这种特质）、发人深省，偶尔也很诙谐幽默的好书，而且总是引人入胜。要驾驭大西洋如此宏大的题材，需要大气磅礴的精神和高超的组织能力，西蒙·温彻斯特光荣地完成了任务。

——《每日野兽》（*Daily Beast*）

讲述"我们想象中的经典海洋"的故事是一项艰巨的任务，不过西蒙·温彻斯特出色地完成了这一任务。

——《经济学人》（*The Economist*）

让人着迷……西蒙·温彻斯特讲故事的能力熠熠生辉，他将个人轶事和科学研究巧妙地交织在了一起。

——《卫报》（*The Guardian*）

当今的作家很少能够像西蒙·温彻斯特这样，以如此娴熟的技巧、笔力来优雅地处理如此广泛而庞杂，甚至有时是令人窒息的题材……具有非凡的意义……温彻斯特是一位大师级工匠，这本书非常值得一读……构思巧妙、下笔大胆。

——《迈阿密先驱报》（*Miami Herald*）

亲切而富于变化、严谨、抒情、警醒、骇人、令人振奋……一生的思索、旅行、阅读、想象和记忆造就了这份动人的叙述。

——《科克斯书评》（*Kirkus Reviews*）

妙趣横生且信息丰富……温彻斯特先生的故事不仅仅是海洋故事，还是一次次真实发生的冒险……令人愉快的梦幻般的故事。

——《华盛顿时报》（*Washington Times*）

在西蒙·温彻斯特的笔下，海洋被塑造为一个更庞大、更接近生命、近乎永恒的历史对象……可读性强、构思巧妙，以权威的方式展现了各种主题……任何想拥有全新历史观的人，都应该读一读这本书。海洋是一个强大的角色，有着强而有力的故事。温彻斯特向我们传递了它本早该发出的声音。

——《圣安东尼奥新闻快报》（*San Antonio Express-News*）

抒情、修辞和历史……这本书的写作目的，在于让人们意识到，历史最终纠正了人类的不义之举……信息丰富、充满吸引力，书中呈现的细节往往令人惊叹，给人以启迪……是温彻斯特最好的作品之一。

——《路易斯维尔信使报》（*Louisville Courier Journal*）

西蒙·温彻斯特用几个世纪以来与人类相关的每一次努力的历史来润色自己的叙事，从公元7世纪腓尼基水手冒险经过海格力斯之柱，一直到大航海时代、殖民时代及其之后的时代。温彻斯特似乎不顾一切地在给这个海洋的故事赋予生命。

——《信使邮报》（*The Courier Mail*）

一条精巧的主线……书中充满了迷人的故事和让人意想不到的科学与文化细节……温彻斯特再次将精力投入到大西洋，让我们感受到大西洋与我们之前几代人所创造的奇迹。

——《时代报》（*The Age*）

本书谨献给

我的妻子

并以此纪念

安格斯 · 坎贝尔 · 麦金太尔

他是一艘南非海港拖船"查尔斯 · 艾略特爵士"号的大副

1942 年，他在试图营救他人时遇难

现今或许仍"沉睡"在大西洋某处冰冷的海水中

"人类与其试图凭借蒸汽机在波涛汹涌的大西洋上航行，
还不如计划一趟月球之旅更加切实可行。"

狄奥尼修斯·拉德纳（Dionysius Lardner）
爱尔兰科普作家和演说家，1838 年

目 录

ATLANTIC

Great Sea Battles, Heroic Discoveries, Titanic
Storms, and a Vast Ocean of a Million Stories

导言
我们的海洋

因为一件始料未及却令人难忘的小事，我开始了对海洋的浪漫畅想，并最终演化出了这本书。那是1963年5月5日，一个清朗凉爽的周日黎明。18岁的我孤身一人，正乘坐一艘远洋巨轮"不列颠女王"号在海上航行。突然，邮轮在纽芬兰大浅滩东边北部海域的偏僻一角，没有任何征兆地停了下来。我们静静地漂浮在一片小小的海台之上，几英里外是美洲边缘的几个海岬，一个被海洋学家和渔民们称为"弗莱明角"（Flemish Cap）的区域。

正是在这里，发生了一件非常奇怪的事情。

我们离开利物浦已有5天了。航行从周二下午开始，那天波狂浪急，阵阵狂风突然追逐着默西河（Mersey）的河水，激起层层银沫。那是我第一次见到这艘巨轮的日子，它将载我完成有生以来的第一次跨大西洋之旅。

最引人注目的是它的侧面：隐约可见的庞然大物，白得刺眼——加拿大太平洋公司的三艘姐妹船统称"白色女王"——它就这样泊在水道的末端，水道通向利物浦的海滨。它被稳稳地拴在皮尔码头上，就在老王子码头旁边，十几条手臂粗的麻绳把它制得服服帖帖，完全不为风浪所动。但它周围那番启程前的忙乱，还有那唯一一根黄色烟囱中急切喷出的浓烟，都清楚地表明它就快要脱缰而去：由2.5万吨焊接得牢牢实实的克莱德赛德①钢铁所铸成的"女王"号，正准备扬帆远

---

① 克莱德赛德（Clydeside），苏格兰工业区，以造船业闻名。——译者注

航，西行3000英里[①]，横跨大西洋。而我，恰有一张登船的船票。

我花了6个月，才挣够买这张船票的钱。我当时一定领着奴隶般的低工资，因为去加拿大的整个花费不过100美元多点，前提是我愿意在甲板下一个远远低于吃水线、几乎听得见舱底波涛翻滚之声的无窗小舱的四人间床位上将就着住。尽管这只是一趟经济舱的旅程，只比下等客舱好一点点，但在特拉法加广场旁加拿大太平洋公司的办公室里——那里与其说是个办事处，不如说更像座大教堂，处处是柚木和大理石，还有无处不在的寂静，橱窗里展示着曾经的著名远洋客轮的模型——即使是这般最微不足道的业务也处理得庄严肃穆。

或许是时光和学生时代的记忆使一切稍稍变了模样，但我喜欢这样想象：那个职员穿着双排扣长礼服，戴着夹鼻眼镜，佩着公司徽章，上面雕着松树、北极熊和海狸。他接过我的积蓄，拿钢笔在墨水瓶里蘸了蘸，又用一卷粉色的纸吸了吸干，然后用平体字给我写了船票。"利物浦到蒙特利尔，115号航线"，我清清楚楚地记得在随后的许多时光里，我曾拿着这张宝贵的护身符翻来覆去地看，仔细研究着上面的刻字、凹印和水印。它装在一个红白相间的硬纸板小包里，纸包又厚又硬。另有一个口袋，袋子上系着打过蜡的绳子，可以装行李牌。包里还有"航行时不需要"的贴纸，还有入境申请表和风俗指南，以及对之后海上作息的模糊建议——我印象最深的一条是"上午11点，在救生艇甲板上食用牛肉清汤"。

我想我对这张船票产生了一种很不正常的依恋。它承载着如此多的象征意义——自由、新世界、冒险、大西洋——那个春日的下午，当我在跳板尽头把它交出去，看到检票员只是以一种例行公事的随便态度接过去时，一定显得灰心丧气，因为检票员微笑着把船票交还给我了。"第一次？"他语气和善地问道，"那就留着它吧。这是一片非常广阔的海洋——而你将乘坐'白色女王'号穿越它。再美好不过了！你应该把自己第一次横渡大西洋的纪念保存下来。"

到起航的时候，一轮水汪汪的太阳已经冒了出来，正缓缓地落向地平线。"该上岸的请快点上岸！"熟悉的开船通知就在这个时候传来。喇叭里播出"松

---

① 1英里≈1.609千米。——编者注

▲▲

这艘 2600 吨的客轮，是第三艘享有"不列颠女王"之名的客轮，1955 年由伊丽莎白女王在克莱德为其揭幕。它是三艘老资格的"白色女王"号之一，常年载客往返于利物浦和蒙特利尔之间，直至 1963 年因航空公司的竞争而被迫退役。

簧"（ease springs）的喊声（水手们的行话，意为"解开缆绳"）；岸边传来阵阵叫喊声，翼桥和前甲板上回荡着噼啪作响的广播声——缆绳上裹着铁皮的套索一个接一个地溅入船体和码头间的油沟里，油沟渐渐变宽，起锚机因拉力低声吼叫，把湿漉漉的缆绳缓缓收进来。两艘破破烂烂的拖船出现了，哼哧哼哧地喷着粗气，把我们往外顶进了海潮中，然后又推着我们转了方向，使我们的船头朝向西北方向。

皇家利物大厦上著名的乔治钟敲响了5点的钟声。我看到父亲在下面码头边的空地上看手表。终于，他和母亲如释重负地往上一指——他们在挤在船尾栏杆边的人群中找到我了——就在他们挥手的时候，传来了三声开船的汽笛声，声音在挤满船只的海滨回荡不绝。随着引擎发动，螺旋桨开始搅动海水，我们的甲板也开始晃动起来并隆隆作响。我看了看自己的表：5点过9分——航程正式开始的时刻。拖船松开了。"不列颠女王"号终于可以自己做主了，它脱离了缆绳、系缆柱和拖船，脱离了海岸，也脱离了英格兰，开始轰隆前进，一往无前地驶向深邃的海洋和美好的明天。有些乘客大概是移民去加拿大的，一时悲痛不已，正泪流满面地挥手告别。我满心兴奋、不安、紧张。我看到父母开始往回走，两人都低着头，走向我们那辆小小的棕色福特优选小汽车。

夜幕迅速降临，很快利物浦和别根海特（Birkenhead）的灯光就化为了一团橙色的光晕，如同一团不断倒退、渐渐黯淡的火焰。在克罗斯比（Crosby）附近，有座著名的浮动灯塔，被称为"酒吧光艇"。到那里时，一艘领航艇来到我们旁边，一个穿着棕色套衫、带着脏兮兮白色帽子的中年男人，敏捷地走到领航艇的船尾甲板上——他向上冲我们挥手致意，假如他口中说了"保重！一路顺风！"之类的话语，那话语也都被海风卷走了。我想，不出一小时，他和他的妻子就会在电视机前打起盹儿来，猫咪也会在一旁伴着炉火酣睡。

他一离开我们的尾流，我们就加速了引擎，很快涡轮就把我们推动到了一个不错的速度——每小时20海里[①]，可能还更快——使得原本淅淅沥沥的小雨，打在脸上跟针扎的一样。不一会儿，我们已经稳稳当当地在海面上驰骋，完全不惧风暴带来的浪涛。借着落日的最后一抹余晖望去，风浪现在已快平息了。我站在前甲板上观看其他船只：一群熙熙攘攘的弗利特伍德（Fleetwood）渔船正往回赶，还有一两艘归国的货轮，和一个从外形看似某种战舰的家伙——可能是一艘和我们一起北上的驱逐舰，不过它走得更快而且悄无声息。

---

① 1海里 ≈ 1.852 千米。——编者注

　　《世界海洋航路》（*Ocean Passages for the World*）是水手们长期以来制定线路的宝典，但它规划的路线常常显得很奇怪。看看地图就明白：蒙特利尔在利物浦以南8纬度左右，于是人们想当然地认为船从默西塞德郡（Merseyside）出发，前往这座加拿大城市的最佳航线是经过威尔士海岸后转向南，然后一路经过圣乔治海峡（St. George's Channel），接着始终保持爱尔兰科克郡（Cork）和灯塔岛（Fastnet Rock）[①]上的灯光在右舷方向，进入大西洋，直奔圣劳伦斯（St. Lawrence）河口。但那本蓝色封皮的航海圣经却不是这么说：像我们那样，船只在春季从利物浦向加拿大港口进发时，会发现更明智的航行办法不是向爱尔兰南边，而是向爱尔兰北边前进，只有在过了血腥海角（Bloody Foreland）附近的多尼哥海岸（Donegal）以后，才会大步向南，直奔加拿大。"尽管常常会出现恶劣的天气，"《世界海洋航路》为航海船只给出了非常具体的建议，"但风向一般更加有利，而且北冰洋的洋流能在航程后半部分助你一臂之力。"

　　我们的这艘船很大，而且非常现代化，钢制船体，动力十足，实力既强，便无须挂怀风向、暴风雨、北冰洋的洋流这等琐事。按照行程安排，我们要去克莱德的格陵诺克（Greenock）接其他乘客和货物——于是当天夜里，我们出了墨西河后没有往南，而是向北进入了爱尔兰海。大约午夜时分，我们看到了小马恩岛（Calf of Man）上闪烁的灯光，然后看到我们的右舷方向飘摇着加洛韦（Galloway）的灯火，耸立在安特里姆郡（County Antrim）港口边骇人的玄武岩悬崖。

　　当黎明来临——又是刮风下雨时——我们经过了艾尔萨岩（Ailsa Craig）。这是一座由纹理细密的花岗岩组成的小岛，冬季冰壶运动所用的世界上最好的石头就是这些花岗岩。我们经过阿伦岛（Isle of Arran）东边——戈特山（Goat Fell）山顶上还有残雪——11点时，到了预定的牛肉清汤时间（尽管那天没有汤），我们就在格陵诺克停了下来。一队小船把零散的乘客接了上来，其中有两个患麻

---

① 这座耸立着灯塔的小岛，最广为人知的身份是一项一年一度的南英格兰惊险帆船竞赛的外部标志。它被对它恋恋不舍的人们称为"爱尔兰的泪滴"，因为它是移民者前往埃利斯岛（Ellis Island，美国纽约市曼哈顿岛西南的一个小岛，1892至1943年间曾用作移民进入美国的检查站）时，能看到的祖国的最后一点疆土。

疹的孩子，因为经过了一段时间的隔离观察，稍微耽误了些时间，直到我们的船长——一个名叫索伯恩的好心人——拍板带上了他们。午饭时我们已经在往回走了，向南沿克莱德入海。当我们回到海面上时，船改变航向，右转往西走。拉斯林岛（Rathlin Island）北边的海水汹涌异常，恶名远扬，我们却在上面安然航行。

▲▲

前往美洲港口的移民们热切地凝望着爱尔兰西南角的灯塔岛，眼看着祖国最后的模样渐渐淡入虚无。这番甜蜜的哀伤催生了它的昵称：爱尔兰的泪滴。

现在，我们终于平稳地向广阔的海洋进发了。当我们奔向海洋时，大西洋的波浪开始逐步大幅增升。惊涛开始拍击船头，春日的西风一刻不停地吹向不列颠群岛，掀起阵阵雷鸣般的巨浪。

考虑到这艘船如此颠簸，晚餐这么清汤寡水也就不足为怪了。当晚大雨倾盆，只有我们少数几名乘客在外漫步，透过涌动的云雾可以看到伊尼什特拉哈尔小岛（Inishtrahull）。它距离港口有3英里，和我们之间隔着托尔群岛（Tor Rocks）的一众小群岛，这是爱尔兰最北端的领上。伊尼什特拉哈尔——意为"空滩之岛"——是跨越北大西洋的起点之一，或者说是航程的一端。透过玻璃我们可以朦胧地看到一群散落的破屋废墟，还有老旧的石墙上纷乱的线条，然后是岛上那座著名灯塔的纤纤塔身，它已经在透过团团黑暗闪烁着欢迎我们了。近两个世纪以来，它已经送往迎来了成千上万艘跨越大西洋的船只。

从这里开始，海面豁然开朗，平静无波，很快显示出所有大洋的一般特征——没有标记、没有归属，基本渺不可知，也基本不为人知。我们的航线将带我们走过一条接近2000英里的伟大的平缓曲线，前往前方新世界大陆上若隐若现的一个路标——纽芬兰边上著名的维尔京群礁（Virgin Rocks）。群礁浅浅地隐没在水下，我记得英国文学课上讲到过它：吉卜林在《勇敢的船长》（*Captains Courageous*）里写过在那里捕鱼的情况——成群结队的鳕鱼，游过皮革般的海藻，全都能在浅水中看得一清二楚。

如果一切按计划进行，如果我们一直保持每小时20海里的航速轻松前进，那就应该在周一晚上到达维尔京群礁，之后应该很快就能看到纽芬兰南角开普雷斯（Cape Race）的灯塔，然后沿着圣劳伦斯河蜿蜒而行，周二时在加拿大安全登陆，还能赶得及上岸吃个晚饭。

实际也正是如此。对于船上的那些人而言，115号航线不过是另外一条跨洋航线。对于我，一个初涉海洋的新人而言，仅仅因为横穿了这片大洋，这次跨洋航程就已经令人难忘。我们经历了很多对我来说扣人心弦的时刻，充满了壮观奇景和狂风暴雨；我们在海上时几乎全程都是孤独的——尽管是在一条广为人知的运输航道上，但也只碰到了一艘另外的船在赶路——我所感受到的那种压迫人心的孤独感，可不只是有些恐怖而已；我们是在一片黑暗中经过维尔京群礁的，因此我无法看到鳕鱼。但没有任何极端反常的事情——直到那唯一的一次干扰，那一个短短的瞬间，它一直留在我脑海中，栩栩如生，或许本不值得我如此印象深刻。它就发生在我们停泊在弗莱明角附近大西洋浅浅的海面上时。

○ ◆ ○

当时天刚破晓，寒气逼人。那时的季节仍是早春，这又是那片让"泰坦尼克"号沉没的海水，还有北极冰原近在咫尺，虎视眈眈，因此我们的水手们全神戒备着冰山、碎冰还有诸如此类的危险。目前尚未有所发现：在引航员看来，这次的航程完全是一帆风顺。也没有出现这片海洋恶名远扬的大雾：拉布拉多洋流和墨西哥湾流在这附近轻柔无形地交锋，热带和北极海水在此骤然交汇，会使上方的空气变得厚重起来，使得一连几天都弥漫起像灰色的豌豆汤一样的大雾。但这天却没有，不少人都该为此心怀感激。

我起得很早，把耳朵以下都裹了个严严实实，在早餐前出来到甲板上散步。一切正常：人们在愉快地窃窃私语，我们的身后映着黎明，而前方是一片黑暗。但是，突然铃声大作，船员们开始在舱梯和甲板上跑上跑下，船的引擎出人意料地停止了运转，船开始减速，然后很快安静下来。船平稳地滑行着停了下来。我们结束了平稳的西行，取而代之的是一阵凶猛又笨拙的颠簸。前一天晚上的狂风几乎刮尽了，但还有一阵固执西吹的微风仍在空中和起重架上方呼啸。我想，要不了多久，我们就要被刮得往后退了。

这片海在美洲大陆架的边缘，显得非常空旷，举目不见一只鸟或任何的海洋生物。大海十分粗暴，尽管船本身已经笼罩在一片铺天盖地的死寂中快要窒息了，但海洋显然十分鲜活，惊涛骇浪正猛烈地拍击着船体。

不过，过了一会儿，从正前方意想不到地传来了一个声音。一开始只是一个低频的叹气声，然后是一阵嗡嗡声，随后能听出来是微弱的马达声——飞机的马达。我站在翼桥上，能看到值班官员们的目光整齐划一地向西移动，向声音的方向望去，不安地凝视着依然半黑的天空。很快传来了一声呼喊——有人发现了飞机。几分钟后我们都看到了它：先是孤零零的一星点灯光，然后变成了两点灯光，最后出现了一个螺旋桨飞机的轮廓，机鼻在微弱的阳光下闪闪发光。它低低地向我们快速飞来。这是一架巨大的双引擎飞机，在我们头顶盘旋着，怒吼着，喷着青烟。然后它低下双翼，机身上加拿大皇家空军的圆形标志清晰可见。

之后一切的发生犹如电光石火。从船尾甲板上传来枢轴和生锈的杠杆发出的咣当声，然后只听扑通一声巨响，轮船的汽艇下了水。它疾速冲出海面，到离我们一英里左右的地方停了下来。它刚一稳住身形，飞机就俯冲而下，并掉转机头，打开舱门，然后减速从汽艇正上方掠过，丢下来一样东西。那东西乘着一顶小小的橙色降落伞，飘然落到了海面上。汽艇上的一名水手用钩篙一扫，把它提了起来。舵手向上竖了大拇指，然后把汽艇开了回来。飞机重上云霄，点点双翼以示告别，向遥远的基地飞去，渐渐变成了一个拖曳着青烟的小黑点，转瞬就无影无踪了。

大家用绞盘把汽艇拉了上来，包裹按时顺利送达——原来是我们客轮医务室里有位老太太状况不佳，这是给她送的急救药物。不到一个钟头，客轮的引擎又突突开动起来，我们重新回到了原定的航道。

这不过是一件微不足道的海上轶事，和两天后我们到蒙特利尔晚点了一样不值一提。但从那以后这件事却一直萦绕在我的脑海中。那空旷，那突然的寂静，那对我们身下的万丈深海和头顶的无尽高空的认识，那浑然一体的灰蒙，那怒海狂风赫赫骇人的力量，以及尽管我们人类无力而渺小，看不见的无线电波和摩斯密码仍然能从遥远的地方召唤来快速救助的事实，都透着不可思议的气息。此后很多年，我才想到，我有生以来第一次越洋旅行就发生了这整出戏剧性的小事件，预示着什么东西。

船长的航海日志上对115号航线航行结束时的记录非常简洁，甚至有一些"轻蔑"："领航员在三河城（Three Rivers）交接。好天气一直持续到圣劳伦斯。时钟显示18时13分。由两艘拖船引入泊位。18时53分时在8号船坞缆绳全部挽牢。最后关闭引擎。"我们用了7天6小时7分钟横跨了大西洋，虽然在其间逗留了一会儿，也不过晚点了45分钟。当时英国的火车也很少能有比它更好的表现。

○ ◉ ○

　　我们那一周在船上的人所不知道的，也很巧合的是，一些看不见的力量正在兴风作浪——那就是经济的黑暗力量。此后终其一生，"不列颠女王"号只再进行过8次跨越大西洋的定时航行。仅仅6个月后，也就是10月时，这艘1955年由伊丽莎白女王为其隆重揭幕的旗舰，服役不到7年，便被断然宣布退役，再也无缘大西洋，而将被出售。它的新主人，也就是比雷埃夫斯（Piraeus）来的希腊人，将用它载着度假的人们悠然徜徉在加勒比海上，它再也不用匆忙赶路了。

　　大型客轮的经济状况突然一落千丈。5年前的1958年，英国海外航空公司（BOAC）和泛美航空都在伦敦希思罗机场和纽约爱德怀德机场（即后来的约翰·肯尼迪国际机场）之间开展了航空业务。最早的航班必须在纽芬兰的甘德（Gander）停机加油，但后来飞机变得更加强大，两条航线都开始无需停歇而直接跨越大西洋，很快，其他的很多航空公司也这样做。一艘又一艘大型客轮退出了海上贸易，幸存下来的轮船也开始改行做游览，为开辟全新的航海产业助力。①

　　所以，当6个月后，不知所措的"女王"号船员们驾驶着这艘备受喜爱的客轮做最后一次航行，而我也在同一个星期，乘飞机从美国返回时，这就别具象征意义了。我敢说，如果我那时知道这个可笑的巧合，我可能会在低头张望时，看到它正最后一次掀起白色的浪花，向东驶去，返回故土。但无论如何，我的那趟飞行也有些牵动人心的时刻：我乘坐的是一架洛克希德公司的"星座"飞机，它属于四引擎三尾机型，最初是设计用作远距离轰炸机，后来成为军用运输机，当时是由田纳西州纳什维尔一家看似有些不靠谱的名叫"国会航空公司"的承包公司经营着。我们从纽约起飞，4小时后在甘德着陆，然后（飞行员后来

① 我乘坐的第一艘客轮经历过很多次涅槃重生。它曾属于不同的所有者，也曾被用于不同的用途，曾被改名为"安娜·玛莉亚女王"号、"嘉年华"号、"海滨盛典"、号、"奥林匹克"号和"黄宝石"号。日本的所有者把它当作漂浮的和平使者，并最终在2008年——在女王于克莱德为它揭幕53年后——在孟买附近拖船时把它拖坏了。

承认那算是死里逃生，因为燃料已经低到危险程度了）前往爱尔兰西部的香农（Shannon），但后来发现由于某些技术和法律上的原因，我们不能在伦敦着陆，而改道去了布鲁塞尔。最终，我怀着一肚子怨气，找到了一趟飞往曼彻斯特的航班，最后乘火车完成了剩下的返乡旅程。

自我完成这两次跨洋旅程，已经过去了近半个世纪——这些年来，我至少在这片特殊的水域上穿梭了500多次。尽管我也曾从南大西洋和北大西洋的其他许多海港出发，也曾沿着恒向线、对角线、经线、大环线等各个方向跨洋，或是前去探索过散落在海洋中的各种小岛，但对我而言，似乎还是那条简单而最熟悉的路线，即从英国的主要海港前往加拿大或美国东部主要海港的这条航道，集中地体现了这本书的一个方面——人类对这个巨大水体的态度及与它之间关系的演变。

仅仅是在我的有生之年，这个关系就发生了变化，而且是天翻地覆的变化。

在20世纪60年代早期，搭乘轮船跨越大西洋还是一件稀罕事，其实要说起来，用任何其他方式跨洋也都很少见。一些零零散散的穷人仍然只去不回，为了移民才往西去；大量有钱有闲的人们则乘着大型蒸汽船旅游，去而复还，毫不在意时间和费用。少部分商人、不少政客和外交人员们因交际聚会也会去，但他们大都乘坐螺旋桨飞机而不是螺旋桨轮船，因为他们的跨洋航程据说更加紧急。对于跨洋的旅人，这仍然是一趟可怕又刺激、难忘又浪漫，或者饱受晕船痛苦困扰的冒险。不管怎样，这一定不是"习以为常之事"。

如今就大不一样了。不错，有一段时间，乘飞机横跨大洋绝对是激动人心的事——但也只是一段很短的时间。比如说，搭乘泛美"飞剪"号飞机从索伦特（Solent）飞往哈得孙（Hudson），在福因斯（Foynes）、博特伍德（Botwood）、希迪亚克（Shediac）这些名字怪异、久已被人遗忘的沿海站点稍作停留，一定是件相当刺激的事。乘着双层的同温层飞机，在床上伸着懒腰，任由大海在下方静静地铺展开去……这一定是时髦生活的巅峰时刻。搭乘最早的BOAC"彗星"飞机，甚至在泛美和TWA（环球航空公司）开始用老式波音707S飞直达航线时，乘坐这冒烟的老飞机也一定令人难忘——鉴于这种飞机糟糕透顶的安全记录，这也是很欠考虑的行为。我清楚地记得乘坐早期协和式客机试飞航班的经历：记得我刚把《纽约时报》艺术版读到一半，就被告知我们正在布里斯托尔海峡（Bristol Channel）上空减速，之后将直接到达伦敦，所以我刚在飞机上放松下来没多大一会儿，就又要把折叠小桌和座位恢复原位了。飞机速度之快，让那时没见过世面的我震惊不已。在一段短暂的时间里，跨洋航空旅行曾几乎和航海旅行一样浪漫，令人难忘。但很快一切都变了。

对我来说，这个变化体现在一个小小的语义转变上。它始于20世纪80年代的某个时候。那时往返希思罗机场和肯尼迪机场的飞行员常常几乎是漫不经心地宣读着欢迎词："今天的航线将带我们飞过冰岛。"——在"今天"这个词上略微强调一下，好像"昨天"的航班也大致相同，只不过是飞过了格陵兰岛或者法罗群岛。要不然，他们会告诉乘客"177号"或者随便哪个航班号将飞得"比平常更往北一些，因为逆风强劲，我们将在拉布拉多着陆，然后南下飞过缅因州"，声音听起来有种刻意营造的随意感。

对我来说，这实在令人感到羞辱——就好像驾驶员在告诉乘客，再没什么好兴奋的了：今天的旅行和昨天或是上个星期的没什么两样，跨洋已经被称为"跨越池塘"①了（把广阔的海洋说成了一种几乎不值一提的水体），总是和每年这个时候所能预期的情况一样。换句话说，乏味得叫人想打哈欠。

而我们这些乘客则几乎丝毫没有注意到。在给自己置办好书本和毯子围成的小窝以后，在和邻座的陌生人热情地打过招呼，做过必要的寒暄以后，在看过菜单并悠闲地想过现在点杯酒会不会太早了以后，我们就安顿下来，几乎没有留意到起飞了，而这在20年前却可能会让我们着迷不已。六七个小时后，我们着陆时

---

① 这个说法尽管听起来现代又时髦，但实际上从1612年就开始使用了，维多利亚时代的水手们常常说"跨越池塘"，用这个词语不着痕迹地贬低了海洋。

也是一样。或许会稍多一点好奇——因为家乡近了，人们会想感觉或是捕捉一丝家的气息。但一般而言，不论我们能否看到位于我们下方6英里、拉布拉多或安蒂科斯蒂岛（Anticosti Island）上的森林，不论我们与北美的首次切实接触是布雷顿角岛（Cape Breton Island）还是桑迪岬（Sandy Hook）或科德角（Cape Cod）的嘴状沙洲，都没什么不同：我们真正关心的不过是能够按时到达、边境手续别太繁琐，还有我们能够踏上干燥的陆地，立即开始实现我们旅行的目的。我们不得已经过的，看起来都一样的海洋上茫茫一片的灰绿色浩瀚，则完全没有意义。

对我来说，很多年来也是这样——直到不久前一个夏天的下午，我乘坐英国航空公司的777航班跨洋飞往纽约，孤独，沉默，无聊，难受地被"绑"在一个右舷靠窗的座位上。午饭早就吃过了。我已经完成了论文和我唯一的一本书。我受不了那些娱乐。还有3个小时，于是我开始神游天外。我悠闲地透过舷窗的树脂玻璃看向外面。窗外万里无云，我们下方数英里就是大海，海水深蓝，一如天空，但它并不平静，而是泛着微微涟漪，就像凝滞的铝箔，或是白锡，又或锻钢，仿佛正从机翼下方一点点缓缓后移。

我已经盯着灰色机翼下不断涌出的蓝色大海看了15分钟。蓝色、蓝色、蓝色……然后我低头俯瞰，没想到竟感觉自己看到的水面颜色发生了微妙的变化，一开始变淡了不少，然后不过片刻工夫，或者说不过几英里的距离，就变成了一种浅绿色。我很少从这样的高度看到过这种情况：我想如果事实真是如此，而不是我想象出来的，那一定是太阳角度的关系——因为我坐的是中午的航班，所以太阳比平时要高一些。

我扫视了一下前面座椅背面的航空图。图的比例尺很大，也不清晰，但它表示出的位置清楚地说明了为什么会发生那样的改变：我们刚刚跨过了大陆架的边缘。豪猪滩①标志着欧洲大陆架的西缘，距离爱尔兰海湾一般有半小时的路程。飞越豪猪滩之后，我们飞越了海洋中部的深海，而现在，这片深海终于升了上来，变成了北美大陆微弱的海下余韵。只不过，片刻之后，出现了更加不同寻常的情况，海水再次变成了深蓝色，不过这次只是一个短暂的插曲，很快颜色又浅了下来，就好像飞机刚刚飞过了海洋中的一条幽深的河，仿佛两座高高的水下平原之间有一道裂口。我极力往机翼下方斜眼远眺：从平原再现的地方，这条河一路绵绵不断地向西延伸。然后，根据我对北大西洋这片海域海下地理的了解，我想起来了：长期以来，墨西哥湾流的地理情况一直让我着迷不已，如果我没记错的话，它就流过这附近。根据我的记忆判断，我现在看到的这片绵延不断的平原就是纽芬兰大浅滩的起始处。那条深蓝色的水下海峡被称为"弗莱明海峡"（Flemish Pass）。而我一开始看到的那一块绿色，我意识到，就是当年在和加拿大救援飞机碰头前我们曾停靠的地方：被称为弗莱明角的浅海。

　　自我第一次见到弗莱明角，着迷地看着加拿大空军的飞机扑来之时，时间已经过去了将近半个世纪。那时候——当然，我那时还年轻，比现在更容易大惊小怪——我曾细细品味过那个对我来说妙不可言的短暂时刻中的每一个细节。当我们的船启航向西前进后，不出几个小时，我便了解到了有关这次冒险事件的其他历史花边新闻："女王"号上一个友善的驾驶员告诉我，我们昨晚发出的紧急信号，是被美国海岸警卫队接收到的，他们就驻扎在纽芬兰一个名叫阿真舍（Argentia）的地方——我们在学校里学过，1941年的时候，温斯顿·丘吉尔和富兰克林·罗斯福就是在这里，在"威尔士亲王"号战列舰上会晤，签署了著名的《大西洋宪章》。刚刚，我离人类世界如此遥远，全然落入了大海的摆布之中——

---

① 豪猪滩（Porcupine Bank），爱尔兰大陆架的一个区域。

然而又通过无线电与这样一段意义重大的历史联系了起来：这让这一刻变得更加特别起来，把有关这片水域的记忆在我的脑海里烙印得更深了。

而今，从掠过的飞机上匆匆瞟过这同一片海上地形，它不过是一片遥远的斑驳而黯淡的海水，只是阻挠我尽快到达目的地的障碍。多么悲哀啊，我想到，那曾经在记忆里栩栩如生的一个地方，竟这么快就沦为了一段麻烦的"距离"。

▲▲

1941年8月，罗斯福和丘吉尔在HMS[①]"威尔士亲王"号战列舰上会晤，共商进一步协调反法西斯的战略。他们最终签署了《大西洋宪章》，这标示着权力的转移，从此美国接棒英国，成为西方世界名义上的领头羊。

但是，等等——这难道不是世界对于整个海洋普遍看法的真实写照吗？对现在的大部分人而言，海洋不就仅仅是一段距离吗？就在不久之前——最多不超过500年前——水手们怀着敬畏、恐惧和惊讶杂陈的心情看待这个水体，还不敢尝

———————————————————
① HMS（Her/His Majesty's Ship），即英国皇家海军舰船。——译者注

试去跨越它，而我们现在不都等闲视之了吗？海洋，这曾被视为前往某地——日本？印度群岛？香料群岛？东方？——的途中不可逾越的屏障，不是已经迅速地变为仅是通往新世界的财富和奇迹的方便桥梁了吗？我们对海洋的看法，不是已经从对未知的威胁和恐惧，化为了习以为常后的漠然了吗？

然而，这种转变难道不是和海洋日益增加的重要性成反比的吗？在过去几个世纪中，大西洋难道不是已经远远超越了一座单纯的桥梁了吗？它显然还成了一个焦点、一条轴线、一个支点，长期以来，现代世界的权力和影响力都围绕着它分布。可以说，如果地中海长期以来是古典文明的内海，那么大西洋就已经及时取而代之，成为西方文明的内海。历史地理学家D. W. 梅尼（D. W. Meinig）曾在1986年写到大西洋的这个可知的新角色：这片海洋，他写道，独一无二地拥有"东边的古老文化座席，西边的扩张前线，还有长而完整的非洲海岸"。大西洋在塑造了现代世界的各个强权和文化影响力之间维持着平衡。它是连接它们、团结它们，也以某种不可言说的方式定义了它们的一个存在。

1917年，沃尔特·李普曼（Walter Lippmann）成为推动大西洋共同体概念的第一人。在《新共和国周刊》（New Republic）的一篇著名论文中，他写到大西洋，称其为"把西方世界连为一体的意义深远的利益网"的核心。尽管我们现在认识到了这个共同体是什么，它完全接纳的成员有哪些（即使我们并不完全理解它），但有一点很清楚，尽管印度、日本都将提出要求，但至少目前为止，这个集合中所包含的仍是能影响这个星球主要事务的国家和文明。

如果你愿意，可以称之为某种泛大西洋文明的共同体，在其初期仅仅包括大西洋沿岸的北部国家，一边是西欧国家，一边是美国和加拿大。后来，拉丁美洲和西非、中非都融入了这个大家庭。巴西和塞内加尔，圭亚那和利比里亚，乌拉圭和毛里塔尼亚，现在都已经和几十年前的冰岛、格陵兰（丹麦属地）、尼日利亚、葡萄牙、爱尔兰、法国和英国等明显的大西洋国家及地区一样，完完全全融入了大西洋共同体。实际上，这个共同体还要更大更广泛，后面的内容将会解释这一点。

然而，这个将这些千百万人口和无数文明文化连为一体的水体——这个覆盖了3300万平方英里，呈S形，在西半球被称为"亚特兰蒂"①，在东方一般被称为"大西洋"的水体——却遭受了被忽视的命运。它完全可以说是一片人们视而不见的海洋——明明就在那里，显而易见，但从很多方面来说又一点也不明显。

无可否认，它就是显而易见的。"哪怕我们在太空中建了一个卫星站，"美国的历史学家伦纳德·乌思怀特（Leonard Outhwaite）在1957年第一颗人造卫星发射时写道，"或者我们登上了月球，大西洋也还是人类世界的中心。"

不是所有水体都像大西洋这般生机勃勃。有些内海也很大，在地形意义上也很重要，航行起来也很复杂，在历史上也很关键，却不知怎么就显得静得出奇，看不出一点生机。

大西洋绝对是活的——活得气势磅礴、显而易见。这是一片运动的海洋，气吞山河、永不停息。它能发出各种各样的响声——永远在怒吼、轰鸣、沸腾、冲刷、隆起、拍击。很容易想象它在呼吸——或许在大海中央这还不那么明显，但是在海洋和陆地的交接处，当海水在沙滩上起落时，它就近乎完美地模仿了生物平稳的呼气和吸气。与海共生的生物们也在随着它起伏：小怪也好，巨兽也罢，不可计数的"怪物们"都在它的深处熙攘活动，构成了一种海的和谐，为海水平添了一份律动之感，如同一种海底的脉搏。而且它还有心理活动，它有情绪：有时忧郁而阴沉，偶尔又狡黠而淘气；但始终深沉而强大。

它还有着完全可以预料的寿命。地质学家相信，到彻底终结为止，大西洋一共将活过约3.7亿年。大约1.9亿年前，它第一次张开大口，吞进了水，然后开始增长，逐渐长到了海洋的体量。目前它正享受着宁静而安稳的中年，每年只扩宽一点点，海中间的几座火山不时喷发，但总体来说，尚不必经受任何痛苦的地质动荡。但到了一定的时候，这些动荡就会到来。

---

① 英文"Atlantic"的音译。——编者注。

经过一段在地质学家看来还不算太长的时间，大西洋的面貌就会开始变化，体积会剧烈增加。最终，当它周围的大陆震动起来，并向四面八方滑落时，它的形状就会开始改变，海岸线（根据当前最受支持的发展情形）将向内收缩，重新合拢，海洋将最终把自己压干，自我消失。行星预测者估计，这将在1.8亿年后发生。

这个寿命可不短了。为了证明这一点，我们不妨假设地球的整个存在时间，从熔融后的冥古宙，到今天这有着清凉草地的全新世，共经过了约46亿年。大西洋作为世界上的一个独立水体，将存在总计3.7亿年，占据星球目前总寿命的8%。其他的海洋大多生而复去，存在的时间要短得多：要和其他事物竞争长寿冠军的话，大西洋很可能是世界上寿命最长的事物之一，是一位潜在的老前辈，一位非常可敬的破纪录者。

那么，把大西洋的故事写成传记就有可能也很合理了。它是一个生命；它有着地质学上的出生、扩张，然后演化成如今中年的形貌、体积的故事；而且它还有着容易预料的收缩、衰落、死亡的结局。本质上，这说起来是一个很简单的故事，是关于一个生命体的传记故事，有着可以确定的开头、一个不言自明的中间和一个可能出现的结尾。

但是，还远远不止这样的故事。因为我们不能忽略这个故事中人类的故事。

人类在大西洋周边和它的海岛上生活，已经一次又一次地跨越过它，也侵占过它、对抗过它、攫取过它、调查过它、抢掠过它，而在此过程中，也使它对我们自身的发展变得至关重要。这也是一个故事——这个故事与海洋本身的出现和消失大不相同，也比它简短得多，但对于我们人类来说，也重要得多。

海洋形成时，人类还没有出现；海洋消失时，我们也没法看见。但在一段可以确定的时期内，几乎就在海洋本身的中年时代，我们人类出现了，我们发展了，而且——按我们的说法——我们迅速地改变了一切。第一个故事是外壳，这第二个故事是其中所包含的内核，只有通过讲述第二个故事，我们才能完整地叙述大西洋的生命。这样一来，实体的海洋张开和闭合的历史就成了背景，成了框架，而人类与海洋之间的密切关系、人们在海洋中的种种活动的历史，就在这个背景和框架下发生。

当人类第一次登上大西洋的海岸时，人类的故事就开始了。人类初次涉海最有可能是在非洲南部，而且很可能（对这个故事来说是非常偶然的）是在非洲的南大西洋海岸边入海的。从那一刻起，所发生的一点一滴都是人们能想象的最复杂、最多维的情况：人类的海洋故事迅速变成了一个冒险传说，混杂着各个民族和相似者，充斥着不同语言和习俗，涉及千奇百怪的行为和事件、成就和发现、困惑和竞争。这个故事讲起来可不容易。海洋自身形成的故事用简单的时间顺序来讲就非常合适——但人类经历的细节几乎无法按这种方式来处理。

比如说，怎么才能把一个利比亚渔民的经历和在冰岛边巡逻的核潜艇结合起来呢？或者，如何把纳米比亚海岸上挖紫水晶的矿工的生活和执导《亚兰岛人》（*Man of Aran*）的美国导演的生活联系起来呢？如何写一个英国航空公司波音飞机机长的生活和南乔治亚海岸边一艘冰山巡逻舰舰长的生活呢？怎样才能从所有这些五花八门、千奇百怪的人和事中创造出一个合理的最佳结构呢？

在很长时间里，这都是一个难题。我万分渴望写下大西洋的故事。但结构该是什么，又在哪儿呢？正如老话说的，我当时只能"望洋兴叹"，茫然不知所措。

直到那一天，我俯瞰着翻涌的海水，心想：如果海洋有生命，那人类和它的关系不也拥有某种生命吗？毕竟，化石以及从地里挖掘出来的各种发现表明，这种关系有一个特定的出生时刻。它还可能会有一个死亡时刻——即使是最坚定的乐观主义者也不得不承认，人类的末日是可以预见的，过个几千年，或许几万年，人类就会终结，那么这个方面的故事也就结束了。

所以，是的，把人类同海洋的关系也视作一条生命，把它也纳入进来，并置于更为直接的海洋自身生命的背景中——这或许真能写成传记。但还有那些混乱、可怕而又邪恶的细节。人类历史的浪潮充满了事实、冲突、人物和微妙的掩遮风格，简直不可能在这一团混沌中逆流而上。

但是最后，没想到竟突然有人给我扔了一个"救生圈"——而且是一个和航海八竿子打不着的"救生员"扔过来的，那就是威廉·莎士比亚。

○ ◉ ○

　　过去很多年间，我都会带上一本翻烂了的《七个时期》（*Seven Ages*）打发乏味的航空旅程（在最近飞过弗莱明角的那次，我也确实带着它）。这是20世纪90年代早期，前英国外交大臣大卫·欧文（David Owen）编纂的一本诗歌选集。他把所选的诗歌分为七个独立的部分，分别对应《皆大欢喜》（*As you like it*）中的著名段落"世界是个大舞台"所罗列的人一生中的七个时期。一天，我正在读欧文的书，突然意识到，这个结构也正好为我提供了写作大西洋故事中的人类部分所需要的东西：写这本书的一个恰当框架、一个舞台设定，可以把海洋生活中的所有主题都转化成演员，让他们从婴儿时期一步步走向衰老，使得所有人都可以依次扮演自己的角色。

　　这七个时期是我们从小就知道的，但可能记不全了，就是雅克那众所周知的忧郁独白中所列出的：

起初是婴儿，

在奶妈怀中啼哭呕吐；

然后是背着书包、愁眉苦脸的学童，

脸上闪着朝气，一步一挪慢似蜗牛一般拖延着

勉勉强强去上学。

然后是恋人，

唉声叹气如炉灶冒烟，吟唱着悲哀的歌谣

歌颂恋人的蛾眉。

然后是士兵，

满口奇怪的誓言，胡子拉碴如豹子的触须，

唯恐失去荣誉，动辄起争执，

为了追寻泡沫般的名望，

哪怕面对炮口。

然后是法官，

圆滚的肚子里填满了上好的阉鸡，

目光严厉，胡须修得一丝不苟，

满口睿智的名言和当下的事例；

他就这样扮演自己的角色。

第六个时期变成了

瘦削的趿拉着拖鞋的老朽，

鼻梁上架着老花镜，腰旁挂着钱袋；

他年轻时的长袜，保存得好好的，现在太宽大且晃荡

不称他皱缩的小腿；他那男子汉的粗嗓门

重新变得孩子般尖细，

听来犹如风笛和哨音。

最后一个场景，

将结束这段奇怪而丰富的历史，

那就是再度的童真和一片茫然的遗忘；

没了牙齿，没了视力，没了味觉，没了一切。

婴儿；学童；恋人；士兵；法官；趿拉着拖鞋的老朽；再度的童真。突然，这看起来十分合理。用这七个类别来组织结构，我们和海洋的关系所经历的几个阶段就很容易处理了。

例如，在第一个时期，我可以讨论人类刚刚萌发的、对于海洋最初的孩子般的兴趣。在第二个时期，我可以讨论这种最初的好奇如何演变成了关于探索、教育、学习的几门学问——而且，在这个时期以及其他的所有时期里，我可以探究这种学习的历史，如此一来，每个时期各自都将变成一部编年史。然后我将在第三个时期——恋人的时期——沉浸在人类的风流韵事中，梳理这片大海千百年来激发的艺术、诗歌、建筑或散文。

在第四个时期——也就是士兵的时期——我可以讲述经常搅扰着大海的种种争端和冲突，讲述多年来武力如何造成了被迫迁移，催生了海上犯罪，讲述各国

海军如何应对，具体的战役如何进行，大西洋上的英雄们如何诞生。

在第五个时期——也就是大腹便便的法官的时期——我可以描绘大西洋如何最终成为一片法律规范、贸易昌明的大海，之后不定期货船、客轮、海底电缆、喷气式飞机如何跨洋往返，交织成一张为了获取利益和舒适而设计的无边大网。在第六个时期，被衰老的疲惫和沉闷所主宰的时期，我可以回顾人类近来如何厌倦了大海，淡然置之，不在意它的特殊需求，随意地对待它。而在第七个也是最后一个时期——以莎士比亚那古老的名句"没了牙齿，没了眼睛，没了味觉，没了一切"作结的这个时期——我可以想象这片饱受忽视而可能蓄意复仇的大海，有一天将奋力反击，一切将恢复原状，恢复到它最初的本性。

然而，这一切虽然看起来不错，但还有些问题。首先我要制定框架，要搭建出舞台的入口，要尝试将漫长的人类剧情置于更漫长得多的外部环境之中。只有在做到这一点之后，在首先取得了造就大西洋的自然伟力的许可之后，我才能开始展开讲述人类的故事。只有到那时，我才能试着讲述海洋上亿年生命中的一些事，才能让在它中年时期的千万年中，建立大西洋共同体的男男女女最终登场，从他们自己的角度，分别表演他们独特的同时也是独属于大西洋的角色。

那么首先——大西洋是如何形成的？这一切又都是如何开始的？

序幕
鸿蒙初始

大千世界就是一座舞台，
所有的男男女女都不过是演员：
他们有登台的时候，也有下场的一刻；
一个人要扮演多个角色，
他的表演可分为七个时期。

广阔的海洋都有着风平浪静、亘古不易的表象，而大西洋正是这样一片浩瀚大洋。无论站在海边何处，越过起伏的波涛眺望遥远的地平线，你都会很快油然而生一种信念，相信它一直就在那里。所有喜欢大海的人——应该只有极少数人才不喜欢——都有一个偏爱的地方来伫立眺望：对我来说，长久以来这个地方就是法罗群岛。它在遥远的北大西洋上，笼罩在寒冷潮湿和阴郁之中。它的美不易消受，却不可方物。

18座岛，每一座都是一块黑色玄武岩，由东至西悚然翘起，结着霜花，呈现银色光泽，生长着饱受狂风摧折的盐草，这些便构成了丹麦王国在大西洋上的前哨。5万多法罗渔民和牧羊人坚守在那片历史悠久、不可撼动的遥远之地，一如他们的维京先祖。他们的口音也仍然残留着维京语的痕迹。风雨和雾霭日日萦绕岛上——尽管时不时地，以及几乎每个盛夏下午，雾气会骤然消散，取而代之的是一片清朗碧蓝的天空，这样的天空似乎只有在高纬度地区才能见到。

正是在一个这样的日子里，我选择了出海，穿过波涛起伏、变幻莫测的大海，前往法罗群岛最西边的岛屿——米基内斯岛（island of Mykines）。这座岛深受艺术家的喜爱，它放旷的孤独、它对无所不在的雄奇自然的全然臣服，吸引着他们络绎而来。去那里给我留下了一种深深的印象：在我所有环绕大西洋的游历中，我想不到任何地方能给我这样强烈的栖息在"世界边缘"的印象，再没有任何地方比这里更适合体味和理解这片广袤海洋的无上威严了。

▲▲

米基内斯岛是法罗群岛18座岛屿中最西边的一座，它从大西洋中兀地拔起，一年里大多数时候不是经受着风浪拍击，就是为大雾侵袭。海鹦、鲸鱼和绵羊——"法罗"这个词就是维京语中的"绵羊"——养育着法罗的全部人口，他们一共不足5万人，全部是丹麦公民。

　　在米基内斯岛登陆格外不易。船乘着一个绿色的浪头冲进小小的海港，船长拉住船，时间勉强够我爬上水泥码头，码头上长满了滑溜溜的鳗草，一不小心就会要了我的命。粗糙的石头铺出一条台阶小道，向上蜿蜒直到天际。我顺着台阶往上攀爬，全神贯注留意身旁的深渊和下方翻滚的海浪。我爬上来了。台阶顶上散落着几间房屋、一座教堂、一家商店和一家小酒馆，酒馆大堂弥漫着浓重的烟草气味，还有羊毛衣那温暖湿润的气味。突然刮起了一阵狂风，驱散了晨雾，太阳照出一处长满青草的长长的陡坡，它从岛的斜坡一路延伸到西边的天空中。

　　一条青草离离的小道直通高处的天际线，一群岛民正缓慢地沿着小道往上走，犹如一队蚂蚁。出于好奇，我也加入了他们。令我大吃一惊的是，大多数人都穿着法罗群岛的服饰——男人穿着深蓝和鲜红的夹克（夹克是高领的，装饰着几排银扣）、齐膝短裤和带银制皮扣的鞋子；女人穿着宽条纹的长裙，蓝色背心上系着精心制作的繁复的带子，还披着流苏围巾。尽管有几个男人穿了带风帽的厚夹克，但没有一个人戴了帽子：持续不断的风会把帽子刮走。孩子们和他们的父母穿得一样，叫着嚷着在湿漉漉的草上滑行。长辈们呵斥着要他们别弄脏了靴子，小心不要滑倒。

我们爬坡花了30分钟，岛民们一点汗也没出。他们全部聚集在悬崖顶处旁的地方，那里的草已经被轧平了。那里立了一块纪念碑，是一个玄武岩的十字架，上面刻着名字，人们告诉我，那些是在西边的冰岛捕鱼区丧生的渔民的名字。人群总共有100多人，大家在最高处的地标、一个玄武岩石冢旁站好，等待着。

过了几分钟，一个白发苍苍的60多岁的男人，练习式地清了清嗓子，走到了道路顶端。他穿着一件长长的黑色斜襟袍子，袍子的领子很高，饰有褶边，使得他看起来像刚从中世纪的故事书中走出来的人物。他是一名路德教牧师，来自法罗的首府托尔斯豪恩（Thorshavn）。然后他开始领导大家祷告，另有两名教会执事拉手风琴，一个岛上的小伙子弹吉他伴奏。两个可爱的金发孩童给众人分发湿答答的赞美诗歌词，村民们用高亢的声音唱起古老的挪威圣歌，单薄的乐声立即被狂风卷进了大海，这也正是人们所设计的。

岛民们说，这个小小的宗教盛典是前所未有的：过去都是丹麦的访问牧师不远千里地从南边过来，到这里祝福岛上多年前溺亡的水手们；但今天是个开创历史的日子，人们解释说，因为这是有史以来第一次由法罗的牧师来主持。仪式以其温和庄重的方式进行着，祷告是用当地语言朗读的，暗示了这些遥远的海上群岛已经和它们欧洲大陆上慈祥的祖国渐行渐远。他们最终走上了自己的道路：海岛的道路，一名参会者说。也是大西洋的道路。

仪式结束后，我跟在零零散散的人群后慢慢踱步——猝不及防地走到了悬崖边上，这真令人后怕不已。这里的草像用刀割过似的，留下了一个巨大的空档，被狂风和空间占据着。潮湿而陡峭的玄武岩黑色绝壁，一路往下延伸了近半英里，插入了敞开的大海的浪涛与白沫之中。数百只海鹦站在悬崖边缘的凹坑中，有些距我不过一臂之遥，全都对我的到来不以为意。它们脸上像戴着面具，两颊圆鼓鼓的，喙的色彩鲜艳，常常被一群小鱼塞得满满的，整个看起来矮矮胖胖的，有些可笑。但时不时地就有一只腾空而起，飞向天际，动作间流露出一种悠然自得的优雅，再也不显得可笑了。

我一定在悬崖边坐了很长很长的一段时间，注视着、凝望着，像被催眠了一样。狂风终于停止了怒吼，太阳出来了，慢腾腾往西移动。我坐在悬崖边，两腿在半英里的虚空上晃荡。我面对着正西方。就在我的下方，聚集着黑压压的海鸟，有塘鹅、管鼻藋、海燕和三趾鸥，而我的身旁是聚集在一起叽叽喳喳的海鹦。我的前方空无一物——只有一片无穷无尽、缓缓而动的大海，像红铜一样在温暖的阳光下闪闪发光，奋力拍击着向远处延展，50英里、100英里——我觉得自己可以从这高处看到500英里以外。我知道，在这个纬度——北纬62度左右，是一片无尽的空旷，只有1000英里以外的格陵兰的玄武岩峭壁才会阻断大海。海面上没有轮船的航迹，空中也不见飞机的踪影——只有不停吹拂的凉爽的风、啼鸣的鸟，还有远非我目力所及、只存在于想象中的某处世界边界。

而且，在任何一处大西洋的海岬上看都和这里一模一样，不论是在非洲还是在美洲，是在北极还是在类似这些岛屿的众多其他海岛上，视野都完全不受限制，地平线在远方形成了优雅的弧度。这个景象足以让观者驻足：它是如此震撼，如此难忘，足以让人心中百感俱生。

海洋看起来是多么永恒、多么广大啊！提醒自己大西洋是多么宏大而不可估量，这绝不是陈词滥调。只要想一想这片海洋，你就会明白为什么曾经有人——也就是亚瑟·C. 克拉克（Arthur C. Clarke），一个略窥广阔之奥义的人——会恰如其分地评价道："把这个星球称作地球是多么不合适啊，它分明是个海球。"

而且，这片海的主宰色是灰色。它是灰色的，它在慢慢地移动，它在平缓地起伏。在很多方面，大西洋和太平洋或印度洋都有着天壤之别——它不是由蓝色主宰的，也完全没有倾斜的棕榈树和珊瑚礁装饰它的海滨。它是一片灰色的缓缓起伏的海，不常有风暴肆虐，只是沉闷地鼓着波浪。一想起它来，就觉得是一片厚重的海，海上漂着一只只倾斜的捕鱼船，乘着浪头卜升，然后伴着层层巨大的白色泡沫摔下来；浪涛中颠簸着艘艘油轮。海上的天气常常是一幅风雨欲来的光景，同时，海水一直涌动的架势总像别有目的似的，同时像在炫耀不可估量的力量，也借此激起永远的膜拜、崇敬、警示和恐惧之情。

大西洋正是我们想象中那种经典的海洋，是一片由寒冷、钢铁和盐组成的工业之海，是一片布满航路、码头和渔场的实用之海，是一片海面上穿行着一艘艘平稳的轮船、海面下埋藏着无数丰厚的神秘宝藏的鲜活之海。它还是一个看起来有些"无穷无尽"的存在。日升月沉，暑去冬来，一年又一年、一个世纪又一个世纪过去了，大西洋总在那里，在所有沿海居民的心中，它就是一个永恒的存在。诺贝尔奖桂冠诗人德里克·沃尔科特（Derek Walcott）在他的著名史诗作品《奥美罗斯》（Omeros）中曾写到，他的渔民英雄阿基琉斯（Achilles）终于在大西洋海滩边的山坡上疲惫地往上走。他终究还是背对海洋了，但是他知道，即使看不到它，它也始终在自己身后，依然是那片简单的、沉闷的、壮丽的、不祥的海。很简单，海洋"一如既往"。

3000年前，荷马引入了俄亥阿诺斯（Oceanus）这个诗化的概念——他是乌拉诺斯和盖亚之子、忒堤斯之夫和众河神之父。这个词本身意味着古人想象中的一条巨大的环绕地球的河流，河两边分别是天堂和地狱。在荷马眼中，海洋就是发源于遥远的日落之处的一条河流。当地中海的水手们发现巨大的灰色的海洋在直布罗陀海峡、海格力斯之柱①外冲击怒吼时，感到震恐不已。那被称为"大外海"，是人们万分恐惧的事物，是一个洪水激荡的世界，居住着戈尔工（Gorgons）和百臂巨人等可怕的怪物，或者是辛梅里安人、埃塞俄比亚人、俾格米人之类怪异陌生的人类。而且，"永不停歇"。

大海在永不停歇地活动，我们已对这个诗化的概念习以为常、感到宽慰，不觉得有什么不对劲。人们总觉得，不管其他方面怎样，无论大海多么灰暗、广

---

① 海格力斯（Hercules），又称赫拉克勒斯，是古希腊神话中的英雄。他曾完成12项伟绩，其中一项是把阿特拉斯山脉劈开，开凿了直布罗陀海峡，打通了地中海和大西洋。在西方经典中，直布罗陀海峡两岸耸立的海岬就被称为"海格力斯之柱"。——译者注

阔、粗暴或强大，无论是在隆隆翻滚或是平静无波，狂风骤雨或是倾船覆舟，它永恒地存在于这个世界上。我们把它视为一个永恒不变的生物，在永不停息地重复无尽的清洗和等待。但是严格来说，根本不是这么回事。海洋也有它的开端和尽头。或许人类无法想象这一点，但从物理角度看，这是确凿无疑的。海洋有其出生，海洋也会死亡。而大西洋，这片曾经令人恐惧不已的"大外海"，这在所有海洋中被研究和思考得最仔细的一个，也并非原本就存在，将来也不会继续在现在这个地方，还像现在这个样子。

星球上要形成海洋需要两个基本要素。一个是水，另一个是土地。现在这些巨量的水[1]当然不是原本就有的——但是最近的研究表明，在近50亿年前，太空中飞行的小行星组成的星云最初结合形成地球后不久，水就出现了。澳大利亚西部的一座铁矿中发现了锆石晶体，对它的研究说明了在地球形成后仅仅几亿年，地球上就有了液态水。那时的水温度极高，溶解了各种有毒的腐蚀性气体；但它确实是液态的，可以四处流动，可以（也确实这样做了）腐蚀溅了水的物体。而且最重要的是，这无疑就是今天所有海水的不可否认的上古源头。

我从米基内斯岛上落满海鹦的悬崖上俯瞰到的海洋，和那么多年以前形成的水本质上完全相同。主要的区别是：冥古宙的海水是滚烫的、酸性的，除了原始的嗜热蓝藻外，无法养育任何生物；而法罗群岛的海水又冷又干净，经过千百万年的蒸发、冷凝、循环而得到了净化，含有充足的盐分，富含各类化学离子，哺育着十分复杂而美丽的生物，显得生机勃勃。至于其他方面，北大西洋群岛边寒冷的海水，和很久以前早期的混沌地球上蒸汽腾腾的酸水差不多是一样的。

尽管早期的地球可能是没有土地的混沌状态，但没有持续太长时间。坚实的、适宜植物生长的土地也正是在此时这个正在冷却的星球上产生了。

起初，陆地看起来只是无数座巨大的超级火山，彼此互不相连。从空中看去，一丛丛火山就像是一个星球规模的大工业区里的无数烟囱，像一座座云烟喷薄的庞大海山，吐出绵延千里的厚厚的黑色岩浆。最终，吐出的新岩石积得太多

---

[1] 海水的总重量约为 1.3×10^{18} 吨（地球的总重量约为 6×10^{21} 吨）。

了，开始把原本相互隔离的火山连在一起了，其中一些凝结的岩块多少变得稳定了下来，总体上可以被视为"陆块"（landmass）了。过了很久以后，这些陆块形成了更大的陆体（body of land），足以被称作"原始大陆"（protocontinents）了。如今我们这颗星球是一个由大陆和海洋组成的星体，它这种决定性的特征就是从那时开始的，尽管是经过了极为缓慢、万分复杂的过程才形成了今天这样的形貌。人们要理解多维地形的形成和消失，也只能从那时开始。

早期的地球虽然有了水和陆地，但仍是个高温灼人的可怕之地。那时地球自转的速度比现在快得多：每5小时就有一次日出，不过即使当时有生灵存在，也不太可能透过灰尘、烟雾、烈焰和毒气所形成的巨大团雾看到太阳。如果哪天天空清朗了，下面的地球也会饱受没有过滤的紫外线和伽马射线的摧残，使得地面上几乎不适于任何生物生存。新诞生的月球仍然离得很近，每当它沿着轨道扫过时，都会掀起巨大的酸性潮水，淹没并进一步侵蚀现存的陆地。

但肯定还是有一些大陆存在的。现在还有六七块当初的陆地残余，由此辨认出的之前的陆体足够称得上"大陆"。大陆的残骸在数十亿年的星球活动中分散开来：没有哪一块早期大陆是完好无损的，到如今只剩下一系列至少有30亿年历史的地层碎片和断层，散落在世界各地，互不相连，就像今天的澳大利亚（澳大利亚是已发现的早期大陆的一部分）、马达加斯加、斯里兰卡、南非、南极洲和印度。

要想把这些最初的大陆拼到一起，可需要艰苦卓绝的侦探工作。但这已经成为可能，通过仔细检查岩石的年龄和结构，至少能对今天的大西洋及其周边陆地的形成过程中，各个事件的时间顺序有一个粗略的了解。

这个顺序就是十几块大陆和海洋形成的顺序，它们在地球的历史上或昙花一现，或万古长存。一切始于世界上第一块堪称大陆的陆体的形成：约30亿年前，一块巨大的、2000英里长的陆块形成了。它从沸腾的海水中拔地而起，形状很像一个巨型信天翁的轮廓。今天的地质界给了它一个恰如其分的响亮又好记的名字：为了纪念亚伯拉罕在迦勒底的出生地，它被命名为"乌尔超大陆"[①]。

---

① 乌尔（Ur），又称吾珥，是美索不达米亚的一座古城，它是犹太人的祖先亚伯拉罕的故乡。——译者注

自发现乌尔超大陆以后，又发现了其他古大陆的残迹，它们的命名要么反映了如今其所在地的人民引以为豪的事物，要么反映了发现它们的探险者所受的古典教育，或者反映了现代全球政治的现实。这些名字在地质界之外，就没有几个人熟悉了：瓦巴拉大陆（Vaalbara）、凯诺兰大陆（Kenorland）、北极大陆（Arctica）、妮娜大陆（Nena）、波罗的大陆（Baltica）、罗迪尼亚大陆（Rodinia）、潘诺西亚大陆（Pannotia）、劳伦古大陆（Laurentia）。这些名字可能是指和今天的格陵兰岛一样小的陆体，也可能是指和今天的亚洲一样大的大陆。这些陆体总在不断的运动之中，总在不断地改变着它们的形状、地形和位置。

在无比漫长的时间里，在灼人的热浪和巨大的物理力量的作用下，它们在地球表面缓慢而庄严地移动着。它们有时相互碰撞，就形成了那些古老的山脉，这些山脉现在已经平坦了不少。它们也常常在一系列慢动作爆炸以后分离，这样的爆炸要持续几百万年的时间才会结束。然后它们的碎片相互撞击并散落在地球的各个角落，重整秩序，偶尔也会再次结合，就好像地球表面覆盖着一些巨大的拼图碎片，而一个看不见的笨巨人正在玩拼图。同时，陆体之间的空间填充着海水——它们被不断地改变形状，被不断地切分，在大约10亿年前，分别形成了真正称得上海洋的像样的水体。

到寒武纪时代，约5.4亿年前，其中一片海洋开始显现人们熟悉的样貌。它最开始形成时，形状还没什么特点——仅仅是非常大而已。但在奥陶纪时期，它开始变得很窄，微微有些曲曲折折的了，宽不过1000英里，就像一条从东北向西南斜跨世界的大河。也就是说——它这时候的样子和北大西洋略有些相似了。

因为它冲刷着后来的北美东岸和欧洲西北海岸，所以这片假想中的奥陶纪海洋有了一个当之无愧的名字。它被称为"伊阿珀托斯"（Iapetus），这是古希腊神话中阿特拉斯[①]之父。伊阿珀托斯洋干涸已久，现在北纽芬兰的砂岩和深水中的灰色石灰岩还能找到它曾经存在的痕迹，能够充分展现它的壮观景象。它是最后形成的真正的大西洋的先辈，是大西洋的父亲或者母亲。

---

① 阿特拉斯（Atlas），希腊神话中的擎天神，是泰坦神之一。大西洋的英文是 Atlantic，原意指"阿特拉斯之海"。——译者注

○ ◈ ○

　　大约过了2.5亿年，人们所认识的这个现代世界才开始出现——实际上，也是在2.5亿年前——二叠纪末三叠纪初的时候。当4个最初的原始大陆的拼图碰撞形成了一个超大陆后，这个过程就开始了。超大陆之后变得非常像现在的世界：这片巨大的陆体被称为"泛大陆"（Pangaea）。这一块巨大的陆体包含了当时地球上存在的所有二叠纪的土地——从泛大陆这个名字本身就可以知晓。它被一片海——泛古洋（Panthalassa）包围着，那是世界上所有的海。

　　今天的大西洋就形成于这两个实体——一个是水体，另一个是陆地。这个过程开始于漫长而壮观的火山活动，这是地球的整个近期历史上最动荡的一段时期；那以后很快出现了生物大灭绝，海洋生物和陆地生物都未能幸免；然后泛大陆终于开始分崩离析，新的海洋开始形成。这三个事件之间的联系究竟有多大还值得讨论——尤其是生物灭绝和大陆解体是不是由剧烈的火山活动导致的——但这些事件确实发生了，而且是在相对较短的时间里发生的。

　　火山时期是如此动荡，如此恐怖，范围如此之广，效果如此显著，当时的感觉肯定就像世界要把自己撕裂了。泛大陆围绕核心处开始爆发一系列巨大的爆炸。几千座巨大的火山，一开始是几千座赫克拉[①]，过了一段时间就是几千座喀拉喀托、埃特纳、斯特隆波里、波波卡特佩特，都在竞相上冲，向空中喷吐几千英尺的火焰和岩浆。一轮大得无法忍受的地震开始撼动和粉碎地球，大致沿着一条线从中间向南北传播了几百英里，把地壳数十英里的地层都撕得粉碎。

　　即使泛大陆广阔的统一大陆不解体，它也肯定会开始衰弱，并在长久的存在后因重量和疲惫而痛苦呻吟。地壳正在破裂，世界在经受着一系列短暂而无情的抽搐，统一的大陆从头至尾被撕成了两半。

　　随着泛大陆裂为两半，海水开始渗入两半之间逐渐扩大的空隙中。一开始的

———
① 赫克拉（Heclas），冰岛的活火山。下文的几个名字都是世界各地的火山名称。——译者注

水道就像一条小小的舌头，在现在的希腊可以找到它沉积下来的沉积物，然后它变成了一个威力无穷的水龙头：数万亿吨海水接连开始从周围的泛古洋涌了进来。在这个过程中——就像是用撬棍拗开一个口，让大地开裂的过程——火山、

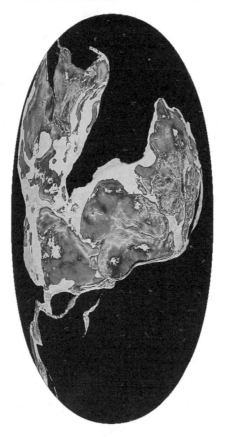

▲▲

约1.95亿年前，泛大陆开始解体，泛古洋（中间）的第一条"舌头"，开始渗入美洲和欧洲之间那道狭窄但在不断扩宽的裂口中，后来又渗入非洲和南美洲之间。大西洋正在诞生：它将继续存在4.4亿年。

地震、巨量的海水强有力地结合在一起，开始创造全新的海洋。它才刚刚打开一条缝，就像一扇小心半掩着的门：但这个过程还会继续下去，之后还将加速进行而不会停止，将延续千百万年一直坚持到今时今日。2亿年前的伊阿珀托斯洋就是这片新形成的海的父亲。地面上一座座新形成的火山崖壁，便是如今的新斯科

舍（Nova Scotia）和摩洛哥；一条细细的闪着银光的海水线在这些山崖之间迅速升起，这便是日后的大西洋最初的雏形。

火山仅仅存在了几万年的时间（尽管有人说长达两百万年），但它们的活动太过剧烈，喷出的岩浆多得惊人，形成了高崖和山脉，直到今天依旧傲然挺立，如同一座座纪念碑，令人敬畏又印象深刻。

1975年，我在加拿大新不伦瑞克省的大马南岛（Grand Manan）和全家人一起旅行，那儿距离罗斯福避暑的坎波贝洛岛（Campobello）很近。我们研究西南海角的潮汐，度过了欢乐的下午时光。西南海角地势很高，从那里举目四望，只能看见雾气氤氲、寒气逼人的大西洋，无穷无尽地向南方延伸。之后，我们步行回家，去锡尔科夫（Seal Cove）看芬迪湾（Fundy）大潮，途中经过一堆奇怪的纯白色卵石，它们坐落在一座全由深棕色岩石柱组成的山崖顶上，显得格格不入。这些卵石是被冰山带来这里的，被称为"羊群"。但最吸引地质学家的，却是它们下面的棕色岩石，一块柱状玄武岩——20世纪80年代晚期，人们意识到这些岩石和摩洛哥一座山脉中的另一大堆玄武岩在外形，很可能还有年龄上都极为相似。

我在研究本书另一个部分的内容时，曾去过那些山——大阿特拉斯山（High Atlas）。那时我还不知道它们会和大马南的岩石有关系，直到我四处打听后才得知。因为尽管摩洛哥是因其古生代及其侏罗纪和白垩纪的化石而知名，但大阿特拉斯山上也出产大量的玄武岩——那里的沉积岩中间夹着一层层火山岩。1988年，研究者们发现，这些火山岩和加拿大东部大马南等地的岩石年龄完全一致。我在沿海小镇索维拉（Essaouira）的一个天台酒吧上坐着晒太阳时，听说了这个发现。它使得地质学家们开始了大规模的寻宝探险，在其他的大西洋沿岸国家中四处搜寻更多同样古老的玄武岩。20世纪90年代的一系列考察发现了很多外露的岩层——有岩床、岩脉、溢流玄武岩序列——全都数量巨大，几乎确凿无疑地展现了2亿多年前发生的情况。

这些外露的岩石遍布各地——400万平方英里的火山岩浆，覆盖了后来形成的4块大陆的部分：在北美洲，岩石沿阿巴拉契亚山脉从亚拉巴马州延伸到缅因州，然后北上深入加拿大，沿着芬迪湾的海岸一路前行；在南美，圭亚那、苏里南、法属圭亚那都有它们的身影，最了不得的是，巴西的整个亚马孙流域都是；在欧洲南部，法国检测到了这种岩石；在非洲，是群聚的岩床和岩脉，不仅在摩洛哥有发现，在阿尔及利亚、毛里塔尼亚、几内亚、利比亚也都出现了。所有这些拼图碎片般的岩层都有着同样的年龄、相近的组成，明确宣告着它们在地质上的亲缘关系，暗示它们极有可能有着共同的起源。

终于，岩石沉积层的平均年龄有了比较准确的数值：大多数玄武岩落地，也就是被挤出山口或喷入空中的时间是在2.127亿年前，前后误差可能在30万年内。东边区域尤其是北非，其玄武岩的年龄和后来的北美岩石的年龄有一些差距：美洲的玄武岩似乎要老一些。这个差距引发了热烈的争论，那就是：是否是火山活动引起了极大规模的动植物灭绝，因为大灭绝——大量两栖动物消失了，留下了环境的生态位，为侏罗纪纷繁多样的恐龙的到来提供了绝佳的条件——发生在约1.996亿年前。无论火山的威力多么巨大，在近200万年后还能对生物产生重要影响吗？这看起来不太可能——但一些实验室仍在努力将这两个事件联系起来，主要原因就是这样的故事更富戏剧性，也更易于人们理解。

大陆拉开了，虽然不是像拉裤子拉链那样顺利。这个过程并不优美，而是不平稳的，就像是看着一头骆驼站起身来的感觉，一开始是海洋的这一部分打开了，然后轮到相距很远的另一部分，之后又是中间的一部分，接着是远处的另一个板块，然后又回到中间来。差不多在1.95亿年前、侏罗纪伊始的时候，最初的海浪各奔东西，各自冲刷着加拿大东部和非洲西北部的海岸。这就是大西洋的生命真正开始的时刻。

接下来的2000万年里，在大海中间，海床的扩张极其认真地进行着——如同两张铺开的地毯，又如两条互不缠绕的传送带，从海底一个模糊的中间点分道扬镶。海底开始裂为两半，彼此渐行渐远，两侧的大陆也日渐分开。西非移离南卡罗来纳州约有300英里；马里离开佛罗里达州有几百英里；一大片宽阔的海洋占据了后来向风群岛①所在的地方，利比里亚和委内瑞拉之间裂开了一道近1000英里的缺口。在这个缺口中形成了一片和今天的地中海一般大的海洋，不过，不同于面积稳定的地中海，这片海洋在继续扩张。

过了1.5亿年，这狂欢晚会式的倒计时仍在继续，格陵兰岛②开始脱离挪威，冰岛开始从海底深处耸立起来。[冰岛的艾雅法拉火山（Eyjafjoll）在过去两个世纪中一直安然无事，2010年春却有一次壮观的大爆发，一道道冲向高空的巨量火山尘埃阻断了往返北欧的航班。这次事件也是冰岛形成过程的一部分。几英里外的叙尔特塞岛（Surtsey）是1963年诞生的一座全新岛屿，或许更加清晰地证明了冰岛正在稳步扩大，但艾雅法拉火山产生的岩浆要多得多，即使其中绝大部分都被喷到了高空中。]

与此同时，不列颠群岛北部附近的浅海水域加深了，海洋剧烈扩张，翻滚的海浪把爱尔兰和拉布拉多分离开来。1000万年以后，几内亚、冈比亚、塞内加尔、塞拉利昂经过不懈的运动，已经脱离了推断是如今圭亚那、苏里南和法属圭亚那的海岸线，而它们也在南美洲占据了类似的独立位置。此后，它们就待在原地：500英里的海洋现在横亘其间。

到白垩纪早期，也就是1.2亿年前，驱动整个过程的力量显然成了那个如传送带、如铺开的地毯般的运动机制——因为再没有剧烈的火山活动来搅局了——而这个运动有一个明显的源头：大西洋中脊形成了。这是海床上的一条线形隆起，伴随其中间的开裂、断层，还有海底火山的频繁活动，将在之后的海洋历史中扮演至关重要的角色。新的地壳物质将在这里从地球内部喷出，海底将从这里向东西两个方向延展、分开，这里的岛屿——包括亚速尔群岛、加那利群岛、圣

---

① 向风群岛（Windward Islands），西印度群岛中小安的列斯群岛北部的中南部岛群。——译者注

② 1965年，我参加了一个探险队。我们去东格陵兰冰盖高处的冰原岛峰上收集玄武岩，通过测量岩石中化石的磁化强度，来确定在这些岩石落成以来的五千万年中，格陵兰漂移了多远。我们发现，它大约向西漂移了15度——这是陆地运动的完美例证，证明了当时刚刚提出的地壳板块理论。

赫勒拿岛、费尔南多·迪诺罗尼亚群岛（Fernando do Noronha）、特里斯坦–达库尼亚群岛（Tristan da Cunha）在内的一长串岛屿，形成一条从遥远北方的扬马延岛（Jan Mayen）一路延伸到9200海里以南的布韦岛（Bouvet）[①]的蜿蜒线条——偶尔把高峰冒出水面，继而被依次推开，直到遥远的、荒无人烟的新大洋尽头。

开裂仍在继续。又过了5000万年，北部和中部开始创造非洲和南美洲的南部海岸，并将两者分离。起初又爆发了一阵突然的火山活动——无数火山口中喷出巨量的玄武岩，形成了冲积平原。但是，之后的分离也从这下面开始了，虽然人们还不清楚这是否和火山爆发有关。这里的分离过程确实就像拉拉链一样，而且速度也差不多一样快。这次开裂是向南传播的，海岸线一段紧接着一段打开。尼日利亚挣脱了巴西的束缚。山谷陡然劈开，后来，山谷一侧成了刚果，另一侧就是亚马孙河。泛大陆南部边缘的洪流玄武岩一分为二：一侧是巨大的伊藤德卡暗色岩，后来位于非洲南部——维多利亚瀑布就是沿着它的边缘飞流而下；另一侧是阿根廷的巴拉那玄武岩，如今这里是水帘蔓生，瀑布倒悬，被瓜拉尼人称为"伊瓜苏"（Iguazu），意思是"大水"。

然后，在最后一次漫长而剧烈的大撕裂中，整个巴塔哥尼亚东部都脱离了安哥拉，当时毗邻合恩角的平原也独立了，不再包围着如今的纳米比亚和南非海角，转而纵身远去，成了南部安第斯山脉的山脚。

这一切都在风驰电掣中完成，因为尽管北方的一切进行得不紧不慢，在南方却称得上马不停蹄。巴西的大肚子和非洲的腋窝曾紧紧连在一起，后来成为大西洋两侧的海岸，在不到4000万年的时间里，彼此拉开了5000英里的距离。[它们咬合得如此明显而自然，使得19世纪的艾尔弗雷德·韦格纳（Alfred Wegener）宣称各块大陆可能是从一整块上分离出来的，这种想法害得他几乎被全世界人嘲笑了一辈子]这部分海洋的打开速度一定在每年4000英寸[②]以上——

---

① 两座岛都是挪威领地，使得挪威有了一个独特的视角，可以从两端看到大西洋中脊。扬马延岛常年雾气缭绕，一片凄凉，岛上有一条飞机跑道和一座人工气象站；布韦岛上悬崖林立，还结有南大洋的寒冰，岛上的气象站在一次雪崩中毁坏了，无人居住，被列为世界上最遥远的岛屿。

② 1英寸 =2.54 厘米。——编者注

比波涛汹涌的北大西洋的分离速度快了无数倍，比今天大西洋继续扩张的速度快了三倍以上。

运动从未停止。我们今天所知道的大西洋的轮廓可能是在1000万年前固定下来的，尽管对于我们和我们的地图绘制者来说，它的边界、它的海岸线、它的"样貌"，自克里斯托弗·哥伦布（Christopher Columbus）和亚美利哥·韦斯普奇（Americus Vespucci）时代，以及德国人马丁·瓦尔德泽米勒（Martin Waldseemüller）绘制的伟大地图第一次界定大西洋以来，似乎一直保持着原样，但它其实一直在变化，精细而微小地变化着。东部的海岸线在继续挺近，西部的海岸线则在撤退。"一切分崩离析：中央无法掌控。"[①]大西洋中脊在继续喷吐不可计量的新的海底岩床；有些冒出了水面，形成了新的岛屿和礁石。现有的岛屿则在继续移动，慢慢地、轻轻地，远离海洋的中心。

到1000万年前，大撕裂完成了，大西洋完全诞生。在遥远的将来的某个时候——但我们将看到，这并非未知的将来——打开的岩石将会闭合，海洋将被挤到别处，找到另一个家园。这片巨大的地球海洋，和它原有的、源源不断的海水，将会在大陆运动的驱使下重塑自我，到时就会出现其他形状和大小的水体。大西洋既然有出生，到了恰当的时候，也会死去。

但这还要很久很久以后才会发生。在这期间，大西洋，"亚特兰蒂洋"，Mare Atlanticus[②]，就像一座广阔的舞台。1000万年前的它一如今天的它：它是海洋，也是一条如同蜿蜒的蛇一般的河流，发祥于北方的冥界迷雾之中，绵延千万英里，直到南方的咆哮西风带；西方幽深的峡谷张着血盆大口，东方平原的浅水中暗藏杀机，一个鳕鱼和飞鱼翔游之地，姥鲨和蓝鳍金枪鱼徜徉之所，团团马尾藻和团团飓风孕育之处；这里充满冰山和海潮、漩涡和沙洲、海地峡谷和深海黑烟、海脊和海底山脉，遍布海角、礁山和断裂带；这里的洋流有冷有暖，有急有缓；这里有海底火山和地震，有叠层石、蓝藻菌和马蹄蟹，有成群的海鸟，也有企鹅、北极熊和蝠鲼，有巨乌贼和水母，还有那缓慢持重的南方帝王，即体型巨大、形

---

① 此句是叶芝《第二次降临》中的诗句：Things fall apart: the center cannot hold。——译者注

② 大西洋的拉丁语。——译者注

象大气、喜欢信步闲游的信天翁。

　　经过了长时间的布置，这个舞台才装点了如今这么多神奇而神秘的事物。配角们——也就是所有的飞禽走兽和花卉植物——现在大都已经上场了。大西洋已经全面铺开，物理条件已经全部就位，万事俱备，只等着创造"大海"这一人类概念的生物上场了。

　　主角就要走到聚光灯下，但他的出场时间只会是相对极短的一瞬间，无论期待或恐惧什么事发生。人类终于要面对这片强大的水域灰色起伏的现实，终于要见识到，到底在发生着什么。

ATLANTIC

Great Sea Battles, Heroic Discoveries,
Titanic Storms, and a Vast Ocean
of a Million Stories

第 1 章

摩加多尔紫色群岛

起初是婴儿，
在奶妈的怀中啼哭呕吐。

1. 海螺壳

摩洛哥王国使用最广泛的货币上，画的不是骆驼，也不是清真寺的尖塔，更不是沙漠中戴着蓝纱的图瓦雷克人①，而是一个硕大的海螺壳。这是一种生活在海岸边的海生生物——是一种用舌头在其他生物的壳上磨出孔，从而吸取营养的食肉动物。它的壳呈红棕色，细长形，很多刺，带有长长的螺旋和一个耳朵样的开口。它从各方面看都美丽非凡，谁要是运气好找到了一个，绝不会舍得随意丢掉。

但多年以前，拉巴特②的摩洛哥中央银行的掌权者会决定把海螺壳的图案放在200迪拉姆（dirham）③的纸币背面，并不是因为它的曲线美。选择它的理由，完全是因为金钱和利润的关系，这才是更适合货币的理由。远在摩洛哥建国之前，正是这种奇怪的海洋生物构成了摩洛哥财富的基石。

沙漠里的柏柏尔人不是水手，对于捕捞这些海螺并对其开发利用也兴趣寥寥。最后是从地中海东部黎凡特海岸（Levantine Coast）不远千里而来的水手，意识到了利用这些腹足类动物致富的潜力。如何获取它们就成了巨大的挑战。

---

① 图瓦雷克人（Touareg），北非撒哈拉周边的游牧民族。图瓦雷克的男性传统上佩戴着5米长的蓝紫色面纱，这成了该民族的识别象征，他们因而往往又被称为"沙漠中的蓝人"。——译者注

② 摩洛哥首都。——译者注

③ 摩洛哥货币单位。——译者注

因为这些优雅的生物大量生活的海域，和地中海平静无波的水域大不相同。由于生物学和进化的魔力的复杂原因，这些腹足动物常常牢牢地附着在岩石和礁石上，而岩石和礁石所置身的广阔、骇人而未知的大西洋，远远超出了人们熟知的海上世界——在这个地方，在地中海上磨练出来的传统航海技术没有了用武之地。为了捕捞这些海螺，哪怕是最大胆、最莽撞的水手们，也得众志成城、咬紧牙关，才能去大西洋——这个当时所能想象的最大水体——的深海中探险。

▲▲

200迪拉姆的摩洛哥纸币上画着吸器染料螺（Haustellum Brandaris），或称染料骨螺的贝壳，凸显了3000年前它对于北非经济的重要性。当年，腓尼基商人们从大西洋海岸获取这种贝壳，然后从这种软体动物的鳃下腺中提取紫色染料，在地中海沿岸的港口出售。

但在公元前7世纪，他们这么做了。他们兴高采烈地扬帆驶过海格力斯之柱，驶出了他们了如指掌的海域的大门，进入了外面广阔无垠、充满了无限未知的灰色大海。随随便便就进行了这次非凡壮举的水手们是腓尼基人；他们用的航船，原本只能承受他们熟悉的内陆浅海的风浪，这时却不得不面对外面未知的深海中可怕得多的浪头。不错，这些水手们一定有些过人之处；但这些特别的北非海螺，竟能让他们甘冒如此大的风险，绝对更不寻常。

确实如此。但是，我们最好先把海螺放到一边，想一想最初把腓尼基人带到摩洛哥的那次漫长且肯定很不简单的旅程。

2. 尖塔顶

早期人类的下海之旅开始得无比迅速。只是，究竟是什么驱使他走得这么远又这么迅速——也许是因为好奇，或者是饥饿，或者是需要空间和生活的场所——这始终是个谜。但事实是，化石记录显示，他曾在埃塞俄比亚和肯尼亚的草原上搜寻食物——猎杀大象、河马、瞪羚和鬣狗，建造安身之所，获取并控制雷击引燃的火源——而在此不过3万年后，他开始穿过非洲往南跋涉，一步步缓缓走向了大陆边缘，走到了南部的海岸线，走到了自己以前一无所知的地形现象面前。

在他迁徙的过程中，气候渐渐转凉：世界正要进入一个重大的冰川时期，即使是横跨赤道的非洲，也曾短暂地（实际上后来变得非常寒冷）拥有了更加温和的气候，覆盖了更多的草原，而少了些狂野的丛林。所以，沿着大裂谷一路南下或许是早期人类的探险中最容易的一次——两侧绵延的山麓给他提供了一种保护，郊外碧浪翻滚的草地比以前的丛林更加安全，河水不再那么湍急，更加易于通行。于是，到了适当的时候，经过漫长的几个世纪的逐步南迁后，人类终于到达了最后的悬崖，终于发现了大海。

无疑，这里就是他所知道的世界的边缘，到达这里，突然看到一道裂开的深沟横亘在他了解的和一无所知的事物之间，一定让他震惊不已。与此同时，他安全地站在高高的、长满青草的崖顶，看见遥远的下方是一片翻滚的、一望无际的水，奔涌着、轰鸣着、怒吼着，不断冲击着岩石，而这些岩石正标志着他栖居地的边缘。他极有可能被深深震撼了，被眼前这番如此宏大而又与他所知的一切事物都截然不同的景象吓住了。

但他并没有大呼小叫地跑回安全的草原。最新发现的所有证据都表明，他和他的族人们在那里停住了脚步，在海岸边建起了容身之所。他们选择了一个大洞穴，这个洞穴地处高处，因而免于被下方的海浪侵扰。然后——他当时到底是怯怯地还是放心大胆地又或是惴惴不安地，我们永远也没法知道了——他终于爬下了悬崖，到了沙滩上。接着，他一面小心地不靠近轰鸣的海浪，一面跪了下来，就像现在的孩子可能做的那样，开始探索岸边潮汐池的奥秘。

他的一旁耸立着陆地上的悬崖，一旁奔涌着蛮横强大的海水，他却一时被潮汐池里这个全新的世界给吸引住了。他凝视着池水深处，池水如水晶般清亮，却弥漫着草叶的绿色，涌动着激烈的暗流。他用手指在海水里蘸了蘸，缩回来，尝了尝——这和他以前知道的任何味道都大不一样，既不像沙漠中可怜的井水那般又酸又咸，也不是新鲜甘甜的，大概喝了感觉不好。

不过，这水里养育着某些生命。当他仔细观察时，发现池子里生物众多，生机勃勃——螃蟹、小鱼、带壳的动物、水草、海葵。过去1000年里，他在陆地上的觅食习惯主要是依靠试错的办法，于是，他凭借同样的试错过程，最终发现池子里有大量的食物可供他和他的家人食用。而且，这是富有营养的优质食物，还是不必东奔西跑就可以猎取到，不必烹煮就可以吃，不必冒生命危险就可以得来的一种食物。此外，更神奇的是，这种食物不知怎地像魔法般会重新补充，这是因为他面前这个小小的水中世界每天会充两次水。

自然而然地，对这个新奇的水世界的痴迷使他在海边定居了。他最终来到了尖塔顶。[①]

---

① 尖塔顶（Pinnacle Point），南非莫塞尔湾南部的一个海岬。——译者注

3. 新的伊甸园

西开普（Western Cape）是南非最南角的行政名称，这里是印度洋的海水和南大西洋的冷流的交汇之处。这是一段危机四伏的海岸线，沉船事故时有发生：无法从苏伊士运河通过的大型油轮要往返油井，就要取道厄加勒斯角（Cape Agulhas）南边，然后紧贴海岸线而行，它们发生撞船事故的频率高得可怕，常常会造成讨厌的石油泄漏，导致大量非洲企鹅死亡。我曾在这片水域航行过，知道这里非常棘手。几乎所有的船只都喜欢紧贴海岸，以避免那恶名远扬的深海大浪，而且这里少有在天气恶劣时供人躲避的港湾。拥挤的海道（遍布着当地的捕鱼船）、冰冷汹涌的海水，再加上缺少港湾、遍布岩石的海岸线，这样的组合没有几个水手——更别提像我以前那样的半吊子生手——会乐意体验。

我仍然带着我那本老旧的《南非导航》，这是我以前在游艇上用的蓝皮航海指南。它说，美丽的弗里斯湾（Vlees Bay）是一个地标，它两边是两座岩石海岬——南边是弗里斯顶（Vlees Point），9英里以南是尖塔顶。这位水文作者提到，在写这本书时，尖塔顶附近有"一片白色的度假小屋"，他提到这片小屋并不是因为它们好看，而是因为它们可以作为明显的标志物，帮助船只找到紧贴海岸的路。

自《南非导航》成书后的30年来，这片度假小屋已经变成了一个高档度假村，专营昂贵的海滨娱乐——尖塔顶沙滩和高尔夫度假村。度假村营销者喜欢说：这海边的空气、地中海式的气候、白色的浪涛，还有一个当地特有的植物王国"凡波斯"（Fynbos），把这片原本岩石嶙峋的海岸变得异常美丽，这一切共同把这个地方变成了"新的伊甸园"。他们不知道这个广告语是多么贴切。尖塔顶在职业高尔夫选手和退休商人那里或许正要声名鹊起——但对于一心扑在人类早期历史的考古学家来说，早就听说过它的大名。因为尖塔顶似乎是人类第一次在海边定居的地方。特别是有一个洞穴，被考古界称为PP13B，位于海浪线上方几十英尺的地方（不过距离高尔夫第9个发球点很近），人们在这里发现了一些证据，显示早期人类曾在这里吃过贝类，磨过刀斧，还曾刮赭石涂抹自己的身体以及周围的环境。而且，这些都发生在几乎刚好16.4万年前。

　　1999年，来自亚利桑那州立大学进化和社会变迁学院的美国研究者柯蒂斯·马雷恩（Curtis Marean）成为最早认识到这个洞穴的重要性的人之一。根据他对最后一次大冰川时期非洲寒冷而恶劣的气候的了解，他一直怀疑，当时的人类很有可能会迁徙并沿南部海岸聚居，因为这里有从马达加斯加附近过来的暖流，而且在陆上和海中都能获得食物。他认为，这些人很可能居住在洞穴里——于是他沿着海岸线寻找洞穴，这些洞穴应该足够靠近当时的海平面[①]，从而使人类能到达水边，但又足够高，而不会让洞内的东西在风暴和涨潮时被冲走。最终他找到了PP13B，并请当地一名饲养鸵鸟的农户给他搭建了一条复杂的木楼梯，以免他的研究生们在爬到洞口的路上摔死——之后他就开始了其细致的研究。8年后，马雷恩在《自然》上发表论文，平淡地记叙了一项卓越的发现。

▲▲

南非海岸上的这个大型海边洞穴，似乎是人类最初到达海岸后居住的地方之一。研究者们还在这里发现了一些人类最早吃海鲜的证据：包括牡蛎、蚌、帽贝等动物的贝壳碎片。

————————

① 比现在的海平面要低，因为当时冰川把大量海水封冻成了极地冰块。

洞穴里有灰烬，说明这里的居民曾生火取暖。有64块磨成刀片形状的小块岩石，还有57块红色赭土块，其中12块有被用在某些东西上——可能是墙壁、面部或身体上——涂画红色线条的痕迹。另有15种海生无脊椎动物的贝壳，可能都是在潮池里找到的——有藤壶、褐蚌、峨螺、石鳖、帽贝、一种大型玉黍螺、一种单一的鲸藤壶，亚利桑那的学者们认为这是附着在鲸鱼的皮肤上，而被一起冲到沙滩上来的。

关于当时人类怎么会决定吃贝类的，还没有定论。很有可能是那些居民们看到了海鸟叼起各类贝壳，把它们在岩石上摔碎，然后享用里面鲜美的肉。一直以来，有一种心照不宣的说法："第一个吃螃蟹的人很勇敢。"[①]但洞穴居民们不管这个，都一窝蜂地涌向了海边，马上把所有他们能找到的软体动物都吞下了肚——后来，每当潮水慷慨地为他们送来更多食物时，他们一定都会重复这令人雀跃的美食探险。

这段经历对这个小小的殖民地以及全体人类都有着重大的意义——正因如此，当地高尔夫球场的投资者选择"伊甸园"作为他们的广告语就更有深意了。此事的意义绝不仅仅是从水牛到藤壶、从狮子到帽贝的饮食变化。这无限供应的营养丰富的食物，意味着人们现在可以做他们以前从未想过的事情——他们可以定居下来了。

他们终于可以开始考虑定居的规则了——包括最终引入的农业和牲畜饲养，还有很快建立起来的文明。

而且，他们用赭土上色的行为表明，这些洞穴居民第一次开始使用象征符号了——可能表达了警告或问候，信息或建议，快乐或痛苦。这些简单的交流形式，将产生最深远的影响。一个住在海边的早期人类可能爬下去找到了某个满是螃蟹的潮汐池，只能期盼着其他人跟过来。但这时他可能决定创造一个符号，利用他新发现的可以涂颜色的棍子，在这个潮汐池上做一个擦不掉的赭红色标记——这一下子就确保了以后他的洞穴同胞们随后来这里时，无论这个最初的发

---

① 这话的出处可能是乔纳森·斯威夫特（Jonathan Swift），也有说是 H. G. 威尔斯（H. G. Wells），或者 G. K. 切斯特顿（G. K. Chesterton）。

现者是否在场，他们都可以辨认出这个池子。于是，交流就开始了——从制造这种象征性信息开始，最终演化出了语言文字——这是把现代人类和其他动物区分开来的高级思维之一。

4. 东岸与西岸

大西洋最初是一片单边发展的海洋，它的东海岸分布着稠密的人口，而在好几万年的时间里，西海岸都荒无人烟——没有任何人或类人生物。而且，就算是人烟稠密的海岸，最初的居民也是从大陆腹地来的新手，对于航海缺乏经验和技巧。这就难怪水手们过了很长时间才敢离开海岸线去探险；过了几千年才有人去探索大西洋上的岛屿；又过了无比漫长的时间才有人横渡大洋。在数万年的时间里，它始终是一道令人恐惧而不可逾越的水之屏障。

现在的研究具有较高的确定性，同从维多利亚时代以来一直进行的挖掘探测式考古有着天壤之别。2000年我们完成了对人类基因组的图谱绘制，从此只需要详细研究现今居民的DNA，就可以知道古时候谁在什么时候、在哪里定居过。当然，寻找陶瓷碎片和装饰性艺术作品残片的浪漫做法依然存在，但要想快速确定人类的扩散，再没有比用计算机分析基因记录更好的方法了。

当西边新来的本地人还紧张地在森林里摸索时，大西洋东岸已经在形成社区了。黎凡特的第一批新石器时代人类已经创造了世界上的第一个城镇"耶利哥"（Jericho）。到这时候，世界上的所有人类都是"智人"了，其他人类都没能挺过旧石器时代末期——而当我们从时间望远镜的这一头回望时，会发现他们的进步几乎在以指数增长。耶利哥最初建立时——这时大西洋西岸仍然人烟稀少——这里的居民们正忙着雕刻石头，种植小米、高粱和单粒小麦。仅仅几千年后，当穿着兽皮、瑟瑟发抖的早期奥吉布瓦人（Ojibwe）、克里族人（Cree）和因纽特人在美洲北部竭尽全力地建造最初朴实而贫瘠的定居点时，在新月沃土（Fertile Crescent）以西直至爱尔兰等地的人们已经在制作陶器，驯养动物，利用石头制作斧头和镰刀，建造坟墓和石柱，用盐腌制食物，并即将开始金属冶炼了。

○ ◈ ○

而且，这些东边的人们还建造了最早的船只。早在一万年前，荷兰和法国的早期住民就已经率先通过雕挖或火烧的方式掏空倒地的树木，做成小船，用以渡过河流或沼泽，跨越一些不太艰险的河口。但这些小船确实只能算独木舟，既不稳定，又很笨重，没有龙骨、风帆、船舵，干舷①也完全不足以下海。第一次重要进步又一次发生在新月沃土上：2000年后，科威特出现了一种适合航海的船只，用灯心草和芦苇制作并涂上沥青，至少能够在棘手而变化莫测的红海波涛中行驶了，或许还能走得更远。

阿曼也有一艘这样的船。2005年，非常热心的阿曼苏丹资助了一支6人的船队，驾驶一艘该船的复制品，从马斯喀特出发前往印度古吉拉特海岸。这段航程有360英里，但沥青一定开裂了，因为在驶离阿拉伯海岸3英里后，船体中的芦苇就被浸湿了。这艘小船很快就沉没了，船上的所有人不得不接受阿曼皇家海军船只的救援。

5. 海格力斯之柱

第一艘勇敢应对大西洋汹涌海水的适宜船只，是腓尼基人建造的。

诚然，在腓尼基人之前，米诺斯人就已经有了繁荣的贸易，并以迅猛强悍的海上力量护卫着他们的地中海商路。他们的船只是用锋利的青铜工具建造的，样式美现、功能强大：制作材料是柏树，柏树被锯成两半，叠在一起，然后用涂有白漆的粗麻绳跨过整个船板捆住，还竖起一根橡树制成的桅杆以悬挂风帆，并有船桨帮助加速。但它们只在白天航行，而且只在距离克里特几天航程的岛间穿

---

① 指船舶吃水线到甲板的高度。——译者注

梭；但米诺斯人一次也不敢冒险越过海格力斯之柱，进入“永暗之海”（the Sea of Perpetual Gloom）。

和他们大多数的海上对手一样，米诺斯人毫不质疑地接受了有关大西洋的传说，这些故事和传奇能使最勇敢的人也望而却步。海格力斯之柱以外的水域，超出了已知的世界，超出了希腊人所说的“奥克曼”（Oekumen），即人类居住之地，实在太奇异、太可怕，让人连想都不敢想去冒险。那里或许存在一些迷人的奇迹之所：海岸附近，有赫斯珀里得斯（Hesperides）①的花园，更远的某处，有希腊哲学家们所描述的最伟大的一处乐土——亚特兰蒂斯。但除此以外，大西洋就是一个恐怖环绕的地方。“我无论如何都找不着逃出这道灰色浪头的路，”奥德修斯大概会这么抱怨，“逃不出这片灰色的大海。”那海风刮得太猛，风暴会毫无征兆地爆发，浪头之大之强也是地中海上从来没有过的。

然而，这片古典世界中相对平静的内海只是一个训练场、一个幼儿园，因为后来的水手们将会比米诺斯人大胆得多，商业上的野心也远大得多，这也是人类发展过程中必然会发生的。很多人相信，那时圣托里尼岛（Santorini）的火山爆发给了克里特人的野心最后的致命一击，于是更具商业精神的黎凡特人觉醒了。从他们狭长的海岸边——就是后来的黎巴嫩、巴勒斯坦和以色列，堪称是一片天生就带有勃勃雄心的土地——腓尼基人的大船悍然出海，扬帆西行，一路贸易、战斗、统治，所向披靡。大约公元前7世纪，当他们来到海格力斯之柱时，他们没有像前辈那样停下脚步。他们的船长无疑都是真正的男子汉，于是决定径直穿过汹涌的海浪和风暴，成为世界上最先见到这片海域的人。

从提尔（Tyre）港口来的人似乎是第一批过来的人。他们的船是横梁宽阔、形如镰刀的“圆船”，或者叫作“盖洛伊”（galloi）——之所以叫这个名字，是因为这种船的船体呈大幅度的曲线形，而且常常会在沉重的桅杆上挂两张帆，一张在船中间，一张靠近船首舱——造船时，人们在本地把雪松伐倒，然后用令人惊讶的高超技艺把它加工成木板，用接榫和榫头把它们固定为一体，再用柏油

① 希腊神话中，看守极赫拉金苹果园的仙女，她们歌声嘹亮，主要由三位姐妹组成。——译者注

密封。提尔、比布鲁斯（Byblos）和西顿（Sidon）的大部分长途船只还有划桨手——小商船上一边7个；大船上一边有两组，每组13人，船只因此有着强大的加速能力。船上的装饰气势恢宏，而且常常故意弄得很吓人——船头上画着巨大的眼睛、满口獠牙的巨龙和头部饰有金属刀刃的咆哮的老虎，这与后来西方水手们喜爱的大胸少妇的形象形成了对比。

腓尼基人的船只是为了商业目的建造的。1982年，一名采海绵的潜水员在土耳其南部的乌鲁布伦（Uluburun）发现了一艘青铜时代的沉船（这艘船虽然不能确定是腓尼基人的，但肯定是那个时代的典型船只）。这艘著名的沉船不仅展现了当时地中海可获得的货物种类之多，还说明了当时船只航行范围之广。显然，船员们这一次航行的目的地是埃及、塞浦路斯、克里特岛及希腊本土，甚至可能远至西班牙。沉船时想必是遭遇了突起的风暴，这艘45英尺①长的"盖洛伊"上载着令人困惑的海量重得要命的奇珍异宝，远非桂冠诗人约翰·梅斯菲尔德（John Masefield，1878~1967）所能想象②，包括很多铜块和锡块、蓝色玻璃和黑檀木、琥珀、鸵鸟蛋、一把意大利剑、一把保加利亚斧、无花果、石榴、一个画有奈费尔提蒂③图案的金色圣甲虫宝石、一套青铜工具（这极有可能是船上木匠的），还有一吨松脂、几堆水壶和花瓶，以及名为"皮托伊"（Pithoi）的希腊储存罐，另有金银耳环、无数台灯和大量的河马牙。

乌鲁布伦的这艘船有可能远行到了西班牙，这表明了商人们终极的航海野心。货物中包含的40块锡暗示了他们的商业动机。锡是青铜的重要成分，自公元前7世纪有冶金术以来，锡的需求量大大增加。黎凡特人有这样的传说，西班牙中南部的山丘上有河流飞流而下——最著名的是瓜达基维尔河（Guadalquivir）和瓜达莱特河（Guadalete），此外还有力拓河、奥迪埃尔河和瓜迪亚纳河（Tinto, the Odiel, and the Guadiana）——这些瀑布冲击产生了锡矿。于是，大约就在这时，

---

① 1英尺 ≈ 0.305 米。——编者注

② 在他的著名诗作《货物》（Cargoes）中，他想象返回巴勒斯坦的五桨大船上载有象牙、猩猩、孔雀、甘甜的白葡萄酒和檀香木，以及大量的雪松木（估计是做填舱木用的）。

③ 奈费尔提蒂（Nefertiti），公元前14世纪埃及王后。——编者注

腓尼基人不顾传说中的警告，决定远航。他们对这片水域的了解十分有限，只有先知和祭司日日挂在嘴边的悲惨故事，这和企图去外太空一样需要勇气：充满了危险，但回报却不确定。

于是，素来在安全和舒适中航行的水手们，第一次勇敢地穿过了愤怒岩柱的下方——北方的直布罗陀巨岩到南方的摩西山（Jebel Musa）——然后沿着伊比利亚海岸线蹒跚前行，似乎没什么事，发现事情比他们想象的要容易些——因为他们一直看得到陆地，且没有冒险进入远处的深海——随后他们建立起了海上贸易站，并在接下来的4个世纪盘桓于此。第一个站点在卡迪斯（Gades），即今天的加的斯（Cádiz）；第二个是他提索斯（Tartessus），早已不可考，可能就是《圣经》中提到的他施（Tharshish）①，阿里斯托芬②曾谈到当地七鳃鳗的品质，但人们认为这应该是比卡迪斯更北一些的地方，在西班牙维尔瓦（Huelva）的大西洋沿岸某处。

就是在这两个站点上，腓尼基商船上的水手们开始完善他们在大洋上的航海技术。正是从这里开始，他们进行了第一次漫长而危险的航行，成为该地区之后2000年海上探险史上的先行者。

腓尼基人刚开始是为锡矿而来。但随着贸易的繁荣，促使商人航行到布列塔尼和康沃尔，甚至更远的地方。正是他们发现的美丽的骨螺，使他们远远超越了想象中能到达的海岸。

700年前，米诺斯人就发现了骨螺的神奇之处，他们认识到，只要花费一些时间和精力，就可以用这种软体动物大量榨取一种艳丽且永不褪色的紫色染料——这种颜色是如此令人难忘，米诺斯的贵族们马上决定穿上用它染色的衣服。这种颜色价格不菲，法律禁止下层人民使用。骨螺染料很快就成为带有皇室威严的最昂贵的色彩——对于米诺斯人如此，对于腓尼基人也是如此，最重要的是，对罗马人也是如此。有人"生而为紫"：只有身着紫衣的人才可以成为罗马

---

① 见《列王纪上》10：22："因为王有他施船只与希兰的船只一同航海，三年一次，装载金银、象牙、猿猴、孔雀回来。"

② 阿里斯托芬（Airstophanes，约前446~前385），古希腊早期喜剧代表作家、诗人，相传写了44部喜剧，流传下来的有11部，有"喜剧之父"之称。他是雅典公民，同苏格拉底、柏拉图有交往。——编者注

庞大统治机器中的一分子，或者用《牛津英语词典》的话说，是"古罗马的皇帝、高级官员、元老院议员以及骑士阶层的成员"。

到公元前7世纪时，海上的腓尼基人离开他们在西班牙的两个贸易中心，外出探险，寻找这种可以分泌染料的软体动物。他们沿着西班牙海岸往北搜寻，却没有发现它的踪迹；但有一次他们往南前进，拥抱非洲北部角落上低矮的沙土悬崖，随着水温上升，发现了大量骨螺的栖居地。

他们一面探索，一面沿途在看来有希望成为海港的地方泊船——首先是在他们建立的一个名为利索斯（Lixus）的小镇上，这里靠近丹吉尔（Tangier），就在里夫山（Rif）的山脚下：那里还留存着一幅损毁严重的海神俄刻阿诺斯的马赛克图案，似乎是希腊人造的。

然后他们继续南下，在现在的拉巴特（Rabat）附近的河口找到了可供贸易的货物。他们在阿兹莫（Azemmour）之类方兴未艾的海滨城镇上留下了士兵和营地，然后，骑着首尾高大而夸张、装饰着马头、称为"西波依"（hippoi）的船，继续前进，离家乡越来越远，最终来到了后来名为摩加多尔的岛屿。他们在这里找到了大量的那种腹足类动物。所以，这两座掩藏着索普河（Oued Ksob）河口的岛屿，很可能就是他们到达的最南端①。也正是在这里，他们开始了垄断性的骨螺贸易。

整洁的索维拉海港如今是摩洛哥的珠宝之乡，在海港翻滚的银浪之间，坐落着一座现在名为"紫色岛"（Les Îles Purpuraires）的岛屿。这个小镇上最著名的要属海边那座恢宏的18世纪堡垒，胸墙、炮眼、尖的棱堡、一排排黑色的大炮让堡垒固若金汤，它还围着一片美丽的隐居的阿拉伯人聚居区。在幕墙顶部的走道上，可以将大西洋的滚滚浪涛尽收眼底，尤其当太阳入海时更是美不胜收。腓尼基人发现那里的石缝中聚集着数以千计的骨螺，于是在加重的篮子里放上饵料，把它们一掳而空。提取染料——这是一种名叫6，6'-二溴靛蓝的化学物

---

① 有一个提醒：公元前600年左右，希罗多德声称，一队腓尼基水手曾依照埃及法老尼科二世的命令，做了"一次为期三年的环非洲航行"。尼科二世——正是他建造了苏伊士运河的雏形——是一位抱负远大而富有想象力的领导者，确实可能下令做这样的探险，不过还是有很多人对此抱有怀疑。

质，是骨螺分泌的保护素——可就没那么容易了，具体过程一直保密。将骨螺的色素腺取出，并在铅盆里熬制，要熬成千上万只骨螺才能够制得足够染出一件袍子的紫色染料。这种袍子可以拿来卖，不过这种贸易受到捕螺水手们的故乡——提尔港口的严格控制。1000年来，一盎司真正的提尔紫比一盎司黄金还要贵重20倍。

现在，腓尼基人已经有能力在北非海岸驰骋，这成为永久解锁大西洋的关键。对海格力斯之柱以外的未知水域的恐惧很快便烟消云散了。没过多久，人们登上直布罗陀或摩西山上石灰岩峭壁的高处举目远望，就能看到其他船只也从欧洲、北非或黎凡特等地的其他国家出发，从地中海湛蓝的海水上驶过，进入大西洋灰色的海浪中——开始或许尚有些战战兢兢，但很快就和腓尼基人一样，放心大胆起来了。

弗朗西斯·培根有一本书，书的扉页上有一段动人的叙述，描写大船碾碎旧时代的舒适和安全、穿过海格力斯之柱往外驶去的情形。在这段文字下方有一条出自《但以理书》的金句：Multi pertransibunt, et augebitur scientia。最恰当的翻译或许是："必有多人来往穿梭，知识必将发扬光大。"——这一切都要归功于这有着紫色体液的腹足类动物和敢于追寻它们的腓尼基人，这暗示着，只有抓住机遇、勇于冒险才能获得新知，这将成为颠扑不破的真理。这是一条在大西洋的入口处诞生的感悟。

6. 法罗群岛

公元前4世纪，腓尼基人在战争中落败，其国家被邻国和侵略者吞并，终于退出了历史舞台。当他们日渐式微之时，世界各地其他的水手们则开始越发坚定地迎对新发现的大西洋的挑战。一个是迦太基的希米尔科（Himilco，尽管拥有一支由40艘五桨大船组成的舰队，他仍然在第二次布匿战争中败给了罗马），还有一个是马赛的皮西亚斯（Pytheas，他环航了不列颠并为其命名，然后北上挪威，遭遇了冰川，给我们留下了"Thule"①这个名字，并发现了波罗的海）。

　　然后罗马人来了——这是一个尚武的民族，从来就不具备海洋思维，或许也正因如此，他们初当水手时有些紧张。根据罗马历史学家卡西乌斯·狄奥（Cassius Dio，150~235）所述，一些参与公元43年克劳狄王朝入侵不列颠的士兵，就连横渡多佛尔海峡这般温和的大西洋水域都不敢，恐惧得揭竿而起，坐在矛上拒绝前进，抗议说渡海就"好像是要越过居住的土地去打仗"。最终他们登上了战舰，被运到了肯特海滩，罗马帝国也得以扩张——但即使是在公元117年，帝国疆域最广的时候，北到索尔威湾（Solway Firth）、南至摩洛哥境内古老的腓尼基城市利索斯，也分毫没有远离大西洋海岸。他们可能解缆出海，在浅水区做点海岸贸易，但除此以外，罗马人一直对真正的大西洋敬而远之，从来没有像前辈们那般大胆。

　　他们同样也不如后来者大胆。因为，在大西洋中部的海岸经过了一段漫长而令人不解的沉寂之后，阿拉伯人——公元8世纪，他们刚刚获得了安达卢西亚的疆土，就迫不及待地出海了——后来还有来自意大利北部的热那亚人在北非的大西洋上开始了贸易。记录显示，他们一直南下，足迹远达瓦迪南（Wadi Nun），靠近前西班牙属地（也是集邮爱好者的最爱）伊夫尼（Ifni），水手们在那里和来自尼日利亚和塞内加尔的沙漠篷车商队碰头，然后满载着各种非洲的珍奇物品，匆匆赶回巴塞罗那和利古利亚（Liguria）的消费者身边。

　　不过，航海的发展和轻松无畏的态度并不是地中海水手的专利。早在阿拉伯人和热那亚人航行之前很久——不过远在腓尼基人之后，他们确实敢为天下先——北方的人民就已经把他们的船只驶入了更加寒冷也汹涌得多的北大西洋海水中。

---

① 图勒（Thule），古代欧洲传说中位于世界极北之地的一个地方，通常被认为是一座岛屿。皮西亚斯是最早提到这个地方的人。他的记载中提到：图勒旁边的地方"由既不是水也不是空气的物质——或者说是前两者的混合——组成"，"陆地和水都悬浮着，既不能踏足也不能航行"，"太阳落下两三个小时后又会升起"。——译者注

他们的动机不同：北方人出海的驱动力是好奇心而非商贸。在一定程度上，好奇心，超越了帝国和上帝。至少在公元最初的一千年间，两方水手纵横四海：最著名的是维京人，但最初的、也常常被人们遗忘在历史的迷雾中的，是爱尔兰人。

再没有什么船只，能比头一个千年斯堪的纳维亚和爱尔兰的船坞制造得更别具一格了。时至今日，维京人仍然以骨子里信奉海盗式暴力的传统而闻名。他们多在沿海活动，过去出海时他们驾驶着著名的长船，一心要进行抢掠；如今人们所说的北欧人（Norsemen），通常是指数量众多、脾气温和的早期大西洋上的斯堪的纳维亚商人和探险家，他们驾驶的船略宽一些、笨拙一些，叫作"挪尔"（knarrer）。

▲▲

因烧杀抢掠而在欧洲恶名远扬的维京人，一般驾驶狭长战船出海；友善些的北欧人则使用小些的船只，类似这艘"挪尔"，往西航行前往冰岛、格陵兰和北美。

这两种都是瓦叠式的木制船只，船头很高。其中更具威胁性的长船，船头到船尾有100多英尺，由橡木制成，船头上高高的有一个龙头雕像。两种船都有着巨大的四方形船帆，可能有30英尺见方，重达几吨，需要至少25名水手操作，在顺风而海面平静时，能达到每小时50海里的速度。

爱尔兰人在西部海域的汹涌水域里驰骋所用的船则与之形成鲜明对比。他们仍然坚持称其为"小舟"，透露出典型的凯尔特人式自嘲。它真正的盖尔语名称叫作"克勒克艇"（curragh），是一种小而短的小艇。不同于长船的优美快速，它显得圆浑而矮胖。这种船的改良版至今仍在使用。它仅有一张帆和一支舵桨，只需要极少的水手就可操作。造船时先用柳条扎出骨架，然后把牛皮用橡树皮溶液浸润，并泡在羊毛脂中，再包裹在骨架上，最后用亚麻线和皮条将整个船体缝在一起。蒂姆·塞韦林（Tim Severin）是爱尔兰著名的航海探险家，曾造了一艘克勒克艇并驾其出海。他曾问过科克郡一位著名的克勒克艇制造者，这种看着弱不禁风的小船能不能一路划到美洲去。

"要说呢，"造船家答道，"只要水手够棒，这艘船肯定没问题。"

传说中，第一个跨越北大西洋海域做长途旅行的人，是爱尔兰的游僧圣布伦丹（St. Brendan，约484~约577）。指引他的究竟是纯粹的对仁慈上帝的盲目信仰，还是另有依仗，我们不得而知。大多数人认为，他只带了当时所知的唯一一幅大西洋地图——这幅地图倒也没多大用处：这是一幅图书插图——公元前1世纪时埃及人所绘，古希腊天文学家、地理学家托勒密（Ptolemy，约90~168）的权威圣书《地理》中的插图。在后来的翻印版中，大西洋只是书页左侧边缘的一个竖条，名为"西方大海"（Oceanus Occidentalis），或者按北方的说法有个更不吉利的名字，叫"冰川之海"（Mare Glaciale）。

爱尔兰和苏格兰曾进行过多次传教远航，决心向北方世界的天涯海角传播基督教。一般认为，最初的远航可以较精确地追溯到公元563年。这一年，圣哥伦巴（St. Columba）将三位一体的知识带到了苏格兰阿盖尔（Argyll）的爱奥那岛

（Iona）。根据中世纪图书《圣布伦丹游记》（*Navigatio Sancti Brendains Abbatis*）中欢乐的奇谈故事的记载，布伦丹的远航应该在此之前；他和大约60个僧侣兄弟一起，从爱尔兰西南部丁格尔半岛（Dingle）上的一个小型入海口出发，首先向北到达赫布里底群岛（Hebrides），然后继续北上到法罗群岛和冰岛，最后向西前进，甚至可能到了纽芬兰——圣人的应许之地。

究竟是谁将基督教传入法罗群岛的已经不得而知，但基督教传统留存了下来，而且至今仍生机勃勃。当布伦丹和他的僧侣同僚们从赫布里底群岛最北端的巴拉海岛（Barra Head）一路历经200英里的狂风大浪而最终着陆时，他们对法罗群岛上数不清的羊群、种类繁多且数量巨大的海鸟，还有同样种类丰富的鱼类而感到惊异不已。这里的连绵阴雨、滴水不绝的险峻石壁，还有无处不在的深绿色草丛，也让他们印象深刻。

1500年过去了，这一切依然如故。在一个风狂浪急的春日，我第一次乘船游览法罗群岛，从法罗群岛最西边的两座岛——沃格岛（Vagar）和米基内斯岛之间的海峡间穿过，想必圣布伦丹当年也是这么走的。我当时坐在一艘小船里，它乘着浪头不亦乐乎地颠簸着，从一片玄武岩悬崖下经过。这些悬崖峻峭漆黑，高高耸立着，几乎快没入上空回旋的云朵之中。

但凑近细看，就发现悬崖上也并非全然是黑色的。青草形成了一个个斑块，格外显眼，每次暴雨过后，下淌的水流就会勾勒出草块的边缘；草地呈七八十度的倾角，人站在上面都不敢直立，唯恐摔进脚下几百英尺的幽蓝的无底深海中，但每片草地上都有羊。

岛上的年轻人在初春时，就把羊羔放到了这里。岛上的牧羊人先爬上悬崖——崖壁上能看到固定的绳索，缠绕在一片密布的岩钉和铁锁上，当阳光正好时，金属会映衬着岩石闪闪发光——法罗群岛的岛民划着船把羊羔一只只地递给他们，然后每个攀岩的人肩上扛起一只咩咩大叫的羊羔，双手交替着，靴子蹭着潮湿的岩壁，就这样一下一下登上那片险峻的小草场。

攀岩人一只手抓着绳索，另一只手把那惊骇不已、暖烘烘、湿漉漉的羊羔从脖子上松开，把它尽量稳稳地放到坚实的地面上。1000英尺下，船儿看起来像个小点儿，几乎看不到船上的人，只有一张张担惊受怕的脸，正仰头确认是否一切顺利。小羊们吓坏了，哆嗦一会儿，然后嗅嗅周围的空气，惊异地看着高崖，最后就明白了该怎么站最好——只有站稳了，才能活下去。盘旋的海鹦拉出鸟粪，长期滋养着这里的青草。这时，羊群冷静了些，就会一头扎进丰盛的草丛里，然后心满意足又惴惴不安地在这里待上一年。

我从下面能看见羊群，就是几百个羊毛白的小点，一面慢慢地拱着青草挪动，一面又不停"哎呀哎呀"地怕摔下去，但即便狂风阵阵，大雨倾盆，草地像油布一样湿滑，它们好像也从来没摔下来过。

如果圣布伦丹真的曾航行到法罗群岛的话，那他应该是从赫布里底群岛出发，几乎顺着正北方向过来的。但他来了以后（在他的游记中，提到曾路遇其他类似自己的人，暗示了他不是第一个到达此地的爱尔兰人），再想继续北上就前景渺茫了：这么做意味着冷，然后是彻骨的寒冷，最后是冰冷。向东去也不太妙：众所周知，那里是礁岩密布、危机四伏的挪威海岸，探险只能就此终止。所以只剩下往西这条路了；但这样的话，小船就得面对怒海激流、狂风暴雨，而这群无辜受累且可能赤脚的克朗佛特（Clonfert）修道士，哪怕是他们之中最擅航海之人，也可能无力应对。

1976和1977年的夏天，蒂姆·塞韦林驾驶一艘复制品横渡大西洋（他主张，既然圣布伦丹花了整整7个季度才跨越大西洋，那他用两个季度的时间也无可厚非）。他先在法罗群岛登陆，然后到了冰岛，最后挺过激烈的风暴到了丹麦海峡和纽芬兰。他的远航证明了（正如爱尔兰的克勒克艇制造者之前告诉他的），只要水手够水平，乘皮艇横跨大西洋是完全可能的。不过，塞韦林虽然证明了这样的航程是可以实现的，却并没证明这样的航程曾实现过，也不能证明爱尔兰的僧侣曾做过这样的事，曾到过当时这三个国家中的任何一个。也一直无人能举出任何确凿的证据，说明爱尔兰人曾到过或定居过这些地方，或者最重要的，证明他们曾完成过横跨大西洋的壮举。人们也从未在北美发现过早期的爱尔兰船只。

所以，几乎可以肯定，爱尔兰人不是克里斯托弗·哥伦布的直系先驱。而且，尽管很多意大利人至今声称，哥伦布根本没有任何先驱，1492年是名副其实的实现跨洋接触的历史分水岭，但20世纪中期的一项发现改变了一切。1961年，在纽芬兰北部有了一项考古发现，证明了第一次横跨大西洋发生在人们推想的爱尔兰人传教航行的400年之后，也即哥伦布商业远航整整400年之前，但这份殊荣既不属于爱尔兰人，也不属于热那亚人。

第一个横跨大西洋到达"新世界"的欧洲人是一个北欧人，一个维京人，很可能来自挪威的海边小镇卑尔根（Bergen）和斯塔万格（Stavanger）以南的峡湾地带。

7. 文兰

在这些考古学家宣布这项发现的4年前，就曾有一群古籍商人提出哥伦布可能早被人比了下去，这激起了公众的兴趣。

1957年，康涅狄格州纽黑文的一名年轻书商劳伦斯·威滕（Laurence Witten）带着一件不同寻常的东西去了耶鲁大学：他通过意大利的一名书商，买到了一幅15世纪的世界地图，但这幅地图有一个前所未见的关键特征——在地图左侧、格陵兰岛的西边，有一座大型岛屿，岛的东海岸有两条狭长的凹陷。这幅地图上把这座岛标为"文兰"（Vinlanda），其上方用鲜红色的拉丁文写着，有人曾在11世纪时到过这座岛，起初是"卜亚尼（Bjarni）和列夫·埃里克森（Leif Eriksson）同行"，后来还有来自罗马教廷的一名使者。

8年以后，人们才正式宣布发现这幅图，这主要是因为，最后从威滕手中购走这幅图的是银行家、百万富翁保罗·梅隆（Paul Mellon）。他把它买下来作为礼物献给了自己的母校，并决定只有在确认它是真品以后，才肯进行献赠。经过8

年的鉴定，大英博物馆的一组专家最终宣布它为真品，梅隆这才允许耶鲁宣布这个消息。这激起了轩然大波——简直像是发现了真十字架①的残臂，或是都灵裹尸布②上的新发现，又或是发现诺亚方舟的船舵一般。耶鲁大学的地图管理人称其为"本世纪最激动人心的地图发现"，耶鲁大学贝尼克珍本与手稿图书馆馆长称其为"现代最激动人心的独一份收获，其意义之重大甚至超过了古腾堡圣经。"它登上了所有大书小报的封面。

令世界激动——或至少令大多数美国人（虽然不包括意大利裔美国人）和所有挪威人激动万分的是，这幅地图似乎是最后的铁证，证实了13世纪最广为人知的两个冰岛传说中提到的著名的"文兰"是在北美。这幅地图似乎一锤定音地证明了，列夫·埃里克森——红胡子埃里克③的儿子，他生于冰岛，四海为家——确实曾登上过美洲大陆的某处，而且有一个精确记录的年份，那就是公元1001年。

这份文件确证了所有满腔热血的意大利人长期害怕的一件事——第一个横渡大西洋的人不是哥伦布，而是一个11世纪的北欧人。更在骄傲的热那亚人伤口上撒盐的是，耶鲁大学选择举办盛大的庆祝晚宴来展示这件维京瑰宝，晚宴的亮点是一艘冰雕维京长船，而素来不苟言笑的大学图书馆馆长竟戴了一顶铁盔，铁盔上飘扬着挪威国旗——而且聚会是在10月12日星期二，该年的哥伦布纪念日举办的。这实在不是宣扬挪威人最先登陆美洲的好时候，因此引发了强烈的不满。

"2100万美国人将铭记这次奇耻大辱。"当时的意裔历史协会主席说道。

唯一的问题是，这张宽11英寸、长16英寸，脆弱泛黄的小小羊皮纸，充满了各种不确定性，带来了种种激烈争论。那位书商没有如实说出它是从何而来，又是如何到了他手上的。那个卖地图给他（售价3500美元）的意大利人（人们没有

---

① 真十字架（True Cross），指钉死基督的那根十字架，作为耶稣为人类带来救赎的标志，具有极其重要的象征意义。——译者注

② 都灵裹尸布（Shroud of Turin），是一块印有男人脸部面容及全身正反两面痕迹的麻布，保存在意大利都灵主教座堂内。人面图像有胡子和及肩头发，身体有伤痕痕迹。《圣经》中的《马太福音》《马可福音》《路加福音》曾提及耶稣被用细麻布裹好、安放在坟墓，因此基督徒认为它可能是耶稣被钉在十字架后所用的裹尸布。——译者注

③ 红胡子埃里克（Erik the Red），维京探险家，冰岛传说中认为他是第一个在格陵兰定居的挪威人。——译者注

遗漏这个讽刺性的事实），之前曾试图把它卖给大英博物馆，但没有成功，此人是法西斯主义者，还是个被判过刑的小偷。对地图所用墨水的检测显示，其中含有大量在推定的制图时代尚未发明的化学成分——尽管地图所用的羊皮纸本身被证明是15世纪的纸张，但它外面似乎涂了一层油，而这种油是20世纪50年代制造的。地图中间的折痕原来根本不是折痕，而是一道接缝，接缝边缘有古怪的化学品痕迹。而且地图上的拉丁文充满了æ这种连体字母，而这是在推定的制图时代很少使用的一种词汇形式。

这让耶鲁大学忍无可忍，于是1974年，恼怒的图书馆长宣布他们的这件价格不菲的珍宝是一件赝品。但是，故事还未结束。20世纪80年代中期，又进行了进一步的检测，结果说明70年代所做的检测都是拙劣的——所以，1987年，耶鲁大学再次改变说法，说相信这幅地图，并为它投保了2500万美元以防万一。直到我写作本书的时候，怀疑者和坚信者仍在没完没了交替着占据上风：进一步的化学、光谱和亚原子测试引发了愈发复杂的怀疑，而且人们了解到有一名古怪的反纳粹造假者[①]可能有强烈而复杂的动机去伪造这样一幅假地图，尽管直到2009年，所有丹麦最资深的文物专家仍然坚持认为这地图是真的。

不管怎样，还有一些讽刺的地方和让人迷惑的地方。尽管耶鲁大学竭力保存，但地图上的墨水仍然快褪得看不见了。照理说地图自绘制以来已经挺过了900年，为什么受损速度却突然加快，仍没有人能解释。如果这一切都是精心设计的诡计，那么这样的褪色就赋予了整个故事一个讽刺性的结尾：正如柴郡猫的笑容[②]一般，文兰地图似乎正要消弭于虚无之中。

但是，尽管对于耶鲁大学的这件东西众说纷纭，在斯堪的纳维亚图书馆却找到了一系列其他的图纸（这次毫无疑问是真品），且在1960年从这些地图所绘制

---

① 一名德裔奥地利耶稣会教士约瑟夫·费舍尔（Josef Fischer），是中世纪地图学的专家。一些人认为，他独一无二地兼备制造假地图的机会、动机和足够的空闲时间——以此来挖苦纳粹认为日耳曼人至高无上的信仰。他的红色标注提到教廷使节到达文兰，支持了天主教教廷参与横渡大西洋传教一事——这绝对不符合纳粹的理念。费舍尔于1944年逝世，过了很久才爆发这场争议。

② 柴郡猫是一只能随时现身、随时消失的短毛猫，是《爱丽丝漫游奇境记》中的一个角色。——译者注

的内容中又获得了进一步发现，最终彻底剥夺了哥伦布"发现美洲第一人"的身份。这些其他的地图都是从一份文件上精细复制下来的，这份文件当初远没有那么轰动，但最后却有用得多，就是今天所称的"斯卡霍特地图"（Skálholt Map）。这是冰岛一位名叫西格德·斯特凡松（Sigurd Stefansson）的教师在1570年绘制的。他读了许多关于冰岛的文字记录，于是绘制了这幅地图权作练习，以展现北欧探险者和商人们在大西洋沿岸各处登陆的地点。

原图早已遗失，但现存的各个副本都展现了同样的内容：大西洋——这里称其为"Mare Glaciale"，即"冰川之海"，上面有法罗群岛、冰岛、设得兰群岛（Shetland）、奥克尼群岛（Orkneys）等岛屿，它们的相对位置都比较精确——周围是几乎完全连为一体的一连串大陆。当然，少不了有挪威；还有格陵兰，以及赫利兰（Helleland，挪威的一个村庄）、马克兰（Markland）和斯科拉陵格兰（Skralingeland，北欧学者称其为"石板之乡""森林之乡"和"蛮人之乡"，被认为是加拿大拉布拉多的一部分）；最后，在地图的西南角上，突出了一个指向北方的细长形半岛——被简单地标为"Promonterium Vinlandiae"，即"文兰半岛"。

正是这条线索，结束了数十年的搜寻。自从冰岛传说提到文兰以来，美国人和加拿大人——主要是东北部的人——就一直在搜寻他们家中和他们周围任何可能说明曾有北欧定居者的痕迹——有谁不想知道，到底是欧洲人的双脚先踏上他们的前院，还是北欧水手先登上他们的乡村海滩呢？在明尼苏达和俄克拉荷马州这些不太可能的地方冒出了如尼石刻[1]——全都是假货；在梅里马克河（Merrimack River）旁发现了一尊北欧雕塑；罗德岛上的纳拉干族（Narragansett）印第安人不同寻常的肤色和身高，被传为北欧人曾在普罗维登斯[2]附近定居的证据；一位名叫埃本·霍斯福德（Eben Horsford）的富有的哈佛化学教授[3]声称，他

---

[1] 如尼石刻（或称卢恩石刻，Runestone），通常是指刻有卢恩字母的石头，也可用来表示刻在巨石和基岩上的铭文。这项传统开始于4世纪，一直持续到12世纪，但大多集中于维京时期。大多数符文位于斯堪的纳维亚半岛，但也有少部分随着斯堪的那维亚人的足迹散布至世界各地。符文通常被用来纪念已经逝去的人，以明亮而鲜艳的颜料书写，但多半已经褪色而不再鲜艳。——译者注

[2] 普罗维登斯（Providence），罗德岛州府。——译者注

[3] 他是因发明发酵粉而发迹的。

在剑桥找到了列夫·埃里克森的故居，就在奥本山医院附近的一个红绿灯旁。他同一位名叫奥利·布尔（Ole Bull）的小提琴家一起，筹款在波士顿的联邦大道上为北欧定居者立了一座雕像。这座雕像至今尚在。

撇开这一切无稽之谈，20世纪50年代中期，挪威一位研究维京历史的学者赫尔基·英斯塔（Helge Ingstad）通过研究斯卡霍特地图，确定自己找到了列夫·埃里克森所说的文兰之所在。他推测，它是在加拿大纽芬兰省。这座半岛指向北方，岛的西侧坐落着长岭山脉，文兰就在山下某处。他带着这个有根据的预感，开始每年前往加拿大，在斯蒂芬维尔十字镇（Stephenville Crossing）和近300英里以北的、贝尔岛海峡岸边的狭小入口之间的外港，反复向那里的村民和农民们询问。

1960年的一天，他和他女儿贝内迪克特（Benedicte）乘着小艇，前往位于海岛极北端的小型聚居地——兰塞奥兹牧草地（L'Anse aux Meadows）。在那里，英斯塔遇见了当地的一名渔夫——乔治·德克尔（George Decker），问了一个他觉得自己已经问过上千万遍的问题：这附近有没有可能存在什么北欧人定居的遗迹？

德克尔的回答带着刻意装出的随意："有啊，我知道哪里有古老遗迹。跟我来。"他带着大吃一惊的英斯塔去了一片野地，这里长满了云莓、野生鸢尾和饱受狂风摧残的松树，还耸立着十来座长满青草的巨大石堆。所有的石堆都在一个小坡上，小坡一直往下延伸到艾佩维斯湾（Epaves Bay）。德克尔看到他的客人惊得倒吸了一口气。他后来说，他很高兴这个挪威人会如此震惊，但他也常暗自奇怪，这些陌生人怎么花了那么久到处去问。

这一刻，整个世界——至少是整个考古界——都震动了。挖掘伊始，历史就被改写了，而且是一下子就被改得天翻地覆。兰塞奥兹牧草地——这个名字是法语"水母湾"的语言变形——迅速蹿升为北美最著名的考古遗址。人们几乎可以肯定，这个地方就是北欧人在大洋彼岸定居生活后为自己建立的家园，是他们活动的大本营。很有可能——实际上，是非常可能——兰塞奥兹牧草地就是文兰聚居地本身。可以证明，列夫·埃里克森，还有他的亲朋好友最终与第一批横渡大西洋的人们汇合了。挖掘继续。在接下来的7年里，英斯塔和他的妻子共同进行挖掘工作。每年冬天，两人都会重新掩埋遗址，保护其不受猛烈的暴风雪侵蚀，免遭冲上海滩的冰山碾压破坏。

▲▲

1960年，人们在遥远的纽芬兰北部边缘发现了这些盖着茅草的小屋，推断它们的历史能追溯到11世纪。这因此成为了早期北欧人曾殖民美洲的第一条坚实证据。

1964年11月刊的《国家地理》杂志正式公开宣布了这项发现。杂志透露，北欧人一共为自己建造了三幢由石头和茅草砌成的大型房屋，五间工坊，其中一间显然是铸铁场。人们找到了铁钉、纺锤，还有一个用于装饰的铜制别针。一些专家借助多伦多大学最重要的亚原子粒子加速器，还有一些人借助特隆赫姆市的放射性年代测定实验室，双方都利用最新的科技来检验各种样品——主要是从铸铁炉中得到的炭样品——最终达成共识：兰塞奥兹牧草地的一切都造于公元975年至1020年。文兰定居传说的年代——取决于如何解读这些故事——是在公元1001年。这就像是最后一块拼图，严丝合缝地把自己回归了原位。

挖掘一直持续到1976年，这时英斯塔夫妇年事已高，已经由加拿大公园管理局接手了这项工作。他们发现了灶坑、浴室，还有一间养牛的围场。还发现了已经腐烂的残余白胡桃——由于农业气候学家确定，在公元第一个千年里，新不伦瑞克省北部不可能生长白胡桃树，因此人们推定，这些移民一定还曾驾驶他们的"挪尔"小船，深入过更南边的地方。人们还认为，他们曾从营地出发向西南航行，穿过圣劳伦斯河口著名的急流，到达了美洲大陆，最终在加斯珀（Gaspé，加拿大港市）或布雷顿角岛登陆，然后要么溯河而上，要么走陆路，去寻找更丰美的水草和更美味的农作物。（由于新不伦瑞克省也是野生葡萄可以生长的北方极限，这也为北欧人使用"文兰"这个名字增加了可信度——"文兰"就是"Wine Land"，"酒乡"之意。）

更晚一些，人们可能发现了另一处遗迹，规模上要比兰塞奥兹牧草地小一些：2000年，在巴芬岛（Baffin Island）南端一处遗迹工作的考古学家说，他们发现了由石头和茅草砌成的墙壁、一把由鲸鱼骨制成的锹、一套房屋排水系统的雏形，这全都暗示出北欧人活动的痕迹。反对派的学者嘲笑其一厢情愿，坚持认为这不过说明了多赛特文化的古代因纽特人具备了成熟的聚居方式——据人们所知，这一带的加拿大亚北极区历来是被多赛特文化占据的。而北欧殖民论的支持者则说，这说明了维京式"挪尔"小船曾在纽芬兰、拉布拉多和哈德孙湾群岛之间往返穿梭，时间之长远超人们想象，若要以为所有欧洲人都逃回格陵兰或者挪威，几个世纪对加拿大不闻不问，这完全是井底之蛙的愚人之见。

但是，此外遗留下了一则有趣的历史轶闻。1004年，一个婴儿在文兰诞生了。这是一个男孩，名叫斯诺里（Snorri），是格德里德（Gudrid）和托芬·卡尔斯夫尼（Thorfin Karlsefni）之子。根据冰岛习俗——这项习俗延续至今——这个小伙子的姓氏来自于他父亲的名字，因此成了斯诺里·托芬松[1]他毫无疑问是第一个在美洲大陆诞生的欧洲小孩。由于1008年左右，兰塞奥兹牧草地的村落最终被废弃，他随父母返回格陵兰，因此他极有可能是在格陵兰或欧洲去世了——他最终也不知道，自己将作为加拿大本土的第一个欧洲后裔而被后世铭记。

---

[1] 父亲的名字是 Thorfin，因此孩子的姓氏为 Thorfinsson，意为"托芬之子"。——译者注

8. 哥伦布

与5个世纪后，克里斯托弗·哥伦布举世闻名的跨洋航行相比，历史又该如何看待这整个北大西洋探险呢？

至少从考古学和文学方面来看，从埃里克森1001年横跨拉布拉多海的探险，到1492年夏末，那位自封的海军上将耗时6周从安达卢西亚航行至圣萨尔瓦多岛，这近5个世纪的时间里，肯定没有其他水手成功①跨越过大西洋。但尽管这两次远征最初的成果一模一样，都使欧洲人踏踏实实地踏上了美洲海岸，但它们之间仍然有着很多不同之处。

从卑尔根到纽芬兰有4500英里，但列夫·埃里克森完全不必走那么远，因为他最初是从格陵兰出发到纽芬兰的，两者距离不足1000英里。路程短却也不见得多么轻松。虽然冬天海面不会完全冻结，但天气恶劣，海面上结着厚厚的冰，冰块、冰山密布，更危险的是那些半掩在水下的冰块——被人们毫无想象力地称为"冰山块"。埃里克森遭遇了特别强劲的大风，而且几乎总是西风或西北风，与这些北欧人的前进方向相反。由于风势过猛，小小的"挪尔"不得不一连几小时，有时甚至一连几天地搁浅。桅杆断了、风帆破了，船上的每个人都成了落汤鸡，寒气侵人，好不凄凉。就算在夏天，日子也好过不了多少：雾气弥漫，潮气逼人，高纬度的阳光夜以继日地照耀着——这严重影响睡眠——导致了航行并不如意。

当这群人最终抵达陆地时——陆地上散落着多塞特人的聚居地——他们开始安营扎寨，行事和平，举止文明（记住，这些是北欧人——不是维京人）。跨越拉布拉多海的航程较短，于是他们带了女人随行；他们过上了友爱的日常家庭生活；而且，在我们看来，他们和当地人处得还算不错，尽管他们用"斯科拉陵格"（*skraelinger*）这个词，把当地人说成是野蛮人（主要是因为当地人穿兽皮，而不是像欧洲人那样穿羊毛织就的衣物）。北欧人拒绝给"斯科拉陵格"任何武

---

① 还有不少说法称第一个跨越大西洋的另有他人，但未经证实——而是基于一些推定的发现，包括在加拿大发现的葡萄牙渔民遗骨、巴西发现的希腊酒罐、印第安纳州发现的罗马硬币、田纳西州印第安坟堆上所刻的希伯来文字，还有亚拉巴马州莫比尔湾（曾属于玛多克王子）语言中残留的威尔士语痕迹，在人群移动时迁移。向另一个方向行进的旅行者也有机会：在一些古埃及木乃伊中发现了微弱的尼古丁和古柯（一种生长在南美洲安第斯山区的植物）的痕迹。

器：传说他们与当地人做物物交换时，所用的货物不是玻璃珠或没用的小饰品，而是因纽特人喜欢的牛奶。

总的来说，北欧人到美洲来短暂逗留的动机似乎只是好奇，他们明显具有航海的勇气，而后来又能维持一定程度表面上的礼仪。相反，更为著名的哥伦布的航行，是由多方原因共同促成：一是商业抱负，因为奥斯曼土耳其人堵住了通往东方的商路（而且人们认为可以往西前进，绕过大半个地球到达东方），使得西班牙怨气日盛；二是教会渴望传播福音。这趟航行实际上相对舒适，且从来没有真正到达过北美大陆，但哥伦布到死都以为他已经到达了东方——到了印度——而且很有可能到了日本。

他的三艘小型帆船——"尼娜"号、"平塔"号和"圣马利亚"号——都聪明地选择了前往加那利群岛南部的航线（没有人会质疑哥伦布是一名格外精明的航海家）。然后，他往右一转，朝正西方前进——因为他以为中国、日本、马可·波罗去过的那些城市、生长香料的岛屿全都和加那利群岛在同一纬度上。他带着自己的小船队和近90名船员，度过了一段相对愉快的旅程：阳光灿烂，碧波万顷，只有微微的东方信风吹拂着他们，使船只一路顺利地向目的地加速前进。这是迄今所知的最漫长的一次连续的海上航行——而且由于没有人知道他们前方的海洋究竟范围几何，这趟旅程一定十分恐怖：他们会不会从世界边缘跌落下去？他们会不会行进到一个风暴极狂、完全无法招架的地方？会不会有海怪、漩涡、愤怒的神明？

但是，天降大运，这三艘小船一路乘风破浪，顺遂无比，有时日志上记录的航程显示一天能走150多英里，速度达到了每小时8海里。这样的情况一直持续，直到那个令人心跳停止的黎明，那个月华盈空的瞬间——在那个长期被人铭记的日子，1492年10月12日——"平塔"号的瞭望员罗德里戈·德·特里亚纳（Rodrigo de Triana）发现正前方有一道白色的山崖。一个新世界——或者说，如人们很快意识到的，那个"新世界"——骤然映入眼帘。

几乎可以肯定，他们所看到的这第一片土地，就是现在巴哈马群岛外围的一座珊瑚礁。最有可能是那座人称"华特林岛"（Watling），低矮多沙的上风区村落。哥伦布命令旗舰长船打着卡斯蒂利亚①的旗号，带他靠岸。然后他亲吻着土地，感激的泪水夺眶而出，算是占有了这个地方——西班牙女王伊莎贝拉一世授权让他这么做——把它命名为"神圣的救主"（Holy Savior），用西班牙语说，就是"圣萨尔瓦多"（San Salvador）。罗德里戈·德·特里亚纳因为瞭望有功，而获得了5000西班牙穆拉比特金币的奖赏②。

如果就只进行这一趟旅程，哥伦布的声望和价值可能也丝毫无损。但是当然，他的想法是错误的：香料群岛近在咫尺却从未被发现，真是一大遗憾！一片丛林覆盖的陆地——不过这位上将依旧坚持认为它依然是印度群岛的一部分——居然处在这么尴尬的位置上，挡住了一条方便的通道，真是令人扼腕！

但哥伦布并不满足于这么一趟旅程——后来还有三次冒险，都是为了给西班牙获取领土，让其实施长期的兼并和统治，尽显残忍、暴政、贪婪、恶毒和种族主义。哥伦布支持奴隶制；他对土著人民十分不友善。第二次航行时，他带了一些猪，他把猪放生，使它们繁殖，为后来的航海探险者们提供了食物（但可能也带来了一些疾病，导致大批土著居民死亡）。1498年，他第三次航行，到达了美洲大陆的委内瑞拉，在那里发现了奥里诺科河（Orinoco），认为它是《创世纪》中提到的河流之一。第四次航行是在1502年——他这时仍然固执地坚信，自己所有的发现都是印度群岛不为人知的部分，而且在这一次特别的航行中，他很可能会找到马六甲海峡——他到了洪都拉斯。正是在这里，他听说了一些传言，说有一道地峡，还有一条短途陆路，可以通往另一片神秘的海洋。

但他一直没搞清状况——他从来没有想过，美洲是一片大陆，而横亘在故乡和他所征服的这片大陆之间的水域，是一片和东方水域彼此独立的大洋。不错，他跨越的这片海洋叫作大西洋；但在哥伦布心中，大西洋和太平洋是巧妙地连在一起的，彼此衔接得天衣无缝，仿佛素来就是同一片海洋似的。

---

① 卡斯蒂利亚（Castile），西班牙历史上的一个王国，后来逐渐与阿拉贡王国融合，形成了西班牙王国，其君主即从卡斯蒂利亚一脉相传。——译者注

② 听起来有很大一笔，实则不然：一个穆拉比特金币——这是以柏柏尔·穆拉比特（Berber Almoravids）命名的，因此微微暗示了大西洋海岸的影响——本身值一个西班牙比索的八分之一（因此叫"八分币"），但其实际价值只有真正价值的三十四分之一。自16世纪初，伊斯帕尼奥拉岛（Hispaniola，亦称海地岛）就在铸造穆拉比特币，因而是第一种在新世界铸造的货币。——译者注

克里斯托弗·哥伦布虽然是一位勇气过人、技艺超群的水手，但并非是第一个横渡大西洋的人。虽然他的航行使欧洲了解到大海对面存在着一个崭新的世界，但他自己从来没有到达过北美洲。在实施自己的雄心、履行自己的职责的过程中，他常常表现为一个奴役者、一个冥顽不化的帝国主义者。

尽管如此，美国人却接受并骄傲地大肆宣扬哥伦布之名，有哥伦比亚、哥伦比亚特区、哥伦比亚河、南卡罗来纳州首府哥伦比亚、哥伦比亚大学、俄亥俄州首府哥伦布——还有哥伦布纪念日。尽管有识教师们竭力澄清，但对于美国来说，哥伦布的声名丝毫不减。就算知道了他为人恶劣的一面，也只有极少数人会介意。

日历依旧拜倒在他的声望前。自1792年，纽约人纪念他首次登陆300周年以来，自1869年，意大利人在新发现的旧金山举办类似庆典以来，自1892年，本杰明·哈里森总统号召全美庆祝400周年纪念日以来，自富兰克林·罗斯福将10月12日定为公众假期以来，自1972年，尼克松总统把这个庆祝日改到10月第二个星期一以来，美国人就一直在正式地纪念克里斯托弗·哥伦布，还确立了以他的名字命名的大型国家假日。大体来说历史还是善待了他。相反，列夫·埃里克森，这个几乎可以肯定是第一个跨越了大西洋的人，这个很可能到达了美洲大陆的人，这个动机似乎指向共同福祉的人，这个没有留下任何伤害遗患的人，却被大大地遗忘了，很少得到纪念。诚然，自1964年后，有了一个总统确立的、一年一度的列夫·埃里克森纪念日，来纪念北欧人民对美国的贡献。明尼苏达州和威斯康星州是最早过这个纪念日的，一些办公室放了假，当地一些商店的商品也打了折。但从其他所有方面来看，美国对这位北欧人依然讳莫如深、视而不见。正如有人说的，大多数美国人都喜欢比萨胜过卤鳕鱼①。

这似乎是对历史的一个奇怪误读，是漫长的大西洋故事中出现的令人不安的小小冤屈。情况正在改变，尽管慢了些。或许有一天，某位明智的官员将意识到这项不公，公开建议采取措施拨乱反正，限制对哥伦布的过度纪念，恢复另外这

---

① 卤鳕鱼（Lutefiskk），是挪威的传统食品，将鳕鱼在碱液中长时间浸泡制成。比萨发源于意大利。这句话暗指美国人亲近南欧而非北欧的文化心理。——译者注

位无名之人应得的荣耀。但这一天只怕难以到来。

或许个中原因并不在于意大利的沙文主义和北欧的谦恭有礼，而更多地是因为一个无可否认的事实：尽管列夫·埃里克森最先到达北美，但他从未真正地意识到这一点。他也没想到自己所到之处有什么特别的重要意义。有人可能会说，他根本就"没搞明白状况"。正如美国国会图书馆馆员和历史学家丹尼尔·布尔斯廷（Daniel Boorstin）曾经说的："神奇的不是维京人真的到了美洲，而是他们到了美洲，甚至在这里定居了一段时间，却没有发现美洲。"所以，从那以来，他们就因为缺少游历的抱负，"缺少远见卓识"而声名不彰。

还有一个问题一直萦绕在殖民冒险和白人霸权的批评者心头。在哥伦布以前，美洲的原住民们自己会不会也可能尝试过往东横跨大西洋去欧洲呢？在这些原住民中，可不可能有谁——比如说，加勒比人①，或者纽芬兰和墨西哥的土著——之前就进行过埃里克森与哥伦布后来所做的这种航行，只不过是反向的？

绝对有一些间接证据暗示了这种可能性的存在。埃及石棺上发现了烟叶和古柯的痕迹。卢浮宫里有一个青铜铸造的头像，据说是公元2世纪的罗马人形象，却显现出和美洲原住民惊人的相似。庞贝古城附近发现的马赛克图案上有类似菠萝、红辣椒和柠檬的物体。而且，一小群彼此竞争的翻译者们，以不同程度的热情指出了一些暗示性的说法：1477年，克里斯托弗·哥伦布不在别处，而是在爱尔兰的戈尔韦（Galway）遇见了一对美洲来的夫妇。至于他到底是见到了他们本人并与之交流，还是看到了他们的尸体，抑或是仅仅听说了他们的存在，却说得不清不楚，叫人心焦。

"卡塔尤的人到东边来了，"哥伦布曾在读一本历史记录时在书页边缘草草写了几句，一位翻译者将其译了出来，"我们看到了很多值得注意的事情，尤

---

① 南美洲的一个印第安民族。——译者注

其是在爱尔兰的戈尔韦，有一男一女待在被风暴裹挟的木头船上，他们的体形很健壮。"

但一对夫妇有可能乘着一艘挖空的独木舟——因为在欧洲人最初见到加勒比人时，他们大多数人使用这种船——在从美洲到爱尔兰、横跨整个大西洋的旅程中活下来吗？墨西哥湾流或许能承载他们——什么样的漂浮物它都能承载，但他们的航速只会有每小时3海里，总共得航行50天才能到达爱尔兰海岸，而没有足够的食物或淡水来维持生命。很难相信他们是碰巧来到爱尔兰的；而如果是有计划、有目的而来的——按理说，只有这样才可能跨越大西洋——那又让人怀疑，应该还有其他人试图跟随他们一起来，那就应该能找到其他航行的船只，找到更多发生过这种航行的证据。

但从来都没有发现这方面的任何证据。支持者们大力鼓吹美洲原住民曾跨海到达欧洲的理论，但目前为止，这个看法还只是捕风捉影。相比之下，更可能是欧洲人——南欧或者北欧人——最先跨越了大西洋。

9. 阿特拉斯

1506年，克里斯托弗·哥伦布去世后几个月，三个男人——一个是来自基安蒂（Chianti）的托斯卡纳人，曾经做过航海探险家和魔法师；另外两个只是来自德国弗莱堡（Freiburg）的地地道道的绘图师——根据必要条件做出了推理，使得名为美洲的大陆和名为大西洋进行了必要的连结自成一体的大洋正式诞生了。

对于这片大陆级的陆块，哥伦布只找到了模糊的轮廓。他碰到了、标出了、殖民了几百个热带岛屿和一些亚热带的海岸线，海岸上纵横交错着条条大河，河流之大暗示着它们流经非常广阔的土地。但在所有的航行中，哥伦布都没有找到切实的证据，证明有一片巨大的陆地存在，它大得封住了所有可供航行的纬度上通往西边的道路。

但是在接近世纪之交之际，从其他探险者那里开始陆续传来消息，暗示可能存在着这样的陆地。例如，几乎可以肯定，约翰·卡伯特（John Cabot）曾于1497年在纽芬兰东部登陆，向他在英格兰布里斯托尔的赞助者们汇报：出现了一大块陆地。然后，葡萄牙的两兄弟米格尔·科特雷（Miguel Côrte-Real）和加斯帕·科特雷（Gaspar Côrte-Real）也到了北方海岸沿线的几个地点，并在1501年秋返回里斯本时提出——这是史无前例的——他们刚刚到过的地方（也就是现在的加拿大沿海省份一带），有可能和南边已经发现的那些陆地（我们现在洪都拉斯和委内瑞拉的这片陆地）是连在一起的。

一幅粗糙的小地图也开始证实了欧洲知识界日益增长的疑心。这幅地图1500年由胡安·德·拉·科萨（Juan de la Cosa）所绘，他是西班牙坎塔布连山（Cantabrian）的一名领航员，曾两次与哥伦布随行，后来还曾5次前往新大陆——不过，1509年，他在哥伦比亚的大西洋海岸靠近卡塔赫纳（Cartagena）附近被原住民的毒箭所杀。但他的地图保存了下来，如今收藏在马德里海事博物馆；它是第一幅画出新大陆的地图——一片土地坐落在地图边缘，在欧洲以西很远的地方。大陆上有一片巨大的内凹的海湾，海湾北边是卡伯特发现的陆地，南边是哥伦布一行发现的地方（根据《托德西利亚斯条约》①，所有这些土地都归西班牙所有）。但地图上没有标注名称，陆地和海洋都没有。

命名要在7年以后，也就是1507年才会发生。这时，人们有了更加清楚的认识，德国的绘图师马丁·瓦尔德泽缪勒（Martin Waldseemüller）赋予了这片新大陆"美洲"这个名字。几个世纪以来，种种迷惑、欺骗和谬误吸引着学者，耽搁了作家，但瓦尔德泽缪勒和他极富诗意的同事马赛厄斯·凌曼（Matthias Ringmann）没有理会这些，用一本他们最近读过的广受欢迎的书给新大陆取了这个名字。这本薄薄的小书，更确切地说是一个小册子，名为《新大陆》（*Mundus Novus*），后面还附有一篇简短的文章，名为《索代里尼的信》（Soderini Letter），

① 《托德西利亚条约》（Treaty of Tordesillas），是西班牙和葡萄牙达成瓜分欧洲以外新发现陆地的一个条约，于 1494 年 6 月 7 日签订。它以佛得角群岛（Cape Verde Islands）西边 370 里格（1 里格相当于 5.556 千米）的一条子午线为界，规定西班牙享有这条线以西所有新发现陆地的主权，而葡萄牙享有其余陆地的主权。由于巴西在这条子午线以东，因此成了拉丁美洲唯一一个由里斯本统治的地方。

据说是亚美利哥·韦斯普奇（Amerigo Vespucci）写的。他是意大利一位具有传奇色彩的探险家和魔法师，他似乎第一个根据自己航海所得的证据，声称西方的大块陆地实际上是一片独立的大陆，是"世界的第四部分"。

《新大陆》是一本啰嗦、夸夸其谈、细节上很不可靠的书，它一共有32页，写作印刷都是用的拉丁文，最初是写给韦斯普奇的赞助者美第奇家族的，然而在1503年，如同现代大片开幕一般，在欧洲的多个城市同步发行。这本书图文并茂地描述了韦斯普奇在大洋沿岸的冒险，包括现在的圭亚那、巴西（他从巴西过去，成了第一个进入亚马逊河口的欧洲人），甚至可能有巴塔哥尼亚。巴黎、威尼斯和安特卫普的出版商确保它取得了极大的销量。

▲▲

新世界因亚美利哥·韦斯普奇的名字而被命名为"America"。但这位佛罗伦萨的航海家也第一个意识到南北美洲形成了欧亚之间的一块大陆——因而大西洋是一个独立的、自成一体的水体，即一片大洋。

这本小册子确实广受欢迎——韦斯普齐饶有兴趣地谈论途中遇到的土著为了美丽而自残等情况，这无疑刺激了销量。这本小册子不仅让他个人永垂不朽，而且使欧洲对新大陆的兴趣暴增，而开始了一波探险和移民的热潮——可以说直到今天仍没有消退。

韦斯普奇的小册子里有一些关键的句子，简单地写道："在我最后一次航行中……我发现了在那些南部地区有一片大陆，大陆上居住着比我们欧洲、亚洲和非洲都还要多的民族。而且，我还发现，那里的气候比我们所知道的任何地区都要温和宜人……"他找到了一片新大陆——或者更确切地说，是他确认了自己找到的陆地是一片新大陆，而几年前哥伦布完全拒绝这么做。对哥伦布而言，它是（而它其实并不是）一片已经存在的大陆：亚洲。对韦斯普齐而言，它是（而它确实是）一片全新的大陆，而且一开始还是一片无名大陆。

命名的重任落在了弗莱堡的绘图师身上。当时，这两位绘图师正好在法国东部孚日山脉（Vosges）的一个学术团体中工作——就是在这里，他们终于给这片广阔的陆地命了名，使它有了一个将永远伴随它的身份。两位绘图师都读过《新大陆》；两位都读了，而且被明显的伪作《索代里尼的信》骗住了。他们受命绘制巨幅新的世界地图时，两人都同意，在准备绘图时，要给新大陆，至少给他们的杰作上要画的那片细长而弯曲的南部新大陆取个名字。他们决定用亚美利哥·韦斯普齐的基督教名，拉丁文"亚美利哥"的阴性形式来命名——Africa（非洲）、Asia（亚洲）、Europe（欧洲）都是阴性地名——他们把这个全新的大陆命名为"America"，加入这些地名中，正是恰如其分而又易如反掌。

于是，1507年，新地图出版，卷首是托勒密和韦斯普齐两位巨人的画像，一幅全新的世界地图紧随其后（但无论是列夫·埃里克森还是克里斯托弗·哥伦布都完全没有插图说明）。新发现的南部大陆的下半部分，就在今天的乌拉圭所在的地方，用大写字母赫然写着唯一的一个单词：*America*。这个词是手写的，微微有些扭曲，比例有些怪异，看起来像是最后一分钟匆匆写就的，略带了些踌躇的意味——但是，它毫无争议地就在那儿。

人们接受了这个名字。1515年，巴黎发行的一个地球仪上，在新大陆的南北两段上都写了这个名字。1520年，西班牙的一本书上用了这个名字；5年后，斯特拉斯堡的另一本书把"美洲"列为世界的一个地区；最终，1538年，新任全球地理仲裁人、荷兰地图制图学家墨卡托（Mercator）把短语式的两个名字"北美洲"和"南美洲"端端正正地放到了第四大陆的上下两半上。这下，这个名字的地位就完全稳当了，永远也不会变了。

既然有了一片新大陆，那么在它和欧非组成的旧世界之间的这片海——这片被五花八门地称为大洋海、埃塞俄比亚海①、西边的海、大西海、西洋、冰川之海，而被希罗多德在公元前5世纪的著作《历史》中称为"亚特兰蒂斯"（Atlantic）的海②——终于确定地成为一片独立的、有边有界的大洋。

它不再附属于其他的海洋了。它不再是某个无固定形状的环绕着世界的大水体的一部分了。它是一个事物——诚然，在当时看来，是一个大得几乎无法想象的事物——但它还是一个事物，一个有边有界、有疆有缘、有海岸线、有东南西北四方界限的事物。

从尖塔顶潮汐池边一片说不清道不明、不断伸向远方的灰绿色无垠空间，到海格力斯之柱外阴森恐怖、怒吼连连的狂风巨浪，再到一片沾染着紫色染料的暖海和一片凝结着冰块的寒海，最后到一个自身无足轻重、而被认为附属于其他远在他方的海洋的水体，终于，从16世纪早期得到墨卡托认可的那一刻开始，大西洋有了一个完全属于自己的、恰当的身份。

现在要做的就是弄清这个身份究竟是什么，为这片新发现的大洋找到它在世界舞台上正当的位置。

人们已经发现了大西洋。现在必须去认识它了。

---

① "Okeanos Aethiopikos"是希腊人取的名字，指巴西和利比亚之间大西洋狭窄的颈部以南的部分。直到维多利亚时代，出版的一些地图仍在使用这个名字。埃塞俄比亚本身并不在大西洋周边，但曾经整个非洲都被称作埃塞俄比亚——部分原因可能是由于这个地方被视为人类的诞生地而别具意义。因此，用埃塞俄比亚海称南大西洋其实是称其为"非洲洋"。

② 大西洋的名字来源于古希腊神话中大力神阿特拉斯的名字，因传说他居住在遥远的地方，人们就认为一望无际的大西洋就是他的栖身地，故此命名。——编者注

ATLANTIC

Great Sea Battles, Heroic Discoveries,
Titanic Storms, and a Vast Ocean
of a Million Stories

第 2 章

浅滩与深海

然后是背着书包、愁眉苦脸的学童，
脸上闪着朝气，
一步一挪慢似蜗牛一般
拖延着勉勉强强去上学。

1. 边界

摩纳哥公国坐落在法国蔚蓝海岸〔亦称里维埃拉（Riviera）〕旁，这是一个备受青睐的明媚避风港。拥有高贵的历史使它布满了雄伟的公共雕塑，但并不是一个因此而福气盈天的地方。公园和广场上自然地摆放着众多大理石雕塑，雕的都是格里马尔迪家族（Grimaldi family）的成员，这是自13世纪以来就一直统治此地的热那亚贵族。有一尊面目慈祥的音乐家赫克托·柏辽兹（Hector Berlioz）的半身像，他因在大剧院附近跌了一跤而被人们铭记；还有一尊阿根廷"神速魔鬼"胡安·曼纽尔·范吉奥（Juan Manuel Fangio）的平庸铜像，耸立在梅赛德斯一级方程式的赛场旁，他曾在这里赢得无数当地的赛车比赛。

但除了这些纪念像，就没有多少有趣的雕塑了——除了安东尼一世码头街旁边，一幢颇不起眼的办公楼入口处的一尊。这条街道位于一个海港旁，港中永远舷贴舷地挤满了大型游船。那里矗立着一尊雄伟动人的抛光柚木雕像，雕的是希腊海神波塞冬。他赤裸着身体，却十分庄重，满面胡须，挥舞着三叉戟，摆出一副守卫的姿态。这栋不知名的办公楼，就是自1921年以来，确定、记录、批准这颗星球上所有海洋、海湾和入海口正式名称的地方。

国际海道测量组织（The International Hydrographic Organization，简称IHO）自1921年以来一直设在摩纳哥，当时的统治者阿尔贝一世亲王把它安排在了这个出人意料的地方①。阿尔贝一世收藏地图和波特兰海图，有一个自己的研究船队，非常喜爱深海鱼类与海洋哺乳动物，对它们十分了解，还曾亲自去探险。在他的帮助下，这个组织得以创立，而且几乎包括了世界上所有大洋沿岸的国家——从阿尔及利亚经牙买加到委内瑞拉一带，还有汤加②、乌克兰，当然还有参与创立组织的那些无可争议的海洋大国。

这个组织的最主要的权力之一，就是确定——实际意义上而非法律意义上的确定——世界上各海洋的边界。这实际上是一件非常容易引起争议的事情，从一开始就争论不断。"你们规定的地中海的西边界，"20世纪20年代，当组织邀请人们对初次提出的边界线发表意见时，一位摩洛哥代表怒气冲冲地道，"把丹吉尔弄成了一个地中海港口，而它显然不是。"

最初的设计者们想把北大西洋的边界定成从直布罗陀海峡的入口外侧经过，但这个决定似乎令所有人都心绪不宁。于是根据资深管理者的指示，负责的人员马上把第一条边界线擦去，画了第二条，画在了丹吉尔东边一英里—— 一下子就把丹吉尔提升到了大西洋城市的地位，而不仅仅是地中海港口了——于是皆大欢喜。

IHO另一个重要而实际的职责，就是确保世界上所有的航海地图看起来相差无几。这并不像听起来那么平淡，它源于1889年在华盛顿特区举办的一次会议，会上有人说到一些令人担忧的故事，一些船长被迫使用绘图技术拙劣的国家绘制的地图，而走到了没有标注的浅滩，或是靠近了绘制不清的海港，造成了突如其来的悲剧。与会者说，避免此类航海惨祸发生的唯一办法，就是让所有的图表和航海辅助工具都变得一样，让所有水手的地图，不论来自英国还是缅甸，美国还是乌拉圭，都能遵循一模一样的高标准。

就在第一次世界大战前夕，在俄国圣彼得堡举办了一次航海大会，世界各国

---

① 海道测量员——用海军行话叫"拙吉"（droggies）——一般来说都是要下海远航的科学工作者，绝不会是贵族团体。但在摩纳哥，得益于阿尔贝亲王，他们得以与贵族，或者希望成为贵族的人们并肩工作。比如说，虽然拙吉们在和灯塔、浮标、清淤打交道，但与在当地大学的其他学院教财富管理、对冲基金、金融工程、奢侈商品及服务科学这类课程的学者享有同等地位。

② 汤加王国（The kingdom of Tonga），简称汤加，属大洋洲，位于太平洋西南部赤道附近，是由173个岛屿组成的岛国，其中36个有人居住，大部分为珊瑚岛。——编者注

的海军和商船水手都敦促立即成立一个国际性的委员会来研究这类问题。终于，1921年，欧洲大局尘埃落定以后，德高望重的尊贵的摩纳哥亲王提供空间、物资及一组摩纳哥打字员（还有一个风度翩翩的"男童侍者"）帮助建立了IHO。后来这个组织正式成立，并让它的宠神波塞冬守护在其门外，从此惬意地——虽然是默默地——长居于此，直到今天。

它最重要的出版物面世于1928年，当时价值35美分，是一本好看的绿色封面的小册子，由蒙特卡洛摩纳哥印刷厂凸版印刷，标题为"IHO第23号特别出版物，《海洋的边界》"。这本可爱的出版物一共24页，你可以在其中找到一些官方声明，比如这项对英吉利海峡边界的正式描述：

西边：从布列塔尼海岸起，平行于阿善特岛（Ushant）的东极［雷德涅（Lédènes）］往西，穿过此岛至其西极［勒凯涅（Le Kainec）］，然后至锡利群岛（Scilly Isles）的西南端点毕晓普岩（Bishop Rock），再沿一条线经过这些群岛往西至其北极［狮子岩（Lion Rock）］，之后向东至长船角（Longships），最后至兰兹角（Lands End）。

接下来的几年里，或许世界并没有拓展，但对于世界上各个海洋的定义和命名，以及海边国家之间的争议，则毫无疑问地增多了。这本小册子因此越变越厚，起初增长不多，后来就开始大幅增长。从第一版的24页增加到了第二版的26页，然后到第三版的38页——但2002年第四版出版时，骤增至244页。那些除了海边居民以外没人听说过的不知名海域如今也正式地存在了，比如，有了斯兰海（Ceram Sea）、宇航海（Cosmonauts Sea）、阿尔沃兰海（Alboran Sea）、林肯海，还有一片海域有些多此一举地叫作"平静的海"[①]，诸如此类不可胜计。

国际海道测量组织的主席是从成员国中选举出三位高级海军官员来担任，一般五年一选。在我前往摩纳哥拜访他们之前，我曾想象过这个三人组的形象：应该全都身着湛蓝笔挺的制服，镶着金色的流苏，神气十足地裁定着有关世界航海的崇高事务——确定卡特加特海峡（Kattegat）的新边界如何制定最好，下令绘制

---

① 描述某些海时，用了一些人们很不熟悉的海角和海岬。

阿拉弗拉海（Arafura Sea）和卡奔塔利亚湾（Gulf of Carpentaria）相接处的地图，决定冲刷着兰塞奥兹牧草地的究竟是拉布拉多海还是圣劳伦斯湾（Gulf of St. Lawrence）的水流。他们会一面解决这些含混不清的难题，一面痛饮着红杜松子酒，一管接一管地抽着烟丝，信手雕着以供消遣解闷的手工作品。

实际上，当我在一个美好的隆冬早晨到访时，其中两位军官——来自希腊和智利海军——都不在，只有一位水手"在甲板上"——坐办公室的海员喜欢这么说，他是澳大利亚的代表。他正当中年，满面胡须，身着便服。他是英国人，但现在早已离开英国皇家海军，一直为澳大利亚的皇家海军效力，大部分时间驻扎在墨尔本。他酷爱的不是轮船和大海——这些是他的工作，而是在他滨海自由城的小公寓里搭建HO轨①大小的铁路布局模型。

但是，按照官方说法，他和他的兄弟们会花大量时间思考、怒斥，并努力扭转他们所认为的世界对于海洋普遍的无知。现在，世界上的海洋可能有了太多的名字，普通人已经懒得去了解——这或许是事实，但这是政治家的过错和民族自尊心造成的恶果。正如之前提到的，IHO的一个职责是绘制航海图，帮助船只在世界各地安全航行，但让IHO忧心的是，大多数不谙航海的人对于水体表面以下的事情一无所知，这太危险了！为了说明这一点，他们反复提到一个出人意料的数据：尽管人类现在已经知道了月球和火星表面各处的精确高度，测量误差不超过5英尺，但对海底深度的测量误差，很多时候有5英里之巨。

尽管多年来人们已经做了很多海道测绘工作，测录了不少水域的深度，绘出了座座暗礁，标定了无数海岬，但这些海军将领们还是抱怨说，虽然海洋覆盖了70%的地球，但现在的地球居民们对于他们的海洋了解得太少太少了。但是，这并不是因为人们缺少尝试。尤其欧洲人，过去500年来一直试图探索海洋的种种细节。自从哥伦布和韦斯普齐凯旋而归以来，自从欧洲人清楚地认识到，他们将无可避免地从大西洋和其他所有海洋上开辟道路出外贸易以来，就有不少国家——英国、葡萄牙、西班牙，后来还有美国、加拿大、巴西、南非——倾力勘

---

① HO轨为火车模型的一个比例，世界上大部分的火车模型以HO轨居多，比例一般为1：87，也有1：80。——译者注

探测绘海域，试图弄清海洋的深浅、潮汐、洋流，还有它们的水道、漩涡、海岸线的精确长度、海岛和暗礁，以及其他所有使它们别具一格的特性。让世界了解海洋——重中之重是了解大西洋——的冒险事业早在15世纪就已启动，从此以后一刻也未停止。

要勘测整片海洋，就必须能到达海洋所有遥远的边界——就大西洋而言，种种航海困难长期阻碍了这一点。最严重的限制就是一个名为博哈多尔角（Cape Bojador）的砂岩海角，给人们带来了极大的不便。它是西非的一个海角，几百年来阿拉伯水手闻之色变，称其为"*Abu khater*"，意为"危险之父"。

2. 危险的博哈多尔角

从摩洛哥的海滨堡垒城市索维拉往南进入撒哈拉的道路，正好也是从大西洋海岸通往西非的主干道——经过毛里塔尼亚，然后途经塞内加尔、冈比亚、几内亚比绍……只要计划周详，运气够好，车子弹簧够结实，再加上大量的时间和坚定的意志，你就可以驱车抵达开普敦，还赶得上在纳尔逊山酒店的蓝花楹树下品味下午茶。

最初的几公里大多显得平稳而乏味。途中，你将看到壮丽的阿特拉斯山脉，一头扎入以它命名的阿特拉斯海中，然后你将路过四面被摩洛哥包围的西属伊夫尼，之后将见到一连串法国建造的巨大灯塔，还有满不在乎地踏着轰鸣的海浪冲浪的人。继续往内陆前进几英里，道路变得平坦起来。摩洛哥坚果树林和挤满山羊的灌木丛终于让位给了石漠，二者交界处有一座沉闷的小镇，名叫古勒末迈（Goulmime），沙漠就从这里正式开始。

小镇阿拉伯居民区中尘土飞扬，人烟嘈杂——依旧能看见穿着蓝袍的图瓦雷克人，还有风尘仆仆地穿越沙漠、带了货物去露天市场上售卖的驮夫。远处，一条双车道的公路映衬着石漠的沙子，显得油亮漆黑，空荡荡的一直蜿蜒到天际。路上只能偶尔见到一辆油罐车呼啸而过，还有许多快要散架的奔驰出租车成队闪过，飞驰的速度叫人担心那车子会扛不住。大海连绵不断地向西轰鸣着缓慢前进，撒哈拉高高的沙丘闪闪发亮，远远地向东方延展。东风刮个不停，人们的头上和嘴里都灌进了沙砾。此地的风貌和感觉，依然残存着西班牙的气息。摩洛哥北部有着比较温润的气候，而这南部一角则很恶劣：干燥，灰扑扑的，沾着油滴的污迹。

这里的城镇彼此相距很远，一般除了加油以外不值得停留——不过有个镇上有一座安东尼·德·圣-埃克苏佩里（Antoine de St. -Exupéry, 1900~1944）的纪念碑，纪念他20世纪30年代时在法国图卢兹和塞内加尔首都达喀尔之间做快信飞行员，传递航空信件。还有很多的渔民小屋，你能在里面找到石斑鱼、剑鱼、沙丁鱼，都是从海里捕捞上来，然后再用浮木烤制。海岸线本身也变得更加有趣了。在塔尔法亚（Tarfaya）附近，它突然转向了大海，方向转变50英里，猛地插入了大西洋。多年来，不知有多少船长在昏睡、犯傻或烂醉如泥的时候驾船驶过这里：沉掉的渔船宏伟而干枯的残骸高高地挂在岩石上，被永远不停歇的海浪慢慢地啃噬，化为虚无。

这片海以危险著称。从海岬的终点朱比角（cape Juby）的山丘顶处，勉强可以分辨出加那利群岛中最近的一座——富埃特文图拉岛（Fuerteventura）。在不断撕咬的海水将它彻底消化之前，有一艘著名的沉船会一直躺在这里：20世纪50年代的大型跨洋之星、弗吉尼亚建造的客轮"美洲"号。1994年它被拖往泰国以改造成水上酒店，途中遭遇风暴而与拖船脱离了。现在，它躺在距离富埃特文图拉岛的一个海水浴场100码①远的地方，几乎完全沉入水底，成了一座无人问津的纪念碑，宣示着美国商船短暂的辉煌。

这一带的非洲海岸最让人难忘的其实是它的危险。在北纬27度，朱比角沉船

---

① 1码 = 3英尺 ≈ 0.914米。——编者注

以南150英里左右的水面上，耸立着一座狭长而低矮的海岬，外表极其平常。这座海岬在大西洋航海史上至关重要，虽然事实上它令人失望，一点也不像其他那些大西洋上的著名海角——菲尼斯特雷角（Finisterre）、霍恩角、好望角、费尔韦尔角（Farewell）、圣文森特角、瑞斯角（Race）——那样充满了诗意和传奇色彩。这一座名叫博哈多尔角，它的威严和威胁更加低调。

尽管在葡萄牙语中"博哈多尔"这个词意指"突出物"，但这道低矮的石崖障碍物却一点也不突出；除了给向南经过非洲海岸的过路船只造成了一点点不便以外，它并没什么特别之处。但是千百年来，没有哪艘航船敢从它身旁经过，也没有谁有这个本事经过。现代葡萄牙诗人费尔南多·佩索阿（Fernando Pessoa）曾写道：*Quem quer passar além do Bojador, Tem que passar além da dor*（欲从博哈多尔旁经过之人，也必须经受痛苦）。

海岬周围是一片默默无闻的海——一片恐怖横生、鬼怪肆虐的野性之地，被所有海港称为"黑暗绿海"。

15世纪之前，一直没有水手——无论是西班牙、葡萄牙还是威尼斯水手，无论是丹麦还是腓尼基水手，按照现存的所有记载来看，也没有非洲水手——曾成功从大西洋一侧绕过博哈多尔角。所有欧洲早期的航海家们都认为博哈多尔附近的海域是无法通过的。它的存在，部分解释了为什么中央大西洋虽然有世界上最稠密的海岸，但却是最后一片有人航行的海域。波利尼西亚水手早已在太平洋上往来穿梭；波斯和波斯湾的水手已经乘着他们用芦苇和杂酚油造就的船只横渡印度洋的上半部分；中国水手掌握了东印度洋及其沿岸海域错综复杂的情况；维京人掌握了极北之地的航行秘要。但似乎对付起大西洋来，传统的航海术就没有如别处那般顺手和神速了，而根据文献记载，博哈多尔角就是原因之一。

博哈多尔角的棘手情况，是各种条件——如地形、气候、海洋环境——的独特性结合共同造成的。对于一个从伊比利亚港口出发，经直布罗陀海峡南下的水手而言，这时的轻风依旧吹拂着他的右舷船尾，助他以每小时五六海里的速度，舒舒服服地沿着非洲海岸平稳前行，没有一点危险迫近的征兆。他会每天记录自己的航程，三座明显的摩洛哥海角就是他的标志物：吉尔角（Rhir）、德拉角

（Draa）和朱比角。他会看到卡萨布兰卡、索维拉和阿尤恩（El Ayoun）居民区闪烁的万家灯火，并因如此靠近它们而倍感安慰——因为启程不久，他大概会有些紧张，会不舍得让海岸离开自己的视线，沿着陆地的边缘侧行，多少能给他一些安全感。

然后，他来到了博哈多尔角——安心的幻觉瞬间便烟消云散。一道不可见的沙洲，从低矮的海角往外延伸开去20英里，把他轮船龙骨下的海水深度缩减到了仅仅几英寻[1]。见此情景，他首先会做出不明智的判断，向右转舵，往深海开去。同时，主桅杆上的风向标显示，摩洛哥的微风突然转向成了东风，而且很可能会成为持久的大风。（因为这个地方全年大部分时间刮东风，现代的卫星图像可以显示每年夏天沙子被刮过大西洋的痕迹[2]。）第三,一旦没了水下的阻碍，一股洋流——北赤道洋流——就会用它强有力的大掌抓住这只小船，也把它往西拖，或许能一直拖上600英里远。

这座海角的凶险还不止于此，实际上更加诡秘。沿海岸航行途中，多数时候会有一股持续的往南涌动的洋流，葡萄牙水手们称之为“几内亚洋流”（现代水手们称之为“加那利洋流”）。它能为旧时的水手们助力，使他们沿着海岸疾驰，只要水手们一直贴着陆地边缘航行就好。这一点很重要，因为几内亚洋流的一个特点就是离海岸越远它越弱。于是，船长有了一个两难的选择：要么冒着被卷入西行的赤道激流的危险继续贴紧海岸航行，要么远离海岸，面对减弱的洋流和无力的海风，在大海上动弹不得，坐等食物和水消耗殆尽，困在船上自食这个选择的苦果。

难怪没有一个水手能通过这个海角——直到1434年，韦斯普齐之前70年，出现了一个重要时刻。正是由于人们对海洋复杂性有效的认识越来越深入，才最终解决了博哈多尔的难题——早期大西洋探险的时代逐渐让位于一段海洋教育昌盛的时期。“了解海洋”这个短语开始大行其道，因为只有了解了海洋，

---

① 英寻是海洋测量中的深度单位，1 英寻 ≈ 1.83 米。——编者注

② 博哈多尔角附近石漠的沙子能被一直刮到巴西，在那里落下后，使亚马孙的冲积土变得更加肥沃。当地种植大豆的农民并不知道，他们是托了摩洛哥沙丘的福。

才能避免它的危险，并开发它的宝藏。博哈多尔角的故事正是体现这种意识转变的经典事例。

人们普遍认为理性航海和"感受海洋"能成为南下大西洋的必备条件，要归功于葡萄牙一个名叫吉尔·埃阿尼什（Gil Eannes）的年轻水手。尽管有关他这次航行的文件大部分都在300年后的里斯本地震①中遗失了，但还似有足够的轶事证据留存了下来，以显示他当时是如何做到的。这完全是聪明才智的问题——使用观察、预见、安排时间、规划、计算等智力技术。

在埃阿尼什之前的水手们只为自己设下一个目标（或者说是他们的资助者为他们设下目标）：在船上装满粮食，然后出发——而要去西非探险的话，所有人都只能走上1000英里多点就得被迫返回。这些水手都照老一套来——他们跟随洋流，他们借风航行，他们追寻海鸟的路线。但接下来吉尔·埃阿尼什的做法则要做大量的规划。中国人这时已经把天文导航的知识发展到了很高的程度，而当这些从东方慢慢传播过来以后，阿拉伯商人也了解了一些，埃阿尼什则促进了这门科学的发展。

埃阿尼什相信，只要能运用天文学，时间记录，有关天气、气候历史及海洋地理的丰富知识等迅速普及的新式工具，现在要穿过大西洋，到达借助海风、洋流和迁徙的海鸟到不了的地方，完全有可能。绕过（或者用海员的行话说是"double"，即"对过"）博哈多尔角，就要仔细测定海水流速和流向，还有海风的平均方向与风力。这就发展出一项现在称为"潮流航行"计算法（Current Sailing）的技术。埃阿尼什还在自己的地图上画了"潮流三角"（Current triangles）。这些图表虽然简陋，但一直在不断完善。他还使用了向量、智慧转向方法，并以小时为单位仔细地计时。一旦他知道了洋流和海风的方向和速度，就可以经过简单的三角计算，利用两者设计航线。但是，他的规划还需要选择合适的季节，以保证能刮某一种特定季节的风，而不是其他的风。

只有把所有这些东西都吃透、计算好、分解到位以后，埃阿尼什才能扬帆起

---

① 里斯本大地震是人类史上破坏性最大和死伤人数最多的地震之一，也是欧洲历史上最大的一次地震。大地震后随之而来的火灾和海啸几乎将整个里斯本毁于一旦。——编者注

航，把船头指向一个在失败的前辈们看来颇为古怪的方向——但这种古怪，就像现代的大圆航线同貌似直截了当、倾角固定的航线，即恒向线航线相比，显得怪异、违反直觉一样。

人们并不清楚他这次著名航程的具体细节——没有留存下来的日记，没有航海日志，甚至连船名都没有留下记录。我们只知道，是葡萄牙帝国梦的设计师——有"航海家亨利"称号的亨利王子下达明确指令，让埃阿尼什南下的。亨利曾冷冷地说道，之前14次企图绕过博哈多尔角的尝试都失败了，埃阿尼什不过是亨利宫廷里的一名私人侍从，不妨去试试看。

他完全按照指令行事——他往西南航行到了马德拉群岛（Madeira）和加那利群岛，然后进行了种种复杂的代数运算。之后开始在深海里做了一番七拐八绕的航行——这在之后的很多年里被人们称为葡萄牙"伏尔特舞"（volta），最终成功绕过了这个可怕的海角。之后，他被猛烈的哈麦丹风①刮到了博哈多尔30英里以南的非洲沙漠附近的海岸，采摘了一些名叫圣玛丽的花或叫耶利哥的玫瑰（又名复活草）的沙漠木本植物的样本回去作为证据。但这些没有作用：这些证据都没能说服多疑的亨利王子，他马上命令吉尔·埃阿尼什再次出海。

于是第二年，1435年，他又来了，这一次还带有一名同伴——一名王室侍从，也是一名兼职水手——他们乘坐一艘打渔用的小"巴卡"（barca）船，走了几乎一模一样的标绘的路线，在西风的作用下转向加那利群岛之南。两人几乎在非洲海岸的同一个地点登了陆，为一条河命了名，见到了人的脚印和骆驼的蹄印，这才知道原来热带有人居住。两人回来后，终于让"航海家亨利"相信了这一结果，于是受到了宫廷的短暂青睐，然后又陷入了漫长的寂寥之中②。

这两次探险产生了必要的效果。几个月里，其他的远征船队也纷纷从葡萄牙海港出发，夙愿得偿地在非洲海岸边徜徉、探索、环绕，最后转向东边，绕过非洲大陆，到达蕴藏着巨大宝藏的印度群岛。

---

① 哈麦丹风（harmattan wind），即从西撒哈拉吹来的干热的东风或东北风。——编者注

② 但是，在拉各斯海边有一座埃阿尼什的雕像。拉各斯是迎风而建的阿尔加维的一座古镇，是亨利王子的总部所在地，博哈多尔远航就是从这里出发的。

这些船只的尺寸稳步增长——从埃阿尼什的小"巴卡"，变成了有三四根桅杆的轻快帆船，然后是16世纪用来运输香料的巨型"瑙斯"船（naos）。舰桥上携带的工具也益发复杂精细：星盘很快问世，罗盘投入使用，探测水深的超长测深索被制造出来以应对极深海域，潮汐表和测天演算表也已出版。

水手们越来越具有冒险精神，历史上处处可见他们的名字：巴塞洛缪·迪亚兹（Bartholomew Diaz），第一个绕过风暴角（Cape of Storms）的人；瓦斯科·达伽马（Vasco da Gama），第一个去到印度的人；佩德罗·卡布拉尔（Pedro Cabral），第一个登陆巴西的人；阿方索·德阿布克基（Alfonso d'Albuquerque），第一个到达马拉巴尔、锡兰、马六甲的人；还有其他所有因冠名岛屿和海峡而被人铭记的名字——费尔南多·普（Fernando Póo）、特里斯坦·达库尼亚（Tristan da Cunha）、路易斯·瓦·德·托里斯（Luis vaz de Torres）——或者像这三个人那样，用他们的名字分别命名了非洲的一个奴隶殖民地、遥远的南大西洋中一座危险的火山，和新几内亚与澳大利亚北端的一道狭窄通道。也许这些人之中最伟大的一个——虽然也有其他人觊觎这个名号——是环球航行的费尔诺·麦加雷（Fernão de Magalhães）。他在葡萄牙出生，但却为西班牙效力，并由此出发远航，1521年在菲律宾以斐迪南·麦哲伦（Ferdinand Magellan）之名去世。所有这些不屈不挠的水手们，还有很多其他人——大多来自葡萄牙，这里曾经被誉为"生在小地方，死在全世界"——都承袭了吉尔·埃阿尼什先锋性的航海技巧。他们跟随着他的足迹——既是字面意义上的也是比喻意义上的——开始有组织地认识大西洋和其他所有海洋。

3. 温暖的湾流

必须记住，直到亚美利哥·韦斯普齐之前，人们都不知道——甚至没有一丝怀疑、一点提示——大西洋是一片独立的海洋。从文化意义上说，人们直到15世纪末都不知道这片海洋的存在。然后，猛地一下子，随着韦斯普齐的远航，大西洋诞生了，它突然就出现"在那儿"了。

意识到这片崭新的海洋后，人们拔起锚，张开帆，给铜钟上紧了发条，备好水砣绳。科学家们受到指派，绘图师们接到任命，勇敢无畏的船长们带领他们的水手，成群结队地驾驶小船驶出海港，前去测量标注这个新的水体。

在海边，最明显的可供测量和记录的特点就是每天的潮汐。而在海洋深处，不再受潮汐的影响，海员们必须注意其他事物：浪的大小、波涛汹涌的趋势、风暴的剧烈程度、鱼群海鸟的行进方向、船下海水的深度。最重要的是，海水出人意料、起初看来神秘莫测的运动方式。

由于海水的运动是最能影响所有船只航道的因素——吉尔·埃阿尼什在博哈多尔角附近就受到了这种影响，然后加以利用——所以在探索大西洋之初，人们就注意到了这一点。这就像是巨大的水下河流或是激流。"Currents"（洋流）——这个词来自法语，指"会跑的东西"——是众多前所未见的海洋特征中第一个被人们正确认识的。或许，最著名的就是那被称为"墨西哥湾流"的北赤道洋流了，它奔腾不息、范围广阔，起于佛罗里达，终于苏格兰西侧（水域温暖，两侧长着棕榈树）。

同世界各地的很多水手一样，哥伦布也注意到了洋流——这里所说的，是在他看来，加勒比的大西洋水域中异常盛行的强劲洋流。"我发现海水在非常奇怪地往西流动。"他在第三次航行的日志中如此写道，描述了他从特立尼达拉岛和委内瑞拉大陆之间恶名远扬的龙口经过的情况，"从弥撒的时候起锚，到晚祷的时候为止，我已经在微风中走了65里格，每小时4英里……"西班牙的宫廷历史学家彼得·马特（Peter Martyr）也有记录——因为哥伦布徒劳地想测量洪都拉斯附近海湾的水深，结果只是让"海水强大的反作用力"把他的水砣往上托了起来，一次也没让它触底。这次偶然事件使马特成为最早认识到墨西哥湾流潜在的重大意义的人之一。

但哥伦布所处的地方太过靠南，没能感受墨西哥湾流的力量。这个幸运的发现留给了他的后来者——西班牙探险家庞塞·德莱昂（Ponce de León）①。1513年，

---

① 有少量证据显示，约翰·卡伯特的勇敢的小船"马太"号曾在爱尔兰和纽芬兰之间受到墨西哥湾流的推动，但卡伯特似乎没有意识到这是湾流——他只是把海水向北推动船只视作神灵无边恩赐的结果。

他在寻找传说中的能使青春永驻的"青春之泉"（Fountain of Youth）时发现了湾流——这次追寻最终为他赢得了一个讽刺性的称谓——第一个发现佛罗里达的欧洲人。他绘制了这片新海岸的地形——以为这是一座大岛屿——"鲜花之岛"。

庞塞遇见了另外两艘从波多黎各向北驶来的船，于是三艘船继续往南行驶，始终将佛罗里达保持在右舷的视线范围内。一天下午，在他们距离海岸约30英里时，庞塞·德莱昂和同行的水手们突然发现自己被卷入了"一阵激流并被缠住，虽然风很大，但他们无法前进，反而在后退，而且后退速度还挺快；后来才知道，是水流的力量比风力更强"。他很快发现，这道宽阔的海水之河是往北奔涌的，后来又转头向东，虽然不明是何原因，但它有着强大而不可遏止的力量。这个西班牙人很快就认识到了它的商业意义：不管船只跨越大西洋中部往西走有多么艰难，但有了这条海下河流的力量，就可以保证任何漂于其上的人都能被送回家，而且走得舒舒服服，速度飞快。空荡荡的大帆船出门时或许会觉得辛苦，但等到载满珍宝从巴拿马地峡衣锦还乡时，就能一路被这条新发现的洋流推着走，让归心似箭的人们加急行驶。

乘墨西哥湾流回家很快成为一项航海运动。返回西班牙的传统方法——虽然这也算不上什么传统，因为这条航道开通也不过20年——仅仅利用风力，利用大西洋中纬度上大部分季节吹拂的西风。但这样做有一个固有风险：原来从大陆出发之初，船会不由自主往东转，转向家的方向，但这时转得太早了，这样一来可能陷入现在所说的百慕大高压气流中，在变幻莫测的风中停滞不前。现在既然墨西哥湾流已为人所知，解决办法就很简单了——尽管和吉尔·埃阿尼什绕过博哈多尔角时向海中急转一样，这个办法也是违背直觉的。要往西走才能到南边；而返航的大西洋船长们要往北走才能到东边。

他们从巴拿马地峡出发，会在加勒比进入墨西哥湾流的起始处，然后在今天的哈特拉斯角（Cape Hatteras）附近的浅海真正地进入洋流。发现湾流之后，回家的水手就可以把自己的船利落地驶进这条60英里宽的温暖急流中，让洋流以接近每小时6英里的速度带他北上，然后当湾流转向时，也随之向东前进，跟随这条温暖的蓝色水流走过其2000英里弧线的大半部分，也就是沿着欧洲边界的长度。

这个奇迹一经发现，它的范围和速度一经绘制和测量，墨西哥湾流很快成为人们广为痴迷的对象。它最坚定的早期支持者或许也是最不可能的一位：美国博学的政治家和开国元勋本杰明·富兰克林。1785年夏天，他在一艘前往英格兰法尔茅斯（Falmouth）的邮船上，写下了一封精彩绝伦的信，以其精细和智慧探讨了"有关墨西哥湾流的各项情况"——这篇文章内容丰富，极富洞见，让人很容易明白为什么这个令人难以忘怀的伟人会发明出避雷针、双焦距眼镜、借阅图书馆、改良火炉①和玻璃琴背后的原理等等奇妙的东西了。

这封信是写给法国的一个朋友阿方萨斯·勒罗伊（Alphonsus le Roy）院士的。信中的一字一句都令人惊叹、引人入胜。墨西哥湾流直到信的后半部分才出现——到写自己对它的看法时，富兰克林已经对他的朋友漫谈了一番船体设计、使用螺旋桨控制热气球飞行方向的可能性、海难最常见的原因、远途航海储备的最佳食物种类（杏仁、甜面包干、柠檬，最要紧的是"牙买加烈酒"）等问题。

然后就提到了墨西哥湾流。富兰克林提醒勒罗伊，10年前他曾当过美国首任邮政局长，在那之前他是殖民地邮政长官，他是在那时第一次充分认识到了这个北大西洋当时最不同寻常的现象：

大约在1769年或1770年，波士顿海关局曾向伦敦的财政部大臣提交了一份申请，抱怨说法尔茅斯和纽约之间的邮船，通常会比伦敦到罗得岛的商船多走14天……当时正好有我认识的一个去楠塔基特岛（Nantucket）的船长在伦敦，我就跟他说了这件事。他告诉我，出现这样的区别是因为罗得岛的船长们遇上了墨西哥湾流，而英格兰的邮船则没有。他说，我们很熟悉这个湾流，因为我们追捕鲸鱼，而鲸鱼就会靠近湾流的边缘活动，但我们没有真正接触过它……我那时就觉得，地图上没有标注这个湾流实在是一件憾事，于是就请他帮我把它画出来，

---

① 富兰克林炉在后殖民时代的美国家庭中流行了很长时间，是把火封闭在一个透气的铁盒里。与之相对的是砖砌的浅式拉姆福德壁炉，这是一个英裔德国伯爵发明的。他还发明了咖啡过滤器和一种给穷人充饥的营养汤，为慕尼黑建造了最大的一座啤酒花园，并由于着迷于冷热的复杂的物理原理，制作了现在称为"热烤阿拉斯加"的甜点。

他欣然应允，还加上了一些从欧洲往北美航行时如何避开湾流的指导。我都命人把这些记了下来。

这条洋流很可能是由于信风常年在热带地区的美洲东岸边吹拂，使海水在这里大量聚集而形成的。我们知道，10英里宽、3英尺深的一大片海水，如果受到强风，水被吹到一边的话，那背风的一侧就会变成6英尺深，而迎风的一侧就缺水。自那以后，我已经在欧美之间几次越过墨西哥湾流，一直在注意与洋流有关的各项情况，这是只有身处其中才能了解到的；我发现其中不仅多生果囊马尾藻，而且水流总是比两侧的水要暖和一些，晚上也不会闪闪发亮。

然后富兰克林帮忙画了一幅地图——这幅地图或许不够准确精美，却开辟了一个海洋制图学的新领域，也间接地开创了海洋学这门全新的科学。

4. 描述海洋

海洋学（Oceanography），意为"描述海洋"。正如这个奇怪的名字所暗示的，至少在早期，这门学科有些玄乎：海洋怎么能描述呢？尤其是远离大陆的深海，既没有看得见的海岸作为参照点，下面的海底又探测不到。这就像要描述房间里看不见的空气——是一项远远超越当时的想象力和描述力的任务。

在所有的图形科学中，海洋学诞生得如此之晚，其实不足为奇。地理学（Geography）和水文学（hydrography）分别是对陆地和水体的描述分析，这两门学科都创立于16世纪；而直到200年后的18世纪中期，学术界才有了足够的信心，将一门类似的研究命名为海洋学。如果这门科学被命名为"Oceanology"[①]，问题就会简单一些，但一直没有这样做，现在只有俄国人会用这个词。

在某些层面上，海洋研究会关注海洋的一些值得研究的显著特征。动物学是一方面——鱼类、海生哺乳动物、海鸟，还有其他大到怪异或小到无形的动物，都要一一捕捉、记录、分类。也有植物学的问题：海里那些或浮或沉的海洋植

---

① "Oceanology"中 -ology 这个词缀表示对某事物的研究，来自希腊语中的"言辞"；而 oceanography 中 -graphy 表示对某事物的描述，源自希腊语中的"书写"。——译者注

物——北大西洋的环流中央、南部海岛周围的海藻浅滩边有不可计数的马尾藻，此外还有上千种其他的浮游植物或深海植物。还有独特的海洋气象学：有一些特别的海风需要记录其变化和持久度——从东北吹来的稳定信风，激起北方剧烈气象风暴的西风，还有赤道附近时断时续、变幻莫测的微风，后者的名字在字面上和风暴恰恰相反，叫"忧郁风"①。还有一些危险的风的环流——飓风、龙卷风、台风、气旋。海上有冰有雪，有浮冰和深藏不露的冰山。另外还有一些海上异象——圣艾尔摩之火（St. Elmo's Fire）②、美人鱼、百慕大三角、海蛇、巨乌贼。

　　所有这些都是存在的——但每一种对于海洋本身而言又都不是重点，正如发现一种新的陆生哺乳动物对于地理学来说是次要的，认识到哈麦丹风的强劲对于研究撒哈拉中绿洲的形成来说只是小事。海洋有自身特殊的物理属性——一系列内在的本质特性，至少包括看不见的海底地形、海水的温度和化学性质、洋流和潮汐的运动。早期的科学家们确实注意到并探索过这些问题：单单是17世纪，就有罗伯特·波义耳（Robert Boyle）发文探讨过海水盐度；艾萨克·牛顿就潮汐的成因给出了一家之言；罗伯特·胡克（Robert Hooke）——这位博学者和哲学家是出了名的坏脾气，其知名成就包括确立弹性定律、发明推拉窗、创立显微学、首次观察到木星大红斑、创造了巧妙的钟表擒纵机构——设计了一套装置和方法，可以用于深海研究。

　　因此，科学家们终于开始专心探测深不可测的海洋，他们渐渐开始认真对待大西洋这个庞然大物提出的巨大挑战。特别是在维多利亚和爱德华时期：这是英美两国历史上一段神奇的时期，即使是难如登天的事情也常常显得大有可为；在

---

① 原文 doldrums，为赤道无风带之意。——编者注

② 海上的一种自然现象，多发生在雷雨时，指桅杆顶端等尖状物体上产生火焰般的蓝白色闪光。——译者注

这个时期，揭开海洋的巨大秘密，似乎不比给所有地球上的动物编目，或是将所有的英语单词收入一本硬皮书，又或修建一条横跨大陆的铁道、一条连通大西洋和太平洋的运河难上多少。

早期，风光无限的是探险家们，是那些寻求陆地和领土、追逐切实收益的人，而不是海洋本身的门徒。胆气过人的探险家，比如詹姆斯·库克（James Cook）、约翰·罗斯爵士（Sir John Ross）、拉佩鲁兹伯爵（the Comte de la pérouse）、罗伯特·菲茨罗伊（Robert Fitzroy）、布甘维尔骑士（Chevalier de Bougainville），他们的名字至今还因世界各地的海角、海峡和海岛而被人们铭记——而最早的真正的海洋学家们，却大部分已经被人们淡忘。比如说，现在还有谁记得詹姆斯·伦内尔（James Rennell）？他是一名来自英格兰德文郡的年轻水手，在孟加拉服兵役时，在一次长途航海执勤中成为第一个到达大西洋的人。到现在，只剩下他的坟墓、几本早已无人问津的书，和南安普敦不列颠国家海洋学中心里一间演讲厅的名字。但他是个不折不扣的英雄人物，一如库克和拉佩鲁兹，是个在追求自己目标时不惜付出一切的水手。在率队考察孟加拉时，由于遭到土著人持刀袭击，他的整条手臂几乎被齐肩砍断，后来又被加尔各答的海盗抢走了他原创的印度地图，但所有这一切都没有阻挡他探索海洋、寻求新知的步伐。

伦内尔在海洋方面的成就始于1777年他渡海回国时——他的女儿即将在圣赫勒拿岛降生，这是一座典型的大西洋海岛，也是拿破仑后来被流放的地方——途中陷入了大西洋洋流，不得不穿过洋流，然后又卷入了大洋环流。他因此得以研究了部分深海区域，并写了一些论文，讨论墨西哥湾流、北大西洋漂流的问题，以及当时一种能迫使本应开往英吉利海峡的跨洋船只改道去康沃尔（Cornwall）北部、走布里斯托尔海峡的神秘洋流。同时，他还乐此不疲地钻研历史疑难：撒哈拉骆驼的平均速度、尤利乌斯·凯撒在英国登陆的大概地点、"圣保罗"号遇难的可能位置。他活到近90岁，一直坚持工作。尽管他有足够的资格与其他民族英雄并肩长眠于西敏寺教堂①的中殿下，但他却被很多人忽略了。

① 西敏寺教堂（Westminster Abbey），通称威斯敏斯特修道院，坐落在伦敦泰晤士河北岸，修建于公元10世纪。但此地现在已经不仅仅是一座教堂了，而是成了许多影响英国甚至影响世界的名人最后的归宿。——编者注

5. 探索深海

比较一下詹姆斯·伦内尔对于海洋的兴趣，和几年前本杰明·富兰克林对海洋的探讨，可以略微说明欧美研究奇妙而凶险的深海世界背后所具备的不同动机。伦内尔对海洋的痴迷趋于学术性和概念化；富兰克林对墨西哥湾流的兴趣源于听说邮船被莫名其妙地耽误，因此商业因素更多一些。这种差异持续了很多年：英国将海洋视为极具理论意义的东西，也是其帝国不断扩展的入口；美国则把海洋当作一个障碍，要想克服只能通过实际的方法——通过提高航运效率，通过铺设并拓展使用海底通信电缆，通过熟练地捕捞海洋中可食用或有利用价值的生物。

最终游说并说服美国国会开展海岸勘察的，是东海岸港口的权势巨商，而与此同时，英国、法国、德国和斯堪的纳维亚国家的科学家们无不将海洋视为一个终极源泉——不是商业、资金或财富的源泉，而是成群结队、无穷无尽的未知动植物的源泉。对于欧洲人来说——这样的说法或许不尽合理，但也着实有些道理使它能够成立——了解大西洋就是了解地球；而对于19世纪大洋彼岸的人们来说，了解大西洋就是多些赚钱的门道。

查尔斯·达尔文就是19世纪早期纯粹为了研究的乐趣而远航大西洋的众多英国人之一。1831年，他不过22岁，刚从剑桥毕业，受邀搭乘90英尺长、搭载10门大炮的双桅帆船——英国皇家海军的"小猎犬"号，进行"途经火地岛，穿过好望角，然后返乡"的航行。这一趟旅程出人意料地用了5年时间，主要担任的是科考任务——船上载有各种各样的新型设备，包括精密计时器、避雷针，还有专门校准后用来测量新制定的蒲福风级[①]的风速计。南下途中，达尔文在佛得角群岛、圣佩德罗和圣保罗群岩（the Peter and Paul Rocks）、巴西、蒙得维的亚（Montevideo）、布宜诺斯艾利斯和马尔维纳斯群岛（英称福克兰群岛，阿根廷、英争议）等地观察并收集了很多物种，三年后，返程时他还曾在圣赫勒拿岛和阿

[①] 英国人弗朗西斯·蒲福（Francis Beaufort）制定的风力等级，根据风力对地面物体或海面的影响程度，将风力划为"0"至"12"，共13个等级。这是目前世界气象组织所建议的分级。——译者注

森松岛（Ascension）短暂停留。但他当时的兴趣主要在各个登陆地点的地质和野生动物上——关注航行中海洋这方面问题的主要是船长罗伯特·菲茨罗伊（Robert Fitzroy）。

或许就达尔文来说，最难忘的一个事件发生在离开自己的母亲洋、绕过合恩角（Cape Horn）进入太平洋的时候：菲茨罗伊在船上带了三个体型极为健硕的火地岛土著。他们是两年前被抓来的[①]，被带到伦敦，学习了英语、穿衣服，还被灌输了基本的基督教教义以及其他种种"文明作风"。现在要送他们回家了。尽管他们穿着在伦敦定做的衣装，有着良好的仪态，英语也说得不错，但达尔文还是觉得他们差强人意。因此，当看到其中一人杰米·巴顿（Jemmy Button）——另外两人分别是一个叫芙吉娅·巴斯克特（Fuegia Basket）的女人和一个叫约克·敏斯特（York Minster）的男人，还有第四个人，叫博特·梅默里（Boat Memory），已经死于天花——在合恩角附近下船后没过几天，就恢复了原始人模样时，他并不十分惊讶。船走后不久，由于遭遇风暴，不得不又回到港口，于是又碰到了这个人——让船上的人们大吃一惊的是，他看起来蓬头垢面，几乎一丝不挂，就跟两年前人们第一次见到他时一样。尽管达尔文再三恳求，他也不肯重新上船、再回伦敦。虽然加拉帕戈斯群岛（Galapagos Islands）的鸟雀后来更加充分地揭示了这个道理，但却是这些巴塔哥尼亚人的不幸遭遇，启发了达尔文，让他产生了最终的进化思想：根据对杰米·巴顿的了解，他可以比较肯定地说，《圣经》里上帝造人的故事至少是不确定的——不管《创世记》里说伊甸园发生了什么，某些人就算是衣冠楚楚，终归还是会退回到赤身裸体的状态。

在认知大西洋的征途中，有两次里程碑式的探险远航：第一次是1838年夏，由从弗吉尼亚州诺福克（Norfolk）启程的一支美国的小型船队进行；第二次是1872年冬，单独的一艘皇家海军帆船从汉普郡（Hampshire）的朴茨茅斯（Portsmouth）出发的探险。前者的名字有些盛气凌人，叫"合众国探险远征队"，

[①] 某种意义上说，这些火地岛人和60年前皇家海军"探险"号带回伦敦的塔希提男孩奥迈（Omai）类似。这个年轻人也是作为"贵族土著"的样例被带回英国的。他谦和可亲，成了伦敦社会的宠儿，约书亚·雷诺兹（Joshua Reynolds）还为他画了肖像。当他返回到太平洋上的海岛时，他发现自己越来越难以重新融入岛上的社会，后来郁郁而终，也可能是惨遭杀害。

由于一位受邀同行的队员出航不久便辞职离开，这段历史在大西洋历史上变得更加有名。第二个远征队的名字则精简得多，就叫英国皇家海军"挑战者"号。第一次远航的曲折命运直到今天仍然众说纷纭；但关于第二次——后来，美国的5架航天飞机中有一架也取了同样的名字，以纪念这艘英国轮船，这也说明了几乎刚好一个世纪以前所进行的这次先驱性的航海是多么成功。①

美国的这次探险——当时被人们俗称为Ex-Ex②——时机不佳、组织不当、成果不丰，是国会为弄清美国毗邻的两大洋，尤其是太平洋的奥秘所做的一次努力。贸易是国会山的动力：美国捕鲸和猎捕海豹产业快速增长，需要开发新的捕捞海域，不懂航海的商人们也需要新的区域来做生意。国会提供了资金，然后不得不从竞争资金的科学家和海军军官之中选择一方来驾船出海，于是陷入了斡旋矛盾的大麻烦之中。有一个人，因为无休无止的争吵而决定不去了，但却成为19世纪美国最著名的海洋学家。那就是年轻的海军上尉马修·方丹·莫里（Matthew Fontaine Maury）。他决定退出远征（当时他受邀作为官方天文学家随船出海，但他觉得负责组织的公职人员是个"蠢蛋"），结果反倒有利于自己的声望：参加这次探险的人都没获得多少荣誉。

原来，1838年夏末，这6艘船乱哄哄地朝着马德拉群岛出航时，分工很不合理，科学素质不高的船员反倒在探险中担任了更为重要的收集信息的职位。那些专业军官也不见得有多么善于航海。其中一艘在一个河口里沉了船，是另一艘船上的一个非裔美国人用一支当地的独木舟把所有船员救上来的。"文森斯"号上一个名叫乔治·波特的水手被一根牵引绳缠住了脖子，被甩到主桅杆上，挂在那里，离海面一百英尺荡来荡去，差点被活活勒死。（他活下来了，脖子没断，但脸因为缺氧已经一片乌黑，他睁开眼后要的第一样东西就是一杯格罗格烈酒。）

后来在斐济岛上又出了大乱子：这些美国人把别人惹毛了，怒火中烧的岛民

---

① 当时航天舰队中的5架航天飞机全部都是以早期航海船的名字命名的，包括两艘美国船和3艘英国船。"哥伦比亚"号是为纪念第一艘环球航行的美国船只，"亚特兰蒂斯"号本是马萨诸塞州伍兹霍尔海洋研究所（Woods Hole Oceanographic Institute）一艘强大的科考船的名字（不过现在这艘船已经被重新命名，服务于阿根廷的海岸警戒了）。"探索"号和"奋进"号（后者专门用了英式英语的拼法 Endeavour）的名字都来源自18世纪载詹姆斯·库克做环球航行的船只："挑战者"号则是因 1872~1876 年这段探险所用的船只而得名。

② 英文全名为"the United States Exploring Expedition"，所以简称 Ex-Ex。——译者注

们杀了两名船员，然后，美国人为了复仇，烧掉了一两个村子，杀了80个岛民，

场"政治风暴"近在眼前。更糟糕的是，第二艘船在一次剧烈的风暴中失踪了，这一次一个人都没找到。出事地点在另一个史泰登岛[①]——火地岛东南角上一座地形崎岖、荒无人烟的岛屿，是安第斯山脉入海前的最后一丝痕迹[②]。

总的来说，Ex-Ex就是一次极不愉快的冒险。离开诺福克近4年后，剩下的船只晃晃荡荡地回到了纽约海港，船队指挥官——一个叫查尔斯·威尔克斯（Charles Wilkes）的人（他虽是上尉，却总装模作样地穿着上校制服），因为惩罚手下过于严苛——尤其是罚一些冒犯者受"巡船鞭笞"，这项刑罚特别残酷，让所有船队中的水手长都来鞭打不幸的受罚者，直到他奄奄一息为止——而被解职并最终送上了军事法庭。虽然后来试图让威尔克斯复职，但他刻薄残忍、爱摆官架的为人，再加上他对待出版远征探险报告一事的草率——最后一卷报告直到船队返回32年后才面世——给这次探险蒙上了沉重的阴影，而这本可以成为美国迈向世界海洋学的辉煌门径。

不过，这次探险中最著名的缺席者马修·方丹·莫里，却将很快恢复这个平衡，重塑美国在海洋方面的声望。

当莫里受邀参加远征探险队时，他已经离开海军，在休半薪假，管理着他家附近弗吉尼亚西部一座快要倒闭的金矿。他拒绝邀请后不久，在探险队的6艘轮船一路灾祸不断、举步维艰地进行跨洋旅程时，他也遭遇了一次马车事故，摔伤了盆骨和双腿。这次事故让他在33岁的年纪就彻底结束了航海生涯。这场飞来横祸本该断绝了他有关海洋的念头，但事实却恰恰相反。

9年前，莫里还是美国第一艘环游世界的军舰、700吨的单桅帆船"文森斯"号上的一名低级军官。他之前乘坐一艘崭新的、大得多的军舰"白兰地酒"号离开纽约；他刚刚挺过了从合恩角绕行一劫，并做了大量的笔记，记录了从此处绕行最高效的办法，之后便接到命令，调任到停靠在智利海港的"文森斯"号。对

[①] 纽约有一个同名的史泰登岛（Staten Island），这里说的是阿根廷火地岛这里的史泰登岛，西班牙语为 sla de los Estados。——译者注

[②] 19世纪时，阿根廷在史泰登岛上建了一座小型灯塔，为海员导航，助其绕过凶险的合恩角；儒勒·凡尔纳（Jules Verne）写过一部不出名的动作小说——《世界尽头的灯塔》。那座灯塔已经废弃了，但巴黎一富有的热心人士又建了一座同样的灯塔，继续导航，这一座现在仍在，利用的能源是不太稳定的太阳能。

于一个弗吉尼亚农民的儿子，一个在田纳西贫瘠的种植园里长大的小伙子来说，这趟旅途无疑让他眼界大开，对他意义非凡。军舰返回途中首先经过了塔希提、夏威夷、澳门、菲律宾、婆罗洲、荷属东印度群岛，接下来穿过印度洋到达索马里，绕过厄加勒斯角（Cape Agulhas），又绕过好望角去桌湾（Table Bay）补给，最后乘着持续的南风——陶醉的莫里把它写作"一道风中的墨西哥湾流"——横渡大西洋到达圣赫勒拿岛，回到桑迪岬。从莫里乘"白兰地酒"号离开，到"文森斯"号在布鲁克林落锚，已经过了整整4年。

这趟旅程使他脱胎换骨，有了自己的使命——一项不管多少反对和伤害都无法阻碍的使命。在这次漫长的环球航行中，他学习了数学中最复杂的知识，并在脑子里形成了对于地图、图表、洋流、潮汐和海风的终生痴迷。尽管9年后，他的海军军官生涯骤然终止，但他是如此迷恋大海，迷恋种种奇妙的海洋现象，因而成功地说服上司，给了他一份坐办公室的工作——起先是负责图表仪器保管室，然后从1844年开始，主管新成立的美国海军天文台。接下来的30年里，他一直担任此职，指导美国的海洋绘图工作，并记录海洋中所有引人注意的现象。

莫里最不朽的成就在于家门口的这片大洋——大西洋。最著名的一项是他1854年出版的大地图：《以1000，2000，3000，4000英寻等深线所作的北大西洋盆地测深图》（*A Bathymetrical Chart of the North Atlantic Basin with Contour Lines drawn in at 1000，2000，3000 and 4000 fathoms*）。他调遣了自己能找到的所有军舰进行测量——实际上也没有很多，致使这份地图并没有标题说得那么精准全面——基于这些数据作的这幅地图，留下了两项重要的遗产。

第一，他的调查船只提出了无可争议的证据，证明了大致在欧美海岸之间的正中，深水区中有一条南北走向的浅水线。他根据自己一艘船的名字，把这条浅水线命名为"海豚垄"（Dolphin Rise）：这是人们第一次发现这条海底山脉存在的痕迹，它如今是公认的海底世界最长最高的山脉——大西洋中脊。

第二，莫里的地图吊起了马萨诸塞州一位实业家、百万富翁赛勒斯·W.菲尔德（Cyrus W. Field）的胃口。他靠造纸业发家，一直有将电报线路铺到大西洋对岸去的想法。他看到莫里地图上海中高原的范围，便询问了这件事。得到的回答正是他所希望的，因为莫里写道：

▲▲

在一次马车事故之后，美国海军军官马修·方丹·莫里把自己的精力都投入到了海洋制图和海洋学上。他的著作《海洋的自然地理学和气象学》(The physical Geography of the sea and Its Meteorology) 是一部经典。美国所有海军海图的设计和准确性，都离不开他这些开创性的测量和组织方法。

从纽芬兰到爱尔兰，最近点的距离大约1600英里；这两个地方之间的海底是一片高原，简直像是专门安排在这里，好托住海底电报线路，使它们免遭损害似的。它不深不浅；但又足够深，一旦铺好线路，船锚、冰山以及任何的漂流物都绝不会碰到线路；而又够浅，很容易就能把线路铺在海底。

莫里和菲尔德都不知道这片"高原"真正的样子——大片扭曲崎岖混乱的高山和幽谷，巨大的峡谷和玄武岩的尖峰会阻碍电缆铺设，增加电缆用线。人们对于海浪下面的事物依然所知甚少：早期的铺线员——主要是USS[①]"尼亚加拉"号和HMS"阿伽门农"号上的水手们，被同样不知详里的投资者们的热切渴望逼着下了水——就像盲人从飞过喜马拉雅山或阿尔卑斯山的喷气式飞机上抛下电线一样。他们以为，电缆会像蛛丝一样，沉到无边无际的海底平原之上，万万没想到下面其实是锋利的高峰山脊和岩石密布的峡谷。最早的一批电缆中，有一些在海中显然悬空吊在两座山头上，高出深邃的海底平原足有两英里，这些电缆反复地摩擦、拉伸、断裂，次数多得令人绝望。直到1866年，才建立起第一条永久性电缆，而之后的几十年里，电缆船都不得不四处奔波，修复断裂的线路，即便是合理铺设的线路也不能幸免。

人们对电缆还有一些早期的担心。大西洋电报公司的一个股东写信告诉他的朋友，提到一个假想，他认为发送电报的声音"会受到不寻常的压缩，听起来只能像老鼠的吱吱叫"。这是很多人都有的一个误解：维多利亚时代充满了对海洋五花八门的想象。有一个长期以来信者甚众的说法是，由于水的密度会随着水压增大（其实不会，水是绝对不可被压缩的），超过了深海中一定的地带，物体就不会下沉了——例如，一艘失事的铁船会一直下沉，直到水的密度达到让它无法继续往下为止，然后它就会停在那里，永远悬在水中。

这个理论认为，由于水的密度变化，不同的物体会停留在不同的高度上。装了铁钉的水桶会比破洞的小艇沉得低，马会比青蛙停留的高度低，人的尸体下沉的深度取决于他们的胖瘦和衣物的厚度——还有另一种说法，说罪孽的重量或不安的良心会让恶人们沉得更低。最终，水中杂七杂八的东西会按重量分出层

---

① United States Ship，即美国海军舰船。——译者注

次——失踪的牛羊、不幸溺水的孩子、过时的办公家具、沉没的拖船、受刑的匪徒、被匆匆抛弃的六轮手枪、脱轨的列车、被遗弃的宠物都分属于不同的层级——注定永世飘荡在海洋下层，犹如地面世界的一个翻版，被永远禁锢在又冷又咸的阴暗海水里。

这样的愚妄持续了好一段时间。那些秉持这份信念的人——对于那些不愿意接受地球是个略扁的球体，而把它想象成一个边缘危险、不停飞旋的扁平圆盘的人，这个想法自然没什么大不了——对于测深绳报告的海水深度颇为怀疑。因为他们争辩说，在一根广泛使用的、20BWG①的镀锌钢琴丝末端拴一个铅球或铜球，怎么可能通过黏滞带？测深绳一碰到这一区域的上边界，肯定就会弹起来，而不会碰到海底啊。

但莫里的手下制作了几样装置，在几千英尺下取得了海底表层的样品——等到大量的泥沙、碎石、破碎的贝壳、珊瑚的碎片被取回，怀疑者和地球扁平论者亲眼看到以后，便不再坚持这个奇怪的想法，回归了理智。

还有一些其他的怪念头也曾流行一时。有一个也和黏度问题有关：有人说，在高压低温、漆黑一片的凝滞的深海中，肯定不可能有生物：当时造了一个词，说这是一个"无生域"（azoic realm）。但第一批电缆铺好后不久，需要把一些断裂的部分从几千英尺下捞上水面来，当人们把电缆放到甲板上时，发现这些扭曲的电缆上布满了藤壶、蠕虫和其他各类生物，说明即使在一片黑暗的深海中，也依然存在着一个幸福而丰富的生物世界。

19世纪的海洋学家最终还纠正了一个错误的说法：大海上，尤其在大西洋上，存在很多历史悠久的幽灵岛②。佛兰德的地图绘制大师奥特琉斯（Ortelius）1570年画的一幅地图上，标出了很多这样的岛屿：圣劳伦斯河口的"魔鬼岛"（Isle of Demons）、冰岛南方的"圣布兰丹岛"（Saint Brandan）③和北部的"弗里斯兰岛"（Frisland）、百慕大东北不远处的"桑塔纳岛"（Santana）和东南方的"安

---

① BWG 是伯明翰线规，表示的是线的直径粗细，数字越大直径越小。——译者注

② 指曾经有人在地图上标出来过，但后来却被证明并不存在的岛屿。——译者注

③ 查尔斯·金斯莱（Charles Kingsley）的童话中水孩子和"罚恶仙人"的故乡。

提利亚岛"（Antillia，也叫"七城岛"）——据说，在这幅地图风行时代的8个世纪前，为躲避摩尔人入侵，西班牙主教们逃到了这里。有几个岛在奥特琉斯的地图上没有标示：马丁·弗罗比舍（Martin Frobisher）声称在一次风暴中发现的罗卡尔岛（Rockall）以西近600英里的"布斯岛"（Isle of Buss）；还有爱尔兰南部的梅达岛（May da），以及距康尼马拉（Connemara）50英里、在前后几十幅地图中位置都格外一致的"布拉希尔岛"（Hy-Brasil）。

这些岛全都不存在；它们就和亚特兰蒂斯一样，只是转瞬即逝的幻影。最后还有一样海中异物曾短暂地困扰过维多利亚时代的水手们：一种想象中的早期原生命，一种原始黏液。这是英国皇家海军的调查护卫舰"独眼巨人"号捕捞出来的，然后交给了一开始并不感兴趣的T. H. 赫胥黎。他是一位古生物学家，最终创造了"不可知论"（agnostic）与"达尔文主义"（Darwinism）等词汇，这说明他有着强烈的理性主义观念。但在拿到样品的10年后，当他在显微镜下观察这种凝胶状的软泥时，他放下了理性主义：它让他激动万分，没了理性，马上给它取了一个名字［海克尔深水虫（Bathybius haeckelii）——纪念创造了"生态学"（ecology）一词的德国进化论者恩斯特·海克尔（Ernst Haeckel）］，宣布这一定是遍布海底的原始生命。

6年以后，舆论哗然：另一位生物学家给这些黏液做了一些最基本的化学测试，发现深水虫其实根本不是生物，而是海水和残存的酒精在试管中发生的一种简单化学反应。后来可能仍有人支持赫胥黎——毕竟，在他的那个领域，他仍是一个伟人，也是他那个时代的一个巨人。他们嘟哝道，这可能是浮游生物爆发带来的季节性污染引起的。但大量事实就摆在眼前，所以很快，这个从未存在过的深水虫就被正式抛弃了。赫胥黎灰头土脸地把它重新命名为"浮游液"（Blunderibus），承认了自己的"愚蠢"，从而很快恢复了声望，马上又开始给其他的生物命名了——他对此尤其在行。他首先给一种中生代鳄鱼取了一个美丽而响亮的名字："异平齿龙"（Hyperodapedon），接着又给泥盆纪一种类似鱼的动物命名为"总鳍鱼类"（Crossopterygians）。

深水虫的秘密解决了，意味着当HMS"挑战者"号在1872年圣诞节前夕离开朴茨茅斯码头时，它的主要任务不再是发现未知生物、纠正长期以来的错误观念，而将是一次空前绝后的科学盛宴。

6. 深海测探

"挑战者"号最初是一艘战舰，是一艘2600吨的大型轻巡洋舰。它有三支桅杆和一个大烟囱，用来排出1200马力的引擎不断制造的废气。船上只留下两门大炮，其余都被搬走了，好给实验室和器材腾出空间。这是一次环球航行，至少在广阔的大西洋航段是如此。战舰指挥官是乔治·内尔斯（George Nares），他是一名不屈不挠、不会犯错的好水手，后来在北冰洋探险中赢得了声望（尽管由于他没有在船上带够酸橙，导致在一次极地航行时爆发了坏血病，后来在官方报告中受到批评，使他的名声蒙上了污点[①]）。科学组的领头人是C. 怀威尔·汤姆森（C. Wyville Thomson）。他是爱丁堡的一名自然历史学教授，曾参与过两次科考航行，并因此对生命能否在极深的海水中生存的问题产生了兴趣。出发不久，轮船还在试航阶段时，他就不辞辛苦地把捕捞和测深器械送到水下——这些测深器械是拴在麻绳上的，而不是用大多数海洋学家喜欢用的钢琴丝，因为人们以为需要好几英里的绳子才能测量到最大深度，而钢琴丝太长，船的起重臂承受不了那么大的压力——以此验证自己的假设。起初在非洲海岸附近，他们捞起了一些红色黏土，里面没什么有价值的东西；但是后来，在西印度群岛以南近四英里处，捕捞网打捞起了两条看起来可怜不堪的环节蠕虫，证实了他的假设。这个性格沉默的威尔士人，为此在甲板上激动万分，宣告深度实际上不能限制生命的繁荣："动物……存在于整个海底。"

这艘大船在大西洋上穿梭往返，从加那利群岛到百慕大，从哈利法克斯

[①] 他富有维多利亚时代的正直。一次周日执勤时，在驶过北冰洋的过程中，他手下的一名军官杀了一头海豹——海豹是维生素 C 的一个主要来源——遭到了他的训斥，指责他打断了自己与神的对话。内尔斯这个名字在各地都被人纪念，包括新几内亚北边上将群岛中的一个海港、加拿大的两个海岬、格陵兰的一座山脉、南极洲的一座山峰、格陵兰和加拿大之间的一条海道，还有北大西洋中的一道海渊。

（Halifax）到佛得角，从马德拉群岛到费尔南多·迪诺罗尼亚群岛，从裴南多岛①到马尔维纳斯群岛，一路上不停测量海深、记录温度，往海底投捕捞网和底表撬网，再用强大的辅助卷扬机把网及网中湿漉漉的东西拉上海面。

偶尔，捞起来的东西能引发一阵兴奋：从阿根廷大陆架600英寻深的海水中，撬网捞到了海参、海胆、五颜六色的海星、藤壶、珊瑚、乌贼、蛞蝓、片脚类动物和等足类动物，还有很多非常原始的、雌雄同体的脊索动物，学名叫被囊类动物，但水手们俗称为"海鞘子"（sea-squirt）或"海猪肉"（sea-pork）。但是，总的来说，深海中的例行探测变成了乏味的公事，即使对科学家们来说也是如此。撬网越来越"面目可憎"，他们也厌恶起收网的时刻，尤其是在晚餐时收回捞网。61名船员在航程结束前就离开了，还有一小部分死掉了——两个发疯而亡，两个淹死了，一个被人毒杀，另一个毙命前因愤怒而满脸火红，还有一个叫斯托克斯（Stokes）的可怜人被一个飞来的滑轮组撞头而死，不得不被海葬（他的同伴们还因此去问内尔斯船长，他的尸体是不是真的会永远漂浮在黏滞带里）。

在科研允许的范围内，人们尽量开展各类娱乐活动。圣诞节时，人们伴着威士忌和葡萄干布丁跳舞作乐，接着一边搞读书、朗诵，还有小提琴比赛，一边开怀痛饮。科学家或水手们过生日时，就会举行喧闹的活动大肆庆祝。下午茶每天供应，靠岸的次数也越来越多，既可以调剂一下枯燥的日常捕捞工作，也算是对家乡文明生活方式的一个念想——尽管往骨瓷杯里倒大吉岭茶的时候，总得受着飓风的抽击，或者顶着热带海洋上无法想象的毒日头。有人带了一种名叫"美乐琴"（melodeon）的类似手风琴的乐器，安静的夜晚，琴声在甲板间飘荡，令思乡的人们暗暗落泪。

"挑战者"号每到一个异国的港口，便邀请岸上好奇的人们，尤其是女性上船参观。对有些人来说，这艘船就像一艘环游世界的蒸汽游艇，船上的军官们也一直没忘了让它充当水上大使馆的角色，这次远征总被他们宣传为英国勇气和决心的典范事例，因此前来瞻仰的人们络绎不绝，都为它感到惊讶。但是

---

① 即比奥科岛（Bioko），旧名裴南多岛（Fernando Póo）。

女士们也会来船上跳舞作乐，每次沿途停靠时，船上的小提琴手和美乐琴手都十分忙碌。

船上还有运动项目：中产阶级的科学家们随身带了猎枪，恣意地猎杀随处可见的海鸟。有一次，在南大西洋的咆哮西风带中，猎手们想猎杀正在散步的信天翁，一种长期以来被视为禁忌的鸟，这起初可把一些思想传统的水手给吓坏了；但是船也没有遭遇什么大灾大难，只有一些不值一提的小事故，存在一些伤亡，但对于这么大的队伍、这么久的航行，也算是在统计容许的范畴内。

这次航行总计用时三年半——途中有一次轻微地撞到了一座冰山（大概是拜那只被猎杀的信天翁的英灵所赐）；捕到了两只加拉帕戈斯乌龟，它们把船上的菠萝吃得一干二净；在巴西附近赤道处发现了接近冰点的海底水域，因此人们推断有一条从南极向北流过来的深海潜流，另外还有一个令动物学家们欢呼雀跃的发现——一种体型小巧、格外好看的乌贼，被叫作旋壳乌贼（Spirula），它被一些人认为是新发现的达尔文物种起源系列中缺失的一环。在返回朴茨茅斯的途中，在葡萄牙附近遇见了一支正在巡逻的英国舰队，其中一艘战舰让舰上的乐队在后甲板上演奏了《家啊，甜蜜的家》这支曲子。当"挑战者"号最终靠岸时，它航行了接近7000英里，平均每小时2英里多的速度。一个人走路的速度都可以比它更快。

但是，天哪！看看它带回来的那些样品：成百上千只箱子，装着动物、植物，装着不同深度、不同地点的海水的瓶子，盛着各种软泥、黏液、凝胶状动植物的试管、培养皿和大玻璃瓶。花了4年，第一卷官方报告才得以出版，又过了15年——几乎到了世纪末——最后一卷才出版，不幸的怀威尔·汤姆森被出版商持续的高压给逼疯了、压垮了。

报告一共出了80卷。这是令人敬仰的智力成就，可以说是有史以来最全面的海洋研究，直到今天依然是一座里程碑。它所汇集和传播的信息，代表了当时人类关于海洋，尤其是大西洋的全部知识。有了它，海洋学便逐步建立起来，成了今天的样子，成为一门更加专业的学问。不久以后，水手们回到了船桥上，专家们——化学家、动物学家、潜水员、物理学家、数学模型专家、古气候学家、高温微生物学家——继续进行研究，永久地改变了海洋科学最初的面貌。

7. 大洋的边界

一些浪漫色彩后来不可避免地烟消云散了。20世纪，新式海洋学不断发展进步，发生了指数级增长，建立起不少大型机构——1892年加利福尼亚的斯克利普斯研究所（Scripps）、1930年马萨诸塞州的伍兹霍尔研究所，1949年纽约的拉蒙特-多尔蒂研究所（Lamont-Doherty）[1]，还有南安普敦的国家海洋学中心，以及罗斯科夫（Roscoff，法国）、基尔（Kiel，德国）和赫里戈兰（Heligoland，德国）等地的欧洲小型海洋观测站——曾经让拓荒者们兴奋不已的那幅海洋图景开始失去了光泽。实验室和计算机的乏味日常工作开始慢慢代替了过去那些旧时光的迷人韵律：不断变换的地平线、烈如刀割的寒冷海风、海鱼和松焦油的气味、盘绕的绳索、鼓动的风帆、海鸥的鸣鸣、轮船引擎的轰鸣，一一让位于机器和空调的嗡嗡声以及柔和的激光打印之声。

摩纳哥的阿尔伯特一世亲王是最后一批全心投资实地海洋学的富有天赋的业余爱好者之一，之后，这个行当就成了技术官僚的领地。他会有这样的兴趣，也是因为当时19世纪的法国对海洋产生了一阵高涨的（尽管非常短暂的）热情。由于自1789年革命以后，法国贵族们都不太得志，便积极地参与进这股热潮之中，使得航海探索极为奢华，意气风发。富可敌国的利奥波德·德福林（Léopold de Folin）侯爵便是较早投身于此的一个。在乘着舒适的改装拖船探索了几年布列塔尼海岸的海底之后，他成功说服法国海军为他提供了一艘装备齐全的明轮汽船——"勤劳"号，并乘坐这艘船多次调查了比斯开湾（Bay of Biscay）以外的海

---

① 正是拉蒙特-多尔蒂研究所的科学家，乘坐钢制船体的科研艇"维马"号［Vema，曾经属于银行家E. F.哈顿（E. F. Hutton）］，在20世纪50年代确定了巨长无比、意义重大的大西洋中脊的真正性质，从而产生了1965年的板块构造理论。

底；这些调查仍是传统的学者式的研究，充满了活力。

　　不久以后，阿尔伯特亲王也学样买了一艘光亮优美的游艇——"燕子"号。他后来对北大西洋——尤其是墨西哥湾流——的研究为他带来了声望和广泛的尊敬：他显然不是人们起初认为的那种衣冠楚楚的业余爱好者[①]。他花了三年时间研究墨西哥湾流，乘"燕子"号多次往返于亚速尔群岛和大浅滩（Grand Banks）之间，在湾流的不同位置扔下了近1700件漂浮物——啤酒桶、玻璃瓶、铜球——然后观察它们会流到哪里。漂浮物里夹有措辞严谨礼貌的纸条，海边的拾荒者回应写道，他们发现了200多个这样的漂浮物——这些发现使得年轻的亲王（1889年，就在这项工作渐近尾声之时，他登上了摩纳哥国王的王位）画出了非常准确的地图，标示了墨西哥湾流，及从湾流分支出来的北大西洋暖流的方向和强度，并明确了北大西洋环流整体上顺时针的特性。

　　他在位的多年间，依然继续自己的工作。他命人建造了一艘175英尺长的纵帆船，用作科考船，叫"爱丽丝公主"号——这是第一艘纯粹为海洋调查而建造的船，其后还有很多这种船。他尤其感兴趣的是捕捞并分类大陆和深海平原之间、生活在半深海的鱼类和其他动物。他悠闲富裕的生活意味着他和大多数领工资或靠拨款维持的科学家不同，他和他的船可以在一个地方停留好几个星期之久，还有成群结队的服务员、厨师、贴身男仆随时待命，使他可以有足够的耐心，揭开海洋生物的神秘面纱。

　　阿尔伯特一世于1922年逝世。在33年整体可说英明的统治中，他留下了三个与海洋有关的不朽纪念碑。其中两个遗产有意地融合了对海洋的学术探索和日益增长的公众兴趣：他在巴黎建了一座规模宏大、风格气派的海洋研究所，在蒙特卡洛也建了一座类似的（只不过更大些），里面有水族馆，并展示着轮船及科考勘探设备。（两座研究所的经费大部分都来自于赌场收入，摩纳哥的赌场非常时尚，声名远播。）第三个纪念物就是本章开始时提到的那件：阿尔伯特亲王筹措

[①]　由于地位优越，阿尔伯特赢得了罗马教廷的允许，得以在未经教堂许可的情况下与自己的第一任妻子、汉密尔顿公爵之女离婚。他们育有一子。这位强悍的苏格兰妇女，尽管遭受了一次抛弃，后来却嫁给了一位匈牙利贵族。他们的一个曾孙，就是黛安·冯·菲尔斯滕贝格（Diane von Fürstenberg）的丈夫，时尚设计师埃贡·冯·菲尔斯滕贝格（Egon von Fürstenberg）。

资金，并提供场地，促成了一个全新的国际组织，最初叫作"国际水文局"，一方面旨在监管和标准化全世界的航海图和航海辅助工具，另一方面旨在确定世界上所有海洋的边界。

水文局出版了一份著名的《第23号特别出版物》，如今的"国际海道测量组织"已经把它出到了第四版[①]。这或许是阿尔伯特一世的遗赠之中，最为人们称道，也最具有争议的一件。这份文件在1928年初版时还只是薄薄的一册，但已然是一部杰作，然而，和汇聚了海量全新海洋名称（如之前提到的斯兰海等）的现代新版一比，就不免黯然失色了。初版中对大西洋的定义和范围都做了正式的明确规定，今天也依然如此。

过去80年间，摩纳哥的海军将领们眼看着大西洋增长了不少。准确地说，大西洋的物理范围扩宽了大约6英尺，在持续不断的压力下，海底每年从大西洋中脊向外扩张1英寸。但IHO所说的扩张并不是指这个：新出版物中的"增长"，不是大西洋的实际意义上的增长，而是一种比喻性的增长，一切都是由于关于如何恰当地界定大西洋边界而造成的。1928年时，边界的确定还相对——相对而言——很简单。

1928年的大西洋理论上分为两部分——北大西洋和南大西洋，两部分大洋的边界是根据罗盘的基点来制定的。于是，按照摩纳哥规定的格式，北大西洋的边界被定为：西至加勒比海东边界、墨西哥湾南边界，然后从古巴北海岸至基韦斯特（Key West），沿美国和加拿大海岸向北到圣劳伦斯湾的东南和东北边界为止；北边，以北冰洋的起点为限，然后从拉布拉多海岸画一条线到格陵兰岛的端点，再从这里到设得兰群岛；东抵北海的西北边界，然后是苏格兰海域的北方和西方边界、爱尔兰海的南边界、布里斯托尔海峡的西边界和英吉利海峡的西边界、比斯开湾和地中海的西边界；最后，南部，以利比里亚的帕尔马斯角（Cape Palmas）和巴西的奥兰治角（Cape Orange）之间的北纬 4° 25' 纬线为分界线。

1928年南大西洋的界定就更加简单。北边界就是上面所说的利比里亚和巴

---

① 在本书写作时，第四版已经完成了8年，仍未出版。

西之间这条经线；西边界是除普拉特河（River Plate）河口以外的整个南美洲海岸；东部的正式边界是利比里亚以南的非洲海岸，除了非洲大陆腋窝处的那片巨大海域——这里被称为几内亚湾，被利比里亚和安哥拉之间的连线分开；南边界是IHO的绘图员随手画的一条连接阿古拉斯角（Cape Agulhas）和合恩角的线。

现在，边界确定的情况就复杂得多得多了，按照最新指导方针，大西洋的地表面积要远远大于以往任何时候。只要看一个例子，看看对北大西洋部分北部边界的表述，就能大致明白新的界定有多么复杂：

……然后沿爱德华霍姆角（Kap Edward Holm）向东南与冰岛最西端的比亚汤加（Bjartangar）的连线；然后沿冰岛西部和南部海岸向东南方至冰岛东海岸的斯托克角（Stokksnes），再向东南方至法罗群岛的富格尔岛（Fuglöy）的最北端，然后沿此处和设得兰群岛最北点、马克尔弗拉加岛（Muckle Flugga）连线……

基本上，这样的扩展是因为IHO决定将很多以往认为和大西洋完全不相干的海域、海湾变成大西洋的细分部分所致。例如，墨西哥湾现在被认为完全属于大西洋（所以，2010年美国路易斯安那州新奥尔良附近，英国石油公司钻井平台爆炸并随后垮塌造成的石油污染灾难被归为大西洋问题）；加勒比海成了大西洋的一部分；北海、英吉利海峡、芬迪湾、从圣劳伦斯河口向东北直到地广人稀的安蒂科斯蒂岛①西端的大部分区域、凯尔特海（Celtic Sea）、斯卡格拉克海峡（Skaggerak，但不包括卡特加特海峡）、比斯开湾也都一样，成为大西洋的一部分。而且，划出几内亚湾的做法也早被抛弃：现在，北大西洋和南大西洋的分界线是巴西一侧和加蓬共和国的洛佩斯角（Cape Lopez）之间的赤道。

［这条南部分界线本应该是一条笔直的线，却有一个非常奇怪的小折角。它转了一个小小的弯，穿过一座名为"伊劳罗拉"（Ilhéu das Rôlas）、棕榈树遍布的小岛。这座岛，距离另一座几乎同样不知名的小岛圣多美岛（Sao Tomé）的南端

---

① 这里曾被一家法国巧克力制造商拥有，也几乎被希特勒买下。现在它是灯塔看守人的家园。

不过几码远的距离。出现这样的转折，有一个制图学上的原因：伊劳罗拉岛是唯一一个位于——或基本位于，只有几英寸的偏差——赤道上的大西洋岛屿，把它作为一个大洋中间的标记很有道理——尽管我们不得不说，1928年大西洋的绘图者没有费神想过这种事情。现在，虽然看不出有什么合理的理由，他们却这么做了。]

那么，这就是大西洋实际上的全部范围——共计81705396平方千米（3200万平方英里）的海水，是地球上总水域的四分之一，最深处远远超过5英里——有8605米，位于波多黎各海沟——全部海水的体积总计307923430立方千米（7400万立方英里）。[①]

8. 百川终入海

只有把人类这个维度纳入进来，这个故事才会呈现出终极但丰富的复杂性。想想与大西洋共生的人们，想想理应属于大西洋共同体的人们，或者想想——从任何群体的意义上说，受了大西洋的恩泽或受到大西洋的影响，或被大西洋穿过——可以从某种角度被视为大西洋人的人们，只要算算这个庞大的总人数，你就会发现这其中的复杂性。

是流入大西洋的众多大河造就了这种复杂性。

有无数河流都流入大西洋。流入大西洋——尤其是23号出版物第四版中这个扩宽许多的大西洋——的河流，比流入太平洋和印度洋的河流要多得多。有欧洲的大河：塞纳河、卢瓦尔河（Loire）、塞文河（Severn）、香农河，甚至，由于北海现在也是不折不扣的"大西洋"了，还有泰晤士河和莱茵河。有尼日尔河（Niger）、库内内河（Kunene）、奥兰治河（Orange），以及刚果那几乎庞大得难以置信，其源头点缀着整个非洲中部的广阔水网。有发源于秘鲁的亚马孙河，它带

---

① 目前的相关数据为：大西洋为世界第二大洋，约占地球表面积的20%，原面积8221.7万平方千米，连同其附属海和南大洋部分水域在内（不计岛屿），约9165.5万平方千米，在南冰洋成立后，面积调整为7676.2万平方千米。其平均深度为3627米，最深处波多黎各海沟深达9219米。其海水总体积33717万立方千米。——编者注

入大西洋的水和雨林泥土，比仅次于它的八条世界最大河流带入各自海洋的水土加起来还多。有发源于北美五大湖区的圣劳伦斯河。还有密西西比-密苏里水系，每天将数万亿加仑的水，从草原和落基山脉，带往被正式划入大西洋西部的遥远海湾——墨西哥湾。

所以，对于那些想把大西洋的影响力大网尽力撒开的人来说，可要考虑到，它并未止步于瑞斯角或哈茨康滕特（Heart's Content），蒙托克（Montauk）或外滩群岛（Outer Banks），布兰卡港（Bahia Blanca）的阿根廷海滩或埃斯塔多斯岛（Isla de los Estados）又或合恩角。它的起点也不在法罗群岛的岩壁或亚兰群岛（Aran Islands），也不在阿善特岛、兰兹角、博哈多尔角、罗本岛（Robben Island），也不在厄加勒斯角的岩石，也不在尖塔顶附近的海湾。

要是引经据典的话，大西洋的起终点，是在赞比亚的湖泊（刚果河的发源地）和瑞士的阿尔卑斯山（这里的冰川融化，形成了莱茵河的支流）。它的另一个起点，在美国黄石公园附近的一个山谷——维多利亚晚期时，一位名叫布鲁斯（Bruce）的探险家在这个山谷里发现了密苏里河的源头。而今天，可能有一个希腊的农民，远离了自己地中海旁的故乡，以一个美国农场主的身份，在这个山谷旁以牧养羊群度过自己的一生。

大西洋的起始点，也在蒙大拿北部一座名为"三分巅"（Triple Divide Peak）的8000英尺的高山旁。这是北美大陆的水文最高点。落到此山北侧的雨水流入加拿大，然后流进了北冰洋。而山峰西侧和西南侧的雨水，则汇入小溪，最终到了俄勒冈和太平洋。碰巧落在东南侧山坡上的雨水，就慢慢往下，最终渗入了一个小小的峡谷，峡谷底部是一条更小的小溪——小溪流到一条河北部的岔口，汇成了后来的玛丽亚斯河（Marias River）。在蒙大拿的本顿堡（Fort Benton）附近，这条河汇入密苏里河，密苏里河又在圣路易斯汇入密西西比河，密西西比河最终在新奥尔良流入墨西哥湾，河水就从这里与大西洋连为一体。

蒙大拿一角，耸立着崎岖不平、冰雪皑皑的三分巅。来到这里的探险者们，极有先见之明地给从峰顶流下来的那条小溪取了一个名字。他们给看到的第一条河取了名。这条河从雪线以下、海拔7000英尺处蜿蜒而下，到了海拔

5000英尺的草地，水流湍急清澈，匆匆流过一道落基山峡谷，简直像这条河知道探险者所知道的事情似的——知道它的水会流向哪里。因为他们就简单地将它叫作"大西洋溪"。他们用一片海洋的名字给它命名，一片现在看来与蒙大拿州密不可分的海洋，但也是一片大多数蒙大拿人都很少见到、甚至根本没有见过的海洋。

ATLANTIC

Great Sea Battles, Heroic Discoveries,
Titanic Storms, and a Vast Ocean
of a Million Stones

第 3 章

美与力量

然后是恋人，
唉声叹气如炉灶冒烟，
吟唱着悲哀的歌谣歌颂恋人的蛾眉。

1. 大洋戏剧

尽管莎士比亚常常写到海洋，对它了如指掌——写纷繁人世间的潮起潮落，写庄严宏伟的舰队，写无数次令人落泪的船难，写落入深海的父亲，写海的变幻、海的神奇，还有猎猎鼓帆的海风——但是，没有切实的证据可以说明他曾坐过船、出过海，或曾亲眼见过大西洋。

但在莎士比亚的时代，大西洋对整个英格兰十分重要，他当然知道它的存在，一定听说过很多关于它的故事。这也就难怪他会将一个著名的16世纪的大西洋传说，巧妙地变成自己最后一部，或许也是想象最大胆的一部戏剧作品《暴风雨》（*The Tempest*）的核心。就像一些前辈和很多的后来者一样，莎士比亚从这片喜怒无常、性情多变的海洋中提取出了一个形象，并将它化为了艺术。

这部戏写于1611年，碰巧在2009年时，在百慕大群岛做了一次盛大的皇家演出，庆祝不列颠最北部的大西洋海岛领地建立400周年。这场戏是在百慕大首府哈密尔顿（Hamilton）的一家剧院里上演的，在这里上演有一个重要理由：大多数文学家都认为，《暴风雨》和很多之前创作的戏剧作品不同，它是一部不折不扣的大西洋戏剧，而且4个世纪前，剧中最初的场景设定碰巧就在百慕大，而这在剧本创作中起到了关键作用。

乍一看或许并非如此。毕竟，普洛斯彼罗（Prospero）和其女儿米兰达（Miranda）被流放的岛、其仆人卡利班（Caliban）生活的岛，在文本细读的时候看起来最可能是在地中海。从剧中所写的来看，米兰似乎和剧情发生的场景过度接近；在本剧结尾，当他们修好普洛斯彼罗的弟弟安东尼奥和那不勒斯国王阿隆索（Alonso）带到小岛来的那艘失事帆船、可以回家时，经过一段平凡无奇的旅程就回到了意大利，那想必意大利就在小岛附近。

但进一步研究莎士比亚的创作动机，就会发现超越剧本本身的证据，证明了一个相当激进的看法——他写作《暴风雨》的灵感，来自于1609年发生的一次真实的海难，而它并不是发生在地中海，而是在西大西洋的正中。

而且，在剧本中也有一点暗示：文中简略地提到了"永远为波涛冲打的百慕大群岛"，由此可见，莎士比亚一定知道这个群岛的一些事情，知道它们的存在。

在莎士比亚时代，这次海难时的戏剧性情况在伦敦广为人知。出事的是一艘名为"海洋冒险"的船，它在伦敦注册，属于弗吉尼亚公司名下，于当年6月，从普利茅斯港口出发跨越大西洋。船长是多塞特郡一艘私掠船的船长，也是一名冒险家，人称乔治·萨默斯（George Somers）爵士。英国刚刚在波托马克河（Potomac River）南部的一个河口建立了殖民地：詹姆斯敦（King James Town）。萨默斯的任务就是为一年前去那里的600名左右的殖民先锋运送补给。

但残酷的命运降临了。萨默斯和他那艘弱不禁风的小船遭遇了猛烈的夏季飓风。小船被冲到了一处鲜为人知的群岛的暗礁上。虽无人丧命，船却毁了，且船员们曾看到桅杆上亮起壮观的圣艾尔摩之火（St. Elmo's fire）[1]，认为是一种不祥之兆。"海洋冒险"号算是彻底完了，虽然稳当当地嵌在如今所谓"百慕大岛链"东北角的一对岩石之间，但从此高高地搁浅在了岸上。

海难的消息很快成了17世纪早期伦敦大街小巷的谈资，莎士比亚肯定听说过此事。这个故事若能完整地讲下来，将包含所有精彩戏剧的要素。据说就在撞船之前，人们看到了诡异的跳动的光亮，一定是这种耸人听闻的轶事促使他创造了

---

① 实际上为一种自然现象，指教堂顶、船桅等上方因大气层放电而产生的光亮。——译者注

海岛精灵爱丽儿（Ariel）这个形象。

故事远远不止于海难本身。幸存者中有一些贵族和名媛淑女。不久，萨默斯强令他们所有人都在他那些造船工人的指挥下，利用百慕大丰富的雪松木材造出了两艘"海洋冒险"号的替代品。这两艘船——"耐心"号和"解救"号，几乎到一年以后才起航——最终发现詹姆斯敦殖民地几乎已经覆没，仅剩下的60个殖民者，也都已经饿得半死。救助者们花了不少时间才让他们重新恢复过来，接着萨默斯回到了百慕大这片他十分喜爱的岛屿。但一个残酷的讽刺是，他到那儿没多久便去世了。他的遗体被送回了莱姆里杰斯（Lyme Regis），他出生的多塞特乡村——但他的心脏直到今天还留在百慕大的一座坟墓中，这算是不列颠最早的大西洋财产之一。

这座群岛仍然是英属海外领地。2009年是萨默斯着陆四百周年。当年他本没打算在这里着陆，却不得已而为之，并因此正式开启了此群岛与英国皇室的悠久渊源。而莎士比亚很可能把这个故事中的元素用作了自己最后一部戏剧的基础，这样说来，还有什么比在这座群岛上、这个一切开始的地方，上演《暴风雨》更好的方式来为百慕大庆生呢？

于是，大戏登上了哈密尔顿市政厅的舞台。这是一幢四四方方的石灰岩建筑，是以瑞典首都斯德哥尔摩一座更大的同名建筑为样板建造的。岛上所有的大人物都到了，贵宾席上坐着领地总督。他是坐在宝马轿车的后座上，由穿着制服的士兵驾车送来的。不必说，这次演出盛况空前，令人难忘。尽管扮演普洛斯彼罗的是一名以其俊朗外形而知名的英格兰演员，因此吸引了一大拨百慕大的中年观众自掏腰包前来观看，其中大部分是兴奋不已的女士。

他们来看的是一出神秘而奇妙的戏剧杰作，是一位正值创作巅峰期的剧作家从一个大西洋的故事中构想出的一出剧作。他写作此剧时，距离哥伦布跨越大西洋、之后亚美利哥·韦斯普奇认定其为我们现在所知的这样一片独立的大洋，不过一百多年。

2. 诗歌与传说

　　远在人们认识到大西洋是一片大洋之前，在它还只是一片广阔无垠、吃人夺命的海涛与遥远的地平线时，艺术家们就已经意识到并全心表现着它可怕的美。诗人们是最早注意到的。当然，古典诗人们早就在围绕海洋创作——但他们唯一真正了解的海就是地中海。要论气质，这是一片平静、温暖、波澜不兴，几乎算是小家子气的水体，很没有大海该有的那份恢弘气势。而波涛汹涌的灰色大西洋水域就是另一回事了。当爱尔兰人终于足够勇敢，或者说足够莽撞地驾着他们的克勒克艇驶向西海岸奔腾的海浪时，正是他们，第一个运用自己的文学感受力，思索他们这片独特的海洋环境。

　　公元6世纪时，圣哥伦巴从爱尔兰北上到苏格兰西海岸，这次史诗性的航行被人们写过很多次——颇有一些扣人心弦的场面，展现克勒克艇船队跨越安特里姆和加洛维之间的汹涌海水的情形。但围绕哥伦巴——他更广为人知的名字叫科拉姆·慈利（Colam Cille）——的文学作品更多的是叙述性的而非沉思性的。有关这位伟大传道者的传道之旅的诗歌被视为用欧洲最古老的本土方言诗写就的诗歌，但它对海洋的处理只能算是隔靴搔痒。还要再过两个世纪，才会开始出现想象丰富的海洋赞歌。

　　科尔曼（Colmán）之子鲁曼（Rumann）是8世纪的一位盖尔语①诗人。他在爱尔兰文学中的地位，相当于维吉尔（Virgil）之于罗马，或荷马之于希腊。他最著名的一首短诗《海上风暴》（*Storm at Sea*），作于公元700年左右，当之无愧地被视为人类思索大西洋最早的艺术成果之一。这首诗有8个诗节，20世纪50年代时，伟大的爱尔兰小说家和诗人弗兰克·奥康纳（Frank O'Connor）将其翻译了出来：

　　海风从西边吹来

　　海浪便奔腾不息

　　定要轰隆隆涌向东方

---

① 苏格兰最古老的语言，主要用于苏格兰和爱尔兰等凯尔特文化区，发音类似于德语。——编者注

　　涌向灿烂的骄阳之树

　　扎根于海之胸膛

　　显然，海水已经渗入了凯尔特人的血管，而整个古英格兰早期的盎格鲁–撒克逊作家们，也很快被类似的宏大海洋图景感染了，其最早的作品几乎和他们的爱尔兰邻居出自同一时代。像英格兰这样的海洋民族，会在其历史早期就创作出有关周边海域的雄壮诗篇，实在不足为怪。8世纪最著名的有关海洋的撒克逊诗歌，如今就收藏在德文郡的埃克塞特大教堂后面主教署楼上一个安全的阁楼里。自1072年，大学者利奥弗里克（Leofric）去世，将他的66卷手抄本藏书赠给教堂以来，其中一卷不起眼的书籍，就一直因其内容的高品质而"凌驾"于其他书籍之上。这是一本古抄本，名字很简单，就叫《埃克塞特诗集》，但毋庸置疑，它是现存最伟大的那个时代的诗歌选集。

　　这本珍贵的小书卷，经历了一段漫长而多灾多难的生命。书的原始封面已经遗失了，131页中丢了8页，有一页显然曾被用作过酒杯垫，有些被火烧焦了，有些书页上还有切痕，似乎曾被拿来当砧板。但谢天谢地，它还是挺过来了。现在人们认为，《埃克塞特诗集》包含了已知的所有盎格鲁–撒克逊诗歌的六分之一。人们相信，10世纪的某个时候，有人曾将所有诗歌誊抄了一遍。他是用棕色墨水在羊皮纸上誊写的，握笔的手十分稳当，如修士般心如止水，写出的字无可挑剔。书中几乎没有任何图案或装饰，只在书页边缘有几幅小画。这是无价的艺术瑰宝：在已知的四大盎格鲁–撒克逊古抄本中，只有一本比它更加著名，那就是《诺埃尔古抄本》（Nowell Codex），那里面有伟大的史诗《贝奥武甫》（Beowulf）。

　　但《贝奥武甫》主要是关于战争和葬礼的，诗中的故事大多发生在丹麦和南斯堪的纳维亚的陆地上。而在《埃克塞特之书》中，则有一首短得多的诗，叫作《航海者》（The Seafarer），范围就要广得多了。至少在前半部分，这首诗主要是对航海探险漫长而忧郁的沉思。它实际上是献给大西洋的挽歌，借一个男人之口唱了出来——虽然没人知道他的名字——他在大西洋上讨生活，经历了种种艰险，但是，当他远离大海时，他又无比想念海洋生活，这一点连他自己也没想到。

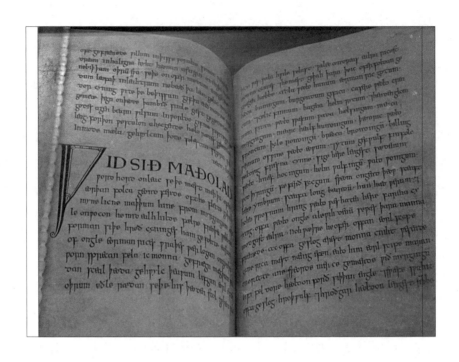

▲▲

《埃克塞特诗集》，是10世纪的一本诗集，用罗马小写体写就，是英语文学最伟大的财富之一。书中包含了盎格鲁–撒克逊诗歌《航海者》，可能是最早的有关大西洋的英语诗歌。

《航海者》有很多种译本：其中较著名的有艾兹拉·庞德（Ezra Pound）1912年的翻译，下面引述几行。它一开始，就是所有饱经沧桑的水手们都会感同身受的一段哀叹：

……很少有人不知道

在坚实的土地上生活最美好，

我竟孤苦伶仃，流落在冰冷的海上，

熬着冬天的风雨，流浪的可怜人，

远离了亲朋好友；

雪花在飘，冰雹在飞，

我几乎只能听见气势汹汹的大海的鸣叫，

冰冷刺骨的浪，偶有天鹅的啼鸣，

在我耳中就如塘鹅的聒噪，

对我而言，海鸟的喧闹，就是我的笑声，

海鸥的歌声，便是我的蜜酒。

暴风雨，拍击着悬崖峭壁，好似冰冷的羽毛

落到船尾；常有苍鹰尖声掠过，

浪花溅射在它的翎毛之上……

但是旋即，虽然很快就要上岸度过夏天了，水手的心情却又转为了渴望，这也是所有老水手们都能感同身受的一种情绪：

树丛里开满鲜花，浆果鲜美诱人，

原野生机勃勃，土地欣欣向荣，

这一切都在劝诫着人们，不要生出渴盼的情绪，

心儿又开始蠢蠢欲动，他便想着

乘着河水远走他方……

这渴盼如此强烈，现在我的心就快要蹦出胸腔

我身处河水之上，

心却徜徉在那鲸鱼的国度。

我们这位不知名的忧郁水手是把大西洋视为心爱之物，还是只是一种远走他乡讨生活的手段呢？众多译者都在试图达成共识，或者说试图理解诗中含义，人们几十年来都在思考诗的内在含义。有人认为，航海只是一种必要的、不得不忍受的不便——庞德大概也是持此种观点。但是，其他更加浪漫的人们则提出，航海中的种种考验，其艰难程度远高于在陆地上生活，这就使水手们具有了某些优越感，有了骄傲的理由。（"高人一等"，英文中叫aloof，这本身就是一个航海术语，是从给舵手的命令 "*a-luff*"，即"离开避风的海岸"演变过来的。所以，早期的很多单词都是这样流传开来的，这也提醒着人们，英国一直就沉浸在海洋传统中，逐渐变成一个具有海洋文化的国度。Luff，"迎风行驶"，这个词在13世纪就有了。）

但不管它的神秘主题该如何解读，《航海者》都不仅确证了一种事实，而且

开创了一种风尚。从某种层面来说，它是一个寓言——提出了生活如同航海的命题，海洋对叙述者是如此严酷，但他又是如此迷恋航海生活，考虑要回到海上去。后世诗歌中也不断重复着这个命题。但在另一个民族主义的层面上说，这首诗似乎证明了，当时的英国人已经认识到，他们生活的地方被牢牢固定在大洋之上，周围都是海水和海峡。它让人们明明白白地知道了，英国民族日益鲜明的身份，是一个岛民民族，是一个将来注定要从周边的深海中讨生活的民族。

凯德蒙（Caedmon）和基涅武甫（Cynewulf），当时最伟大的两位古英语诗人，很可能都曾在海边的修道院里生活和工作过——凯德蒙在惠特比（Whitby），基涅武甫大概是在林迪斯法恩（Lindisfarne）——他们的作品也都同样充满了有关海洋的主题。人们对基涅武甫了解不多，只知道他活到了10世纪，他怀着好奇与激情写了很多关于海洋的作品，例如他在《塞壬的本质》（*The Nature of the Siren*）中的思索：

在海洋世界确实能看到些奇异之物：

人们说美人鱼的胸部和上身

就像美女一样。但下身则不然：

从肚脐以下就一点都不像人了

像鱼，还装点着鱼鳍。

这些怪物们居住在毁灭的道路上，

飞旋的海水就在那里吞没人类的船只……

200年后，北欧的神话作家和冰岛传说作者。很可能——除非传道士们还带了手稿，或者圣布伦丹的传道之旅也有传播文学的目的——冰岛的作者并不知道凯尔特人和撒克逊人的诗作。不管怎样，他们放弃了写诗，而采用了散文的形式，其中很多都是篇幅宏大、内容丰富的史诗性作品。而且，这种新型的写作方式绝不是沉思性的，而完全是叙述性的，都是有关英雄主义和海中艰难困苦的故事，充满了动作感和刺激性。

在有关冰岛航海探险家功绩的文章中，最不朽的两篇——《格陵兰传说》（*Greenland Saga*）和《红胡子埃里克传奇》（*Saga of Erik the red*），毫无疑问彰显了北大西洋的伟力，但它们也说明了一件更重要的事——海洋是一条通往发现的通道，虽然这条道路十分艰险。北欧航海者们的首要目的，是前往新的领土，去探索、去殖民。《格陵兰传说》开篇的一段话便说明了这一点：

> 他们一准备好，便扬帆起航，一直走了三天，直到陆地消失在了地平线。然后，顺风消退，雾气渐起，有好些天他们都不知道自己在往哪儿走。之后，他们又看到了太阳，可以辨别方向了；他们挂起了帆，经过一天的航行，他们看到了陆地。他们讨论了一阵，这会是个什么样的地方。比亚德尼（Bjarni）说，他认为这不可能是格陵兰……"因为听说格陵兰有巨大的冰川"。

> 他们很快靠近陆地，发现陆地上很平坦，树木葱茏。这时风停了，船员们都说，他们觉得最好是在这儿登陆，但比亚德尼拒绝了提议……"因为这个地方在我看来没什么价值"。

> 几乎可以肯定，他们发现的是拉布拉多海岸。所以，从未来殖民者的角度来看，比亚德尼这不客气的评价很可能是精明而正确的。

3. 怪兽与海之灵

北欧人的故事——别忘了，他们的神话体系无比复杂，而且至今仍在某些人群中盛行——进一步偏离了书面文字，产生了形象——雕塑、雕刻、素描、彩绘，尽管留存下来的没有多少。维多利亚时代，英国一小部分斯堪的纳维亚学者突然研究起他们的英雄故事，很多19世纪的艺术家们对此着迷不已，于是再次创作了目前已知的大部分具象艺术作品——通过奥丁神（Odin，北欧神话中的主神）、托尔（Thor，北欧神话中的雷霆与力量之神，还司掌战争及农业）、瓦尔基里（Valkyries，奥丁神的婢女之一，战场女武神），还有这座煌煌万神殿中其他的神祇形象，如今都成了我们熟悉的艺术。有一些残破的雕刻作品保存了下来，展现了当时的一些形象——例如，有船的形象，包括大船斯奇布拉尼（Skidbladnir，直到今天，还有游艇和虚构的太空飞行器使用这个名字）和纳吉尔法（Naglfar，一艘完全用死人的手指和脚趾甲做成的船）。挂毯上也有具象表现——20世纪初，人们在一座教堂仓库中发现了一种名为约弗霍达尔（Överhogdal）挂毯的中世纪瑞典挂毯，上面表现了维京的"挪尔船"，而更加著名的法国北部的巴约挂毯表现的是11世纪时，侵略船队驶过一片充满各式各样神奇生物的大海，驶往英格兰的场景。

还有很多海中怪兽的形象——大得吓人的米德加德蛇（Midgard Serpent）"约尔曼冈德"（Jörmungandr），就是其中比较著名的一个。还有一些生动的图案，表现了无时不在的海上险境，包括海龙卷、漩涡以及海上的神话传说。这些传说在整个北大西洋广为流传，从格陵兰的费尔韦尔角，到北岬（North Cape）和斯卡格拉克之间的斯堪的纳维亚海岸，人尽皆知。例如，很多艺术形象和传说表现了罗弗敦群岛（Lofoten）南端的大漩涡，还有科里弗利坎（Corryvreckan）漩涡，这个骇人的漩涡被称为"老巫婆"，或"卡利契"（Cailleach），它至今仍在苏格兰西边的斯卡巴群岛（Scarba）和朱拉岛（Jura）①之间，随着每一次潮涨潮落而轰隆作响；还有很多技艺粗糙的图画或生动形象的描述，表现了其他海水汹涌的险境，直到15世纪，仍让北大西洋的航海者们心惊肉跳。

著名的"海图"（Carta Marina）是第一幅详细地绘出并标明北欧各国的地图。这是16世纪时由瑞典牧师奥劳斯·马格努斯（Olaus Magnus）在罗马绘制的。这幅图最著名的是以一只牛眼代表罗弗敦群岛南端的大漩涡；它还描述了一头大西洋中的猛兽，有人把它翻译成了一首诗：

凡是沿着挪威海岸航海北上，去贸易或打渔的人，

无不说起一头大得骇人的海中巨蛇，

它有200英尺长、20英尺宽，住在岩缝和洞穴里，

就在卑尔根外面。月明星稀的夏夜，这条巨蛇便离开洞穴，

出外吞食牛羊和猪仔，不然就盘旋于海上，

吃水母、螃蟹之类的海生动物。

---

① 乔治·奥威尔写作《1984》时就是在朱拉岛北端的一个农场，据说他曾因太过靠近科里弗利坎漩涡汹涌的水流和浪涛而差点淹死，不过此事有争议。

它的头发有一厄尔①长，

垂在它的脖子上，它有尖锐的黑鳞片和火红的眼睛。

它攻击船只，吞吃人类，耸立在水上，

如同一道巨柱。

直到16世纪的第一次跨洋航行之前，大部分有关大西洋的形象——例如地图边缘所画的那些漩涡——都少不了与此类似的恐怖海怪，还有蛟龙和怪鱼。即使到了相对来说更为"见多识广"的17世纪，也仍然有一些出版的版画在表现阻挠船只通行的巨型鱼类和鲸类：例如，有一幅画画的是圣布伦丹在鲸鱼背上做弥撒。这幅画是印在1621年出版的一本书上的，图上那只硕大无朋的怪物，龇着大得吓人的獠牙，脸上挂着邪恶的笑容，同时喷出两道水柱；然而在它的背上，牧师神色平静，面前放着一个祭台，台上整齐地摆放着圣折布（九折布）、圣爵杯和圣盘，简直像在家乡克朗佛特一样，依然安然自若地主持着礼拜仪式。

但是，在大西洋西岸的人们对这片海洋的描绘中，怪异和恐怖的一面就没有那么突出了。前哥伦布时代的艺术在描绘海洋时，对于它在平静与风暴之间的喜怒无常要更为接受，更为认同一些。印加人——确实，这还不是大西洋民族——对"玛玛可卡"（Mamacocha，意为海洋母亲），他们的海洋女神满怀感激。太平洋海岸的居民将她视为保护神，是他们赖以生存的鱼类和鲸类的供应者，通常认为她心地仁慈，虽然偶尔会暴虐伤人，但只会在人类没有适当地关注她的需求时才会发脾气。

在大西洋这一侧，更偏北一些地区生活的玛雅人，在精神上或许和海洋没有那么紧密的联系，少有表现海或任何类似事物的艺术，尽管他们最著名的色彩——玛雅蓝，本应是创作海洋画作时的不二之选。不过，他们在经济上却和海洋有着千丝万缕的联系，建造了大型贸易独木舟，以便在半岛之间和岛屿之间运货载人。玛雅最大的海滨城市，尤卡坦半岛（Yucatán）尖端的图卢姆

---

① 厄尔（ell），英格兰的古老长度单位，在英国被定义为45英寸，在欧洲其他地区有不同定义。——译者注

（Tulum），规模宏大——但其建筑及壁画却没有什么特别的海洋色彩，发现的一些装饰图案主要是表现大风之力和日出之美。如果说对于玛雅绝对的内陆城市科巴城（Coba）而言，图伦不仅是一个大港口，而且是作为对海洋的致敬才建造的——今天很多其他的大西洋城市显然如此——那么，它表达敬意的方式要含蓄得多。

同样的，玛雅的文学和艺术作品中可以看出，他们的创世神话中也很少提及海洋。神话中提到，山脉不明原因地出现了，然后在山坡上的丛林中有了木头人，随着时间的流逝，木头人变成了真的人。但海洋并不是万物之源，远没有印加族传说中那种抚慰人心的力量，与其说它是赖以生存的生计来源，倒更像是通往财富和繁荣的载体而已。

但是，在大西洋沿岸的非洲，至今仍广泛存在印加族那种对海洋的崇敬之情。女性的水生精灵，有时仁慈，有时妖艳，在撒哈拉以南的沿海部落文化中有着极为重要的地位——在尼日利亚的约鲁巴部落（Yoruba），还有贝宁（Benin）和加纳，以及利比里亚、加蓬、裴南多岛的许多伏都教（Voodoo）仪式中尤其如此。一个流行的形象"水妈妈"（Wata-mama），或者现在更加流行的"水妈咪"（Mammy Water），已经在西非的民间艺术中存在了好几百年。黑奴贸易兴起以后，这个形象也出现在了大西洋西岸，在流落他乡的非洲人之间流传，在巴西尤盛。

水妈妈通常被描绘成一个皮肤苍白、发色金黄、佩戴着一串奇特珠宝的形象；它有像美人鱼一样的鱼鳍，通常还有着丰满的胸部，其间总是盘踞着一条粗壮的大蟒。人类学家相信，这种精神形态的形象源自于大型海洋哺乳动物"西非海牛"，也有点不恰当地被称为"海奶牛"。

别有用心的男人们喜欢宣称，在生活混乱的城市女孩，尤其是妓女的身上，附有水妈妈的灵魂——这个说法使一些大胆的男人对自己的妻子宣扬，去妓院在某种程度上因此具有神圣的意味。尽管人们虔诚地信仰海之灵，但很少有非洲的配偶完全认同这种论调。

4. 绘画海洋

15世纪时横跨大西洋，与文艺复兴时期智识和商业上的躁动在时间上不谋而合，有些人也可能会主张，前者是被后者推动的。就视觉艺术而言，这个时期诞生了各种各样的新理念——最重要的是视角上的新理念，但也有科学现实主义和艺术的融合，还有记录自然界新知的渴望。这是一种艺术方向上的改变，人们对海洋的感知产生了明显的影响。随着人们对海洋世界的了解越来越多，随着人们开始放下从前那种对海洋的恐惧，随着海域、海边悬崖、海中生物逐步变得更为顺从，更为适合人们进行平静的艺术欣赏，曾经未知的神奇世界，开始让位于一个更加方便、更加熟悉的大洋形象。

最初，海洋只是一个背景——比如，当它出现在德国文艺复兴时期的代表画家丢勒（Düler）的作品中时，只是一片平铺的水域，作为风景的一部分隐于画面中。当然，丢勒有一幅著名的版画作品，制作于1498年的《海怪》（The Sea Monster），画面中心是一个类似特里同①的巨人，长有鳞片和鹿角，怀中抱着一个神色自若的裸体妇女，而背景中，她的朋友正歇斯底里地尖叫打手势。可以说，这是对原始海洋观念的继承——只不过这幅版画中海洋本身的形象是平静的，水面平滑的波纹说明，风力不会超过蒲福风级的一级风。5年以后，丢勒作《哀悼基督》（Lamentation for Christ）时，水面——尽管这很可能是一个大湖——平静如镜，提醒着人们，无论凡夫俗子们遭受着什么样的道德磨难，海洋仍然——再借用德里克·沃尔科特的诗化概念——"永不停歇"。

对于丢勒来说这无足轻重，但对一位名叫阿莱霍·费尔南德斯（Alejo Fernández）的年轻西班牙画家来说，这正是他要突出的核心：在之后的30年里，大西洋开始渗透到艺术之中，并宣告自己占据了核心地位。人们认为，《航海家的圣母》（The Virgin of the Navigators）是费南德兹1531年所画的一幅画，是已知的最早表现哥伦布横跨大西洋的壮举、体现欧洲中部初次与美洲接触的作品。画中，圣母玛利亚飘浮在云端，一视同仁地慈祥地俯视着西班牙的探险者们和皈依

---

① 特里同（Triton），希腊神话中半人半神的人鱼，人身鱼尾，为海神波塞冬与安菲特里忒（Amphitrite）之子，传说他有一个海螺壳作号角用。

了的美洲土著。她的脚下是大海，湛蓝、平静，满是各式各样新旧不一的船只，显得生机勃勃。

这幅画很大，是受托画来挂在贸易局接见大厅中的。贸易局总部设在塞维利亚的阿尔卡萨宫（Alcázar）内，负责指导和管理所有西班牙的官方探险和帝国扩张。这幅画的作用，是鼓舞那些像哥伦布和韦斯普奇一样远行的探险家们，既是为扬帆西行祈求神圣的福佑而献上的核心祭品，也是为成功完成的返乡航程表达感激之情。

至少在西班牙人的眼中，大西洋现在已经置于圣母永恒而如母亲般慈和的守护下了。这是一片神祇指定给人类享用的海洋，而之后的类似绘画也将为海洋赋予同等的光荣和崇敬。地图和航海图，祭坛的饰品和祭坛的桌布，全欧洲以及各个遥远殖民地的所有教会墙壁上的挂饰，很快都装饰上了神圣的大海的图案。而"Holy sea"（神圣的大海）这个恰当的称呼，却无意间成了"Holy see"（罗马教廷）的双关语。

突然一下，大海变得无处不在。或者说，是船只无处不在，而船只的下方、四周和前面都是大海，共同处入各种各样无穷尽的变化之中。16世纪中叶，对于海洋的兴趣迅速而突然地高涨起来，这与民族自豪感有着莫大的关系。看到一艘全速前进的科格船（cog）、克拉克武装大帆船（carrack）或加利恩大型帆船（Galleon），或者像后来那样，看到己方的轮船用一列舷炮齐射把对手轰成断木残帆，总能让人们感到一阵民族情绪骄傲的震颤。当然，英国人、西班牙人和葡萄牙人都在这个时期创作了大量的绘画作品；但是荷兰人，在16世纪中期以后短暂地垄断了对大西洋的艺术描绘。

如果说有哪个地区发明了大西洋艺术的话，那就是荷兰，船只肖像、港口风光、岩礁旁的暴风雨，构成了艺术上神圣的三位一体，为佛兰德的油画家和版画家老彼得·勃鲁盖尔（Pieter Brueghel the Elder）[①]等人提供了绘画的重要主题；有一对都叫威廉·凡·德·维尔德（Willem van de Velde）的父子，移民到英国，

---

① 勃鲁盖尔来自荷兰的布雷达城（Breda）。这座城市在他出生一个世纪后，因为英荷签订条约，用英国在东印度的一座无名堡垒，交换了荷兰掌管的美国曼哈顿的一座岛屿而出名。

赢得了皇家赞助，完成了一系列海洋全景图，提高了自己的技艺；而发明这种技艺（以俯视观测角度为主）的人，总是不厌其烦地描绘最血腥的细节，号称能创造最佳战争场景的人，正是哈勒姆的海洋绘画天才：亨德里克·科涅里茨·弗鲁姆（Hendrik Cornelisz Vroom）。

即使是现在，在近5个世纪后，这些画作依然能够攫住人们的注意力：画中无一例外地表现了充满渴望的大海，海浪呈透明的绿色，顶着白色的浪头，海浪间的水道又深又险，与远方牛羊成群的草地、教堂尖塔耸立的舒适情景形成了鲜明对比。画面前景的海水显得生机盎然，平底驳船、画家、颠簸的渡船熙熙攘攘——然后，在前部和中部，是一艘巨大的荷兰商船的船帆，在一束微弱的阳光的照射下，闪闪发亮，发着白光。大船在风中倾斜着，奔向某个遥远的目的地，巨大的船桨搅动着海水荡起波纹，轻风鼓着船帆，推着她向画面外驶去。

欧洲人对海洋的艺术处理有些微妙的差别。荷兰人喜欢用制图工人似的精准来描绘大船的复杂性，在一幅被委托画作的昂贵画布上，成千上万个细节都容纳在广阔的空间中，构图充实，布景和谐，取景或在河口，或在令人印象深刻的巍峨的海岬下。英国人则没有那么正式，他们喜欢画他们的海港、威风凛凛的皇家海军军舰，还有复杂的海军战斗中忙乱的胜利得意时刻。相反，法国人很少关注他们的大西洋海岸，没有什么知名作品，只有克劳德·洛兰（Claude Lorrain，而且不管怎么说，他在意大利工作过）和克劳德·韦尔内（Claude Vernet）的作品比较著名，受法王路易十五之托，画了13幅宏伟的油画，表现了法国的大西洋沿岸海港风貌，从布伦（Boulogne）到比亚里茨（Biarritz）（附带还有地中海沿岸的马赛）。

卡纳莱托（Canaletto）绘制水域风光的才华以集中展现威尼斯的运河而著名，俄罗斯人［除了白海旁的摩尔曼斯克（Murmansk）和阿尔汉格尔（ARCHANGEL）两个港口以外，他们实际上并没真正接触到大西洋］也竭力表现出兴趣——尽管凯瑟琳大帝说服一位长居那不勒斯的德国艺术家主要画些她喜欢的那类海边景致，但当这位画家想绘制内容丰富、情节激烈的战争场景而向她寻求灵感时，她派了一队自己的战舰去里窝那（Leghorn），并命人炸毁了其中一艘，使画家能有一个大致场景上的了解。

5. 天堂的水

不过，诗人们过了一段时间才跟上画家的步伐。

欧洲16世纪和17世纪的画家很快就与海洋协调起来，从贸易的角度而非以恐惧的目光看待海的广阔；但诗人尚未对海洋完全信服。例如，当荷兰人忙着记录航海和海洋的全新魅力，沃尔特·罗利（Walter Raleigh）爵士忙着探索新世界（他也写诗，奇怪的是这些诗里几乎完全没有提及海洋）时，他的好朋友埃德蒙·斯宾塞（Edmund Spenser）却在创作与海洋密切相关、充满神奇幻想的史诗《仙后》（*The Faerie Queen*）。斯宾塞这首鸿篇巨制中所描绘的海洋的自然个性，和荷兰人画中所描绘的全然不同，按照斯宾塞所说它一点也不迷人，海中充满了

> 奇丑的形体，恐怖的相貌，
>
> 就连自然母亲自己也生怕看见，
>
> 或是羞愧于它有如此瑕疵
>
> 竟会一心想着从她那双巧手中逃出；
>
> 所有畸形的骇人画像：
>
> 头如弹簧的九头蛇，肩若海宽的巨鲸，
>
> 巨大漩涡里穿梭的各色怪鱼，
>
> 通体晶亮的蜈蚣，周身布满银色的鳞片，
>
> 巨大的独角兽，身后长着无数的尾巴。

莎士比亚的描写也没欢快多少——他对海洋的描述不计其数，尽管大多数都是天马行空的想象，更加让人怀疑他是否真的见过大海。在他的戏剧中，在海中溺毙的噩梦依然格外突出，比如克拉伦斯（Clarence）被他的弟弟、即将继位的

国王理查三世命令监禁在塔中时的这段独白。

　　哦，上帝！想想淹死该是多么痛苦！

　　我的耳中回响着多么可怕的涛声！

　　我的眼前浮现着多么丑陋的死亡！

　　我在脑海中见到一千艘恐怖的沉船；

　　一千个被海鱼吞噬的可怜人；

　　楔形的黄金，巨大的船锚，无数的珍珠，

　　无价的宝石，无价的珠宝，

　　全都散落在海底：

　　有些躺在死人的头骨里，有些在眼窝里

　　眼珠却没了踪影，那里还藏着

　　（就好像在嘲笑眼睛一样）闪闪发光的宝石，

　　亲昵着泥泞的深海底部，

　　嘲笑着旁边的散落骨骸。

　　同样，约翰·多恩（John Donne）也认为大西洋令人恐惧，比如这首1597年以信的形式写成的《风暴》（*The Storm*）：

　　南风汇同西风，烈烈吹拂，

　　掀起一道深沟，翻滚向前，

　　你刚刚读完这句，狂风就

　　闪电般袭向我们的帆，你都来不及害怕；

　　起初还能称之为阵风，转眼就

　　变成了风暴，不久又换上了暴风雨的名头。

　　乔纳斯，我同情你，并诅咒那些，

　　在风暴正狂的时候，把你叫醒的人。

　　睡眠是痛苦最容易的救赎，能完成

　　死亡所有的工作，除了杀戮。

　　但之后，启蒙运动到来了，随之而来的是理性的胜利，是笛卡尔、牛顿的时代，和更早一些的约翰·弥尔顿的时代，这让他成了最早以总体乐观的笔调描写海洋的英国诗人之一。在他眼中，海洋是上帝的创造——或许这还不是完全的理性态度；终究只是一个不那么迷信的新时代的开端。例如，在《失乐园》第七卷中，他表达了自己对海洋的敬仰之情：

> 在整个地球的表面，
>
> 都流淌着大洋，不是无所事事，而是以温暖
>
> 丰沛的秉性柔和着整个地球
>
> 如同伟大的母亲般孕育着，
>
> 使它充溢着亲切适宜的水分，当上帝说道，
>
> 现在汇聚起来，你们这些天堂下的水，
>
> 都汇到一处来……
>
> ……容纳这
>
> 汇聚的水的伟大容器，他就称其为海洋。

不过，还要再过一段时间，海洋才会成为今天这样伟大浪漫主义的事物——高尚的完美典型同时具有结合了壮丽和恐怖的自然创造所具有的哲学品质。连绵起伏的山峰、陡峭的悬崖，以及岩崩、雪崩和强烈风暴的危险都是崇高的典范，展现出令人畏惧和崇敬的美学形象。最终，人们对海洋也拥有了相同的看法——它具有一种令人敬畏的力量、一种致命的美丽，让人同时又敬又怕，臣服其下。到了18世纪末，海洋——对于大多数欧洲人来说，这就意味着冲刷着他们海岸的大西洋——不再只是一种在生活、艺术、文学或任何创造性活动等方面被忽视的困扰。它变成了一样令人尊敬，甚至引人拥抱的事物，尽管拥抱的时候一定要小心，因为海洋总是会以不可抗拒的力量给与回击。

6. 海边的古城

就在荷兰人以无处不在的恢弘描绘大西洋时，欧洲帝国的建造者们由此也开

始沿着大西洋周边建立并扩展同样恢弘的城市。尽管无法显示当初设计这些城市和建筑的人有意向大西洋致敬，但如今很多城市的建筑遗产都流露出某种向其致敬的独一无二的辉煌气质。毋庸置疑，由于那段殖民历史，以及欧洲、非洲、美洲之间的财富交流，世界上再不会有哪片海洋能拥有这么集中的城市魅力：5个世纪的石头建造给大西洋留下了抹不去的印记，就像它所激发的艺术与文学一样，都是人类面对大西洋的浩瀚无垠所留下的宝贵记录。

大西洋周边海滨城市之多，足以使任何简单的记叙都变成一套编目。东海岸从哈默菲斯特（Hammerfest）到开普敦，西海岸从圣约翰斯（St. John's）到里瓦达维亚海军准将城（Comodoro Rivadavia），更不必说那些明显的大城市，比如纽约和鹿特丹、利物浦和里约，还有丹麦的埃斯比约（Esbjerg）、比戈（Vigo）、加纳的塔科拉迪（Takoradi）、沃尔维斯湾（Walvis Bay）、马德林港（Puerto Madryn）、威明顿（Wilmington）、哈利法克斯等地——仅仅因为靠近海洋，众多的海港和定居点便涌现出来，这不过是其中的几十个例子。若想基于每个城市的面貌，来拣选它们对海洋的献礼，或选择独特的遗产，那一定难有定论，是强人所难也是华而不实的。

但是，若想挑几座互不相干的最具特色的城市，把大西洋东岸一座历史悠久的古城，按照某种逻辑和西岸一座年轻的新兴城市配个对，倒不是不可能。或许也不必专门突出什么直接的比较，也没必要让它们之间有什么类似默西塞德郡的城市和加勒比海岸的运糖港口之间，或像欧洲的移民中心和埃利斯岛上的码头那种正式的历史渊源。这些配对只是说明了大西洋激发出的各种各样的城市追求。有些大西洋沿岸城市以其古老引人注目，有些则是因为美丽和戏剧性，或是凋谢的辉煌；有些因其活力而突出，有些则是因为它们巨大的经济或政治重要性。令人高兴的是，要展现所有这些特点，碰巧得在大西洋两岸各选一座城市。而且，至少有一座城市，或许是两座，不在大陆的海岸上，而在大西洋的中心，而且也有着同样的特质——那种独特的大西洋气质——独一无二、令人难忘。

○ ◉ ○

　　雅典一般被视为欧洲最古老的主要城市，而西班牙的加的斯算是大陆上最古老的大西洋海岸城市之一。有人称加的斯建于公元前1104年，这是罗马一位杰出的历史学家日记中记载的日子。但即使是现在最自豪的加的斯公民也觉得这不太可能，而满足于把公元前9世纪定为城市的诞生日：在那时，腓尼基人把加的斯用作后来从这里出发去英国西南部和非洲西北部的贸易基地。

　　虽然人们从没在加的斯发现过类似帕台农神庙或古希腊卫城那样的建筑，但就在20世纪80年代初期，碰巧在我第一次去加的斯，在当地逗留的期间，有人发现了一片罗马废墟，不久后认定其为该城现存最古老的建筑。

　　我当时是去完成报道任务，要从西班牙的大西洋沿岸前往地中海，要步行约50公里沿着悬崖崖顶穿过安达卢西亚南部的软木橡树林。我的起点是加的斯，目的地是英国在直布罗陀的前哨。

　　在离开伦敦开始行走之前，我以为这次小远征的高潮会是在欧洲最南端的小城——塔里法（Tarifa），因为能从那里看到摩洛哥阿特拉斯山脉白雪皑皑的崖顶。那时候，我还觉得这种事难以置信——我当时才三十多岁，在游历中依然喜欢少见多怪——从欧洲南部小城的码头，居然能看到非洲——那片遥远得不可想象，奇异得无法言说，生活着狮子、长颈鹿、摩尔人、布希曼人，还耸立着乞力马扎罗山的大陆。

　　但确实，它就在那里，它隐约可见的巨大身影，在摩洛哥沙漠的黄昏中染上了粉红的色彩，完全符合我心中想象的场景，充满了象征和预兆。但不知怎么的，这时却没有了我几天前离开加的斯时能感受到的那种激动——因为在那里发生了一件奇怪的事情：在一座本就已经非常古老的城市里，一片古老的区域中起了火，人们不得不拆除一些东西。而当我在海水冲刷的海岸边度过第一个早上时，阿特兰蒂科酒店的掌柜看到早报上的新闻，几乎抑制不住自己的兴奋之情：他们发现了一座罗马剧场的废墟！他一面把我的两个煮鸡蛋递给我，一面悄声对我说：它可能是世界上最大的一座罗马废墟！

实际上，它是世界上第二大的罗马古城废墟①。但这是尤利乌斯·凯撒的一个副官在公元前1世纪时建造的建筑，这个发现提供了切实的证据，证明这座本来默默无闻的小城，也曾有过重要的意义和悠久的历史。罗马人曾将加的斯用作海军基地，而这片废墟就是他们为水手们提供娱乐的证据。迦太基人也做过一样的事情，而且在他们之前，腓尼基人也做过——腓尼基人把它称作"加的尔"（Gadir），意为"围墙之地"。远在大西洋被认定为大洋之前，它就已经是一座富饶的城市了。

加的斯的老城中心在大西洋和海湾之间的一个狭长海岬上。在向海的一端有一座堡垒，有厚厚的围墙和大炮，桥头堡上有细长的小窗户，卫兵就曾在这里放哨，防范来自海洋的危险。一进围墙，就是一堆杂乱的古老建筑，大多数可追溯到公元7世纪和8世纪。再过去是一些大厦和宫殿，还有宏伟的广场，这些都是两个世纪以来，用加的斯作为伊比利亚与美洲通商的主要贸易中心而积攒下来的财富建成的。

我把向东长征的起点选在坎德拉里亚广场（Plaza del Candelaria）上棕榈树下的那块牌匾处。坎德拉里亚广场是贝尔纳多·奥希金斯（Bernardo O'Higgins）故居的标志。奥希金斯是一名爱尔兰裔智利人，19世纪时，将智利从西班牙统治中解放出来。我首先在一小片零散分布的塔楼下漫步。过去，商人的妻子们就在这些塔楼上眺望返航的船只，就跟后来新英格兰人的配偶们在屋顶天台上望夫一样。我走过古老的烟草仓库，经过保存完好的教堂和女修道院，最终来到了南边的大马路上——我的左边，就是被防水油布遮盖着的罗马剧场，通往安达卢西亚大陆的堤道和通往直布罗陀海峡的马路在我面前铺展开来，燥热而尘土飞扬。我有点迷路，于是向一位优雅的西班牙老者问路。他并没有看起来那么傲慢，反而非常彬彬有礼。"让大西洋一直保持在你右手边，"他说，"那就错不到哪儿去。而且记着，要一路留意着非洲走。"

---

① 庞培城（Pompeii）的那座仍然是世界上已知最大的罗马古城废墟。

　　3000英里以西、大西洋对面，是伊斯帕尼奥拉岛（Hispaniola）上杂乱延伸的圣多明戈城（Santo Domingo），它就没有这种外放的魅力，至少一开始感觉不到。奥扎马河（Ozama River）的右岸是老城区。这片遗址是巴塞洛缪·哥伦布（Bartholomew Columbus，航海家哥伦布的弟弟）于1496年建立的一座城市。4年后，城市遭飓风毁坏，又重建了一次。这座老城更符合人们的期待。

▲▲

几个世纪以来，海滨因其建筑反映出对海洋的持久尊敬而显得格外高贵。加的斯的商人和探险家们的遗迹，可以追溯到腓尼基和罗马时代。它与纽约和利物浦有着密切的商业往来，还联系着大西洋中间圣赫勒拿岛上的詹姆斯敦，在乔治时代的3个世纪中，它为往来的商人们提供了避风港。

　　遗留下来的建筑显示了这座城市当初有多么恢弘，与加的斯多么相像。就在一个半世纪前，"殖民城"（ciudad colonial）——它正式的名字叫作圣多明戈德古兹曼（Santo Domingo de Guzman），实际上最初为了纪念赞助探险的女王而被命名为伊莎贝拉（La Isabella）——依然是标志性的大西洋城市。这里曾有一道巨大的防波堤，海浪就在堤下澎湃汹涌；还曾有一座码头，一座灯塔，堤内还有一座兵营、一座火药库、一座信号塔。16世纪早期，短暂的殖民地建设正如火如荼，那时建起了一座雄伟壮丽的政府大殿、一座比体态匀称的教堂、一两座商人的私人宅邸、一座修道院、一家医院，甚至还有其他一些更加实用又精美的建筑—— 一个仓库、一家屠宰场。在靠陆地的一侧，城墙中耸立着一道橡木大门和两座城堡状的塔楼，西班牙军队可以从这里出兵，以扇形去伊斯帕尼奥拉岛腹地远征。

从很多方面来看，圣多明戈都堪称海滨要塞小镇的典范：狭窄的街道以完美的网格布局，珊瑚石灰岩砌成三英尺厚的城墙，侨民生活和帝国扩张的必需品都挤在这城墙之内、网格之间展开。当年的遗迹现在所剩不多，仅有的一些已被很好地保护了起来：为了全人类的利益，联合国将保证它的独特景观完好无损，确保这些伟大的建筑——美洲的第一座教堂、美洲的第一座城堡、美洲的第一座宫殿——能够不受开发商染指，不让他们的摩天大楼和购物中心把这座都城搞得伤痕累累。这里有鹅卵石铺就的街道，还有熙熙攘攘的"西班牙广场"；城墙外，从海上飞来的海鸥在微风中盘旋啼鸣。

傍晚时分，只要去城墙上，在黑铁大炮旁走一走，你就会觉得自己简直像在半个地球外的加的斯漫步一样。你可能会忍不住想悄声告诉大洋那边的加的斯，最早的一批大西洋城市看起来、听起来、感觉起来一定就是这个样子。军靴的蹄铁踏在光亮的石灰石道路上发出的叮咚的脚步声、商贩们执着的叫卖声、船舶上木板和缆绳的嘎吱声、海鸟的啼鸣声、远方的海浪和波涛永不停息的轰隆声，全都沉浸在每个清晨、每个夜晚的海边温暖的霞光之中，高高的珊瑚墙也被染成了一片橙红。在这样的时刻，加的斯和圣多明戈一定别无二致，两座城市最初的建设者的风格和情感连为一体，然后又因它们共同濒临的大西洋而息息相通。

○ ◉ ○

　　还有今天这些恢弘的大西洋城市，尤其是无与伦比的纽约。爱玛·拉扎勒丝（Emma Lazarus）在她描写自由女神像的著名诗篇中，形容其为美国"红霞落波之门"。150年来，它的形象依然如故：千百万跨大西洋者的希望与机遇之门。当然，现在的大部分移民都是从宽阔的机场进入的，而且很多都是从大西洋以外的地方远道而来，但今日的纽约，本质上仍然是个大漏斗：从19世纪中叶直到今天，成群拥挤的人们就从等级分明、繁荣富庶的古老欧洲被一刻不停地倒进了这个漏斗里。

　　即使是现在，人们也能强烈感受到纽约作为一座伟大港口城市的愿景。就在布鲁克林，韦拉札诺海峡大桥（Verrazano Narrows Bridge）众多的水泥锚点下，在一条名为"列夫·埃里克森车道"的卡车轰隆的水泥路上，有一片破旧的草地。你能在这里接近过往的船只，虽然隔着一条铁栏杆，但你可以伸手触到船体。这些船真是无穷无尽！有非洲港口过来的散装货船，装得满满当当，就要前往新泽西州贝永市（Bayonne）的码头。有哥德堡（Gothenburg）来的集装箱货轮，无疑满载着价廉物美的宜家家居，要去新泽西伊丽莎白市的码头，码头旁就是旗舰店；还有白得刺眼、没有窗户的运车船，从比利时和法国的组装厂来，要去纽瓦克港海峡（Port Newark Channel）的沿岸码头；油轮小心翼翼地沿着海峡前进，去往科尼（Kearny）南边的油田；甚至可能有班轮，或许是一艘优雅依旧的"丘纳德"公司（Cunarder）的班轮，不然就是一艘看起来平庸些，而且头重脚轻有些令人担忧的嘉年华轮船，要去曼哈顿西边的码头，或者是布鲁克林红钩区翻新的码头，那码头旁边就是一些小型工厂，据说生产全美最好的酸橙派。

　　出国船只也轰隆隆地慢慢驶过，它巨大的螺旋桨搅动着海水，通过纽约的通海闸门和微风点时，经过桑迪岬，经过新泽西号称"大西洋高地"的低矮山地，经过高度安全的、装满军火准备出海的海军舰船的海军码头，便驶入了大西洋的滔天巨浪中。到处可以闻到海滨的气息，而且除了夏天最闷热的时候以外，总会有徐徐清风，还有很多小船在大船间穿梭往返，就像我们小时候称为"水中船夫"的昆虫。警察和海警也潜伏其间，以防万一，身着制服的军官们负责掌舵，引擎则安静地极速空转着。

身后就是那条公路，上面随意地写着最早跨越这片大洋的挪威人列夫·埃里克森的名字。路上是川流不息的车流，有卡车、私家车、黄色出租车，大多都是从肯尼迪机场绕道而来，因为报道说路上堵车了，而那条路取了个不恰当的名字——"范威克高速路"，引人发笑。很少有出租车愿意停，但如果你能说服司机，可让他往西开上仅5分钟，穿过布鲁克林滨海大街，然后穿过布鲁克林大桥的密集钢索，突然，前方出现了闪闪发光的曼哈顿水晶幕墙，如同一座雄伟剧院中的幕布。有一次，一位年轻的菲律宾妇女从马尼拉长途飞行而来，我带她来了这里。那是一个晴朗的冬日，她此生第一次见到并摸到雪，她心中震撼和快乐杂陈，不由尖叫出声。但当她第一次见到曼哈顿时——那时已近薄暮，灯光已经亮了起来，在无数建筑的窗户上如钻石般闪烁——她的眼睛睁得如铜铃一般，哭出声来，泪如泉涌。

曼哈顿实在算不上纪念该城海洋历史的残余建筑神庙，以及对海洋的献礼。它众多的摩天大楼是其他商贸和财富的象征。但在炮台公园的堡垒之下，距离埃利斯岛、总督岛（governor island），以及曾经的贝德罗岛（Bedloe's Island）上公园里的自由女神像几根电杆之远的地方，仍然有蛛丝马迹表明了这座城市与海洋的渊源。最明显的一个暗示是宏伟的布杂学院派（Beaux Arts）风格的老艺术大楼。这栋楼现在已经很少使用了，但却幸运地免于像其他同样宏伟高贵的建筑那样，遭受被夷为平地、化为垃圾场的命运。

在这座伟大的建筑前面，排列着四座巨大的人物坐像。它们是由丹尼尔·切斯特·法兰奇（Daniel Chester French）创作的，他最著名的作品是华盛顿特区林肯纪念堂巨大的林肯坐像。海关大楼前的这四座雕塑，象征着四个航海大洲，它们的不同形象充分体现了当时那种民族优越感。

亚洲和非洲的雕像被放置于建筑两边的外角，看起来一动不动，像在沉睡，徒有美丽的外表，却一点也不醒目。相反，欧洲和美洲的雕像分立在通往主入口的台阶两侧，确实流露出高贵的仪态，大理石中凝固着无穷的活力，胜利和财富似乎唾手可得。如果说，要用两座雕像来代表创造了大西洋新身份的力量，那么，这一对隐没在曼哈顿下城、人们视而不见的大理石巨像（欧洲、美洲的雕像）就是不二之选。可惜，这两位都是"女性"，无法产生大理石后代，延续新大西洋精神的基因。

《商业期刊》（*Journal of Commerce*）和《劳埃德船舶日报》（*Lloyd's List*）之类的船运报纸至今仍在曼哈顿下城发行，忠实读者不少。附近一家名叫"纽约海员"的商店仍在销售《通往伯南布哥①之路》（*Approaches to Pernambuco*）和《麦哲伦海峡》（*Estrecho de Magellanes*）等线路图，还有《苏格兰西海岸导航》（*Admiralty Pilot to the West Coast of Scotland*），及成百上千其他濒海地区的导航指南。航海归来的水手可以买本《灯塔列表：北大西洋》（*List of Lights：North Atlantic*），看看琳琅满目的六分仪和黄铜制作的航海经线仪，或者翻翻阿德拉德·科尔斯（Adlard Coles）出版社的《在恶劣天气中航海》（*Heavy Weather Sailing*）和《阿什利打结全书》（*Ashley Book of Knots*）。只要在下城百老汇消磨一个小时，然后乘出租车回到红钩区码头，你就会觉得自己已准备就绪，随时可以登船、起锚、解缆，从韦拉札诺海峡大桥下穿过，扎进火烧岛（fire island）附近的浪涛中，然后经过蒙托克到楠塔基特岛灯塔附近，在那里告别浅海，终于向3000英里外的老牌欧洲港口进发。比如去挪威的卑尔根，或安特卫普、鹿特丹、利物浦、瑟堡（Cherbourg）、比戈、卡萨布兰卡，如果水手足够大胆，粮草足够充足，能远下东南的话，甚至能去开普敦。

在大西洋最长的一条对角线的尽头，是与纽约遥遥相对的开普敦，无论从智力上还是精神上，它都是纽约的对立面。开普敦，距离非洲最南端不过几英里的距离，是一座真正的诞生于大海的城市，但是，人们似乎没有在此建造多少给大海的献礼，而是让自然代劳了。曼哈顿的壮丽完全集中在其建筑上，它的建筑展现了人类无穷的创造力，其自然风光则显得无关紧要。相反，开普敦的令人愉快的事物完全不在于城市的建筑，而是在围绕城市的幽蓝群山之中。而所有这些壮

---

① 伯南布哥（Pernambuco），巴西地名。

丽的美景都在显示大海的力量，与沉迷自我的纽约恰恰相反：非但丝毫体现不出人类的创造天才，反而显现出了我们的渺小。

不久前，我曾乘坐一艘小型希腊轮船抵达开普敦。我们是从特里斯坦·达库尼亚岛往东航行1800英里，历时3天航行过来的。到达那里是凌晨5点多，船上的乌克兰舵手如约将我叫上舰桥。"非洲，"他说，"就在正前方，已经看得见了，太阳很快就会从山顶上升起来。"

这是一个十分晴朗的早晨，万里无云，空气凉爽。一艘带有中国标记的低仓货船在我们的右舷方向。海面一片空阔宁静。前方金乌徐升，光芒万丈，下方群山连绵，形成一片紫色的暗影，直到一道尖锐的悬崖边戛然而止——那是风暴角，现在叫好望角。从好望角往北，地势先是上升，然后又下降，形成一道长长的峡谷，然后重新上升，斜斜地翘起。太阳就是从这后面冒出来的，改变了大地的颜色：这时，20英里外，蓝色变为岩石般的褐色，长草的地方则呈现绿色。

很快，我们就看到山顶上有一排俊秀的树木，一些海岸边缘——坎普斯湾（Camps Bay）、大海角（Sea Point）、三锚湾（Three Anchor Bay）——慢慢映入眼帘，尽管看起来还只是绿色山坡间的黯淡小点。福尔斯湾（False Bay）北端有一处皇家海军的老基地西蒙斯敦（Simonstown），这时被低垂的晨雾给掩住了。我们的船在轰鸣声中慢慢驶入海港，主峰的形象变得越来越熟悉，最终分成了几个部分：右边远远地耸立着信号山（Signal Hill）和狮首峰（Lions Head），正前方是桌山（Table mountain）平坦宽阔的峰顶。我们转入桌湾，只见开普敦的街灯远远地冲我们眨眼，一条条马路纵横交错。我们能看到海岸旁的公路上正移动着平稳的车流。在山路的防护栏下方，这座巨大的城市即将苏醒，迎接又一个南非暮春的爽朗清晨。

我们继续逼近风平浪静的海湾，途中经过了零零散散停泊着的船只，一些是在等待码头里的泊位，另一些锈迹斑斑，很可能是一直滞留在这里的。港口边是罗本岛，是以前的殖民统治者们隔离麻风病人的地方，也是南非的白人们监禁纳尔逊·曼德拉之处，不过监禁远没有隔离麻风病人那么成功。以前罗本岛上还有过绵羊和兔子，是整片大陆上唯一有这两类动物的地方，这曾经是罗本岛宣扬的一大骄傲。现在只剩下兔子了，而且数量过多，已经成了一害。

我们这时已经离岸很近了，正在减速。突然传来了一阵清晰的锤头咣咣敲击的声音，焊接喷灯的蓝色闪光也映入眼帘，原来水边正在兴建一座新的体育馆。引擎短暂地熄灭了一会儿，我们在一处浮标旁飘荡着，终于有艘不太讨人喜欢的白色小领航船吱嘎吱嘎地驶出来迎接我们了，小船上掌舵的是一个看起来上了年纪的黑人；导航员自己则年轻活泼，穿着刚刚熨过的制服。他跳上船，不一会儿就上了舰桥，指挥我们进了维多利亚和阿尔弗雷德码头[①]的泊位里——这座码头是唯一一处值得注意的地方，它是开普敦作为大西洋港口的标志。

"沙马雷勒"号（Chamarel）是一艘法国造的海底电缆敷设船，正好也停在码头上，正忙碌地准备着出海，沿西非海岸铺设长距离的光纤线缆。几年前，这艘船曾帮助铺设巨大的SAT–3号线路，这条线联通葡萄牙和开普敦，长达6000英里。由于经常发生故障，所以现在有人几乎不间断地沿线巡逻，以便维护运转。多哥和贝宁等大西洋沿岸小国都在这条无比重要的线路上，全靠它与世界其他地方保持联系。现在，工程师们都在努力让加蓬和赤道几内亚等几乎已被人遗忘的非洲国家与世界接轨。要不是地质学家们最近在它们的领海里发现了石油，这些小国很可能还将被忽视好几十年。原始状态的经济要求它们现在必须拥有互联网这个奢侈品。

一艘南极考察船也停在附近，船体呈亮橙色，船头微微倾斜，说明它能够破冰行驶，"要是还剩有冰的话。"德国船长悲哀地说。他住在科罗拉多，最近在读有关全球变暖的读物。

终于，两艘拖船把我们顶进了码头最里面的位置，旁边有一艘浮舟，舟上趴着一群毛皮海豹，沐浴在晨光中。附近唯一一座特别点的建筑就是开普敦客运枢纽，是爱德华七世时代所建，有些呈现出美国公共工程处的实用主义风格，此外还散落着一些维多利亚时期的仓库，以及装饰着镀金铁艺、带花纹阳台已然锈迹

---

① 阿尔弗雷德王子（Prince Alfred）是维多利亚女王的次子。他在1860年为南非第一个大西洋码头倒了第一车碎石。作为爱丁堡公爵，他以自己的名字命名了特里斯坦·达库尼亚小的首府（这是大西洋以及全世界的最偏远的有人岛屿）。他曾在悉尼野餐时遭遇暗杀，不过有惊无险（意图谋害的爱尔兰人因此而受了绞刑）。他娶了俄国沙皇之女玛丽，有一种饼干就是以她的名字命名的，至今仍广受欢迎。

斑斑的办公楼，其中大多数已被改建为餐厅和酒店。

　　开普敦最古老的建筑——据说也是整个非洲南部最古老的建筑——就是旧荷兰城堡。它有5个顶点，呈星形结构，外围是一圈黄赭色的墙，现在隐藏在主火车站旁的一个公园内，几乎被淹没在一堆平淡无奇的办公楼和公寓之中。唯一余韵尚存的殖民时期建筑就是桌山低处山坡上的那些大型宅邸和酒店了。当蓝花楹的花朵竞相开放时，这里远离了喧扰和车流，真是太美了。确实，人们印象深刻的往往是那些车流、立交桥、起重机和20世纪60年代的丑陋建筑，只有当你坐进圆形的缆车里，盘旋上到桌山山顶后，这里独特的海边风光才会回到你的视野中——只有到这时，你才能想起这座城市为什么会在这里，4个世纪前荷兰人为什么会选择它作为自己的休息站和补给港，又为什么，尽管与纽约如此不同，它却也与万里之外、大西洋长长的对角线彼端的纽约一样，是座不折不扣的大西洋城市。

　　从山顶看去，大西洋无所不包，无所不在。只消走上片刻，便能远离缆车引擎的嗡鸣和小摊贩的叫卖，走入崖顶僻静的角落，享受山风吹拂中的宁静，周围是一只只苍鹰、秃鹫和鸣鸟，纷纷神态昂扬地展翅天际，在暖气流中不停翔翔。大西洋在南边，你能看到海上的劲风正掀起层层波浪，拍击着大陆最南端的厄加勒斯角和大陆上最著名的好望角峭壁。大西洋在北边，贴着海岸线，过了沙丹那半岛（Saldanha）和圣海伦湾（St. Helen's Bay），便一路直抵纳马夸兰（Namaqualand）及纳米比亚的沙丘和骷髅海岸（skeleton coast）。大西洋还在西边，在下方贯穿城市——铺展成一片巨大的、空旷的、缓慢移动的海水铸成的钢筋铁骨，伴随着撕开桌湾的潮水和洋流、罗本岛周围怒吼的漩涡，还有巨轮过后，留下的微弱的白色痕迹。这些轮船将前往大西洋另一边那些恢弘得宜、美不胜收的港口：布宜诺斯艾利斯、蒙得维的亚、里约热内卢、累西腓（Recife）、伯南布哥（Pernambuco）、迈阿密、劳德代尔堡（Fort Lauderdale）、威明顿、查尔斯顿（Charleston）、巴尔的摩、费城、波士顿、哈利法克斯、圣约翰斯。

　　它们每一个都很迷人，每一个都很古老，其中大多数都有着令人惊艳的美丽，而且全都像这座非洲南部的城市一样，布满了码头、港口政府机关、干燥的船坞、雄伟华丽的建筑和庞大的铁路枢纽，每一个都在通过市容、声音、风格、气味和感觉赞美自己身旁的这片海洋。至少，当我羡慕地俯视着那些在大西洋中乘风破浪、往西前进的船只时，这就是我对这些港口的感受。

"沙马雷勒"号也要走了：我能看到它正小心翼翼地通过港口的堤岸，它洁白光亮，顶着一对大烟囱和怪异的球茎状的电缆铺设雷达①，光缆绞盘在船尾大声鼓噪；它要去安哥拉，无线电报告那里出了故障；或许它还会去看看西非腋窝处的那些大西洋岛屿——或许是佛得角，或者圣多美和普林西比，它们全都需要与世界联系的电子网络，要不然可能又要被世界忽略了。

还有另外一艘船，一艘蓝白相间的短短的小船，现在已经远离了码头，正向西北方向驶去。看起来它的路线和那些大型货船不同，让我想起以前联合城堡航运公司（Union Castle Line）的班轮曾经所走的路线。那时，最后一批大型客轮都把这个港口作为始发地，像钟表一样准时地发往英格兰和南安普敦。每周二的4点整，就会有一艘班轮离开桌湾，同时也有一艘姐妹船从索伦特出发南下。两艘船将在塞内加尔的海岸附近擦肩而过，简短地打声招呼。"17天！"报纸上的广告赫然写道，"每周一班邮轮开往南非。详询芬丘奇迟街3号，伦敦EC3②。"

但是我下方的这艘却不是什么豪华客轮——不是淡紫色船身的"潘丹尼斯城堡"号（Pendennis Castle），也不是"斯特灵城堡"号（Stirling Castle）、"爱丁堡城堡"号。除此之外，城堡系列的最后一艘客轮"温莎城堡"号在1977年就已完成了该公司最后一次航行：9月6日4点准时离港，17天后返回南安普敦。此后它几经转手，主人基本都是希腊人；后来要被送到印度去拆解，但是在阿拉伯海上出了转向装置故障，颜面扫地，只得被拖到孟买的破船处理厂，让清理工们大显身手了。

不，下面的不是联合城堡航运公司的船。我终于借到一副足够强大的望远镜，才勉强看清了它，这时它已经快隐没在下午的薄雾之中了。船尾用白色油漆喷着它的名字。它的注册港口是詹姆斯敦：它就是那艘6000吨的客货两用船，

---

① 英文原文bat nose（蝙蝠的鼻子），此处为意译。——译者注

② EC3，即英国伦敦的邮政编码，指金融城东南区域。——译者注

RMS^①"圣赫勒拿"号，现存唯一一艘被正式命名为"皇家邮轮"的船只，因此在港口和在海上时都使其他船只对它礼让三分、备受尊敬，具有一定的优先权。它的最终目的地是向北驶往英国波特兰的码头；但途中将在它得名的圣赫勒拿岛上停留一个星期的时间，现在只有它在定时给岛上补给生活物资。

在这个温暖的秋日下午，"圣赫勒拿"号驶入大西洋，向它的注册港口驶去。我仍然乐于认为，詹姆斯敦实在是所有大西洋领地中最美丽的。圣赫勒拿岛是英国皇家海外领地，英国曾经将战败的拿破仑流放到这里。詹姆斯敦就是圣赫勒拿的首府，由于直到不久前，它都几乎完全与世隔绝，因此至今保存完好。这座岛屿有47平方英里的玄武岩，岛上人口一直保持在5000人左右。它距离安哥拉海岸有4天多的航程，位于大海中间，四周一片荒凉，现已渺无船迹。

说现在渺无船迹是因为联合城堡航运公司的班轮以前会去詹姆斯敦，但现在早已放弃了这条航线。最后一次就是在1977年秋，"温莎城堡"号北上时路过。然后这条航线就彻底停运了。到我第一次去那里的时候，想过去就没那么容易了：再也没有每周二下午4点的班轮了。

很久以前，我被派到岛上去采访一个当地人的离奇案子——到现在人们仍然称他为"圣人"（对"工人"的别称）——那人被判犯了一件也不怎么恶劣的谋杀案（就是酒馆斗殴引起的，所以肯定不是预谋杀人），要被带回英国服刑。

我听说，岛上很少发生恶性案件——事实上，大部分岛民彼此感情都很好，以至于私生子多得吓人，婚礼上就把这些私生子称为"多多"。我还听说，当地的警察都没什么事儿干，被称为"玩具"；詹姆斯敦的监狱特别小，而且由于地处热带，会变得特别闷，所以每个下午，囚犯们都被放出来去大西洋里游泳。

在伦敦一个阴沉的下午，我决定这次一定得去看看这个地方：大海中间一处历史悠久的海外领地，远远看去，似乎那里的生活比大多数其他地方要轻松一些。经过多次努力之后，我终于登上了20世纪80年代的那版"圣赫勒拿"号——

---

① RMS（Royal Mail Ship），即皇家邮轮。——译者注

这位亮红色的前辈比我看到经过罗本岛的那艘蓝色轮船要更小更粗壮一些。经过一番延迟和一阵震颤之后，我们轰隆隆地驶出了西行道（Western Approaches），往南航进，以不超过每小时10海里的速度经过了加纳利群岛、佛得角群岛，在温暖的、飞鱼成群的热带海洋中穿行。

　　途中还发生了一个小插曲：我们短暂地停留在大西洋上另一个遥远的领地前哨，死火山岛阿森松。岛上有飞机跑道和很多昂贵的通讯设备（有些用来放送广播电视信号，有些用来发送情报），山顶上还有一片水草丰沛的草坪。由于一些复杂的原因，BBC的一个不知名的机构以前在这里养了一群从伦敦弄来的奶牛。我们是被召唤来接一队"圣人"的，他们在一个岛上为承包商们打工，那岛看起来就像个矿渣堆，说得难听点，就是"烈火熄灭后的地狱"。但阿森松的工资挺高，而且这里没什么消费，所以那时候还是有不少工人乐意签几年的合同，来这里工作的。

　　但他们最高兴的时候还是终于可以回家的那一刻，我们的乘客们经过两天的航行便可以到家。终于，我们到了詹姆斯敦，这自有一番甜蜜滋味，返回海港总是甜蜜的——久别的夫妇得以团聚，孩子们又长了不少，漏掉的新闻八卦都补起来。但在这里，尽管下午的气氛——我们是在黄昏前几小时落锚的——主要被团聚的喜悦笼罩着，但对我而言，却具有别样的意义。詹姆斯敦，无论是远观还是近看，都是一座与众不同的大西洋海滨小城，它的规模、风格和气质全都精美绝伦。詹姆斯敦是一件真正的艺术品，大西洋的艺术品。

　　镇上居民一般有1500人左右，占整座岛屿总人口的三分之一。小镇位于岛屿北岸一个陡峭的山谷里，和开普敦一样被群山环抱。但这里码头太小，稍大点的船只都只能泊在詹姆斯湾，而所有的乘客和货物都要用驳船①运上海岸。传说中的大西洋的浪涛特别凶猛，岛民们喜欢开玩笑说这浪头"诞生于遥远的纽芬兰的风暴"。猛烈的风浪使运送格外不易，而且常常要等很长时间，很不方便。但船只驶向拥挤的小码头的那幅场景简直像从18世纪的书中直接搬下来的似的，且没

---

① 这个运送过程偶尔会造成危险：20世纪80年代中期，一位皇室成员到访该岛，岛上的总督穿着熨得平平整整的总督服，戴着一顶遮阳帽，帽子上还插着一根天鹅羽毛，不小心从浮舟上踏空，径直掉进了大海里，一时间就没影了。尽管落水和出丑没有要了他的命，但外事局还是赶紧打发他去了另一个干燥些的属地——尽管还是在大西洋——圭那亚，（和圣赫勒拿岛不同）那里有个机场。

有丝毫编加和改动。左边有一座造型完美的白色小城堡，城堡里有小巧的庭院和鹅卵石铺就的广场；还有一座小型木吊桥和一道12英尺厚的城墙，是为了抵挡了一切来自海上的凶险而建造的。城墙上开了一道吊闸门，门的上方刻着东印度公司的徽章，漆成红白银三色。还有一个微型教堂（类似于内陆的圣保罗大教堂）。城市广场上放着长椅，供老人们在从印度运来的菩提树下乘凉。还有一个小小的警察局，里面有前面提到的小监狱。城里只有一条主街，通往长满褐色亚麻的山丘。主街起始处有两排摄政时期①风格的房屋，都刷成了亮丽的色彩，还装饰着格子铁门和上下拉窗。两排房子耐心地彼此对视着，几个世纪以来一直如此。

这个城镇就是俗话说的"浑然一体"的完美呈现。一座领事酒店，外面挂着闪闪发光的黄铜名牌。一道天梯，由699级石头台阶和铁栏杆组成，以令人眩晕的倾角一路顺着山谷向上延伸。为了阻止有人来营救拿破仑，以前有一队哨兵在山崖上放哨，这道天梯就是修来给哨兵送补给的。

这里有一个公园，公园里曲曲折折的小路穿行在蓝花楹树和竹林之间，最开始是为女士们修建的。还有一个熙熙攘攘的封闭市场，市场的地面上总是湿漉漉地淌着海水，挤满了装着湿淋淋的海鱼的篮子。时不时地，拥挤的人群得为捷豹汽车让个路，汽车引擎盖上飘着一面小旗，上面没有车牌，只有一顶王冠，原来是从总督官邸"种植庄园"（拿破仑时期，里面的花园中有巨型陆龟）接总督阁下去城堡办公的。

大西洋已经渗入了人们的每一场谈话、每一个念头之中。天气当然是大西洋造就的——晨雾、晚风，拍打的海浪让码头边的浮标飘来荡去，吱嘎作响。船只的时间表是大西洋制定的——岛上至今还没有飞机跑道，而且很多岛民认为永远也不会有，皇家邮轮的众多船只仍然是进出海岛的唯一途径。每天捕获的金枪鱼来自大西洋；如今岛上尚存的一点经济来源——岛民以前给皇家海军种过豆瓣菜，还曾采收亚麻编麻绳，但后来英国邮政局决定用塑料绳来捆装包裹，麻绳生产就停止了——几乎完全依赖于海洋。法国的三色旗仍然趾高气昂地在朗伍德庄园（longwood house）上空飘扬。岛上最著名的那位大西洋访客在兵败滑铁卢后，

---

① 指英国19世纪早期，乔治四世做摄政王的时期。——译者注

在普利茅斯登上著名的海军战舰HMS"诺森伯兰（Northumberland）号"①，被送到了朗伍德庄园中，度过了自己的余生。就连海岛的地址——南大西洋圣赫勒拿岛（邮政编码是STHL1ZZ，据说伦敦的分拣计算机能够识别）——也体现出岛屿与海洋之间有一种全世界独一无二的正式官方联系。

当然，大西洋沿岸有不少更加高贵典雅的建筑精品；有很多地方要更富于海滨魅力；而北至法罗群岛的托尔思豪恩，南至马尔维纳斯群岛的斯坦利（Stanley），大西洋上下也还有很多不连贯排列的许多类似的地方。圣赫勒拿岛上没有灯塔——所以，伟大的灯塔建筑师们，比如爱丁堡的史蒂文森［Stevenson，还包括罗伯特·路易斯（Robert Louis）］，尽管建造了所有大西洋建筑中最伟大、最美丽、技术难度最具挑战性的作品②，却在这里没了用武之地。但是，除了这唯一的缺憾，圣赫勒拿岛足以在大西洋伟大的视觉艺术成就中名列前茅。

作为一个纯粹和简单的地方来说，这座岛的周围或许都是些大西洋上的古怪角落，比如阿根廷的马德林港，那里的不少当地人［威尔士卡迪根郡（Cardiganshire）铁路工人的后裔］仍然说威尔士语；或是加纳的阿克西姆（Axim），那里有着宏伟的荷兰城堡；或是法属圭亚那海岸边的恶魔岛（Devil's island，德雷福斯上尉③就是从巴黎被送到这里单独监禁的）。但我总认为，这座小小的海外领地值得拥有更多的荣誉。我这并非异想天开，长期以来，我总觉得，在建筑上，圣赫勒拿岛和岛上精致小巧的首府建筑，使这座岛在某种程度上代表、象征了海洋，蕴藏了海洋的本质。它就是大西洋人类历史的一个时期，一

---

① 曾有8艘战舰被命名为"诺森伯兰"号，其中大部分都在大西洋结束了生命——要么是在阿善特岛，要么在比斯开湾，第一艘是在1703年的大风暴中沉没的。我曾见过最新的那艘，那是一艘光亮的23型驱逐舰，当时正在南佐治亚的岛屿附近表演高速转弯。在一次恐怖的事故中，它的声呐设备被扭断了，差点破坏了船体，不得不艰难地驶到巴西，进行短期整修，在经过昂贵的改装后，才开回英国。

② 史蒂文森最著名的几座大西洋灯塔，就连名字都别具诗意：钟岩（the Bell Rock）、黑礁（Dhu Heartach）、埃迪石（Eddystone）、千仞岛（Muckle Flugga）、大礁（Skerryvore）。我曾造访过阿瓜达礁（Alguada Reef）上的灯塔。这座礁石位于缅甸伊洛瓦底江（Irrawaddy River）的入海口。灯塔是由史蒂文森起草设计，而由一个名为弗雷泽的苏格兰人建造的，唯一的一个守门人把所有铜器都擦得闪闪发亮，他说，这是为了防备"突然检查"。今天的缅甸统治者有一些疏漏，我一直认为，其中之一就是关闭了阿瓜达礁上的老灯塔。

③ 德雷福斯上尉（Captain Dreyfus）是德雷福斯事件的受害者，他被误判了叛国罪，被监禁在魔鬼岛。——译者注

成未变，一丝未改，在精良而古老的摄政时代的灰泥和细心锻造的英国进口铁器中为子孙后代保留着。

7. 大海的乐章

在更当代的文学、绘画和音乐中，海洋被更有活力地描述出来。早期，海洋激起的恐怖早已消散；16世纪和17世纪，人们刚开始横渡大西洋时，总是以拘谨的形式来表现海洋，现在却早已颠倒过来；在现代，作为一个实际的存在，人们记录了大西洋所有的情绪，这部分是由于它的美、它的戏剧性、它令人叹为观止的强力。但同时，它和今天的人类也建立了更为亲密的关系——这似乎和如今的沿海文明有着莫大的关系，它们的存在，似乎已经完全成了海洋的对立面。如今的很多人都羡慕地认为海洋是逃离尘世纷扰的避难所，是不熟悉海洋者们的向往之地。在现代社会的重压下，海洋成了避难所，成了一个没有熙攘、没有尘嚣、没有欲望，也没有现代大城市贫民窟的地方：一个远离充斥着工业、金钱和贪婪的理想之地。

当然，从贸易、好奇心，还有我们马上要看到的战争的角度来说，大西洋仍然是一片需要跨越和穿行的水体。但它也是一个为了实现更有益的目的而存在的实体——如果要确定一个日期的话，那大约是从19世纪初开始的——其中一个目的，就是人类的重建，即重新创造人类的精神。诚然，它仍是一片无比广阔、无比强大的水体，但对人类而言，它现在也成了一片纯粹、干净、广阔的地方，自带有一种广布贫民窟的大工业化城市所缺乏的某种高贵气质。

海洋——对于19世纪见多识广的人们来说，最熟悉的海洋依然是大西洋——因此成了令人艳羡的东西，一个值得我们尊敬和崇拜的存在。这是一种重要的巨大转变——当代的艺术、文学和音乐都很快地反映出了这种转变，经历了一场无须带有歉意的名副其实、非常明显的"海的变迁"。

○ ◉ ○

在音乐方面，19世纪管弦乐团的规模不断增大，正是这一点推动了这种变化，因为这使得作曲家们第一次可以完整地反映出海洋庞大的复杂性。18世纪的音乐受限于乐器的种类和可雇用的乐手的数量，只能以理性的方式从思维上处理这种复杂性。相反，维多利亚时期音乐的浪漫主义运动，大大增加了演奏乐器的种类和数量——于是，海洋，以及它那瞬息万变、横扫千军的情绪和色彩，突然之间成了作曲家们得心应手的表现主题。

就拿贝多芬来说，他在1815年改编了歌德的两首短诗，创作出了一支鲜为人知的大合唱曲目：《平静的海和幸福的航行》（*Calm Sea and Prosperous Voyage*）。其主题是一艘船在风平浪静中与在猛烈狂风中的对比，最终狂风将船长送回了海港。门德尔松深受这部短小的作品影响，20年后创作了一首更长的同名管弦乐序曲（歌德的一首诗表现的是风平浪静时的沉闷，另一首表现狂风与幸福）。门德尔松的序曲也是以平静的海洋开篇，然后长笛的颤音表现看到蓝天、海雾消散的情景，然后是一大段弦乐，寓意海风渐起、海浪升腾，最后以大提琴独奏庆祝船只安然回家，这一段是门德尔松所有作品中最慵懒最美丽的旋律之一。若是在一百年前，人们对海洋还所知不多的时候，绝对创作不出这样的作品：那时候既没有管弦乐团，当时在世的作曲家只怕也没有这等音乐上的信心。

19世纪的意大利作曲家倾向于用地中海作为海上旅行之所，这不足为奇——比如威尔第（Verdi）的《西蒙·波卡涅拉》（*Simon Boccanegra*）和《奥泰罗》（*Otello*）两部作品。相反，他们的北方同行们的灵感则多来自大西洋：例如，瓦格纳的《漂泊的荷兰人》（*Flying Dutchman*）就表现了在好望角附近的汹涌波涛中出没的幽灵船的传说；《特里斯坦与伊索尔德》（*Tristan und Isolde*）中悲剧的主人公，也是在爱尔兰和康沃尔之间的同一片海洋中往来穿梭。吉尔伯特（Gilbert）和萨利文（Sullivan）的三部轻歌剧——《皮纳福号军舰》（*HMS Pinafore*）、《彭赞斯的海盗》（*The Pirates of Penzance*）和拉迪戈（Ruddigore），主题都是英国人神秘而空虚的海上生活。现代的作曲家——爱德华·埃尔加（Edward Elgar）、本杰明·布里顿（Benjamin Britten）、威廉·沃尔顿（William Walton）和拉尔夫·沃恩·威廉斯（Ralph Vaughan Williams）也依旧轮番表现过海洋，以多种多样的海洋音乐分别展现了海洋的威严［埃尔加的《海景》（Sea pictures）］，海中的悲剧［布里顿的《彼得·格兰姆斯》（Peter Grimes），及他改编赫尔曼·麦尔维尔（Herman Melville）的《比利·巴德》（Billy Budd）］，水手们纵饮狂欢的习性［沃尔顿的《朴茨茅斯角》（Portsmouth Point）］，还有海洋无尽的悲怆惆怅［例如沃恩·威廉斯的《海洋交响曲》（Sea Symphony），这是一首七分钟的史诗合唱，歌词来自沃尔特·惠特曼（Walt Whitman）的诗作《草叶集》（Leaves of Grass），其中大部分故事发生在长岛，与大西洋有着密切关系］。

　　弗雷德里克·戴留斯（Frederick Delius）曾在佛罗里达东部的葡萄园里工作[1]，因此对大西洋有了一些了解。他住在弗吉尼亚，1903年曾到过长岛的大西洋沙滩，为之着迷不已。同沃恩·威廉斯一样，戴留斯也深爱《草叶集》，尤其是其中题为"海流"的一节。他从这本诗集中的一首诗《从永远摇荡的摇篮里》（Out of the Cradle Endlessly Rocking）之中创作出了自己的《海之漂流》（Sea Drift），一部25分钟的男中音和管弦乐作品，至今仍是最深刻的海洋音乐作品之一。和惠特曼的诗作一样，它也以喜爱和痛失一对大西洋海鸥的情节开篇。

　　克劳德·德彪西的风格同样敏感，但却更加肃穆也更富思考性。他也在几乎同一时期写下了三部有关大西洋的交响小品——一首表现黎明到中午之间海洋的模样和感觉，第二首展现海浪的复杂和微妙变化，最后一首，他称之为"海与风的对话"。德彪西的这三部作品一起简称为《大海》（La Mer），在欧洲的各大音乐厅大获成功，促使"印象主义"（impressionism）一词成了专门描述这种以海洋为中心的全新音乐风格；乐声让听众们有了一种独特的感受，仿佛他们亲自体验到了大海的存在，而不需要任何形式的符号与象征——比如类似于门德尔松那种颤动的笛音——而这是在早先的直接表现中所必须的。

---

[1] 他后来说，正是远处的葡萄园工人们劳动时的歌声激发了他的兴趣，创作出了他以之闻名的抒情性音乐作品。他的父亲老戴留斯是一名约克郡的羊毛商人，之前曾想让儿子弗雷德里克当个牧场主或做个柑橘大亨，然而他这两个愿望最终都落空了。

8. 印象·日出

画家们早已了解了"印象主义"这个概念——有意呈现的模糊、刻意营造的不精确，或者用某位早期评论家的话说，传达一种"朦胧的情感"——并很快发现，这尤其适合表现海洋。法国人一马当先：新建成的铁路把巴黎的度假者们带到了大西洋和诺曼底的海滨浴场，也让画家们蜂拥到了海边：莫奈、西涅克（Signac）、修拉（Seurat），全都有描绘海水的名作：礁石、海岸、夏日的慵懒、冬日的严酷。就连"印象主义"这一名字，都是从一幅大西洋绘画中得来的——来自于莫奈1872年创作的勒阿弗尔码头的日出。画面表现的是从他的阁楼窗口所望见的桅杆、晨雾、散射的阳光。当巴黎的画商们问他，这草草画就的景象叫什么名字时，他随意地说到，既然没法称之为"勒阿弗尔的研究"，那最好就简单地叫作一个印象吧——于是他让人写道：印象·日出。

约翰·罗斯金（John Ruskin）曾评论道："画出完美的水和画灵魂一样，是不可能。"很多人都尝试过。维多利亚时期和20世纪早期所有画过海洋的视觉艺术家——直到今天的拉脱维亚裔美国铅笔画天才——维嘉·赛尔明斯（Vija Celmins），其用画作向罗斯金的论断进行了严峻的考验，包括杰出的日本摄影师杉本博司（Hiroshi Sugimoto）——或许最令人难忘的，还要属大西洋两岸遥遥相对的这完美的一对：一个是美国人，在大西洋边出生的波士顿人温斯洛·霍默（Winslow Homer）；另一个则早得多，是伦敦人，J. M. W. 透纳（J. M. W. Turner）。两人用流行的纪录性的海洋绘画，在画作中让大帆船完全倾斜，永远改变了观察海洋的视角。

透纳的前半生都在致力于用油彩和水彩描绘风暴、日落和船难，大大领先于他所处的那个时代。早在莫奈等人之前数十年，他便用饱满的色彩、生动的印象主义手法、立辨可识的风格创作了海量画作。到温斯洛·霍默出生时，他依然在顺利地创作；在霍默创作早期的版画、开始自己的画家生涯之前，他就已经去世了。他无缘看到霍默作品中的惊人力量，比如他1867年为《哈泼斯杂志》（Harper's Magazine）绘制的木版画《归程》（Homeward Bound）。描绘了在波涛汹涌的大海中，乘客们在倾斜的船甲板上努力保持平衡的场面，光是看着这幅画，就能叫人"晕船"。他也无缘一睹《墨西哥湾流》(*Gulf Stream*)或《微风渐起》(*Breezing Up*)或《巴哈马群岛，飓风之后》(*After the Hurricane, Bahamas*)等更加著名的画作。这些作品笔触精简，颇具大师风范，但却是脱胎于透纳描绘大西洋时的那种模糊、力量和威严。霍默热爱海洋的朴素和正直；他爱它的孤独；他爱它的平静——《划船回家》(*Rowing home*)就是描绘傍晚落日余晖中平静大海的完美例子——而他最喜爱的，还要属狂风暴雨中大海奔腾咆哮的时候。

▲▲

很少有英国艺术家能像19世纪伟大的浪漫主义画家J.M.W.透纳那样，对海洋有如此强大的掌控力。在这幅《运输船遇难》(*The Wreck of the Minotaur*)中，透纳抓住了大海的那种感觉和力量以及它给人的印象，这幅画因此流传千古。

就在我写下这段文字的前一天，缅因州还发生了一起由风暴造成的悲剧——由于远处的飓风掀起的巨浪，20个人从山崖顶上被卷入了大西洋，淹死了一个小姑娘，她父亲得救了。他们是从曼哈顿过来观看壮丽的海浪的，没想到这个本该愉快明媚、令人兴奋的周日下午竟会让人乐极生悲。

正是在这样的天气里，温斯洛·霍默离开自己在普劳特耐克（Prout's Neck）附近的家，来到户外。他坐在山崖顶上，耐心地观察。他那海象般的胡须在狂风中飘动，他努力地压着画布，将第一层油彩涂到石膏底上。对他来说，人类和大西洋之间的搏斗充满着无穷无尽的魅力——尤其是他1886年创作的一幅名为《回浪》（Undertow）的油画，就展现了在这样的天气里营救两名年轻女士的场景，两个强壮的救援者在她们旁边，四个人都在奋力从海水中挣脱出来。

后来出现了很多类似的画作。温斯洛·霍默曾在英格兰东北部度过了两年，那里的北海格外严酷，船队遇难、人员溺毙的事情频繁发生，他因此记录了一系列英勇非常的画面。我曾在那里做过报社记者，对那片海岸十分熟悉：我常常和摄影师一道驱车前往救生艇出发点，有时是卡勒海岸（Cullercoats），有时在惠特利海湾（Whitley Bay），或远在法尔恩群岛（Farne Islands），然后看到从狂怒海浪中救出的湿淋淋的身体被毯子裹着，送上救护车，然后车子缓缓开走，没有亮蓝灯。今天缅因州的这条新闻一定会让霍默哀痛，任何人都会为之哀痛；但它也会提醒霍默，提醒这位熟知海洋恐怖力量的行家，海洋总能毫不例外地击败任何胆敢与它一较高下的人类。这，就是自然规律。

9. 海洋文学

现代的海洋边聚满了文学的水手，多年来已创造出了无穷的文学宝藏。狄更斯、特罗洛普（Trollope）、爱伦·坡（Allan Poe）都曾一试身手；赫尔曼·梅尔维尔（Herman Melville）、梭罗（Thoreau）、爱默生、弗吉尼亚·伍尔夫（Virginia Woolf）、贝洛克（Belloc）、艾略特也不甘落后——有时都让人不禁怀疑，还有什么可写，还有什么海上场景尚未被剖析描述过。无论已知的或者未知的，横渡过的或者没横渡过的，所用船只是帆船的或者蒸汽驱动的，海水是友善的或是凶险的、冰冷的或是水汽蒸腾的，港口是大的是小的，货物是多的是少的、是贵的是贱的，作家们都已描写过。（只有一个例外：似乎很少有足以流传于世的文学作品直接讲述有关中央航路上奴隶船的故事。后世写了很多，但当时写得极少——考虑到那种可怕的火急情况，或许这也不足为奇。）

我们可以从海洋文学的原始材料中，去除主要把海洋作为背景、讲述其他奇闻轶事的作品，而提取出有关海洋本身的那些作品。在这个方面，我觉得美国的海洋文学有一种能量，要胜出其他地方的作品一筹——尽管总体来说（南北大西洋自然也不例外），任何描写海洋的作家经历都大同小异，海洋也大致一样，不管你从哪个海港出发，无论你选择哪个航向，船难、危险、风暴和平静时的情况也都没什么区别。

但大西洋两岸的英语作家们所采用的方式却大相径庭。有人说，之所以如此不同，是因为美国拥有广袤的大陆，其规模几乎不亚于周边的海域，这片大陆上有着难以逾越的森林、沙漠和山脉，它的孤独和荒凉，足以与海洋本身一较高下。而大海另一边的英国人，则居住在一片狭小而拥挤的群岛上。他们之间对于海洋有着截然不同的态度——因为尽管英国周围的海洋也是广大、寒冷而危险的，但除了山顶以外，这些海洋是逃离陆上喧嚣纷扰的唯一的浪漫方式。所以，尽管英国人认为海洋是近在身边、亘古不变的，但它也是宝贵而独特的，应算是某种意义上的避难所。相反，对美国人来说，海洋这个概念要更加遥远而陌生得多，但也有着与大陆平起平坐的地位，因此，他们更加理解海洋，接受的态度更为随意。

因此，英国人到海上冒险往往是一种胆色过人的行为，回来的时候也总带着拥有伟大时刻的故事。但当理查德·亨利·达纳[1]或约书亚·斯洛坎（Joshua Slocum）从纽约扬帆起航，驶入马尾海藻的残体中，或穿过合恩角附近的潮水时，他就跟探索南达科他州的荒原或死亡之谷的沙漠一样，总是天真地瞪大了眼睛，欢欣而入迷。作为叙述者，他自己似乎不太参与其中；海洋才是主角，总能

---

① 理查德·亨利·达纳（Richard Henry Dana），美国著名的律师和作家，有过航海经历，常为水手或逃亡奴隶争取利益。

得到更为直接的表现。

　　尤其是约书亚·斯洛坎，他是我心目中的英雄。我一直觉得自己和他之间有一种联系：我在北美的第一个夏天——1963年，我乘坐"不列颠女王"号到达蒙特利尔后的那个夏天——就是在新斯科舍的芬迪湾旁的一个农舍里度过的，约书亚·斯洛坎就是出生于当地的一位英雄。尽管他晚年的大部分时间都住在海边或在马萨诸塞州，这个州如今把他视为自己最爱的一个儿子，而我现在也住在这个州里。1892年，正是在马萨诸塞的海滨小镇费尔黑文（Fairhaven）——阿库舒耐河（Acushnet River）对岸就是捕鲸大城新贝德福德（New Bedford）——斯洛坎由一堆断板残杆中重建出了一艘残破的36英尺的单桅帆船"水花"号。直到当地那些精明的捕鲸人们，对别人说这艘船叫"A-1"，预言它因建造精良——是用上好的橡木、佐治亚的松木建成，桅杆是用新罕布什尔的云杉做的，而"可以破冰航行"。

　　斯洛坎说，当他第一次把它放入水中，让它抛锚停泊时，它就"像一只天鹅似的"——他正是乘着自己心爱的"水花"号，孤身一人完成了环球航行，并写了一本书——《独自一人环球航行》（*Sailing Alone Around the World*），直到今天，这或许仍是现代海洋文学的最佳典范。书中描述海洋时，字里行间流露出一种简洁的宁静，简直能催人入眠。下面是其中远离波士顿、横穿北大西洋时的一段文字：

　　　我收了两面帆，到上午8：30的时候又收起了所有的帆。到晚上9：40，我只能看到塞布尔岛（Sable Island）西边的灯火。这座岛也被称为"悲剧之岛"。海雾之前一直按兵不动，现在终于低垂下来，像幕布一样盖住了海面。我身处于雾气的世界之中，与天地万物隔绝开来。我再也看不见灯光了。我常常抛出铅锤，借助铅锤，我发现午夜过后不久，我已经过了岛屿的最东点，应该是脱离了来自陆地和浅滩的危险。海风自由地吹拂，不过都是从起雾的地方，西南偏南方向吹过来的。据说，不过几年的时间，塞布尔岛的长度就已经从40英里减至了20英里。岛上自1880年以来建了三座灯塔，两座已经被冲走了，第三座很快也将被吞没。

7月5日晚，本来在舵手的操控下、在波浪翻滚的海面上航行了一整天的"水花"号，突然心血来潮，决定不要舵手的帮助，自主前进。我一直沿着东南偏南航行，但被风往前一带，它便转入了一条平静的水道，开始向东南航行，最快时能达到每小时8海里的速度。我抓紧时间，扯着满帆穿过了邮轮的航线，尽快到达了利于航行的墨西哥湾流。夜幕降临之前，雾终于消散了，在落日触到海面之前，我看到了一眼太阳。我看着它沉入海中，不见了。然后我转头面向东方，在那边，似乎就在船头桅杆的杆顶上，一轮微笑着的满月正从海中升起。哪怕是看到海神自己站到船头上来，我也不会大吃一惊。"晚上好啊，先生，"我大声喊道，"很高兴见到你。"从那以后，我常常和月亮里的那个人长谈；他令我对航行充满信心。

斯洛坎的写作风格朴实无华，坦诚而直率。他可能有点疯狂，但这种折磨并不剧烈；他的文字显示出作者对于海洋的深刻了解、对海洋情绪的尊重，以及他衷心希望它能善待自己这艘小船的美好期许。这希望完满实现了：在他起航几乎正好3年以后，斯洛坎船长就开着小小的"水花"号驶进了罗得岛的纽波特（Newport）海港——没有引起多少轰动，因为美西战争当时正占据着报纸头条。他开始了自己的写作生涯，也开始了短暂的富贵生活。过了10年，当资金耗尽以后，他便重新起航——只不过这一次他失踪了，消失在了西印度群岛的某处，很可能是被大海卷走了，虽然人们不清楚当时的具体情况，但大体应该就是人们耳熟能详的那种情形。但他的文学作品流传了下来：亚瑟·兰塞姆（Arthur Ransome）曾在一篇评论中写道："要是哪个孩子对斯洛坎的书不感兴趣，那就该被马上'淹死'。"

从那以后，独自一人环游世界的情况已经司空见惯：弗朗西斯·奇切斯特（Francis Chichester）、罗宾·诺克斯–约翰斯顿（Robin Knox-Johnston）都是例子，还有唐纳德·克洛赫斯特（Donald Crowhurst）的神秘悲剧（他欺世盗名，后来渐渐发了疯，最终淹死了，这一切都发生在大西洋上），还有后来的千百个人。就在我写下这段文字的这一刻——就紧接着新闻上缅因州海岸的那起惨剧——还有报道说有个不满17岁的男孩，碰巧还是我生长的那个英国小镇上的同乡，也只身环游世界去了。在他穿过阿善特岛和蜥蜴角（Lizard point）之间的那条虚拟界限时，皇家海军派了一艘战舰过去迎接。现在横穿这条界限时，都会被计时和测量。约书亚·斯洛坎乘"水花"号所取得的那项成就——没有精密的计时仪器，更没有什么GPS设备——如今已演变成了高科技的特技表演，就连孩子也可以挑战，似乎变成了小儿科，虽然这么想可能有些过分。

像斯洛坎那样简洁的文风，如今也十分罕见。这一点儿也不令人惊讶，毕竟现代作家们现在描写海洋最大的困难，在于写出别人未曾提及的新意。但蕾切尔·卡逊（Rachel Carson）——蓝色海洋研究所（Blue Ocean Institute）的卡尔·萨非纳（Carl Safina）曾写到她："光是她的名字就闪耀着圣人般的幸福光芒。"——却展现出了这种少见的特点，而且是在一篇出人意料的文章里展现出来的。在她的经典作品《我们周围的海洋》（The Sea Around Us）中有一章专门讲述恶劣的天气和汹涌的海水，她在其中引述了《英国海军导航》（British Admiralty Pilots）中的一段话。这是一套蓝色封皮的书卷，描述了各地的海岸情况，每一艘前往外国海岸的轮船的防水图表室里，都摆着这套书。她写道：

……或许世界上海浪最汹涌的海岸，要属设得兰群岛和奥克尼群岛，飓风穿过冰岛和不列颠群岛向东刮去，正好经过它们。《不列颠群岛导航》（British Islands Pilot）的文字素来乏味，却以几乎康拉德式的散文笔触，淋漓尽致地展现了这些风暴的所有感觉和愤怒：

这可怕的大风一般一年刮上四五次，每到那时，空气和海水便融为一体，就连最近的物体也在水花中变得一片模糊，仿佛万事万物都被包裹在浓浓的烟雾之中；一碰到开阔的海岸，海水就骤然腾起，撞击着岩岸，激起数百英尺的飞沫，洒满了整个区域。

但是，风力虽猛，如果持续时间较短，还是比不上一场普通的飓风连续吹上好多天来得可怕；一旦出现这种情况，大西洋的全部力量都冲击着奥克尼群岛的海岸，重达数十吨的岩石都能被掀飞，20英里之外都能听到海浪的怒吼；潮头能高达60英尺，科斯塔角（Costa head）西北方12英里外的北岸的浪涛，在斯凯尔（Skail）和伯塞（Birsay）都能看到。

约瑟夫·康拉德（Joseph Conrad）也曾写过风暴中的大海，《台风》（*Typhoon*）中的描写令人记忆深刻（书中写的是太平洋）；理查德·休斯（Richard Hughes）在《在危险中》（*In Hazard*）中写到了大西洋中的一场风暴，令人难忘。查尔斯·汤姆林森(Charles Tomlinson)曾写了一整首短诗，来分析壮观的大西洋海浪：

> 驶入逆风之中，悬在半空，
>
> 在海浪之下挣扎，
>
> 从那里，抬升，蜷缩在泡沫中，
>
> 松开，从那紧攥中落下，
>
> 漂向岸边。海滩接受了它，
>
> 一道白色的线条，崩溃了……

不过，我要以最卓越的孤身跨洋水手之一，法国人伯纳德·摩特歇（Bernard Moitessier）的话来结束这一章——毕竟，这一章的核心是表达对海洋浪漫的爱意。1968年，在罗宾·诺克斯-约翰斯顿获胜、唐纳德·克洛赫斯特惨死的那项比赛①中，他在极远的南大西洋做了一个决定，这使他不同于其他环球航行者而进入了不同的海域。

当时有人看到摩特歇经过马尔维纳斯群岛向北疾驶。实际上，快得让人觉得他会赢得比赛。但是突然，他决定不再继续往北，而是转头向正东方向而去，完全穿越大西洋，然后二次驶入印度洋，这似乎毫无缘由，也看不出与比赛有什么关系。后来，他在罐头里塞了一封信，用弹弓射给了一位路过的商人，解释道：

> 我打算继续马不停蹄地航行，前往太平洋的岛屿，那里阳光灿烂，比欧洲更加安宁平和。千万不要以为我是想破什么纪录。"纪录"这个词在大海上愚蠢至极。我不停地航行，只是因为我在海上很快乐，或许也是因为我想拯救自己的灵魂。

---

① 1968年，英国《泰晤士报》发起一项比赛：无动力帆船单人不间断环球航行，当时共有9人报名参赛，最终，5人中途弃赛，1人不幸身亡，1人遭受不堪压力自杀，仅有罗宾·诺克斯-约翰斯顿1人历经312天完赛，之后被英国女王授予了"爵士"称号。——编者注

　　他接下来写下的自己的遗嘱，就是对海洋的一首颂歌，称海洋是他幸福的源泉。其中有一段话，充分地表明了他的信念，也是大多数热爱大西洋以及其他大小海洋的人们的心声：

　　我是地球上最美丽国度的公民。这个国度的法律既严酷又简单，这个国度率直无欺，广袤无疆，这里的生命都活在当下。在这个无垠的国度中，充满了风、光和安宁，唯一的主宰就是大海。

ATLANTIC

Great Sea Battles, Heroic Discoveries,
Titanic Storms, and a Vast Ocean
of a Million Stories

第 4 章

海上悲声

然后是士兵，
满口奇怪的誓言，
胡子拉碴如豹子的胡须，
唯恐失去荣誉，动辄起争执，
为了追寻泡沫般的声望，
哪怕面对炮口。

1. 大海之上皆兄弟

1982年5月初，一个清冷的仲冬午餐过后，一枚导弹击中了它的目标。天空阴沉沉的，西风不停吹拂，海面上掀起典型的南大西洋巨浪。几乎没有人看到导弹袭来。这是一枚法制武器，光滑小巧、价格便宜，是10英里外的一架阿根廷战斗机发射的。它不偏不倚地击中了船只的中段，刚好在吃水线以上的位置。据当时船上的水手们回忆，只发生了一次令人意外的规模极小的爆炸——有些失误的瞄准使它射得太近了，最初在击中船只时没有时间爆炸——但是过了一会儿，导弹中残余的推进燃料点着了，点燃了船体内部，冒起了滚滚黑烟。投弹的飞机嗡嗡地飞到上空，确认攻击是否致命。

它确实造成了伤亡。HMS"谢菲尔德"号本是一艘亮闪、崭新的驱逐舰，是皇家海军的骄傲。它驻扎在南大西洋上，护卫着大型航空母舰及其他聚集起来准备开始马尔维纳斯群岛海战（英称福克兰战役）的战舰。但在几小时之内，它便化为一艘燃烧殆尽的废船，被弃之海上，任其漂泊。六天以后，在被拖回故土的途中，它沉没了。它以及它那二十来个葬身火海的船员们如今长眠于深海之中，这个孤独的角落已被正式宣告为战争墓地，官方明文要求，所有人都必须尊重这个地方。

"谢菲尔德"号是"二战"之后第一艘被敌对方击毁的皇家海军战舰，但并不是短暂而激烈的马尔维纳斯群岛海战中的最后一艘沉船：另外还有8艘船至今仍躺在大西洋的海底，其中5艘属于皇家海军，还有一艘是阿根廷从美国买来的巨型巡洋舰。每艘船都还在漏油，一丝丝金黄的机油浮上海面，为大西洋灰色的海水涂上斑斓的牛顿环，成了沉船上仅存的可见纪念物。

作为英国的第一艘沉船，"谢菲尔德"号也给人们留下了最深刻的印象。那一次的沉船宣告和这些年的众多惨剧一样，并没有什么不同，但英国人深受震动，对自己当时在哪儿、在做什么，都记得一清二楚。我也有充分的理由牢记那一刻，因为当时我被指控为间谍，被关在距离火地岛南部安第斯山脉南边破败的乌斯怀亚城（Ushuaia）不远的一间牢房里。

那是一个格外寒冷的夜晚。我记得，牢里突然发生了一阵骚动，接着阿根廷海军的一名军官跑到了我的牢房边来。他兴高采烈，气喘吁吁，像足球解说员般吼出一串西班牙语。他走到牢房边，抓住铁栅栏，喜形于色地冲门里关着的我们仨嚷道："我们炸沉了你们的一艘船！我们阿根廷人炸沉了一艘皇家海军的船！你们将输掉这场战争！"

但结果却并非如此；马尔维纳斯群岛今天仍然是英国的海外领地，近两个世纪以来一直如此。这场战争确保了一种奇怪的殖民地位——用伟大的阿根廷作家豪尔赫·路易斯·博尔赫斯（Jorge Luis Borges）的令人难忘的话来说，这场战争就像是"两个秃子在抢一把梳子"——它是一场短暂、惨烈且异常血腥的战争。双方都死伤数百，马尔维纳斯群岛上至今遍布着坟茔、地雷和纪念碑，而且仍有一直保持警惕的几个营英国军队驻守，以防有谁胆敢涉险"入侵"。但在南太平洋之外，这场仗就只能被视为一场十分荒唐的小规模战斗；它已经从集体记忆中褪色，如今除了直接参与其中的少部分人外，几乎无人提起。

要不是后来发生了一件事，我也快把它忘了。但战争结束很多年后，当年在那个可怕的隆冬之夜，宣告"谢菲尔德"号沉没的那名阿根廷海军军官，不知怎么追查到了我的下落，而我当时正旅居香港。他说，他想和我见个面，有话要告诉我。于是，经过一番复杂的安排，我们两人终于见上面了。这次主要归功于我再次飞回了南美城市乌斯怀亚，这时的乌斯怀亚要大也繁华得多了。

从外表上看，我觉得他变了很多。首先，他没穿制服：他现在是平民了，头发灰白，面目沧桑，1982年当海军时充满的那种粗犷男子气概已完全消失。他语带悲伤地告诉我，他多年前就已经离开了海军，自己也因为莫名其妙的原因进了监狱——实际上，就住我以前那间牢房——之后在布宜诺斯艾利斯挨家挨户兜售洗衣粉，勉强养家糊口。后来他脱胎换骨：上了大学，修了历史学位，现在在国立巴塔哥尼亚大学的一个小校区里任教。

他请我吃了晚饭——他想让我尝尝"帝王蟹"，这是合恩角附近著名的大螃蟹；还有卡拉法特浆果制成的蛋奶酥，巴塔哥尼亚人认定，这种浆果有一种魔力，能诱使任何吃过它的人重返这个永远有飓风肆掠的陌生之地。在灌下两瓶马尔贝克葡萄酒以后，他说他想进行下说明。

他清清嗓子，显得有些不安。他说，在开始之前，他想先提醒我一下，在他的眼里，"马尔维纳斯岛"——他无法忍受用群岛的英称"福克兰群岛"来称呼它①——还是应该被视为阿根廷领土。他说，与英国的争议将直至协议的达成。但是另一方面，他说，1982年时，那场争端应该用协商的方式解决。那场战争是个错误；监禁和虐待我们三人——我们是被派去做战地报道的记者，结果因明显的莫须有的罪名而被逮捕——是个错误。但是最重要的，他说，这么多年一直让他良心难安的事，就是那天晚上他为"谢菲尔德"号沉没表现出的狂喜。他说，那真是个巨大的错误。

因为，他说，这违背了他作为一名海军军人的原则。尽管英国人在当时是他的对头，但没有哪个水手应该像那寒冷5月的那个晚上的他那样，为另一艘船的沉没而如此欣喜若狂。没有人应该那般热切地盼望任何海军的船只，实际上是任何船只永远沉入大海。因为他坚信，孤独地葬身大海，葬身于一片空旷的冰冷的海水中，是一件非常非常可怕的事情。"我是一名好水手。"他不停地说。他茫然地盯着自己的玻璃杯，眼睛里充满了泪水。"我是一名好水手，"他重复道，"这种事没什么可高兴的。大海之上皆兄弟。"

---

① 不过他没有想到，用"马尔维纳斯"这个名字也不恰当，这是从圣马洛（St. Malo）的布列塔尼港来的早期法国殖民者取的。

2. 维京人来了

兄弟也好，不是兄弟也罢，大西洋的海底散落着无数船只的残骸，还有无数久已腐朽的尸骨。战争成了海上经历的永恒特征，自从有了可作战的铁制武器，海面上就一直战争不断。加勒比人、纽芬兰的比沃苏克人，或者阿兹特克人、玛雅人，都曾在沿海作战。不算这些没有记录的小打小闹，史上有记载的第一次使用海军战船在大西洋上作战的，很可能是2000年前的罗马人，他们用木制战船将陆军渡过大海，登陆英国，开始了长达一个世纪的多次侵略。

罗马人使用双排桨海船和三排桨海船，每艘船上都有一面主帆，由两层或三层划桨奴隶提供动力。船从法国北部——多为布伦港——或从莱茵河出发，然后一路颠簸，历尽艰险缓慢地穿过英吉利海峡。公元前55年，就有80艘这样的船只参与了凯撒大帝著名的首次入侵，近一个世纪后，克劳狄乌斯（Claudius）登陆时，则船只更多，登陆则更为成功。

后来，经过重重激战，英格兰最终被纳入了罗马延续300年的正式统治，但这些战役都是陆战：罗马人的野心中，没有多少征服海洋的成分。所以，罗马人侵根本不能算是真正的第一次大西洋战争。第一次大西洋战役应该是几个世纪后海盗的烧杀抢掠，令所有北方的基督教国家都深受其苦。这些战役的参与者也基本来自一个完全不同的民族——维京人。

维京人频繁出没于沿海水域的时候——他们主要在大西洋东侧沿海一带活动——他们的侵略提供了教科书式的范例，从根本上说明了人类为什么会把这种不同寻常的活动放在首位。

维京人是具有高度流动性的民族——他们是海上的马车夫，在其文明的早期就偏爱四处游浪而不喜定居一隅，是坚定的游牧民族，而非筑起篱笆、修起高墙过日子的农耕民族。修筑堡垒和赶车驾船两种文化之间的冲突，一直是早期人类生活的核心——从公元前的第二个千年，高度流动的印欧游牧部落横扫里海草原，穿过多瑙河，开始在欧洲中南部繁衍生息起，就一直如此。这一系列事件标志着欧洲战事的开始：当公元789年，维京人的三艘抢掠长船在英吉利海峡的波特兰角靠岸时；当4年以后，他们在林迪斯法恩——北海霍利岛（Holy Island）上的英国基督教大修道院——杀害了一群僧侣时，他们的行为标志着真正的大西洋战事的开始。

对于维京人开始流浪和劫掠的原因，历史学家们说法不一。有些人认为，这是由于人口的增长导致他们需要更多的耕地，另一些人则质疑道，那他们为什么不直接退回北方的森林，在那里开垦荒地呢？另一些人提出，这是由于维京人长期以贸易为生，但因为伊斯兰在地中海的扩张，对原有的商路造成了始料未及的影响，维京人贸易的衰落促使他们努力开发新商路。有人认为，气候可能也是一个原因：公元800年到1300年间，北半球气候变暖，海水温度增加了一度多，导致很多维京人可使用的海湾中的冰融化了，使他们得以频繁出海。不过，还有一些人把目光投向了大西洋沿岸的维京人墓地，指出有很多死去的维京男性都埋在了显然是当地女性的身边，这说明这些海盗出海是为了找老婆，以此改善他们的基因。

不管原因如何，这些最初的侵略都使得维京人长达三个世纪的不断扩张，把东大西洋和北大西洋搅得鸡犬不宁，局势也变幻莫测。此后，成群结伙的维京长船从大西洋的定居点陆续出发，穿越大海前往各地，远达俄罗斯北部的阿尔汉格尔、波罗的海沿岸各个港口、爱尔兰西海岸外的众多岛屿、法国和西班牙的海岸，并穿过地中海，途径今天的伊斯坦布尔和安纳托利亚进入黑海，直到乌克兰南部的城市。

而且，长船吃水很浅，可以轻易经从大海驶入欧洲的河流的入海口。在拉格纳·洛德布罗克（Ragnar Lothbrok）率120艘长船、5000名士兵进了塞纳河后，巴黎便暴露在了维京人的攻击之下。洛德布罗克称，自己从没见过如此肥沃的土地和如此懦弱的民族。直到国王秃头查理付了3吨金银以后，他才肯离开。不久，都柏林成了维京人的船港，长船可以从这里上溯利菲河（Liffey）。他们还在卢瓦尔河上游建起了北欧人的基地，借此进攻西班牙北部的城镇。塞维利亚因此落入了维京人暴虐之中，后来的南斯（Nantes）、乌特勒支、汉堡、波尔多也都难逃厄运。不仅如此，北欧海盗还进入了冰岛、格陵兰岛、拉布拉多、纽芬兰等地，可以说，当年在维京人全盛之际，他们统治着北大西洋，其影响力和势力完全不逊于今天美国海军。

但和所有的帝国霸业一样，维京人的影响力也终也逐渐衰落。他们最鼎盛的时候，至少是在英格兰统治的著名的克努特大帝执政时期。他不仅登上了英格兰的王位，而且将英格兰和丹麦统一，从而将两国都短暂纳入了共同的维京统治之下。但1066年，克努特大帝去世后不过30年，维京人对英国的统治就基本结束了。法国北部的诺曼人当时不受维京控制，趁此入侵英格兰，迅速跨过英吉利海峡，一举击败了英王哈罗德。这时，距离哈罗德将最后一批维京人赶出英格兰北部，才不过几个星期。

1066年的那个秋天，大西洋一定是一片修罗地狱。首先，挪威来的第一批入侵舰队抵达英格兰北部，必须要击败他们；接着从法国发来的第二批入侵舰队抵达英格兰南部。哈罗德王在斯坦福桥战役中重创维京人：由挪威来的300艘长船最后只剩下不到十分之一，带着零落的残兵败将开了回去，使这成了维京动乱中最后一次入侵。但这次胜利也使英王元气大伤，所以一个月后，当诺曼人的舰队到来时，哈罗德根本不是他们的对手。于是，英格兰落入了入侵者的手中，哈罗德眼睛中箭而亡，诺曼征服就此正式开始，其政治、文化、语言的影响，一直持续到今天。

3. 新大陆

诺曼入侵后的4个世纪中，西方国家的海洋活动主要集中在地中海。主要拜十字军东征所赐，这片内陆海实际上成了欧洲基督教徒与中东穆斯林鏖战的众多战场之一。但讽刺的是，正是穆斯林世界中一股日益壮大的势力——尤其是后来毫不妥协的土耳其人——促成了大西洋地位的全盘改变。穆斯林在地中海的行为的一个直接结果，就是让大西洋在后来的几个世纪中变成了进行基督教战争、国家兼并以及实现帝国野心的主要路径。

这一切都跟西班牙有关。1492年初，西班牙最终打败了摩尔人，使伊斯兰的领导阶级离开了格拉纳达和阿尔罕布拉宫（Alhambra）。经过了7个世纪的间断，西班牙突然又成了一个统一的基督教国家，可以在欧洲大国间占据一席之地了。它还很快变得极端专制、富有野心（比如，要求驱逐犹太人，或责令他们改变信仰）。它转变成了一个基督教王国，摆好了姿势迎接帝国时代的到来。

这除了信仰问题以外，更多的是地理的因素，西班牙位于两片海洋之间，而15世纪，这两片海洋之间的关系及相对重要性突然发生剧变。它的东边是地中海，现在它的两端都被封锁了，一边是摩尔人，另一边是土耳其人。西边是大西洋——这片水域则完全没有虎视眈眈的穆斯林把守，西班牙船只可以不受干扰地航行。于是，西班牙人一定将大西洋看成了推进其帝国野心的一个手段，以及将突然变得不友好的地中海抛诸脑后的一个办法。

葡萄牙探险家们已经开辟了一条通往亚洲的航线，找到了东印度群岛、日本爪哇和苏门答腊岛上的香料、象牙、黄金及其他令人高兴的东西。但自从1453年，曾经的基督教大本营拜占庭帝国落入土耳其人手中以后，在信仰基督教的西方世界和可能信仰基督教的富饶的东方国家之间，陆地上的商路就被居中的奥斯曼帝国阻断了。如果能从另一个方向到达亚洲的话，就可以绕过博斯普鲁斯海峡和开伯尔（Khyber）之间的土耳其及其盟友的封锁了。

当时的地理学家们以为这是件轻而易举的事。他们相信，从西班牙西行至亚洲的海上距离应该很近。根据他们的绘图师计算，日本位于加那利群岛以西仅3000英里多点。所以，如果能轻松横渡西班牙西边的海域，如果基督教的船只能轻松地一直航行到日本和中国甚至印度，如果能"从另一边"去到这些友好且价值备受珍视的国家的话，就能获得显而易见的商业和政治利益。驱逐摩尔人后不过几个月，哥伦布的船队就接受了官方任命，从西班牙西行，前往日本和西香料群岛。但在1492年秋末，他发现伊斯帕尼奥拉岛（海地岛）挡住了自己的去路。"我走这条路的本意，"哥伦布后来向西班牙国王写道，"是想去中国和亚洲的最东部，没想到会发现这么一片新地方挡在我面前。"因此，他后来到了加勒比海，而对真正的美洲大陆浑然无觉，直到后来其他人——最著名的要数韦斯普奇——才发现了新大陆，才明白原来美国和欧洲之间的水体并不是什么轻易就能横渡的小海，而是我们现在看到的这样一片全新的大洋——大西洋。

这片被全新定义的大西洋很快便成了西班牙战舰的主要通路，载着西班牙人前去征服新大陆的边沿；在后续征服大陆本身的过程中，它也是主要的补给路线，更成了所有战利品和金银财宝源源不断涌入西班牙本土的唯一通道。

这一切正是所谓新美洲事业的开端，是大发现时代的"黎明"。这将演变成一个世界性的现象，它开始于15世纪，并持续了400年，使欧洲的探险家和商人们走向四面八方，前往世界各地寻找宝藏、贸易和知识。随着这两股迅速兴起的潮流，地中海的旧世界——用历史学家费尔南德·布罗代尔（Fernand Braudel）的话说，那片"欧洲人在上面混战斗争了几个世纪的小内陆海"——猛地垮掉了。被巨大的新海洋冲刷的这个新世界，开始蓬勃发展起来，直至今天。这才是大西洋霸主时代的真正开始；这也是世界史上的一个转折点，贸易、掠夺和战争也一如既往地相伴而来。

西班牙令人闻风丧胆的征服者们，也是设计了后来多次跨洋殖民航行的第一批工程师。他们残忍无情的行为，在1502年有了一个最初的范本：尼古拉斯·德·奥万多（Nicolas de Ovando），一位忠于职守的卡斯蒂利亚军官，被任命为"大西洋上西印度、群岛和陆地总督兼总司令"，带领着2500个殖民者、30条船，去殖民伊斯帕尼奥拉岛。在接下来7年中，他使用大规模的武力和暴力手段镇压当地印第安土著，导致原住民人口锐减，从50万降至6万左右。他引进了很多会说西班牙语的奴隶，用他们和少量自愿留下的当地土著修筑了第一批城市的基础设施。他从加那利群岛引进了甘蔗，在伊斯帕尼奥拉岛上种植，并在山上开采金矿铜矿，并命大型帆船将这些农作物和金属运回西班牙，然后他又派使节去附近的其他岛屿，尽可能迅速广泛地宣传卡斯蒂利亚统治的好处。

奥万多的妻子有个亲戚，是西班牙西南小镇麦德林（Medellín）的一个小贵族，名叫埃尔南·科尔特斯（Hernán Cortés）。科尔特斯没能和他一起参与第一次航行。其原因，或者很有可能是编造的托词，是说在开船的前一晚，当时18岁的科尔特斯从当地一名已婚妇女的卧室里逃出来时受了伤——科尔特斯后来成了一名狂妄自大、夸夸其谈、残暴野蛮的征服者的典型人物，这正是他乐于宣扬的那种故事。科尔特斯最终到达了西印度群岛，和他的很多同类一样——都是些胆大包天的军阀式指挥官和冒险家，兼具海盗的手段和西班牙王室的人脉——他把西印度群岛当作迈向美洲大陆的跳板。一靠岸，他就开始了"著名"的残忍镇压，打败了阿兹特克帝国，在新西班牙的首都墨西哥城中确立了永远的西班牙殖民总督统治。

同所有阴沉严肃、满脸胡须、贪得无厌而又意志坚决的征服者一样，科尔特斯乘船跨海而来，带了数以千计的士兵、大量精密复杂的欧洲大炮、锻造精良的钢质刀剑等武器，最重要的，还有马匹和经过特训、穿有铠甲的战犬。他把所有这些人力物力都拿来对付吓坏了的阿兹特克人，没有丝毫犹豫——虽然很多他的辩护者以及西班牙殖民政策的辩护者通常说，人们过于夸大了他的残忍。但1520年末，科尔特斯及其军队从海岸上进军，聪明地伪装成当地民族的盟友而对他们进行了围剿——表面上是说要传播西班牙的统治和基督教的仁爱——将阿兹特克建于湖中人工岛上的都城特诺奇提特兰（Tenochtitlán）彻底摧毁。到1521年初，阿兹特克帝国，这个从某种意义上说和当时任何一个欧洲文明一样发达先进的国家，被完全摧毁了。

阿兹特克及其忧郁的首领蒙特苏马（Moctezuma，他被科尔特斯劫为人质，不久便神秘死去——有人说是死在同胞之手，也有人说是被科尔特斯往他喉咙里灌熔金而死）的悲剧，还将一次次重演——玛雅人、印加人、北美洲的各个土著部落无一幸免——直到新西班牙总督区变成了一片辽阔的帝国，从北加利福尼亚到利马，以及从巴拿马和达连湾到圣达菲城和佛罗里达半岛。截至16世纪末，得益于西班牙众多迅疾如风的西行战船和船上装备精良的士兵的有序派遣，大西洋西海岸的大片区域都落入了卡斯蒂利亚的统治之下。

后来，葡萄牙、法国、荷兰和英国也都扬起了殖民之帆横渡大西洋，尽管总体来说，手段没有那么暴烈，但也一样镇压他们遭遇的土著民族，建立自己的殖民地。这些海边殖民地的故事，它们的诞生，一些殖民地的消亡及另一些殖民地的存续，都早已化入了美洲创造史的传奇之中：沃尔特·罗利（Walter Raleigh）和弗朗西斯·德雷克（Francis Drake）的故事，约翰·史密斯（John Smith）和波卡洪塔斯①的故事，朝圣者和清教徒的故事、彼得·施托伊弗桑特（Peter Stuyvesant）的故事，大家都非常熟悉——而在所有的故事中，大西洋都扮演了至关重要的角色。但他们的海洋不是一片遗憾之海：它是一个等待被跨越的障碍，是一个可被掠夺财富的源头，最终成了一条新世界的货物——烟草、木材、大米、靛蓝、毛皮、黄金——被运回欧洲的通道。

随着16世纪转入17世纪，美洲的各个殖民地开始合并成永久的城镇，海上出现了两个新的现象，这是欧洲迅速殖民美洲带来的直接结果。而且，与这两个现象同时出现的，某种程度上也可以说是它们导致的，还有第三个至关重要的现象。这三者都令人倍感痛心。

首先是大西洋上现在突然船只往来频繁，它们满载着新世界的金银珠宝，这便导致新一代海盗开始活动。大海，尤其是西印度群岛附近的海域变成了防不胜防的暴力漩涡，东去的大船船长们，无不胆战心惊地警惕着挂着黑旗的袭击者突然出现，一旦碰上，不仅会财物尽失，还可能立刻死无葬身之地。

第二就是奴隶被跨海带来，为殖民者在北美南部经营的大种植园工作：17世纪的大西洋变成了所谓的"中央航路"，这条高速航路是一个大三角，让主要来自英格兰的船只南下西非，装上被强行带走的非洲人，把他们在极端恶劣的条件下运到美洲的奴隶港口，之后船上打扫一新，再装上货物——如果没碰到海盗袭击的话——再回到英格兰的港口。

第三则完全是军事上的发展，某种程度上是由前两个现象共同促成的。海盗和奴隶制最初都是由欧洲国家而起，但最终剿灭海盗和废除奴隶制却成了它们的国家议题。有人或许会觉得这很讽刺——但实际上这只是启蒙时代的一个必然结

---

① 波卡洪塔斯（Pocahontas，约1595～1617），美洲印第安人公主，波瓦坦（Powhatan）之女。——译者注

果，随着时代的发展和人民不断开化，这两项活动都成了今天的形象：是邪恶和赤裸裸的犯罪。人心的转变，尤其是伦敦的转变，使得为终结这种犯罪而开展的残酷的海上行动的增加。在这期间，海军——国家用来铲除海盗、驱逐奴隶主的海上力量——逐渐改善了组织和装备，战术上也越来越高明。

但海军不单单可以剪除海上的不法行为。与此同时，随着新战船的设计、建造、配置、改进，随着官兵们不断磨砺作战技能，各海洋国家之间也产生了一系列矛盾。比如，英西之间、法荷之间、英法之间都爆发了战争——凡是有发达海军的国家都打了起来。结果，一种全新的战斗诞生了。各国创立的海军现在可以在海上对战了。

当然，以前也有船只在海上打过仗。但早期地中海上的战船——那时都是靠人力划桨推动的——使用的都是冲撞和强行登船等策略，目的是将敌船撞沉或打垮。而16世纪和17世纪是一个新世界，在这个世界里，目的是打跑海盗、打消奴隶主的欲望，因此出现了新一代帆船，这种船行动迅速敏捷，最重要的是，装备有强大的金属枪炮。这带来了一个全新的海战流派——海军对战的诞生。在海军对战中，一艘船或直至整个舰队都会向敌舰发起进攻，枪弹、火球、链球弹一起上阵，在海上打得热火朝天，直到一方被俘、溃败或击沉才算结束。

海盗、奴隶制和海战：这三种现象在如火如荼的军事活动中紧密相连。前两者在无意之中导致了第三者：后来的伟大海上战役——特拉法加海战、日德兰海战、大西洋海战，甚至某种程度上还包括早前英国打败西班牙无敌舰队的海战——都离不开从剿灭海盗和中央航路上的恶霸中总结经验而习来的方法和战术。

4. 海盗的黄金时代

海盗——按照法律的规定，是指"在公海上，从合法所有者手中夺取船只所有权或控制权的人"——自人类航海以来，就一直在世界各地的海洋上肆虐。海盗存在已久，已经深植于民间故事之中：骷髅旗、眼罩、肩上的鹦鹉、可怖的刀疤，或许还有一条木腿或铁钩做的假手——还有像走木板^①这样残忍但"恰切"的惩罚方式——所有这些素材都营造出一种虚幻的形象，就像海盗不过是些喜欢挺着肚子去酒吧的城里人一样。只有当人们知道海盗们更常用的惩罚更为残忍后，他们的这种不切实际的想象才会消退。

　　被海盗船袭击是非常恐怖的经历。这种情节有一个固定的套路：在西风平稳的吹拂下，货船正满载着财宝或货物，穿过温暖平静的蓝色海水，自顾自笨重地往东航进着——突然，地平线上冒出了一组船帆，一艘小的单桅帆船迅速驶入眼帘。远远看去，那船似乎飘着友邦的旗帜；等它近在眼前或者能呼喊相闻时，它就升起了全黑的旗子，或是骷髅旗，这是人尽皆知的海盗旗。接着，单桅帆船靠了过来，上面的船员冲着商船船头鸣枪示意，或者向船帆开枪，把帆打破。然后它猛地转个大弯，弄得自己的船帆在桅杆上猎猎作响。受害者的船只没了动力，速度就会慢了下来，接着被迫降下已经毁坏的帆布，完全停了下来。然后，几把抓钩扔了上来并被抓紧，两船的船壁刚一碰上，几十个全副武装、凶神恶煞的年轻人就一拥而上，翻过了船舷栏杆。

　　他们挥舞着弯刀、长剑和短斧，砍向任何稍有不从或反抗的人。一些海盗把船员们召集起来，开始拷问他们，痛打、捅刺，常常还会残忍处死他们——在一次著名事件中，他们把一个水手的双脚钉在甲板上，用藤杖狠狠地抽他，然后杀害他，最后把尸体丢进海里喂鲨鱼。其他海盗则在货舱和客舱里翻找，搜寻任何值钱或有价值的东西。船上可能有黄金，肯定还有枪和火药，如果有技术不错的船员，可能还会被强迫或被说服而加入海盗。然后，他们临走之前给乘客们再来一顿回马枪式的猛烈攻击，接着全部挤回自己的船上，松开缆绳，扬长而去，很快就消失在地平线上，任由劫后余生的船员和乘客逃走求救或修船。

---

① 走木板是海盗们惩罚别人的方式，即让受害者蒙住双眼，捆住双手，走上船舷伸出的一块木板，最终落入海中溺死或喂鱼。——译者注

▲▲

17世纪大西洋上海盗的真实情况常常被艺术家们异想天开地进行渲染。比如这幅19世纪的木版画就是如此。大部分海盗都是难以置信的残忍，毫不同情受害者，喜欢在海上肆意狂欢。

大西洋海盗的黄金时代——这里的海盗不仅包括加勒比海上那些"正牌"海盗，还包括有一些私掠船，也就是由国家支持的武装匪船，可以代表该国攻击敌国的船只——只持续了75年，即1650年到1725年。拜罗伯特·路易斯·史蒂文森（Robert Louis Stevenson）和丹尼尔·笛福(Daniel Defoe)等作家所赐，臭名昭著的大海盗的恶行进入了流行读物之中——包括在卡罗来纳附近的浅水海域活动的"黑胡子"（Blackbread），即爱德华·蒂奇（Edward Teach）；或者"基德船长"（Captain Kidd）和西印度群岛的"印花布杰克"（Calico Jack）；又或在西非水域肆虐的"黑巴特"（Black Bart）巴塞洛缪·罗伯茨（Bartholomew Roberts）；还有爱德华·摩根（Edward Morgan），他早年做海盗，后来得到赦免，成了英国的私掠船战术家，此人具备颇为传奇的高超的海战技巧，富有先见之明，后来被任命为牙买加总督——他们全都成了大众熟知的著名人物。作家们也捧红了少数女海盗，最出名的要数玛丽·里德（Mary Read）和安妮·邦尼（Anne Bonny），她们都打扮成男人的样子，后来在同一艘海盗船上干活而偶然相遇，却发现彼此都是异性恋。

后来，玛丽·里德和安妮·邦尼被捕获，由于她们宣称自己有孕在身，从而逃过了死刑。男人们就没有这样的"优待"了：随着大西洋和西印度群岛的海军巡察舰清扫了越来越多的海盗，随着人们受够了他们的抢掠，随着海盗用暴行自掘坟墓，越来越多的恶人被抓回英格兰，很多人得到了罪有应得的下场。

被抓来的海盗要在伦敦海事法庭受审；如果被判有罪——大部分都有罪——就会被带到沃平的泰晤士河岸，在涨潮和退潮之间的泥泞的河岸边一个专用绞刑架上行刑。基德船长1701年就是在这里被绞死的，这就是所谓的"绝命码头"；按照惯例，行刑官给他看了判决，上面说他的尸体将一直留在绞刑架上，直到经过三次潮涨潮落，直到"你死得透透的"。然后再被取下来，涂上柏油以驱散海鸟，然后用铁链吊在蒂尔伯里（Tilbury）的泰晤士河畔。这是在杀鸡儆猴，警告其他的水手，谁敢在船上挂起骷髅旗，将来就是这个下场。

惩罚并不会立即见效——毕竟，一望无际的大西洋海道上有太多的财富。但是，到18世纪初，皇家海军和海事法庭联合，决心共同铲除海患。到1725年，海盗作恶的情况就慢慢减少了，尽管直到1830年，最后一批海盗才在绝命码头上被绞死，而大西洋海盗的故事在18世纪晚期逐渐变得越来越浪漫奇特，但海上的现实生活却变得越来越规范，受到了法律法规的约束。

尤其是英国，一直站在镇压海盗活动的最前线。但还有一桩罪恶，比海盗更阴险、更可怕。英国一桩著名的海盗审判案件，不是在伦敦的海事法庭而是在西非的一个偏僻之地偷偷摸摸举行的。这起案件偶然让人们注意到了这种一直为人们所忽视的罪行。这是公海上的诅咒，后来成了最严加管制的罪行，并最终被废除。但这曾经是海洋货运史上一个长期存在的现象，如今它留下的记忆让整个世界感到伤痛和羞耻，那就是不正当的跨洋奴隶贸易。

这次审判后来被称为"对黑巴特手下的审判"，发生在1722年，在一桩令人生畏的宏伟的纯白色建筑中举行。该建筑位于悬崖绝顶之上，至今仍屹立在加纳首都的西边，就是著名的海岸角城堡（Cape Coast Castle）。最初是热爱冒险的瑞典人在名为"奥瓜"（Oguaa）的海边村庄附近建了一栋木房子，作为黄金、象牙和木材贸易的中心；后来它落入了另一股出人意料的斯堪的纳维亚殖民势力——丹麦人的手中；然后，1644年，英国人占据了这里，他们对殖民西非一直有持久的殖民利益，此后300年一直抓住黄金海岸不放——加纳那时被称为"黄金海岸"。一开始——也就是审判海盗的时候——这座城堡成了英国皇家非洲公司的地区总部。这家公司是英国的一家私营企业，被英国政府授予了从撒哈拉到开普敦、全长2500英里的大西洋海岸线上垄断奴隶贸易的"千年"权限。

▲▲

英国人夺取海岸角城堡后，将其作为西非奴隶贸易的出口中心。和以前其他的奴隶城堡一样，海岸角城堡也有着恶名昭著的地牢和不归门，成为来访政客们的参访之地。2009年，奥巴马总统曾专门到此参观。

　　尽管它的垄断在1750年就结束了，但奴隶贸易却又继续了60年，英国的殖民统治则继续了200年。英国人将这座城堡变成了今天这栋气势雄伟的建筑——它声名显赫，修缮良好，吸引了大批游客，包括很多对这段历史抱有强烈兴趣的非裔美国人。美国总统奥巴马曾在2009年携家人到此参观，亲眼看了并体验了这件如今最能集中体现奴隶贸易罪恶的实物。它的外貌更加强了这地方可怕的名声：尽管海岸角城堡是贝宁湾现存三座奴隶堡垒中最小的一座①，但它的设计却是最简朴又可怕的。它还有一扇臭名昭著的"不归门"，当年成千上万悲惨的非洲男男女女甚至孩子，就是带着镣铐枷锁从这扇门里走过，登上横跨大西洋的轮船的。此后，通过中央航道，最终能在险恶旅途中生存下来的少数人，被带到了美国东部和加勒比拥挤的奴隶收容所。

　　在这次审判中，海盗和奴隶贸易在某种程度上纠缠在了一起，这引起了遥远英国公众的注意。案件涉及大西洋上最恶名昭彰、生财有道的海盗之一：巴塞洛缪·罗伯茨。这个威尔士人死后被称为"黑巴特"而广为人知。他曾经在一艘奴隶船"公主"号上担任三副。1719年，"公主"号在加纳海岸附近被两艘海盗船袭击了，海盗船长也是威尔士人。他们便这样攀上了关系；罗伯茨加入了其中一队海盗，在接下来的三年中劫持并洗劫了不少于470艘商船，成为大西洋历史上最成功的海盗之一，哪怕是他的死敌也对他又恨又佩服。

　　他的运气终究有用尽的一天：当他又一次在加纳海岸附近成功劫掠了一艘运奴船后疾驶时，皇家海军一支由HMS"海燕"号领导的抗击海盗巡逻队将他诱骗入战斗，罗伯茨因颈部被霰弹击中而丧命。三艘海盗船上的268人被抓到"海燕"号及伴舰上带走，关进了海岸角城堡的地牢中等待引起轰动的审判。

---

① 其中一座是丹麦的堡垒，至今屹立在加纳首都阿克拉城中。它装饰豪华，其名字和建筑模板都来自哥本哈根的克里斯蒂安堡，那是丹麦皇室居住至今的宫殿。埃尔米纳的旧堡是葡萄牙人建的，有很多装饰性的塔顶，和一个巨大的日晷。相反，海岸角城堡则几乎没有什么装饰，只有14英寸厚的墙围绕的地牢、4个巨大的堡垒、70门朝海的大炮和为在此居住的军官修建的花园——但直到1820年以前，它连一座教堂都没有。它看起来非常不起眼，只给即将背井离乡的奴隶们提供告别非洲前的最简陋场所。

5. 罪恶贸易

在英格兰本土，这些海盗的命运引发了激烈的讨论，因为俘虏中有187名白人，全都被指控为海盗，还有77名非洲黑人，是从被劫的奴隶船上夺来的"战利品"。白人之中，有19名因作战负伤而在审判前就死亡了，另外有54名被判海盗罪，被吊在城堡的城墙上的大炮上被绞死，有20名被判在殖民地的非洲监狱中长期服刑，其余17名则被送回伦敦，关押在监狱里。

那77名非洲黑人奴隶本是海盗行动的无辜受害者，却没有得到任何宽大处理。他们被送回了城堡地牢中，再一次被迫带上镣铐枷锁，重新走过不归门，又登上了一艘奴隶船，被第二次带上横跨大西洋的旅程。这一次他们没有碰到海盗，被送到了海岸城市的奴隶市场，加入了殖民美洲不断增长的奴隶大军。如果真有所谓不可思议的不公之事，这就能算一件。

尽管当时的很多思想家认识到了这一点，尽管公众舆论的方向开始转变，但在18世纪初，不管在英国还是其他地方，都仍有很多官方力量和知识分子支持奴隶贸易。一些有文化的奴隶贸易主还大言不惭地抬出亚里士多德，说就连他这种大人物在2000年前也写过，"从出生的那一刻起，一些人就注定要服从，另一些人则注定要统治"。尽管一些批评家指出，奴隶贸易要求"人们必须把自己的同类当做动物来对待"，但教会和政府都仍然把奴隶制当作人类行为无可厚非的一部分，当作事物的自然规律。例如，18世纪一位教士约翰·牛顿（John Newton），称得上是德高望重——而且博学多才：《奇异恩典》（*Amazing Grace*）及其他很多经典圣诗就是他创作的——他早年就把奴隶贸易干得风生水起，而且对此心安理得，按照《英国国家传记大辞典》（*Dictionary of National Biography*）上的说法：那时，"当他的人类货物在甲板下过得水深火热的时候，他却在甲板上安然祷告"。因此，奴隶贸易没有任何道德上的疑虑，而是一桩财源滚滚的好生意。

从15世纪中叶到19世纪末之间，共有1100万非洲人被西跨大西洋运往美洲。其中有300万是英国船只运送的，奴隶贩子来自利物浦、布里斯托尔、伦敦，以及兰开斯特（Lancaster）和怀特黑文（Whitehaven）等西岸小港口［可以与其比肩的法国奴隶港口有翁弗勒尔（Honfleur）、勒阿弗尔及最大的南特］。英国的所有机构——从英国皇室到英国教会——都从这桩生意里分得了红利。不光是拿钱冒险、支持奴贩子的少数贵族阶层，英国的每一个人在使用糖、烟草、朗姆酒等普通商品时，也都从奴隶贸易中获了益。这并不只是一桩奇怪的罪恶：这还是一桩奇怪得无所不在的罪恶。

▲▲

在中央航道的奴隶船上，奴隶遭受殴打和酷刑是司空见惯的事情。这幅著名漫画中所示的这名十几岁的少女因被吊打而伤重身亡，尽管臭名昭著的布里斯托尔奴隶主约翰·金伯（John Kimber）因此被指控谋杀，但后来还是逃脱了罪责，而且一辈子与指控他的废奴主义者威廉·威尔伯福斯（William Wilberforce）作对。

　　所谓的三角贸易就是，把商品从英国运往非洲港口或像海岸角那种奴隶城堡[1]，然后把奴隶从这些港口经中央航道运往美洲的奴隶仓库，接着，把船上清空并打扫一番，再装上新世界的货物返回英国。

　　奴隶船各式各样，有叫"斯诺"（snows）的二桅或三桅的小帆船，也有一种

① 在从撒哈拉到开普敦的非洲海岸上，散落着很多这样的建筑——仅在加纳就有60座，它们相互距离很近，甚至可以看见彼此。

三桅横帆船——现在听来这样称呼可能有些奇怪，但当时这种船的官方命名就叫"船"。奴隶船船长们就用这些船，满载着货物从英国出发。他们的任务很简单，就是到达西非港口，用船上的英国货物进行变换，按照他们的委托书上说的"换来尽量多的可卖的奴隶"。大多数船上的员工都是邋里邋遢的登徒子在岸边酒馆里拉来的一些醉醺醺、被劝说来的年轻海员。等货物都塞上船以后，船只就扬帆起航，开往非洲。他们带了各种各样可以出售的东西，包括步枪、毡帽、铁刀、铜桶、火药、棉花、打火石等。1790年，有一艘从布里斯托尔开出的名为"朝圣者"号的船上还有些更加奇怪货物清单，比如"1大箱东印度的货物、4箱喇叭、12箱白棉布、2大桶朗姆酒、15打瓶装酒"。马恩岛上一名成功的（虽然是个独眼）奴隶贩子，修·克罗（Hugh Crow），总是先在鹿特丹和泽西岛上停留一下，再买些酒（比英国的酒便宜），当作给非洲奴隶贩子的货物——他们最喜欢的就是酒。

大多数船只南下时都走法国人所谓的"小路"（la petite route），经由加那利和佛得角群岛，然后转向大陆方向，沿着大体向东的非洲海岸前进。他们先换了货物，一般都换一些非常普通的东西——铁条、铜条、布料——这是他们购买奴隶时的原始货币。这种货币的价值——铁条看起来很像楼梯毯压条——很多年里一直很稳定：18世界中叶，在塞内加尔河买一个男奴要70根铁条；女奴要贵一些，根据牛顿教士保存的一本著名记录所说，就算是一个"嘴长得不好"的女奴也要63根铁条，另外有一个女奴要"86根铁条的高价"。（为方便读者换算，这里说一下，一袋两磅的火药可以换一根铁条。）

然后，船上装满了这些铁条和布料以后，英国的船长要么去皇家非洲公司经营的奴隶城堡，购买官方认可、售价规范的奴隶，要么放下成见，去更有竞争力的（后来在商业上也更成功的）河流上游的奴隶市场去买黑人，不管男人女人，还是最适合去大洋彼岸干活的年轻男孩，那里都可以买到。

不管这些不幸的人是从河边买来的，还是从黄金海岸的城堡和其他奴隶市场的不归门里走出来的，都统统被赶上了在外等候的船。接下来，他们被贴上商标——经常是贴代表"约克公爵"的首字母"DY"——两人一组，一人的左脚左腕和另一人的右脚右腕铐在一起，然后被带到甲板下的储物区。奴隶贩子很希望他们能度过跨洋中的劫难——这并非出于同情，而是出于自己生意上的考虑。

　　正常情况下——有相关法律规定——贩卖奴隶的商人可以按照船的载重带奴隶，每吨载重可以带两个奴隶，后来略有增加，可以每三吨载重带五个奴隶，207吨封顶；之后每增加一吨载重，可以多带一个奴隶。一艘500吨载重的船可以带360个以上的奴隶——为了提高商业效率，奴隶们像紧密堆叠的木材一样挤在一起，躺在头顶空间不超过30英寸的架子上。即使是在海面平静、气温凉爽的时候，这样的生活条件也是无法忍受的；在天气炎热、波涛汹涌的时候——这在为期8周的航行中十分常见——就更是极其不可忍受。卫生条件非常恶劣，更不存在什么隐私。安全就是一切：他们受到严密的监视和看管，任何暴动反抗的企图都会被残酷镇压。奴隶们一天能吃两顿饭——甘薯、大米、大麦、玉米和船员饼干一锅乱炖煮成的糊糊，丝毫不能引起食欲——为了预防坏血病（因为在和美国与加勒比的奴隶进口商人签的合同上，明确规定了运来的奴隶必须身体健康），还要让他们用酸橙汁或食醋漱口。奴隶们还要"跳舞"——把他们拉到甲板上锻炼身体，戴着镣铐随着旋律尽力跳动。船员们则手拿皮鞭，站在一旁，确保每个人都动得一样起劲，并保持肌肉依然强壮有型。

　　奴隶主的残暴一直是出了名的——男人备受凌虐，女人则会惨遭性侵，生病的奴隶会被丢到海里（只要是被投保了船舶保险就行）。下面这篇文章可以说明当时这些人类货物致命的生存条件。它来自利物浦的奴隶船上一个名叫艾萨克·帕克（Isaac Parker）的船员给英国下议院委员会提交的证据，讲述了他的长官——托马斯·马歇尔（Thomas Marshall）船长的故事。这艘载重56吨的船上有90名奴隶，都是从冈比亚的一座城堡里买来的，将被运往南卡罗来纳。

　　这个孩子受到了怎样的虐待？当时这个孩子发脾气不肯吃东西……船长就一把抓起孩子，用九尾鞭抽他。你还记得这个孩子的其他情况吗？记得；孩子脚肿了；船长想让厨师烧点热水，看看能不能消肿，厨师就烧了。然后船长让孩子把脚放进水里。厨师把手指头伸进水里试了试，说："长官，太烫了。"船长说："别管'它'，把脚放进去。"孩子的脚就被烫脱了皮，脚指甲也脱落了，后来用橄榄油和布把脚包起来；我自己把脚涂了油裹上了布。下午做弥撒的时候把他放在后甲板上，给了他一些吃的，但是他不肯吃。船长又抓着孩子抽了一顿，说："我非让你吃不可。"接下来四五天做弥撒的时候都这样，孩子不肯吃东西，他就抽打孩子。他用绳子在孩子的脖子上挂了一串芒果，有28或20英寸长，十二三磅重。他最后一次抓着孩子抽打他的时候，松手让孩子掉了下来，说："我非得要你吃，不然我就弄死你。"过了三刻钟，孩子就死了。他不让后甲板上的人把孩子丢到海里，而是让孩子的母亲去丢。她不肯，我觉得他应该是用鞭子抽了她，不过不能肯定；但我肯定他是用什么办法打了她，就因为她不肯把孩子丢进海里。最后他逼她抱起了孩子，她怀里抱着孩子，走到船边上，把脑袋扭向一边，因为她不愿意看着孩子脱手，然后把孩子扔下去了。她看起来非常难过，一连哭了几小时。

帕克说的是否完全属实，我们不得而知。但唯一可以确定的是，这份记录是1790年英国议会的官方文件①，帕克所说的这个孩子年龄非常小，几乎是个幼儿。

离开西非大约50天后，美洲的海岸就将映入眼帘。三角航路的第二段就结束了。大多数奴隶是之前就已经在合同上说好了的，按照奴隶主的命令，把他们带到某个岛上的分配中心——比如巴巴多斯（Barbados）或牙买加——或者去大陆的奴隶港口，比如诺福克或查尔斯顿，进入"调味料营"（seasoning camp）。如果奴隶主幸运的话，美洲的奴隶主不仅能清仓买下所有的人——把他们当作货物成批买进，之后再在市场上一个一个按零售价卖出——而且还能安排一些货物装到空船上运回去。有时可能要拍卖，要么在船上，要么在码头上。

有时，奴隶们可能还要经受最后一次侮辱，即所谓的抢奴隶。等待购买的商人们先会被告知船上每个奴隶的售价，然后信号一响，一般来说是一声鼓声，他们就冲上船去，像在百货商店大减价时疯抢的暴民一样，疯了似地在惊恐的男女奴隶中

---

① 记录&文件/开庭记录，《在规范奴隶贸易全院委员会前取得的证据细节》（Minutes of the Evidence taken before a Committee of the Whole House on Regulation of Slave Trade），1790，xxx（699），122-24，127。

进行挑选。奴隶们这时仍然戴着脚镣，已经被集中在后甲板上。难免会有一个商人要了丈夫，另一个要了妻子，其他人瓜分了孩子，一家人就这样天各一方。

然后，船又要准备起航了。船上用醋和碱液彻底打扫了一遍，过去几周里挤满了黑人的架子上如今被塞满烟草、毛皮或殖民地生产的产品挤得满满当当。几周以后，人们就会在船头左航方向看到金赛尔角（Head of Kinsale），再过一两天，就见到了默西河（Mersey）或埃文河（Avon）边的灯塔，这一次漫长的罪恶之旅就终于结束了。船员们又能和妻儿团聚，又能在陆地上行走，去教堂祷告了。至于那些"货物"的问题——有些人会觉得良心难安，但对其他人而言只是些例行公事的不快——就会被抛诸脑后，直到下一次出海。

多年来，奴隶贩子总是根除不尽，而且他们非常狡猾——最著名的手段就是购买葡萄牙贩奴船的股份，因为直到1869年，里斯本一直承认非洲殖民地奴隶贸易的合法性，并一直从安哥拉向巴西贩送奴隶，直到1831年巴西禁止了这项贸易。但经过多年的斗争，皇家海军西非舰队终于占到了上风；尽管大家都不愿意去这支驻扎在朴茨茅斯的庞大舰队服役——主要是由于那里的热带疾病太可怕，很多海员因此丧命——但是，到19世纪中叶，这支被称作"预防舰队"的舰队还是截获了1600艘奴隶船，解救了15万名奴隶。最后两艘横跨大西洋的奴隶船是美国的"流浪者"号和"克洛蒂尔德"号，分别在1858年和1859年成功穿越了层层警戒和拦截。最后到达的这艘奴隶船上幸存的最后一名奴隶名叫克鲁多·刘易斯（Cudjoe Lewis）。1935年，这位来自贝宁的94岁老人在亚拉巴马州的莫比尔（Mobile）郊区去世，就此彻底终结了跨洋贩奴贸易的历史。这段历史从16世纪初，由佛罗里达的法国人和弗吉尼亚的英国人开始，延续了400多年。

但是，作为结尾，还有一件事值得一提——有一个美国白人横跨大西洋后，成了非洲海岸的一名奴隶，从反方向上为过度实行的贩奴贸易提供了一个历史镜像。

这个白人叫詹姆斯·赖利（James Riley），是康涅狄格州一个农民的儿子，是美国商船"商业"号的船主。这艘船1815年从康涅狄格的哈特福德出发，去北非进行贸易。8月，他在试图去佛得角群岛的时候，被风吹得偏离了航线，进入加那利群岛海域，并在大雾中迷了路，于是停靠在博哈多尔角附近的一处礁石边——就是差不多400年前，吉尔·埃阿尼什完成著名的"对过"的那个海角。他和船员们被撒哈拉的游牧民擒获，变成了奴隶，被迫在沙漠里跋涉几个星期，饿得半死，并不得不喝骆驼尿。

最终，他用了自己全部的聪明和狡猾，而实际上只是靠着天大的运气，将一封信送到了英国驻索维拉领事威廉·威尔希尔（William Willshire）的手中，告知了自己的困境。他和他的阿拉伯主人在南撒哈拉的沙漠中一路向北，经过一番痛苦的旅程之后，终于走到了海滨城市索维拉。在领事向俘虏他的阿拉伯人付了920美元和两把双筒猎枪的赎金后，他终于被解救了。威尔希尔还赎回了和赖利船长一起的四名船员的自由——他形容自己见到这5个人时的样子："骨瘦如柴，在单薄而恐怖的皮囊里，一副白色的骨头架子几乎透明。"

恢复体力后——这番磨难让他的体重从17英石[1]掉到了6英石——赖利就被送回了康涅狄格州，回到了妻子和5个孩子身边，并立即写了一本书讲述自己的经历——《美国商船"商业"号失踪的真实记录》（*An Authentic Narrative of the Loss of the American Brig Commerce*）。该书于1817年出版，卖出了100多万册——而且由于它头一次将所有美国人耳熟能详的非洲奴隶的故事翻了个个儿，所以变成了一本很有影响力的书，直到1859年一直在不断重印，先后共计至少23个版本[2]。就连亚伯拉罕·林肯年轻时也读过这本书：他后来说，除了《圣经》和《天路历程》（*Pilgrim's Progress*），就属这本书对他影响最大。赖利自己也积极投身废奴运动。几年后，一些富有爱心的美国殖民者在他第一次沉船附近的非洲大西洋海岸上建立了利比里亚[3]，赖利也大力帮助安置解放后的奴隶回到这里。

---

① 1英石＝14磅≈6.35千克。——编者注

② 赖利这本著名作品现在改名《非洲受难记》（*Sufferings in Africa*），又开始重新出版了。

③ 詹姆斯·门罗（James Monroe），利比里亚建立时的美国总统，利比里亚的首都蒙罗维亚就是因纪念他而得名。威廉·威尔希尔也受到了人们的纪念：印第安纳州和俄亥俄州的交界处有一个人口不足500人的小镇，就是赖利后来设立的——俄亥俄的威尔希尔，当地曾以奶酪出名，建在一个名叫"黑沼泽"的沼泽地旁。

6. 海上霸主

和奴隶主之间的战斗、对海盗不停的围剿，确实对海军的战术产生了影响，为职业海军官兵在两个海战基本领域中作战提供了指导。这些人变得更加擅长使用海上枪炮，这些武器的设计变化很快，杀伤力不断提高；而且，对使用这类武器作战的海上地点也产生了影响。

传统上，早期所有海军的活动都在看得见陆地或距离陆地很近的地方进行——部分是由于一旦进入灰蒙蒙、波涛汹涌的大海，完全失去地标以后，早期的海军官兵们就很难准确地知道自己的位置了。但随着确定纬度，更重要的是确定经度的技术的进步，船长们可以比较准确地判断自己的位置了。然后，他们也能判断敌人在公海上的位置了，于是可以去那里对付他们。一旦打起来，"制海权"这个说法就开始化为现实：以前，作战的海军号称有制海权，其实控制的不过是他们活动的那一片近海水域；有了经度确定技术以后，他们就可以把这种控制延伸到深海区。制海权在商贸新时代中渐渐占据了至关重要的地位：帝国野心的核心奥义就是，比起控制陆地，控制海洋要重要得多。

无论是谁，只要控制了大西洋——控制了这些日益显现的大洋海道——就将享有巨大的商业优势。欧洲国家聚集在大西洋东海岸——随着时间的推移，美洲的势力也在西岸崛起——为谁掌握海上的绝对霸权争论不休。通常，这种争论要用常识来解决。但时不时也会发展成战斗——而且这种战斗不需要在外国的土地上排兵布阵来打，只需要两边海军在两不相干的无边大海上交锋就行。

为了进行这些战斗，需要一套新的战术，并合理又有效地运用新型夺命技术——舰炮射击。第一次这样的交锋是以发生的日期命名的——1639年9月18日行动，发生在英吉利海峡，交战双方是荷兰和西班牙的海军。在此之前，所有的海战都是乱打一气①，只是些水花四溅的群架，帆船笨拙地左拐右转，在剧烈的混战

---

① 这些海上混战中最著名的一场，就是1588年西班牙无敌舰队在英国海岸附近的惨败。在这里，我们不必详述战斗的过程和参战的船只，更重要的是，当战败的舰队在苏格兰北岸转弯时，西班牙指挥官犯了一个可怕的航海错误。他们不知道自己的确切位置，低估了墨西哥湾流的影响，过早地向南转向，于是被往西的暴风吹到了一片背风的岩岸。这一次，本来是侵略军的舰队损失惨重，在爱尔兰和苏格兰海岸边沉没的船只，比之前在海战中沉没的都要多得多；5000人阵亡，舰队只有一半艰难地回到了西班牙。

中相互碰撞，在船头架枪相互开火，常常会误伤自己人。浓烟之中，大家难分敌我，于是以旗为号，并由船长估摸着挑选时机在一片喧嚣中奋力拼杀。但在1639年的这场战役中，荷兰指挥官决定采用一个简单的办法，把自己所有的船只排成一列，并让所有船都侧对敌方舰队——然后从舷侧依次开火，将令人胆寒的炮火直接轰向射程以内的西班牙船只。

这种战术当时被称作"条列战阵"，直到维多利亚时代伊始的蒸汽动力船发明之前，一直是海军作战时的主要战术。由于在战斗中，需要越来越强的船只在船列中间保持稳定——尤其是当对方也采取同样的战术，战斗变成两列相对的船只互相猛轰时，所以最好、最强大、装备最精良的船只就被称为战舰，由于当时的发音简化习惯，而被简称为"战舰"。

英吉利海峡的这次战斗——这导致在肯特郡海岸的唐斯（Downs）锚地，又发生了一次规模更大的战役，最终西班牙人溃不成军，阵亡6000人，损失43艘船只——仍然发生在看得见陆地的地方。第一次深海战役要在一个半世纪后才会到来：就是1794年，人称"光荣六一"①的那次战役。这次作战也用了差不多的战术，英国派出25艘战船排成一列，法国海军则有26艘。交战地点距离海岸很远，是在距离法国阿善特岛以西约400英里的大西洋深海海域。表面上看，是英国人取得了决定性胜利，机智果敢的舰队指挥官，时年68岁的理查德·豪（Richard Howe）成了英雄。但实际上，法国海军的目标是为一支美国运粮船队提供安全通道，前去解救饥荒中的法国人——最终运粮船全部顺利通过。所以，第一次真正意义上的海上战役的结果有些模棱两可——英国取得了战术上的胜利，但法国取得了战略上的成功。不过，更重要的是，这次战役预示了不到150年后的护送战将会更为残酷。

在余下的这个帆船时代，大西洋上还发生了很多值得载入史册的战役，有

① 传统上，海军战役是以距离战斗地点最近的陆地地点来命名的——更远的地方发生的战役就以作战日期命名。这造成了很多日期上的歧义——法国人称这场战役（他们倒不会经常提起它，因为他们输了）为"共和二年牧月13日战役"（Bataille du 13 prairial an 2），这是按照拿破仑的共和历算的，这种纪月方法中只有"热月"（Thermidor）这个词现在仍在使用，是一道龙虾菜肴的名字，即"热月龙虾"（Lobster Thermidor）。

的体现了海军对战教科书式的优雅，有的预示着或触发了国际政治棋盘上的局势剧变，因而具有深远的意义。伊丽莎白女王的皇家海军在1588年击溃了西班牙无敌舰队，这次战役意义重大，它确立了大英帝国的海上霸权以及老前辈西班牙帝国的缩小乃至衰落。1805年，在堪称经典的特拉法加一战中，拿破仑海军（还有更多的西班牙人）大败，但这次战役最大的记忆点是霍雷肖·纳尔逊（Horatio Nelson）之死——他至今仍受到全体英国人和世界各国海军官兵的高度尊敬。（他的制服是英格兰格林尼治海事博物馆的镇馆之宝，上面有一个被来自"恐怖"号的步枪子弹击穿的血洞；伦敦的特拉法加广场正中立着纳尔逊纪念柱，该广场早已取代皮卡迪利广场①，成为伦敦人最具代表性的聚集点；他那艘巨大的旗舰，2600吨的HMS"胜利"号，依然保存良好地停泊在朴茨茅斯港口②；法国海军的船长直到今天仍被称为"capitaine"而不是"mon capitaine"③，拿破仑去掉了这个荣誉称呼，因为他认为他的海军官兵们因胆怯缺勇而导致了这场不光彩的失败。）

经特拉法加一战，英国人消除了法国海军的威胁，现在享有了对大西洋的完全掌控，可以无所顾忌地在大西洋甚至更远的海域施展自己的帝国权威与影响。同所有的海战一样，这次战役也没有留下什么纪念物——直布罗陀海峡以西约40英里处，这片两平方英里左右的海域吞噬了所有的遇难者，27艘英国战舰对阵法西联合舰队的33艘战舰——2100杆枪对阵2500杆枪，17000名英国水手对阵30000名法国人和西班牙人，却没有留下任何痕迹——只有滚滚海浪依旧。但纳尔逊著名的旗语"英格兰希望每个人都恪尽职守"（England Expects That Every Man Shall Do His Duty）仍然悬挂在朴茨茅斯干船坞里他的那艘旗舰上④，

---

① 皮卡迪利广场，伦敦的地标之一，亦为戏院及娱乐中心。广场上竖立着阿尔伯特亲王雕像和爱神像。——编者注

② HMS"胜利"号是世界上最古老的战舰，不过美国海军护卫舰"宪法"号虽然是在32年后，即1797年才建成下水的，但却是最古老的仍在现役的战舰。"胜利"号从1922年起，就一直停在无水的干船坞里。

③ 在法国陆军和空军的称呼中，都会在军衔前加上"mon"（意为"我的"），但在海军中，没有这个前缀。

④ 纳尔逊实际上是让信号官打出"英格兰相信每个人都会尽到自己的责任"，但那位年轻的副官请求将"相信"（Confide）改成"希望"（expects），因为这在旗语中有现成的词汇，而"相信"需要专门拼写出来。但奇怪的是，"责任"（duty）也是如此，当时的海军旗语词汇中还没有这个词。

他请求上帝给他"一次伟大而光荣的胜利"的著名祷文，至今仍被很多英国学童记诵。

此外，纳尔逊将两列平行而独立的纵队直接送入敌舰侧壁，直插敌方心脏和下肢，而没有航行到侧边以炮轰使其屈服，这种独树一帜的伟大战术至今被视为海军勇敢和无畏的典范；他被狙击手侥幸击中后，躺在甲板上，最终在医生和心腹军官的怀中流血而死，去世前还一直警告舰队速速躲避即将到来的风暴。他的临终遗言是：我已经尽到了自己的职责。这句话也深深烙印在英国公众的脑海中。

▲▲

纳尔逊是英国历史上最伟大的海军将领，他最伟大的一次胜利也是他的最后一次胜利，就是1805年10月在大西洋海域，西班牙海岸的特拉法加角附近击败了法西联合舰队。

所谓的"不列颠治世"（Pax Britannica）本质上是在特拉法加孕育而生的，而且，由于大英帝国实际上是一个海洋帝国——依赖海军保卫它，依赖群岛维持它，依赖富饶的临海地区供它食物和财富——我们还可以进一步说，它是个大西洋帝国，所以，它的加冕之战发生在距离西班牙海岸40英里，翻滚着层层波涛的灰色大海上，实在是再合适不过了。

关于这场伟大战役的传奇一直延续到今天。这次战役发生两个世纪以后，在

2009年10月的特拉法加日上，当年战役中现存的最后一件纪念品，纳尔逊最珍爱的攻击舰之一，曾在HMS"斯巴达"号的旗杆上悬挂的英国国旗在伦敦拍出了38.4万英镑的价格——为其估值的20倍（据新闻报道说是40倍）以上。或许这样的天价标志着人们对这艘在尼罗河战役中从法国手中俘获过来的皇家海军军舰的热爱；或许这意味着对这场战斗本身的热爱；或许你也可以怀疑这实际上是正式认同了拥有这面旗帜的家族的故事——拥有者是"斯巴达"号上那名胆识过人的上尉，37岁的苏格兰人詹姆斯·克勒凡（James Clephan）的后人。这个出身低微、没受过教育的年轻人本来是个纺织工人，却被工业革命夺走了饭碗，而不得不加入商船队，后来被强征加入皇家海军，但之后在复杂而等级森严的军队系统中逐步晋升，最终成为一名军官，显然还非常能干。那面巨大的旗帜有11英尺长、7英尺宽，是他的船员们手工缝制而成，作为送给他的礼物——据说是为了表达敬重和钦佩之情，献给极少数从强征兵升为军官的人——据海军的口头传说，30万人里才有16个会享此荣誉。确实，克勒凡后来成了海军指挥官，1851年带着万丈荣光离世。

7. 钢铁战舰的对决

在此之后的很多年里，大西洋的舞台上还将发生很多伟大的帆船战役。在英国持续对战拿破仑的同时，发生了一段插曲——英美之间也打起了旷日持久的困战，即1812年战争，其中出现了很多令人难忘的海上交锋：尽管整个美国海军只有承担封锁任务的皇家海军四分之一的兵力——22艘美舰对战85艘英舰——但USS"宪法"号官兵的勇敢和优良的航海技术至今仍令人激动不已："宪法"号不仅在科德角附近大败装配了38门大炮的护卫舰HMS"战士"号，更一路往南追到巴西，迫使另一艘英国主力舰HMS"爪哇"号的船员弃船投降。第一场战斗不出半小时就利落地结束了，但第二场战斗却持续了3小时——双方你来我往的交火坚持了很长时间，给"宪法"号——它现在仍漂浮在波士顿海港中——赢得了现在的这个绰号："老铁壳"（Old Ironsides）。

但是不久——在某些人看来真是太快了——帆船时代结束了，它的荣耀、仪式和浪漫都走到尽头，取而代之的是粗蛮的煤炭、钢铁和蒸汽。温斯顿·丘吉尔讽刺地评论道，英国皇家海军的传统从此以后变成了朗姆酒、祈祷和鞭笞。曾经以柚木、松木、橡木制作高大船壁的船只，很快让位给了犹如巨型钢铁城堡般的轮船。英国建造的最后一艘木制战舰是"豪尔"号，这是一艘拥有三层甲板、装配121门大炮和全套风帆的大船，但也另外装了一台1000马力的蒸汽机和一个尺寸恰好的螺旋桨。它于1860年下水，当它风驰电掣地完成任务时，英国第一艘铁甲船HMS"武士"号的龙骨刚刚铺好——这是一艘一心设计为"赶超并打垮其他现在的任何战舰"的船只。克莱德河、泰恩河（Tyne）和韦尔河（Wear）河岸的新建船厂里装备着大熔炉、铸造厂、焊接喷灯和铆钉枪，正跃跃欲试，它们将在后来的几十年中叮叮咚咚、嘶嘶嚓嚓，生产数以万计的"武士"号的后来者。起初它们都是木制铁甲舰，最终变成全由钢铁制造，一直持续到了21世纪。

美国南北战争时期，第一批铁甲舰接二连三地进入战场，彼此刀兵相向——新大陆的这种情形，也早早地预示了当时人们未能认识到的现象：技术进步的火炬正穿过大西洋由东向西传播。

英国的一艘侧轮蒸汽船"报丧女妖"号（Banshee）首先卷入了战斗，它至少7次成功突破北方联邦军的猛烈封锁截击，进入南卡罗来纳水域，为南方邦联军送去他们迫切需要的货物。在英国、百慕大和分离主义者的海岸的诸多港口间往返了一年多后，它的运气终于到了头，在切萨皮克湾（chesapeake bay）的一次战斗中被俘。纽约的一名法官下令将这艘利物浦制造的船只改装成炮艇，加入北方联邦海军——成为USS"报丧女妖"号，真是完美体现了对命运残酷的讽刺。而且，它后来也参与了北大西洋封锁截击分队，与北方联邦政府合力阻止南方邦联政府获取物资和外部帮助——这堪称一个由偷猎者摇身而变成猎场看守的经典案例，虽然是武力胁逼下的变身。

更著名的一场有钢铁装甲舰参与的早期战斗——这次还有两艘，而之前擒获的"报丧女妖"号是木制的——也有被迫变节的情况：这一次是原来北军的蒸汽护卫舰USS"梅里马克"号被南军俘获了，狡猾的南军给它包上铁皮、装上枪炮，并重新命名为CSS"弗吉尼亚"号[①]。

1862年3月8日，这部样貌奇怪但显然令人可怕的战争机器发动引擎，缓缓驶出汉普顿锚地（Hampton Roads），打算和当地的封锁截击分队一起参战。令"弗吉尼亚"号高兴的是，黎明给它送来了一份大礼：北军一艘24炮的木制帆船护卫舰USS"坎伯兰"号正抛了锚，停泊在浅水区。它和它的姐妹舰USS"国会"号显然毫无胜算：尽管两艘船及其他迅速前来应援的船只都对"弗吉尼亚"号轰泄着炮弹，但它的船板弹开了所有攻击，毫发无伤。最终，当"弗吉尼亚"号驶近开火时，USS"坎伯兰"号和"国会"号被击毁，几小时后就沉没了。沉船之时，近300名北军水手被烧死。

但"弗吉尼亚"号称霸这片海域的时光只是昙花一现。晚上，当它和船上官兵们休息时，北军舰队指挥官们则在积极筹划。白宫抓狂地认为，这艘非凡的新船很可能将注意力转向波托马克河，驶入河口，一两天内就将开始轰击北方联邦政府的大本营了。必须尽一切力量阻止它。

结果，时机刚刚好。北军特意建造的全新铁甲舰USS"莫尼特"号就在这天晚上驶出了布鲁克林的造船厂，穿过大西洋的波涛一路南下，到达汉普顿锚地的避风港时，刚好听到"弗吉尼亚"号的最后一声炮火——尽管舰上官兵尽管因一路上的风暴而倍感疲倦，但还是立即在"明尼苏达"号旁停了下来，仰仗强大的旋转炮塔为它提供强大的保护。第二天早上太阳升起时，"弗吉尼亚"号从避风港里驶出，一场历史性的战斗便马上开始了。

这两艘笨重的、全副铁甲的战舰你来我往地打了3小时，一颗又一颗炮弹从铁甲中激射而出，海面上处处硝烟弥漫、炮声震耳，岸上的人群都又惊又怕地围观。最终，经过一整天的恶战，谁也没能置对方于死地。两艘船都撤退了，两边

---

① 这艘船由波士顿制造，已建成6年，是北方联邦舰队的骄傲。南方指挥官们不仅是给它包了铁皮。他们发现这艘被遗弃的船只时，它正躲在诺福克海军船厂里，且已烧到了吃水线——但他们迫切需要船只，于是把它弄了上来，把水抽干，重新修建，在未装船帆的情况下才给它焊上铁甲，取了新名。另，CSS即指"邦联船舰"。

的军官都认为自己赢得了这场战斗，但其实双方都没有实现预定目标。几星期后，"弗吉尼亚"号被丢在了汉普顿锚地，而到年末时，"莫尼特"号也于海上遭遇风暴，在哈特勒斯角附近沉没了。但不管这两艘战舰各自命运如何，在如今的世界最大海军基地所在地发生的这次汉普顿锚地战斗，都永远改变了大西洋海战的面貌，并终将改变整个海战的面貌。

从这场战斗开始的那一刻起——虽然当时尚未完全建好可靠的跨大西洋海底电报电缆，但此战的消息还是以惊人的速度传遍了世界——再也没有哪个西方大国的海军会用木头制造重要战舰了。铁、煤、油、蒸汽、引擎、炮耳、旋转炮塔——这些成为了19世纪晚期海战领域的新词汇。上桅、绳索饰结、"火药猴"（Powder Monkeys）、穿索针、主帆等词和概念则在记忆中迅速消失。

帆船时代人们没有想到的种种发明现在开始纷纷出现：汉普顿锚地之战后不到40年，无线电的奇迹到来了，这使得船只能够联络彼此，并能与船主或指挥官通话；此后又40年，雷达出现了，使得船只得以看到彼此位置，以及看到想要避开或前往的陆地；然后又有了声呐，使水手们得以了解船距离海底有多远；然后造出了潜水艇，彻底改变了海战规则。这些及其他千百种加持魔法般的非凡发明，将海洋——尤其是大西洋——变成了一片与之前完全不同的战场。帆船时代，船只之间很少能互相找到或遇上，现在则可以准确地安排会合——是约来和谈还是约架并不重要——而且整个过程准确、规范、可靠。以前讲究战术组织的海战现在变得更为地理定向；所有这些发展，更加增强了武器和新一代强大的船只的力量，从此船只可以在难以想象的范围以难以置信的速度活动，由此，战争的污染便一根电缆一根电缆地、一英寻一英寻地扩散开去，直至覆盖了整个海洋。

这确实是战争的污染：特拉法加已经成了一片血海，成了大肆屠戮人和船只的修罗场，而以后的战役也没有温柔多少。礼仪已经不在。海战从此成了真正的恐怖之事，尽管所有死亡的证据都沉入了海中，但比之素以残酷可怕著称的陆地大战，海战之邪恶惨烈也毫不逊色。如果特拉法加海战是大西洋上最后一场木船大战，那么1916年初夏，历时两天的日德兰海战就是大西洋上第一场真正的铁船大战。这也是第一场使用爆破弹的大西洋战役——以前海军用了几个世纪的，都是那种从炮口填装火药的黑炮，发射的是能撕破船帆、砸碎船壳的铁球。过去，木船指挥官达成了某种心照不宣的约定，不点燃也不使用爆破弹（因为都会使木船着火，可能导致敌我俱伤）；但后"梅里马克"号时代的水手，都是在不可燃的铁船上作战，所以可以随心所欲地使用高爆炸性弹药，在甲板上把它们装好，用威力巨大的有膛线的大炮把这些可飞速旋转的可怕炮弹在水面上射出3英里之外，痛击敌人。

海军梦想家们很快意识到，铁船最终可以为多年在陆地上使用线膛炮的炮兵提供水上平台。一下子，世界上有了一批新式海军，现代化程度丝毫不逊于陆军——只有一个区别：船上的弹药库里装着他们自己的高爆炸性弹药，必须绝对确保它们不被敌军的炮火击中——因为如有一枚炮弹击中了弹药库，就能在几秒内毁掉整艘船，让它灰飞烟灭、沉入海底。所以船必须裹上了许多装甲——12英寸厚、每平方英尺重达四分之一吨的钢片裹住了战舰腹部；人们还创造出了极为强劲的新型燃气轮机，以驱动这座笨重的钢铁大厦在海面上快速移动。

这番现代化全都是当时英国第一海军大臣的头脑产物。那个奇丑无比、专横跋扈、迷恋跳舞又深受爱戴的于斯里兰卡出生的海军元帅——约翰·费舍尔（John Fisher）男爵[①]——他最初从军时，海军还使用着优雅的木壳帆船，而他身后留下的，是有史以来最大、最现代化的蒸汽动力铁甲舰队。到第一次世界大战爆发时，费舍尔的新海军已经是一支建于大西洋、也为大西洋而建的武装力量，使英国在接下来半个世纪中几乎完全控制了全球海洋。

英国各处海岸和全球海洋之滨都建起了大型基地，以及配套的码头和起重机、干船坞和燃料舱、弹药库和仓库。尽管名义上印度洋有亭可马里（Trincomalee）监管，太平洋有中国香港和悉尼镇守，但大西洋却是最重要的，

---

① 费舍尔常常在战舰的舰尾甲板上举办舞会，并坚持让所有士官都参加，谁若是留在军官室里不来，就取消他的休假。他还决定自己的所有军舰上都要烧油而不烧煤，这促成了一家石油公司的成立，即后来的BP——考虑到2010年，BP引起的巨大污染事故，这实在是一个讽刺。

因此在西边的百慕大、牙买加、特立尼达拉岛，南边的马尔维纳斯群岛，东边的弗里敦（Freetown）、西蒙斯敦和直布罗陀都有海军司令部，部署了由主力舰和护卫舰组成的舰队。英国监管着北大西洋，而它自己也深藏于海军铜墙铁壁的保护中：驱逐舰在西边的通路上巡逻，战列舰在北海和爱尔兰的深海上游弋，英吉利海峡狭窄的咽喉处也永远排列着大型炮筒。在费舍尔元帅的明确指示下，"大舰队"（Grand Fleet）被北移，靠近不断扩张的德国海军将来可能从波罗的海和北海基地犯险越境的区域，占据一片避风的环礁湖——斯卡帕湾（Scapa Flow）——位于奥克尼群岛之中，遍布荆豆的砂岩群岛挡住了大西洋的狂风和亚北极区的暴雪，浅浅的海水形成了安全的锚地，宽阔的空间足以容纳庞大的舰队——近40艘现代主力舰，及驱逐舰和护卫舰组成的小型舰队，共同组成了当时世界上最大最强的军事力量。

▲▲

日德兰海战是两支钢制战舰舰队之间的一场大海战——有超过250艘巨轮参战。此战开始于1916年5月31日，交战双方为德国公海舰队和英国皇家海军的大舰队。双方共损失了25艘舰船和8000多名士兵，但从战略意义上说，战役结果无法确定，而英国皇家海军仍然保有对东大西洋的控制权。

但是，这支舰队没有受过考验。拿破仑的战败及去世（他在1821年5月于大西洋中部的圣赫勒拿岛去世），带来了近一个世纪的和平。在此期间，几乎没有一艘战舰愤怒地开过一炮，也没有哪个英国海军将领上演过大型海战。对这些士兵和他们的无畏舰——这是费舍尔巨型战舰中最大的一艘的名称，这个名字如此简单直接，因为还有什么能让这样的巨轮害怕呢——的第一次真正考验，发生在初夏北海的一片寒冷水域——距离挪威和丹麦之间波罗的海的西入口斯卡格拉克海峡80英里。

这两支舰队——英国大舰队从斯卡帕湾出发往东，德国公海舰队从威廉港（Wilhelmshaven）北上，双方各有巡洋舰先锋队在前开道——它们粗暴相待，一艘又一艘舰船被爆炸弹打得投了降，很多船或沉或炸，几千人在这最恐怖的修罗场中死去。250艘钢舰船相互猛攻——28艘英国战列舰、16艘德国战列舰，还有为数众多的辅助舰。双方都很震惊，自己原本视为永不沉没、不可战胜的主力舰——就像4年前，白星航运公司的客轮"泰坦尼克"号一样——都沉没了。在战斗刚开始的几小时，英国便失去了"玛丽女王"号和"不倦"号；后来又失去了"无敌"号，德军的炮火击中了它的弹药库，把它炸成了碎片：这些全都是巨大的巡洋舰。在历时两天的战斗中，德国损失了重达约6.2万吨的船只，英国的损失接近其两倍，高达11.5万吨。6000余名英国官兵死亡，德方死亡2000多人。从数字上看，好像是德国海军赢了。

但是，这都是因为没有考虑到皇家海军敏捷地穿过了德军的T字阵——这本是一种经典的海战阵型，德军将领突然越过自己的船头，看见了整个大舰队：英国人12英寸和15英寸的炮口全都在船舷上排成一列，可以随心所欲轰击德军舰队。

但是德国舰队并没有就此被击溃——编目错误、信号出差、糟糕的射击、不良的船只设计，使英国无法实现指挥官想要的那致命一击。尽管伤亡惨重、损失巨大，但当两支舰队结束战斗各自回国时[①]，严酷的结果清算仅仅暗示着一件事：潜水艇、鱼雷和飞机将成为余下30个月的战斗中称霸海洋的武器。在高科技海军

---

① 此战的最后一名幸存者亨利·阿林厄姆（Henry Allingham）于2009年7月去世，终年113岁，正好是笔者写作本章的时候。他曾在战斗中帮助侦察机起飞。日德兰海战唯一尚存的一艘船，轻型巡洋舰皇家"卡洛琳"号现在仍作为训练舰在北爱尔兰使用。

的新世界中，老派海军将领们能像特拉法加战役中那样，以战术取胜的日子不长了。下一场战争，第二次世界大战中的大型海战，将主要由舰载飞机去进行。两年以后，整个德国公海舰队投降——这并不是日德兰海战的直接结果，根本原因是德国港口被协约国联合封锁，使德国经济陷入了危机；同时德军在西线溃败，两方面共同导致了战争的结束。德国军舰都被困在奥克尼群岛斯卡帕湾，当年英国大舰队就是从这里开往日德兰半岛的。1918年休战之后，74艘舰船被监禁在此，炮口全被堵住，弹药全部没收，这让舰船上的德国骨干士官们倍感烦闷和屈辱。他们全都在等待着进展缓慢的凡尔赛和谈的结果。

然而，在1919年6月21日，所有等待的德国舰船陆续收到并传递了一个预先设置好的秘密信号旗旗语，只简单地说了一句"确认第11幕"——这是一道早就定好的紧急命令，在收到这个命令后，停泊战舰的舰长们立即命令打开通海阀门，砸碎了排水管，然后在船体上凿出了洞，英国人还没来得及阻止——他们的大多数船只都出海演习了——这52艘军舰就慢慢沉入了环礁湖的浅水之中。

英国人怒不可遏——他们本想把这些投降的舰队分给其他国家的海军——于是想尽办法惩罚这些德国军官。但是最终，《凡尔赛和约》放这些德国人回了家；后来，一些较大的船只被打捞起来按废品贱价出售，钱都进了英国国库。（其中很多船体现在还在——而且直到今天，偶尔还能从剩余的沉船残骸上捞起一些高品质的德国钢铁，多数用于某些非常精微的科学实验，因为它们是在核放射性污染散播之前很久制作、锻造、切割的，而广岛原子弹爆炸以后生产的大多数钢材都受到了核放射性污染的影响。）

海军指挥官可能从日德兰海战中学到了很多战术经验，正如一个多世纪前，他们的前辈们从特拉法加战役中学到的那些一样，但与一个当时几乎无人知晓但今天已被充分认识到的事实相比，这些经验都将黯然失色。这就是，从19世纪末开始，所有的海军舰船都几乎是用钢铁制造的——大英帝国虽然财力雄厚，工厂和铸造厂先进，但其钢铁产量不如德国，而且过不了几年，美国的钢铁产量也将远超德国。在未来，谁能获得高品质的钢铁，谁将最终拥有建造世界最强海军的必需品——毫无疑问，这正是不久以后美国做到的事。这一点，还有后来发展出的各种各样、威力巨大的海军武器——这些武器不再被限制在海面上活动，而可以在水下穿梭，或飞到数千英尺的高空——就是日德兰海战对当时海军将领们发出的信号。

正如第一次世界大战是以德国海军弃船的著名桥段结束的，第二次世界大战也是以弃船开始的，这么说可能有些不公——这次弃船也和一艘德国战列舰有关，也发生在大西洋上，尽管这次是在南大西洋。这艘舰就是德军的袖珍战列舰"格拉夫·斯佩海军上将"号，这次事件发生在乌拉圭的蒙得维的亚港口外，在普拉特河河口最宽处。

这是一艘光亮的、模样邪恶的纳粹海上袭击舰，是希特勒恢复德国海军往日荣光的计划的一部分——但它原本是要建造为巡洋舰的，因为《凡尔赛和约》不许德国建造更大的船只而做罢。它的航速很快，装配了一个更适合战列舰作战的武器系统——包括11英寸的大炮。它于1939年5月离开威廉港。它的指挥官，一位名叫朗斯多夫（Langsdorff）的船长，下令一旦宣战，就攻击大西洋上插有同盟国旗帜的民船。

英国首相9月3日宣布正式对德时，"格拉夫·斯佩海军上将"号已经冲进了北大西洋，开到法罗群岛北边，然后急转南下，深入到了佛得角群岛以西1000英里平静的马尾藻海。德国正式开战以后，朗斯多夫立即命令士兵准备好大炮，开始执行严酷的商船袭击计划，攻击他碰到的每一条商船。

运粮船、冻肉船、油轮，全都一样——"格拉夫·斯佩海军上将"号追逐它在南大西洋发现的任何船只，每隔三四天就会大开杀戒，在伦敦引起了巨大恐慌，而且毫不在意富兰克林·罗斯福总统为保护同盟国商船，在南北美洲海岸1000英里范围内设立的美国中立区。

但是后来，在12月初的时候，这艘杀人不眨眼的袖珍战列舰遇上了正奉命在海上疯狂搜捕它的三艘更小的皇家海军军舰。它们是巡洋舰"阿贾克斯"号"埃克塞特"号和"阿基里斯"号。遭遇以后，尽管它们的火力和射程都远逊于"格拉夫·斯佩海军上将"号，但马上以梗犬般鲁莽的激情和轻率的固执与这艘德舰战斗起来。没过多久，"埃克塞特"号就严重受损，不得不退走，尽管"阿贾克斯"号和"阿基里斯"号也遭受了重创，但"埃克塞特"号上一门8英寸大炮的炮弹幸运地击中了"格拉夫·斯佩海军上将"号的中段，重创了它的燃料处理系统，燃料也所剩不多，并因此（尽管这时候除了朗斯多夫以外没人知道此事）注定覆灭。这艘被击伤的德舰慢慢逃到了中立的乌拉圭领海中躲避，驶进了蒙得维的亚港口中的一个泊位——船上的军官非常清楚，按照《海牙公约》的中立条款，它只有72小时来实施维修。

▲▲

1939年12月17日，在船员弃船后，德国专用于袭击商船的"格拉夫·斯佩海军上将"号在蒙得维的亚港口外被炸毁并倾覆、沉没。中立的乌拉圭要求它在完全修复之前离开港口——这促使船长点燃炸药包，并将纳粹舰队的骄傲葬身海底。

该舰的命运岌岌可危，尤其是英国海军的增援开始往外面的海洋上集结——至少人们认为它们在集结：当时很多聪明的计谋都在上演——这引起了公众巨大的兴趣。这真是扣人心弦的题材。在伦敦，政治家和日记作家哈罗德·尼科尔森（Harold Nicolson）在12月17日的日记中这样写道：

晚饭后我们听了新闻。这真是富有戏剧性。"格拉夫·斯佩海军上将"号要么会被拘留，要么必须在九点半前离开蒙得维的亚。新闻是在九点。大约晚上九点十分的时候，他们播了一条最新消息，说"格拉夫·斯佩海军上将"号起了锚，之前已经让大约250名船员在蒙得维的亚着陆。就在我打下这些字的当儿，它可能正在驶向毁灭（因为那边是六点半，还没天黑）。它可能会在乌拉圭领海里面磨磨蹭蹭，直到黑暗降临，然后往外冲。它可能会攻击在外等待的敌人，它可能会击沉我们的船……

"格拉夫·斯佩海军上将"号确实在最后期限前离开了港口——但它没有做任何尼科尔森想象的那些事。它被一艘小拖船拖着，慢慢驶过了领海界限。然后，在距离海岸4英里、蒙得维的亚岸边的众多围观群众仍然看得见的地方，船上的人引爆了船上的3个炸药包。"格拉夫·斯佩海军上将"号顿时陷入熊熊火海，冒着引发德国民众公愤和希特勒私人怒火的风险，他们慢慢地、痛苦地使它沉没了，震惊的民众和同样震惊，同时又如释重负的敌人一起眼睁睁地看着它沉入水里。朗斯多夫舰长——当时的一位可敬的德国海军军官——最终被从燃烧的舰上拖了下来，带到了阿根廷的港口，两天以后他用枪对准自己的头部，自杀身亡。

很多年以后，人们还能在低潮时看到沉船倾斜的桅杆耸立在泥泞的河口水面上。有一门150mm口径的大炮被打捞起来，现在陈列在蒙得维的亚博物馆中，海边还放了一个船锚和一个测距仪。2006年，"格拉夫·斯佩海军上将"号上的雄鹰雕塑也被打捞了起来。战役中死去的人被葬在两个墓园。除此以外，这艘被焚毁舰船的残骸一点没动，其区域在南大西洋的航海图上只是被标为"危险水域"——尽管它现在已经不像第二次世界大战伊始的那年春天时那么危险了。

8. 水下狼群

潜艇是20世纪至今大西洋上以及两次大战中较大的危险。但起初并非如此：尽管第一次世界大战爆发前就发明了潜艇——世界上第一艘潜艇是在17

世纪的英国建成的。德国的第一艘潜艇建于1850年，第一艘德国海军的潜艇于1905年问世——尽管非常明显，这些邪恶小船的最佳用途就是做海洋上看不见的狙击手——但它们最初的使用方式，却几乎是在向旧式海战绅士观念致敬。

毫无疑问，德国会把它那支规模虽小却在不断壮大的潜艇舰队用作商船突袭力量，用它们的鱼雷击沉尽可能多的穿越大西洋的英国补给船。作为岛国，英国只能从海上运送补给，而德国的这种行为就是要摧毁英国经济，饿死英国人民，逼迫英国屈服投降。但是最初有1856年在巴黎及后来1899年和1907年在海牙签署的条款，其中制定了很多交战规则，涉及到所谓的"战利战"——在公海上截获或摧毁商船。例如，所有协议都要求决不能攻击客船，还应该在抢劫和沉船之前，让商船上的船员脱离危险（救生船只有到了能看见海岸的地方，才算是脱离了危险——如果看不见陆地，那么要把船员带到突袭舰上），在攻击之前还要提出正式警告。

但是，这些规则原是为在海面上行驶的战舰设立的——实际是帆船——而不是为潜艇设立的。当然，对潜艇来说这些规则十分荒唐。柴油动力的潜艇和风帆驱动的船只行事不可能一样，第一个指出这一点的是英国海军上将约翰·费舍尔。潜艇既没有人力也没有空间去理会商船上的船员。费舍尔说："潜艇除了击沉它的猎物之外，别的什么事都做不了。"

丘吉尔则以一种一反常态的顽固的方式反对这种说法；他认为，违背海军行事准则就是十恶不赦：他冷哼道，任何文明的力量都不能、不该，也决不会做这样的事情。在战争头几个月，他似乎是对的：双方军舰的指挥官——包括潜艇的指挥官，都在以他认为恰当的方式行事。尽管德国的U型潜艇会对它们发现的任何英国战舰施放鱼雷（对战舰不需提前警告），但每次碰到商船时，他们都会浮上水面，要求船员撤离，然后将船击沉，接着重新潜入水下。从纯粹的军事角度上说，这么做真是非常"可惜"（最重要的是因为潜艇在水面上时自己容易受到攻击），潜艇战中试图遵守骑士精神，结果只是英国损失了几艘船只，对英国的经济完全没有造成什么影响。

　　然后，1915年5月7日，形势出现了突然的恐怖逆转。这一天，德国潜艇U-20在爱尔兰的科克郡附近几英里的地方，在毫无预警的情况下击沉了客轮RMS"卢西塔尼亚"号（lusitania）。尽管曾收到德国政府的正式通告，告诉它将进入作战区，有可能受到袭击，但"卢西塔尼亚"号还是在6天前从纽约起航了。潜艇只发射了一枚鱼雷——几天前它已经击沉过三艘小商船，现在只剩了这一颗——就击沉了客轮，这主要是由于运气好而非准头高。鱼雷击中了客轮右舷船桥正下方的位置，引起了船内中部大规模爆炸——也许（根据一些幸存者的讲述）引发了两场爆炸。"卢西塔尼亚"号的船身马上剧烈倾倒，船头进水，仅18分钟后就沉入了海底，此时爱尔兰的崖壁已经近在眼前。

　　这次事件伤亡惨重——在这场大西洋惨剧中死亡的人数，几乎和三年前著名的"泰坦尼克"号撞冰山沉没时一样多。"卢西塔尼亚"号上的1100多名乘客——很多是美国人——都溺死在了雾气蒙蒙的爱尔兰海域之中。长期以来，这一片海域都被视为大西洋战争中最可恨的地带。围绕它的沉没产生了很多争论，从未完全平息，尤其是因为据说后来发现，它的所有者——卡纳德轮船公司（Cunard）在船上非法装载了大量军火及其他物资，这似乎给德国海军提供了充分的袭击理由。这个事件至今仍吸引着很多人，特别是因为，直到20世纪50年代，人们还认为皇家海军曾向沉船残骸投了深水炸弹，以防潜水者和其他探险者发现船上到底装了什么，从而完全掩盖这个秘密。

　　"卢西塔尼亚"号事件发生后，人们普遍认为德军可能在大西洋引入无限制潜艇战——他们可能会完全丢掉规则，像对待战舰一样，冷酷地对待商船而毫不留情。在1915年剩余的时间里，击沉手无寸铁的客轮的行为引起了全世界反对，显然令德国人压力巨大，于是做出一些努力来约束己方好战的潜艇指挥官，于是这个看法又慢慢消退了。但在日德兰大战以后——这次战役虽然以平局告终，却将德国的水面舰队有效限制在了港口中，再也不敢和英国大舰队正面交锋——一切都变了。他们的水面舰队刚一回到威廉港，德国最高司令部就宣布，命令当时驻守在比利时奥斯坦德（Ostend）的潜艇部队在大西洋上随心所欲地行动，击沉其遇到的所有同盟国船只。这个决定导致了两次世界大战中没完没了的大西洋反潜艇战斗——从1916年夏天开始到第一次世界大战结束，第二次世界大战中又打了整整6年，作战之激烈、历时之长久，使其在官方和历史上被称为"大西洋战役"。

第一次世界大战中，德国潜艇造成了巨大威胁，很多同盟国船只因此葬身海底。但是最终，这种威胁被证明是可以应对的——德国的"无限制潜艇战"将美国人拖入了战争。1917年，U型潜艇击沉了大量同盟国船只，但是后来同盟国采取的种种应对办法开始起效，包括引入护航舰队、使用新发明的深水炸弹及其他爆炸装置，潜艇的威胁便渐渐削弱了。

但这些办法在第二次世界大战早期则不可能，因为当时德国海军的部署策略、潜艇的活动范围和武器装备、德国工厂的生产速度都达到了非常高的水平。在很多年里，盟军想阻止德国潜艇的进攻都是一项几乎不可能完成的任务。1940年3月，丘吉尔宣布，皇家海军水面舰队和卡尔·邓尼茨将军的德国潜艇部队之间旷日持久的战斗是新"大西洋战役"。在后来的日子里——尤其是1916年和1943年战事转折以后，英国的未来真的像是在刀尖上保持着平衡——丘吉尔毫不怀疑这场战役的重要性："大西洋战役是整个战争贯穿始终的主导因素，"他说，"我们一刻也不能忘记，陆地、海洋和天空中所发生的一切都完全取决于它的结果，在所有其他的事务中，我们怀着希望和恐惧一天天看着它瞬息万变的命运。"

德国的策略是在大西洋上打吨位战，它打的算盘非常简单。他们订制了越来越多的潜艇——1939年，邓尼茨麾下有57艘U型潜艇，但1942年，这个数字就上升到了382——越来越多的狼群①开始行动。一个大圈在大西洋上渐渐收紧，向英国逼近—— 一次又一次，一晚又一晚，巨大的爆炸和熊熊的油火喷发都意味着又有哪艘笨重的商船和船上的重要货物被鱼雷摧毁了，英国在海上寸步难行的局面似乎越来越成为现实。德国舰队对这种恐怖的场景颇为享受，将这段时期称为"欢乐时光"。

但是后来出现了护航体系——船只集结组成大规模队伍集体行动，一开始

---

① 多艘潜水艇协同攻击的战术被称为"狼群"战术。——译者注

是在新斯科舍的哈利法克斯的浅水区①，然后在越来越强大、高度警惕、技术先进的海军护卫舰的保护和监管下，像成群的猫一样赶路——慢慢地，潜艇的威胁开始退去。其他的跨洋护航路线也很快建立起来了：纽约到直布罗陀、西班牙港口到弗里敦（塞拉利昂）、纳塔尔（Natal，巴西）到直布罗陀、弗里敦到克莱德；尽管很多护卫舰本身的故事经常成为悲剧的英雄传说——尤其是带有"SC"编号、非常脆弱的慢速护卫舰——但是到1943年5月时，大西洋战役出现了转折点。

这时，盟军终于拥有了足够的飞机——有的从陆地上的基地起飞，有的从海洋中央的航空母舰上升空——为下方航行的船只提供了一把保护伞。沉船和杀戮一直持续到了战争的最后一天——1945年5月7日——这一天刚好有一艘加拿大的小型汽船"阿冯达公园"号和挪威的"塞兰"号，成了U型潜艇鱼雷最后的受害者，残忍的是，这时它们距离苏格兰的目的地只有几英里了。但U型潜艇从来没能让英国倒下，没能阻止它集合重要的物资来实现1944年的诺曼底登陆，也没能让英国投降。这场战争在第二次世界大战的6年中一直持续：3500艘盟军商船、近200艘战舰被潜艇击沉，近800艘德国U型潜艇也在反击中沉没。6万名年轻海员的尸体现在躺在大西洋的海底。从近2000年前，罗马人第一次入侵以来，第二次世界大战的5年间死亡的人数比大西洋上任何一次海战的死亡人数都要多。

作为曾经的战场，今天的大西洋已不同从前。再没有哪艘船会对另一艘船宣

---

① 到那时为止，哈利法克斯都很少参与20世纪的纷争，但在1917年12月6日，这里发生了第一次世界大战中最大的一场灾难：在城市港湾一处拥挤的部分，一艘进港的弹药船被一艘装有救援物资前往比利时的出港船MV"依莫"号撞上了，引起了大火，MV"勃朗峰"号上的巨量弹药发生爆炸，将哈利法克斯中部的大部分地方和达特斯港夷为平地，造成2000多人死亡、900多人无家可归。罗伯特·奥本海默（Robert Oppenheimer）后来就以这次爆炸的规模作为模型，研究了第一颗原子弹爆炸的效果。

战；再没有相隔几英里海面的隔空开火；再没有船只相互撞击，指挥官们也不会再要求人们遵守古时的行为准则，在海面上讲究绅士风度，而曾经，这被认为是必须的，因为曾经大家都是在海洋的地盘上战斗，而那时的海洋才被公认为是更强大的敌人。高科技废除了海上的文雅礼节，今时今日的战争更有条理，高级军官们对手下的方式也像是管理，浪漫的色彩已不复存在。

或许，最后一场能让人回想起特拉法加海战、日德兰海战、光荣六一战役的大西洋战役是1982年，阿根廷主张马尔维纳斯群岛主权时，和英国打的那场战争；由于这场战争在历史上意义重大，而且只关乎一处古老的岛屿上一个偏远海外领地的安全，所以有些纳尔逊的浪漫和大胆。英国海军觉得自己必须离开自己的码头和导火库，航行三分之一个世界，南下进入南大西洋的隆冬风暴，依靠8000英里长的补给线作战，而对方就在附近阿根廷海岸的基地，享有新鲜的供给和弹药，不出300英里就有自己人帮助——而勇气、智慧和优秀的作战方案可以克服这样巨大的优势悬殊，这样的事实至今仍非常重要。

或许很多人永远也无法完全接受马尔维纳斯群岛开战的理由，作战时使用的武器、战斗展开的方法也和古时的战斗大相径庭；但战争中种种动人心魄的往事仍然在很多年后激荡着老水手们的心。其中最难忘的莫过于本章开头所说的HMS“谢菲尔德”号悲剧性的沉没。

阿根廷巡洋舰“贝尔格拉诺将军”号在1982年的5月初沉没，这是迄今为止大西洋上最后一次使用鱼雷致命攻击的事件。这艘布鲁克林级巡洋舰本来是美国在太平洋战争中的一大利器，多年前被卖给了阿根廷；沉没时，它和两艘护航驱逐舰刚刚完成了在马尔维纳斯群岛南部的巡航，正在返航火地岛的乌斯怀亚港口的途中。英国皇家海军的一艘核潜艇HMS“征服者”号发现了这支船队，对巡洋舰的左舷侧腹发射了两枚老式鱼雷。一枚炸毁了船头，另一颗击中了船的中部，破坏了电力系统，造成了进水和起火，杀死了几十人。这艘大船向左剧烈倾斜，不到20分钟就被弃船，很快沉没。这次袭击中有300多名阿根廷海军官兵死亡，引起了对英国海军行动合法性的巨大争议。

几星期后，“征服者”号返回它位于苏格兰的基地。考虑到现代海战的战术很多都起源于17世纪对抗大西洋海盗的战斗，看到这些潜艇浮出水面、沿着海湾匆匆返航时，桅杆上挂着骷髅旗和可怕的黑色海盗旗——现代皇家海军在海上与敌军作战获得较大胜利后，仍然会对姐妹船只和友好的港口挂出这面旗——这或许算是一种讽刺吧。

9. 无烟炸药

大西洋战争造成了很多结果：其中最出人意料的是，1915年秋天，经过一系列事件后，这片海洋开始以一种细微而发人深省的方式，和一个远离大西洋海岸的国家的建立产生了联系。当时，皇家海军在解决德军没完没了的潜艇袭击上开始遇到了很大困难——这并不是因为缺乏战舰，或训练不到位，也不是因为缺少政治意志，而是一个简单的化学问题：皇家海军的炮手没有足够的无烟火药去攻击浮上海面的潜水艇。

无烟火药是用硝化甘油和硝化棉、丙酮、凡士林混合制成的；1915年，无烟火药紧缺，因为英国无法制造足够的火药的关键成分之一——丙酮。

1916年夏初，《曼彻斯特卫报》的编辑C. P. 斯科特（C. P. Scott）[①]碰巧和一个和气的中年白俄罗斯侨民哈伊姆·魏茨曼（Chaim Weizmann）共进午餐。后者是曼彻斯特大学的科学教授。餐后喝咖啡时，魏茨曼对斯科特提起，他发明了一种利用细菌大量生产丙酮的新方法。下一周，又在吃午餐时，斯科特——他知道海军遇到的麻烦——把这一切告诉了他的朋友、时任军需部长的政治家（不久成了首相）大卫·劳合·乔治。于是，魏茨曼被紧急召至伦敦，被提供了伦敦一家大型实验室里的研究所，最终拿到了伦敦东区废弃的尼科尔森杜松子酒酿酒厂的钥匙。在那里，他使用自己的新技术生产这种急需的化学物质。他宣称，自己的生产只需要大量的纤维素就可以——一种在玉米甚至七叶果中都能找

---

① 这是一位传奇编辑，或许其最令人记忆深刻的是他对自己的记者们所说的那句告诫："评论是自由的，但事实是神圣的。"（亦可译为："事实不可歪曲，评述大可自由。"）

到的纤维素。

那年秋天，全英国所有的学生都被派去采集七叶果，他们平常就收集这个玩"七叶果游戏"。成千上万吨这种柔软的坚果被运到了杜松子酒厂，投入了储料器、反应桶和蒸馏炉中。没过几天，精纯的丙酮就滴了出来，然后化为溪流，接着化为瀑布，最后涌入玻璃瓶中。长长的油罐列车将丙酮带到皇家海军在多塞特海岸边的绝密无烟炸药工厂，不久，一箱一箱黏糊糊的高爆炸物（它是如此关键的成分）就运到了海军工厂，军舰的大炮又可以开火了，英国毫无疑问地将占据第一次世界大战中缓慢的大西洋战争的优势。

谣言和恶作剧往往和历史相伴而生，从这个故事的单薄骨架中产生了一系列有趣的联系。有一个人们常常说起的传言，说英国政府圈决定应该给哈伊姆·魏茨曼授予正式荣誉，表彰他如此深远地改变了大西洋战争的方向。时任首相的劳合·乔治让外交大臣亚瑟·贝尔福（Arthur Balfour）向魏茨曼暗示这项荣誉，毕竟，魏茨曼不是英国人而是白俄罗斯人。最关键的是，他碰巧还是英国犹太复国主义者联盟的领导人，是世界犹太建国运动的重要人物。

据说，魏茨曼很高兴自己的化学实验能够成功，但并不想要英国官方的荣誉。以色列外交部在其官方历史上，这样述说后来的故事：

魏茨曼的成就为他打开了进入英国政府圈的大门，并接着为犹太复国者们担当了能言善辩的代言人……贝尔福勋爵曾冷淡地评论说："魏茨曼博士能把一只鸟迷得从树上掉下来。"……

当时的军需部长劳合·乔治后来被任命为首相，亚瑟·贝尔福成了外交大臣。这时，数年坚持不懈的游说和对犹太复国主义的"日久生情"起到了决定性的作用，大不列颠决定发布《贝尔福宣言》（Balfour Declaration）。英国和犹太人战略利益的少量重合，加上对魏茨曼博士及其事业的私人共鸣——8年"拉拢人脉"的果实——最终形成了这份文件。1917年11月2日，英国内阁通过了这项决议……

战争内阁秘书长马克·塞克斯（Mark Sykes）勋爵告诉了魏茨曼这个决定，宣布说："魏茨曼博士——是个男孩。"确实，这份里程碑式的文件……是诞生犹太国家的关键一步，这被视为哈伊姆·魏茨曼最杰出的成就。

　　C. P. 斯科特、哈伊姆·魏茨曼及他新鲜制得的丙酮，还有最后的以色列建国之间究竟有没有真正的直接联系，学界仍在争论。但如果这是真的，那么把今天的以色列说成是在大西洋的苦难中孕育出的国家，也就不算过分。这样的联系完全是始料未及的，再一次清楚地提醒人们，这片海洋在过去和现在，在地球上不论宏观还是微观、自然还是人文的复杂运行机制中，一直发挥着关键作用。

ATLANTIC

Great Sea Battles, Heroic Discoveries,
Titanic Storms, and a Vast Ocean
of a Million Stories

第 5 章

海上商人

然后是法官，
圆滚的肚子里填满了上好的阉鸡，
目光严厉，胡须修得一丝不苟，
满口睿智的名言和当下的事例；
他就这样扮演自己的角色。

1. 最古老的议会

遥远的北大西洋是议会诞生的地方。最早的立法会议就是10世纪时在这里成立的，此后不久，就开始确定了某种意义上的法律和规定，这不仅仅针对召集立法会议、首次制定法律的陆地，而且也针对陆地之间的海洋。

大多数人认为，第一个真正意义上的议会是在冰岛成立——具有象征意义的是，成立地点在冰岛西边，一个被称为"辛格韦德利"（Thingvellir）的怪异山谷之中。直到今天，美洲板块和欧亚板块仍在这里相互拉开，新的海底仍在这里诞生。

山谷西侧上有一大块玄武岩石板向上突起，1000多年前，经过山谷的农民、佃户、教士和商人就是相约在这块石板底下驻足扎营，每年相聚，以某种方式敲定他们心目中治理岛国的办法。这种集会后来被称为"阿尔庭"（Althing）。一旦它形成了正式的结构以后——一般认为，形成于公元930年——它就成为掌管冰岛立法的唯一团体。直到今天，那块岩石上仍日夜飘动着冰岛的国旗，毫无疑问，它如今已是大西洋北部最受尊敬的纪念碑：成为世界其他地区设下治国模板的法律之岩。

此后不久，冰岛语中"庭"（thing）——是的，就是英语中用来表示某个物体或概念的这个词——的流程和习俗被附近法罗群岛上制定法律的人们模仿，后来又被挪威、瑞典和丹麦学习。马恩岛也模仿了他们的做法。马恩岛上的议会被称为"提恩沃德"（Tynwald）。第一次集会是在公元979年，从那以后年年举行，从未中断（不像冰岛的"阿尔庭"，在国家陷入无政府状态后曾被搁置多年），自称世界上最古老的连续定期集会的议会。

北欧各地还有许多其他的竞争者，在争夺各种议会式集会之首的殊荣，参与这种争论没有什么价值。不过，这个产生于冰岛的理念确实传播开了，而且传播迅速、影响很广，接受了这一点，就会发现一个首要的事实浮出水面：在世界上为数众多的北方国家中——并且所有这些国家都和大西洋有着密切的联系——自10世纪以来，都存在一些约定俗成的方法来创造各种法律规范，而且有民选产生或以其他方式组建的机构来公布和实施这些法律。

而在早期的俄罗斯，甚至是希腊，都没有创建出这样的机构，尽管古雅典发明了一种极为不同的制度。我们现在所说的"议会民主制"，很大程度上是大西洋的创造——这进一步提醒人们，如果还需要这样的提醒的话：正如地中海显然是古典世界的中心一样，北大西洋及其周边的很多国家，则见证了如今我们所知的现代世界的许多根基、联结和大梁的建设。

2. 汉萨同盟

不言自明，任何同意根据本土法律治理的外向型社会，最终都会接触到法律习俗可能完全不同的周边国家。这在贸易问题上尤为明显。如果冰岛的商人要和挪威的同行们做生意，该用什么法律？是辛格韦德利"阿尔庭"的法律，还是奥斯陆议会的法律？这种法律上的差异可能从未如此巨大 ——但为了更高效和更方便地做生意，商人们很早就意识到，这些法律需要以某种方式同步起来，一个系统与另一个系统应该要能巧妙对接。于是，11世纪和12世纪，船舶、贸易、对邻国的探索、两国之间以及和更远的国家之间的关系，都慢慢地、逐步地变得有组织、规范起来，形成了一套超级法律体系，一套基于每个贸易国的国内法律而建立起的协议，但是，在对船舶及其航行的海洋的管理上，则要更加丰富、更加全面。

结果，这些斯堪的纳维亚和波罗的海边上的新兴国家，逐渐也让隔壁这片海洋受到了某种管制。曾经令人备感困惑、恐惧，充满风暴、怪兽的神秘的大西洋，开始屈服于秩序和纪律。对所有人来说，最大的益处就是，大西洋——首先是其东北部，然后随着越来越多的地方被发现、被标上地图、有人类定居，这个范围也慢慢地日益扩大——变成了一片讲究风俗、习惯、规定、时间表以及关税和规则的巨大区域。

探索、殖民、战争、传道、捕鱼和贸易一直是海上冒险背后的主要动力。虽然当一切都已经被发现以后，探索开始减少；虽然当遥远的地方也人满为患以后，移民慢了下来；虽然战争会随着条约的签订和谨守而结束；虽然当能够皈依的人都已经皈依后，传道者也停止了旅行——但大西洋有两个属性，会超越一切而存在：作为食物来源的海洋和作为贸易通道的海洋。在整个历史上，这两样从未衰落，以前不会，以后也不会。

从腓尼基人在摩加多尔和提尔之间贩卖紫色骨螺染料的时代，到集装箱船在切萨皮克和默西河之间轰隆隆往返的今天，大西洋两岸之间的贸易就一直没有间断过，这个过程中涉及的财富几乎无法想象。

最初的海上贸易纯粹是自由活动——真正的国际贸易的概念，尽管如今成了所有现代经济体必不可少的组成部分，在当时却几乎无人了解。那时，零星的商业探险都是一时的心血来潮或意外的机会：码头的财阀们会资助船舶和它的主人，命令他将饰品或金银等货物运到远方某个可能的财富之源，他们相信任何恶劣的天气、海盗和当地的阻力都微乎其微，只等着安全返回，然后瓜分此行获得的战利品。这样的冒险有着巨大的风险、难以预料的竞争和无法确定的利润：对一些人是发财的手段，而对大多数人则是破产的源头。

最终，到了13世纪，有一群德国北部的商人建立起更好和更有组织的方式来经营海上贸易——这最初是为了保护他们的咸鱼贸易。这些鱼主要是在波罗的海和北海捕捞的。

吕贝克城（Lübeck）位于德国北部的石勒苏益格–荷尔斯泰因州，靠近波罗的海的入海口，在哥本哈根以南。这里的商人们组成了他们称之为"汉萨"的行会——这个词源于拉丁词hansa[1]，意指军队或同伙。一般认为，他们大约在1241年时决定与其他附近城市里志同道合的商人们（最初几乎都是德国人）建立一个联合会，相互之间组织海上贸易。汉萨同盟就此形成，并在接下来的400年里演变成了一个受到严密保护——有时还会全副武装——的商人垄断团体，他们几乎操控着整个西部的卑尔根与伦敦之间，东部的格但斯克（Danzig）、里加（Riga）与俄罗斯城市诺夫哥罗德（Novgorod）之间的海运贸易。汉萨同盟是一个真正强大的组织，我们至今能感受到它在文化、建筑，甚至语言（斯堪的纳维亚和德语词汇被传播进入了英语中，甚至西班牙语和葡萄牙语中）方面的影响。

总体来说，汉萨的商人主要是设立了东西轴线上的双向贸易。汉萨船——在联盟早期是一种叫"柯克船"（cog）的小型平底船，但其身后往往小心翼翼地跟着武装护航船——先从汉萨地区东边的农村带上原材料：毛皮、蜡、粮食、木材、沥青、焦油、亚麻和啤酒。然后，他们用这些东西，在特别建设的各个口岸——位于罗斯托克（Rostock）、斯德丁（Stettin）[2]、里加、哥尼斯堡（Königberg）等城镇——交易一些加工产品，或更加稀有的精细商品：羊毛、亚麻布、加工毛皮、葡萄酒、盐、刀、剑和炊具，这些都是船只从西欧带来的，那里也有汉萨的贸易站点。

伦敦就是汉萨同盟在西边的一个贸易站——那里有一个会计室，或叫"康托尔"（kontor，即汉萨商栈），还有自己的仓库和商人的房屋。与汉萨做生意的

---

[1] 这个词仍然存在于德国国家航空公司——汉莎航空（Lufthansa）的名字中。

[2] 1945年，丘吉尔在密苏里州的富尔顿讲话时，谈到了新的"铁幕"正在"波罗的海的斯德丁和亚得里亚海的里雅斯特（Trieste）"之间降下，让斯德丁一时名声大噪。它曾是汉萨港口，现在叫什切青（Szczecin），属于波兰。

英国人发现他们值得信赖，十分可靠。根据许多词汇学权威所说，伦敦人曾用"easterlings"来指代从汉萨东部城市来的生意人，这个单词后来被简化并纳入了英语，成为"sterling"这个词，意为"英币"，隐含了坚实可靠的含义。布鲁日市是另一个主要的汉萨城市，而由于欧洲人口的增加和经济的繁荣，对鱼干和熏鱼——它们便宜、健康且适于运输——的需求也几乎呈指数增长，商人们的影响力因此越来越向北扩展，最终创建了一个远至挪威卑尔根港口的汉萨贸易站。

▲▲

"布吕根"（Bryggen）是汉萨同盟在大西洋挪威海岸所设贸易站的"码头仓库"。从13世纪到17世纪，毛皮、木材、矿石、鳕鱼和鲱鱼等从这里运往南部的其他联盟成员，并将布和制成品从英格兰和德国运回。

卑尔根贸易站今天仍有一两个嘎吱作响的仓库被保留了下来，狭窄而密集的小巷里仍然残留着焦油和湿麻的气味。往下看，冰冷的海水正越过湿滑的鹅卵石，拍打着码头上防波堤巨大的花岗岩墙壁。现在这里停泊着游船，周围有很多小商店和咖啡馆，汉萨大腹便便的商人就曾在这里握一握手，一起抽一根烟，完成交易。

汉萨人促成了很多北大西洋海上贸易的切实进步：他们确保进入港口的河道得到适当的疏浚，他们修建灯塔以警示浅滩和暗礁，他们打击海盗，他们变得越来越强大，足以反抗偶尔出现的君主制。但尽管如此，汉萨关心的只是水手们所谓的近海——海岸贸易、海湾穿越、河口横渡、邻国之间的快速通道、他们的大多数航行都是在靠近陆地的令人心安的地方进行。

3. 更远的捕捞

尽管11世纪的维京人就曾到达过拉布拉多，并殖民过纽芬兰，但要到几个世纪后，人们才会从东到西完全跨越大西洋开始远距离的海洋贸易。在此之前，大型航海行动不是为了追求贸易，而是因为勇气过人的人们可以借此开发世界上所有海洋，尤其是北大西洋所富有的资源：鱼。

正是汉萨同盟为北大西洋上的商业捕鱼奠定了基础。营养丰富、经济实惠的冷水鱼很受欢迎，促使汉萨商人们订购并建造了两支船队，在两个完全不同的大西洋渔场上捕捞大量的鱼群：一个是瑞典南部所谓的斯堪尼亚（Scania）海域，那里有大量的鲱鱼；另一个是挪威以北，北极圈内的罗弗敦群岛，那里的大西洋鳕鱼的数量多到令人难以想象。

这种肉质白嫩、富含蛋白质而几乎不含脂肪的鱼，在大西洋历史上的重要性毋庸置疑。它主导了汉萨的贸易，刺激了巴斯克人的越洋冒险，为数十万的英国人提供了工作，更为上千万的英国人提供了食物；几十年间，它成为整个加拿大沿海和新英格兰沿海名州经济的核心支柱。

鳕鱼是底层鱼类，这就是说它喜欢在浅水里贴着海床游弋——舌鳎、比目鱼、鲽鱼、大比目鱼等鲽形目鱼也有这个喜好，其他五鳍鳕形目鱼类，如黑线鳕、青鳕、无须鳕、牙鳕等也是如此。（海洋鱼类的第二个大类是上层鱼类，即游在水面或中等深度的鱼：鲱鱼是上层鱼类，还有沙丁鱼、凤尾鱼、鲭鱼和声名远扬的南非杖鱼①以及当前濒危的蓝鳍金枪鱼。）鳕鱼的数量以前也很多（大仲马开玩笑说，雌鳕鱼的生育力太强，以至于如果所有鳕鱼卵都能存活下来并孵化，那么三年内人们就可以站在鱼背上走着横跨大西洋了），而且直到最近抓到的成鱼，大部分也都体积很大、体型强健，有几十磅白嫩可口、营养丰富的鱼肉。

鳕鱼也很容易保存，而且不会破坏它的蛋白质。这就是维京人长途航海成功的秘诀之一——他们只是把鱼剖开，用绳子或木框挂起来，放在寒冷的北极空气中使它风干，直到失去80%的重量，变得硬梆梆的，如同一块胶合板。当需要时，维京船长只需加点水，那么，啊哈！鱼干就会膨胀回原来的大小和形状，酥脆丰富的口感和营养又都恢复了，仿佛施了魔法一般。

如果维京人已算是有了风干鳕鱼的良好意识，那么伊比利亚半岛北部的巴斯克人则做得更好：他们知道地中海渔民的古法，学会了如何将海水中的主要矿物成分用作防腐剂：盐。北方人很少有机会获得结晶盐，主要是因为其气候无法提供使海水蒸发所必需的热量。然而，在这方面，地中海人则很幸运；巴斯克是一个航海民族，一方面能随时接触富含鳕鱼的海洋，而且由于地理环境的巧合，他们也能方便地弄到盐，将两者相结合，一举发明出一种此前在大西洋区域无人知晓的保存技术。他们剖开鱼，码上盐，然后才挂起来晾干：这样用盐腌过的鱼能保存更长的时间。以前缺盐的人们（比如法国人）则做不到这一点，他们只知道"湿法处理"，然后眼睁睁看着鱼随着时间的流逝最终变绿、坏掉。这项新技术使巴斯克人可以独一无二地长途航海，甚至一连航行好几个月都没有问题，因为他们知道自己不缺补给。

这样保存的鱼的味道也要好得多——这意味着巴斯克人可以轻轻松松开展起一项兴隆的生意。于是，他们找到了完美的结合：一种个大、高蛋白、无脂肪、美味又数量丰富的大西洋冷水鱼，还有一种保存鱼类供自己食用或出售给他人的绝妙方法。有了这个，巴斯克人很快离开了他们在加利西亚海岸的港口，

---

① 这种鱼虽然在非洲南部很受欢迎，但很少有英国人喜欢它，这是因为第二次世界大战期间，他们进口了数百万吨枚杖鱼罐头，当时的食品部劝人们去吃，但这场宣传攻势收效甚微。人们觉得它多油、少肉，很难吃，尽管厨师准备了辣枚杖鱼等菜肴（显然打开罐头的时候，它就已经够辣了），但大多都卖不出去。20世纪50年代，货架上突然出现了大小相近的猫食罐头，这便暗示了它最终的命运。

开始了一个时期的横跨北大西洋的长途航行，留下了直到今天仍然鲜明的商业印记。

渔民特别偏爱美洲海岬附近纽芬兰一带的大海。在这几百平方英里的范围内，海水极浅——大浅滩和弗兰希角——墨西哥湾流的暖流和拉布拉多洋流的冷水在这里擦身而过，生成了硝酸盐云，养育了浮游植物、浮游动物、磷虾，以及数量巨大的鳕鱼。只是，渔民们究竟是何时发现这些繁殖地的，还是一个颇具争议的问题：有的人坚持认为是约翰·卡伯特于1497年首次发现，并代表英国把纽芬兰命名为"新发现的陆地"[1]，进而诱使巴斯克人驶向西北；其他人则认为，在卡伯特之前，巴斯克人就自己发现了鳕鱼的栖居地，而选择不告诉任何人，但这个看法缺乏证据。

差不多40年后，布列塔尼探险家雅克·卡蒂亚（Jacques Cartier）抵达这里，并在加斯佩（Gaspé）悬崖上放上了他那个著名的大十字架——上面刻着"法国国王万岁"——并将周围命名为"加拿大"，为法国将其占为己有。在这之前，无数的巴斯克渔船早已在热火朝天地干活了，虽然没有做任何帝国姿态，也没有公开宣称对此地主权的拥有。此外，人们普遍认为，"加斯佩"这个名字来源于巴斯克语中"庇护所"（gerizpe）一词——巴斯克崇拜者说，这进一步佐证了他们的说法，巴斯克人是来寻找北美鳕鱼的，并定居在了这个北美港口，其时间远早于除维京人以外的其他欧洲人。

但是比巴斯克到来的确切时间更重要的，是随之而来的一个事实——就跟哥伦布到达圣萨尔瓦多，或约翰·卡伯特发现纽芬兰，尤其是韦斯普奇认识到美洲是一块独立的大陆而大西洋则是一个独立的海洋一样——航海终于可以迈上新的台阶：从那时起，航海——无论是出于好奇还是商业目的，是为了上帝还是战争又或种种其他原因——终于可以跨大西洋进行了。海上旅程终于可以在大洋的两岸之间开展。远航不必再局限于沿着海岸踽踽而行，不必再局限于某一海域。

---

① 约翰·卡伯特听起来像个英国人，其实不然，他实际上是一个名为祖安·卡波托［Zuan Chabotto，更通常的称呼是乔凡尼·卡博托（Giovani Caboto）］的威尼斯人。他接受英国国王亨利七世的委托，从布里斯托尔向西航行。他最终在纽芬兰和拉布拉多海岸登陆，使他很有可能是第一个在后维京时代到达北美的欧洲人——当然，这一成就决不属于哥伦布。

例如，从前，巴斯克渔船的目的只是为了抓鳕鱼，他们向西行驶时，是在冒险进入一片浓雾弥漫的未知海域，这样未必能够成功，想安全返回也只能碰运气，且绝没有百分百的把握。现在则不必这样了。不，他们的旅行现在第一次有了目的地。巴斯克渔船的船长现在知道，当他们离开家乡，驶进比斯开湾的混沌水域时，他们的旅程将很漫长，但有一个"彼岸"，那里有港口、食物、住所和维修厂——后来还会有他们同胞的定居点——这都是可以供他们使用的。但是，这对别人来说也一样；没过多久，西班牙的加利恩帆船、葡萄牙的克拉克帆船以及英国沿线的船只也明白了，他们的旅程有一个彼岸——到16世纪初的几十年，人们开辟了跨洋航线，贸易欣欣向荣，共同开掘大海的宝藏。

在欧洲人参与远航时，新兴的美国人也紧随其上。无论是作为定居者还是殖民者，或是像1776年以后，作为一个新的独立国家的公民而航行，美国人都特别迅速地掌握了各种跨大西洋冒险活动的利用价值。

他们最初是通过追逐鲸鱼而锻炼出了航海能力。

然而，指明方向的还是巴斯克人——因为在过去600年里，他们一直在追捕这些温血海洋哺乳动物，并展示出了和对付较小的非哺乳动物鳕鱼时同样的决心和无情。不同于过去其他人所用的简单方法，巴斯克人不会等待鲸鱼在海滩附近登陆，而是把自己的船开到大西洋的深水中，在远离海岸的地方捕猎鲸鱼，一如追寻其他任何的海洋生物。

他们的主要目标，首先在比斯开湾，然后是在冰岛南部及更远的水域，是一种大型须鲸类动物[1]，叫作北大西洋露脊鲸——这是美国捕鲸者最终取的名字，因为它们显然就是被"正确"[2]猎杀的那类鲸。北大西洋露脊鲸——一种浑身漆黑的动物，重约100吨，而且有个致命的爱好，极其喜欢在靠近海岸的危险地带悠闲地游动——还有个体形更大的北极表亲——弓头鲸，它们都非常容易被猎捕。巴

---

[1] 须鲸没有常规的牙齿，但它们（通常巨大）的口中有一系列的过滤器。其他门类的鲸类动物，齿鲸，包括抹香鲸、白鲸、独角鲸、海豚——其中只有少数，最主要是抹香鲸——能带来和须鲸同等程度的商业利益。

[2] 露脊鲸的英文为"right whale"，right有"正确"的意思。——译者注

斯克人逮住它们的技术极为简单，于是很快就成了世界通用的技术：就是在鱼叉线上系上浮锥，使得被叉住的鲸鱼无法潜入水中，只能在海面上不停挣扎，最终精疲力竭，慢了下来，而被捕鲸者们杀死。

露脊鲸死后一般会浮在海面，可以被人们拖回家或拖到附近岛屿的营地，在那里被处理。人们会抽取鲸脂，用来制作一种特别优质的蜡油，用于取暖或照明，或用于润滑和制造人造黄油①；鲸肉被切好后会被腌制；鲸须——鲸鱼口部的一种由表皮形成的角质薄片，帮助它从海水中过滤食物——被加工制成紧身衣的撑子、马车鞭杆或遮阳伞的伞骨，或任何一种爱德华时代之前的男人能想到的用途。

每年，都会有大量这种体积庞大、动作慵懒、毫无防备得可悲的鲸鱼死在狂热追逐巨额利润的欧洲人手中。露脊鲸和弓头鲸数量尤其多的地方是在大西洋极北端的斯匹次卑尔根群岛（Spitsbergen）附近的海岸——这里比扬马延岛和熊岛（Bjornoya）都还要远，风暴期间，捕鲸船会在这两个地方短期逗留——后来还有加拿大和格陵兰岛之间的戴维斯海峡（Davis Strait）。到18世纪，巴斯克的技术垄断已被打破，法国、荷兰、丹麦和斯堪的纳维亚的捕猎者也加入了寻找这种大型哺乳动物的队伍。

后来，莫斯科威公司②的英国人也加入进来，他们认为（其实不然）自己发现了斯匹次卑尔根，于是宣称英国是唯一可以在这附近的沿海水域中捕鲸的国家。有一段时间，英国的赫尔（Hull）和雅茅斯（Yarmouth）等港口城市派了很多船只北上——他们在那里与荷兰和丹麦对手发生了令人不快的小规模冲突，后者试图将他们赶走。这场争执尤其让荷兰人改进了狩猎技巧——他们能从小型舢板或风帆驱动的小舟上捕杀鲸鱼，然后将其拖回船上，摆满整个船尾，剥皮之后再带到陆地上抽取鲸脂。大部分捕鲸过程都是在海上进行——这么做更加安全，特别是在有对手环伺，打算趁着捕鲸船带着新鲜的猎物悄悄潜入港口时半路拦

---

① 鲸油也用于钢铁淬火、皮革加工及制造硝化甘油和肥皂。

② 莫斯科威公司（Muscovy Company），第一家在英国批准的股份有限公司，成立于1555年，其目的是组建船队，探索从大西洋往北穿过俄罗斯，然后走向中国和印度的航线。——编者注

截之时。

18世纪初，美国人进入这个行当时，便对这种新局面了如指掌；尽管在美国于17世纪后期才在楠塔基特岛和新贝德福德及长岛南部沿岸的各个小港口边成立了一批最早的捕鲸企业，那时它们也仍然是在陆地上进行许多繁重的工作，但不出50年，新英格兰的捕鲸船便做得庞大稳固，可以自给充足，能让船主带领船和船员航行好几千英里了。美国人并没有向北加入与欧洲人热火朝天的争斗之中，而是一开始就决定让他们的船员一头扎进大西洋的处女地——他们将让丹麦人、荷兰人、英国人坐享北方的弓头鲸，而他们将集中精力于基本未被开发的其他须鲸类上——长须鲸、大须鲸、小须鲸、灰鲸、座头鲸、南露脊鲸，以及体形巨大、威严庄重、令人难忘的蓝鲸——还有抹香鲸，这种鲸以其优良的鲸油闻名，生活在后来的"南部鲸鱼渔场"里。

抹香鲸，学名"Physeter macrocephalus"，是一种和美国文学生活深度交织的动物，这在很大程度上要归功于赫尔曼·梅尔维尔的小说《白鲸》(Moby-Dick)。1851年，梅尔维尔写作了这部小说，讲述了"裴廊德"号的亚哈船长和凶猛的白色大抹香鲸之间的复仇故事，因为在此前的一次遭遇中，抹香鲸残酷地咬断了他的一条腿，让他倍感耻辱。在梅尔维尔写这本书的时候，捕鲸业正处在巅峰期，新贝德福德、神秘港（Mystic）、萨格港（Sag Harbor）和楠塔基特岛的捕鲸船每年带回多达400头这样的巨兽。[①]

但在此至少一个半世纪之前，新英格兰地区就已经知道了这种动物：楠塔基特岛的历史学家喜欢说，早在1715年，在追捕露脊鲸时就已经遇到过一群抹香鲸，便引起了所有人的兴趣——因为，谁看到这样奇怪而庞大的生物会不感到震撼和疑惑呢?它有着一个笨重的大头，足足有身体的三分之一长，还有唯一的一个喷水孔，能向空中喷出数十英尺的水柱，还有一对弯月形的尾巴。当它能像星式战斗机那样，潜入海下两英里并在那待上一个多小时而不用呼吸时，尾巴会发出轰隆隆的巨响——这种动物的体积、重量、声音（它能发出一些咔哒咔哒的声

---

① 这听起来好像很多，但在20世纪60年代，俄罗斯和日本的捕鲸加工船开足马力，每年能从北太平洋捕走多达25000头抹香鲸。

音，几英里外都能听见）和凶悍远超大多数水手的想象。后来人们还发现它浑身是宝：鲸脂可以提取出来制成一种极优良的燃油，用于照明和润滑精细的金属机器；它的肉甚至比一般的暗红色鲸肉更有营养。这一巨兽的头部骨腔里面装着几吨的鲸脑油，一种玫瑰粉色的、又软又黏的、精油一样的物质，可以经冷却和压榨而得到鲸蜡，用来制作很多东西，特别是最纯净的白色蜡烛，人们在鲸鱼头骨上挖一个洞，把一个大桶吊下去，方便更好地把鲸鱼巨大头部内的东西舀出来。另外，根据梅尔维尔的讲述，明辨或勇敢，或两者兼有的人，还可以在抹香鲸的皮上挖一个洞，穿过脑袋套在身上，就成了一件圆领斗篷。人们还发现，鲸鱼的肠道深处有一个大肿块，就是一种著名的能浮在水上的灰色油性物质，叫作"龙涎香"——龙涎香的起源一直是个谜：人们有的说是海里的沥青，有的说它来自海里一种橡胶树的根，有的说是海龙喷出的唾沫，也有人说它是一种真菌、是人工合成的、是压缩的鱼肝——所有这些令人喜爱的东西都给了人们更多的理由去捕猎抹香鲸，甚于其他的鲸类竞争者。

于是，到了18世纪中期，捕鲸者配备了更大的船、更厚的帆、更大的油桶、更强的鱼叉、更结实的绳子、更耐用的铁器，席卷了从美国东部到他们所谓"深区"的整个区域。

到那时为止，他们的航程都只能持续几天，或者一两个星期。但更有胆识的捕鲸人开始远航到了巴西或者几内亚海岸，甚至马尔维纳斯群岛或南乔治亚岛，并且一连在外几个月；旅程中惊险迭出，但他们也有很多时间在悠闲地漂流，这正好增长了他们贝壳雕刻的手艺。后来，更有大胆的一些人把船开到了埃斯塔多斯岛的南部，顶着夺命纬度上咆哮西风带的大风和暴雨，绕过合恩角，依靠运气和良好的航海技术，最终完好无损地进入太平洋生活着很多鲸鱼的空旷海域。

但他们在大西洋的长时间逗留使美国水手信心倍增，也增加了对深海的深刻认识，这是其他人少有的。捕鲸船的范围扩展到了更远的海域，发现了很多秘密，堪比海洋国家派出的航海家和勘探家：他们留下的遗产——尤其是大西洋上新英格兰捕鲸船留下的遗产——非常丰厚。

4. 暴烈的邮轮

当定期跨洋货运成为一种跨大西洋贸易的新形式时，美国人，这片海域的长途运输专家，一跃成为领头人，从此以后主宰了大西洋的货运方式，这不足为奇。这一切都开始于1818年1月初的一个寒冷冬日——开始于一种从纽约往东的航船，这种船后来被称为"班轮"。

当时，大西洋上已经满是货船了——满载着巨额吨量的新大陆货物，特别是从美洲的巴西、加勒比群岛的各个种植园的糖，把它们运到欧洲，然后把殖民地商人需要的贸易货物和建筑材料以及最新的技术和时尚产品带回美洲。但这些船只一般只在装满了货物以后才会起航——没有任何固定可靠的离开或到达日期，来回的航线也完全不确定：临行前的最后一分钟，也可能添加新货物，去一个眼下尚未确定的港口；而一旦同意航运，就意味着船必须改道，以保证将货送达。

唯一一个试图制定时间表，甚至尽力遵循它的，就是由初建的英国邮政局组织的海洋航运服务。几乎从1660年查尔斯二世首次建立邮政服务开始，它便开始了这项努力。人们很早就认识到，重要的外交信件——给海外大使馆和殖民地总督的公函，以及给远方的重要人物的信件——都必须和送往国内目的地的信件一样妥善安排。于是，17世纪80年代初设立了一些邮政班轮港口——一个在哈里奇（Harwich）和多佛尔，用于运送邮件到欧洲北部；一个在安格尔西岛（Isle of Anglesey）的霍利黑德（Holyhead），运送爱尔兰邮件；1688年，经过正式挑选后，又在遥远的海滨小镇——康沃尔郡南部的法尔茅斯设了一个。

又快又守时的帆船从法尔茅斯被派往西方世界的各个角落——先是每两周一次发往西班牙的科伦纳（Corunna）（使用被称为"通信船"的小型船只，最早的一批被称为"邮差"和"信使"），后来又通过直布罗陀海峡，转运到欧洲南部、中部及亚洲[①]。然后，到了世纪之交时，海军测绘局长埃德蒙·达默（Edmund Dummer），提议让邮政局开办首个跨大西洋的船运服务，到1702年，作为一种早期的特许经营，他便操办起4艘远洋单桅帆船和双桅横帆船，在法尔茅斯和巴巴

---

① 与法国的战争阻碍了更为直接的路线。

多斯、安提瓜、蒙特塞拉特（Montserrat）、尼维斯（Nevis）、牙买加等英国经营的产糖岛屿之间往返。从加勒比海出发，不过一步之遥就能把服务拓展到美洲大陆，尤其是纽约市——这项服务创立于1755年，最初有两艘船只："哈利法克斯伯爵"号和"沃尔将军"号。这条路线本来是应该一个月一班（虽然在头两年里只发了四次），全力开通后，又加开了一些船只，最终有了从法尔茅斯到彭萨科拉（Pensacola）、圣奥古斯丁、萨凡纳（Savannah）、查尔斯顿等南方港口的航线，而且还有早期最重要的一条路线：到美国东北部主要的要塞城市（也是用鲸蜡生产蜡烛的城市）哈利法克斯的航线。

从1754年开始，已经有不定时的服务往来于法尔茅斯和哈利法克斯之间，主要用于军事邮件的运送。毫不奇怪，在独立战争期间，它遇到了后勤方面的困难。但一旦尘埃落定，美国独立以后，正式定期的邮政服务便开展了起来1788年，哈利法克斯和纽约都能接收到了来自法尔茅斯的邮件，且后者所有的邮件往来都是在管理天才本杰明·富兰克林的组织和监督下进行的。他在美国的殖民地时期就是邮政署副署长，后来在新成立的国家中担任邮政局长。[1]

所有精明的伦敦人都很快熟悉了这一常规：在每月的第一个星期三，邮件会在伦敦市中心的邮政局安排就绪，等待发往纽约、哈利法克斯和魁北克市。一封去曼哈顿的信要花4本尼威特[2]银。装着大堆信件的皮质邮包（packet）——邮船（packet boat）的名字就是由此得名——就被装上邮车，沿驿道送到法尔茅斯，然后在周六晚上准时到达，接着转移到等待的船上，立刻离开法尔茅斯，进入大西洋的波涛之中。"上坡"[3]时，平均要花50天才能到达大洋彼岸，如果邮船中途要在百慕大和新斯科舍停留就要更久。伦敦人1月1日寄一封信，估计要到2月的第三个星期，纽约的人才能读到。

当然，运送的不光是邮件：邮局的审计长，一位名叫波茨的先生，告诉

---

① 正是因为富兰克林发现从法尔茅斯西行的邮船常常延迟，才让他弄清了墨西哥湾流的性质。

② 本尼威特（Pennyweight），英美金衡单位，1本尼威特等于24谷或1/20盎司。——编者注

③ 往西走时，一般会刮逆风，使得班轮水手把这称为"上坡路"，而从美国开往欧洲的船要更快，所以叫"下坡"。

人们报纸和杂志也可以横跨大西洋。任何一份伦敦的日报，比如《大众广告报》（*General Advertiser*）、《每日新闻》（*Courant*），或者《每日广告报》（*Daily Advertiser*），一份只要5便士。《旁观者》（*Spectator*）——至今仍在发行——要9便士，而《伦敦公报》（*Lodon Gazette*）——伦敦最受尊敬的一家报纸，依旧影响力颇大，发布政府的官方声明——在纽约9便士就能买到一份，"由几家邮船的负责人直接押运送达，且免收其他一切费用"。

令人倍感奇怪的是，从1688年直至1818年，花了长达130年，用于运送邮件的定期班轮这个形式才被推广到普通货物的航运。而且，首先提出这一做法的并不是英国的机构，尽管英国在这方面已经积累了十分丰富的经验。跨大西洋定期货运的发明来自总部设在美国的一家公司。这也许预示了后来发生的种种事情。

实际上，在这场真正改变了游戏规则的大胆创举背后，两位幕后主导都是生活在美国的英国人。他们都是约克郡人氏，都来自利兹，分别在18世纪末时到美国来寻求发家致富的机会。巧合的是，他们的办公室也彼此相邻，都在曼哈顿下城的比克曼街（Beekman）。到1812年，当这个创想最早诞生的时候，杰里迈亚·汤普森（Jeremiah Thompson）是一位年轻的棉花经纪人，拥有几艘船，在美国沿海做贸易，而本杰明·马歇尔（Benjamin Marshall）——跟汤普森一样，是一位贵格会教徒，这个小小的传奇故事中的商人大多都是贵格会教徒——是一位纺织品生产商和进口商。

两人很快发现，他们分别都对从美国南部各州的种植园市场直接购买原棉产生了兴趣。可以肯定的是，他们对棉花有不同的计划：汤普森是为了销售原棉，来换取他父亲在利兹生产并试图出口到美国的精美羊毛制品。马歇尔则不然，他需要大量的棉花，为的是运回他家在兰开夏郡的纺织厂，把原棉制作成纺织品，然后再运回纽约，卖给零售商。这两个人，并非完全是竞争对手，于是决定携手合作，在亚特兰大设立了办事处，并在新奥尔良找了代理商：由于国内没有任何其他的货运系统①，他们便用自己的小船，把棉花从东南部港口运到纽约，然后利

---

① 直到1829年，马歇尔和汤普森开始这门生意的17年后，巴尔的摩和俄亥俄的铁轨上才出现了蒸汽机车，这是美国的第一条货运铁路。

用任何可用的船只，将它们横跨大西洋运到利物浦。

这里存在一个问题，而且，从马歇尔和汤普森的角度来看，也是一个巨大的商机。

▲▲

露脊鲸正在高纬度难得的宁静安详中晒着太阳。这时一队海舫离开母船前去猎捕露脊鲸。海舫小船上插着母船的信号旗，以防在波涛汹涌的大海中迷失方向。

随着1812年战争结束，英国皇家海军对美国港口断断续续解除了封锁，贸易便骤然升温，这个问题便剧烈放大。因为离开纽约的船只根本就没有足够的空间提供给越洋货物——而且，没有人知道这些船什么时候会离开纽约，又在什么时候能抵达大西洋彼岸。

多年来的一贯做法是，商家拥有自己的船舶：马歇尔和汤普森已经拥有3艘船——"太平洋"号、"友好"号和"信使"号，自己用来在大西洋上做运棉生意，所以他们俩还挺不错，没有这个困扰着许多同行的问题——找不到运货的船。这两位已经非常成功的商人，再加上另一位贵格会船东艾萨克·赖特（Issac Wright），他们的天才之举——这将确保他们精明地把握住一个具有重要历史意义的商机，从而被世人久久铭记——即决定订购更多船只，并在这些船上为任何有需要的托运人提供空间。此外，更为重要的是，他们按照一个固定的、定期的时间表发船，这是以前从未有人做过的：以前运营的那些所谓"不定期货船"，都是根据船长的心意随便开船，他们则提出了一个全新的"按时刻表行船"的理念。

根据这个时间表，每月5日的上午10点，都有一艘船离开纽约，沿所谓的"黑球渡轮线"开往利物浦。而在每月1日，也有一艘西行的船离开利物浦走"上坡路"。只要肯出钱，那么任何人都可以搭上任何一艘船运任何的东西，可以装在舱里，也可以绑在甲板上。他们也载客——早期船上的乘客多达28位——而且还能保证一定的舒适度。

像广告上说的那样，不管船舱里是空是满，他们总是准时开船：不管刮风下雨，他们都一往无前，"到那里，快快地到那里"就是他们的唯一要务。为了向英国邮政局致敬，他们给自己的船只和货运服务也取了相同的名字：邮轮。

1818年1月5日清晨，有史以来的第一艘利物浦邮轮，从纽约下城的23号码头出发了。仿佛是要证明这种新式航运不用看天气和潮汐的脸色，也不用管主人的心情，无论是风平浪静还是风狂浪急时都能航行，这艘424吨的三桅帆船"詹姆斯·门罗"号在东北刮来的暴风雪的怒号中解开了缆绳，在着迷的围观群众的欢呼中驶进了大风中——人们敲响了教堂的钟声，庆祝的炮声也隆隆响起——很快，它的身影就消失在了浪花的泡沫和漫天的大雪之中。

它绕过桑迪岬的航标，新泽西在它的右舷，长岛在左舷，陆地迅速地退去，大海在眼前铺开。它升起了前帆——这也是向所有寻找庇护的船只展示自己的新招牌，帆布上赫然织着一个黑色的大圆圈。主桅上悬挂的锦旗上也有相同的符号：鲜红色的旗子上，正中心画了一个黑球。

"詹姆斯·门罗"号的构造讲求速度——这一点，和它固定的时间表，是吸引客户的主要诱饵——这在很大程度上要感谢海军对船只架构的改进，这是美国私掠船在战争期间，为了更好地突破英国的封锁而整合到货船上的。它还相当宽敞：可以容纳3500桶货物——这是19世纪初，衡量船只容量的主要单位——虽然这是它的首次远航，但它还远远没有满载。还有，正如上文提到的，船上还设有可供28名乘客居住的房间，不过只有8个人报名了——单程200美元。从载货单上看，它的货舱里空空荡荡，广阔的空间中应该能产生回声，因为它是在往英国运送紧缺的粮食：弗吉尼亚的一点苹果、中西部的几桶面粉、佛蒙特州的14包羊毛、缅因州的一点蔓越莓、在佛罗里达州的奴隶种植园生产的几罐松脂。还有鸭、母鸡和一头奶牛，好让殷勤的乘务员——大多是黑人——给那群平民乘客供应肉、新鲜的鸡蛋和牛奶——可以理解，乘客们都有些紧张。还有几包佐治亚的棉花：几位船东充分利用自己的船只，给约克郡和兰开夏郡的纺织厂带去了更多的神奇纤维，他们起初就是从这门生意上赚来了第一桶金。

"詹姆斯·门罗"号的主人詹姆斯·沃特金森（James Watkinson）花了28天才到达默西河。2月2日，邮轮停泊在了利物浦。在大西洋中途某处，它和（虽然没有看见）它的姊妹船"信使"号擦身而过，当时后者正在"上坡"上苦苦挣扎——它走了6周，吃尽了苦头。"詹姆斯·门罗"号回程时，在商业层面上看似不甚有说服力：它在爱尔兰海被一场巨大的风暴破坏了，不得不返回利物浦进行修理。但是，在纽约的比克曼街，三个贵格会教徒——马歇尔、汤普森和赖特，都保持了自己那份英格兰北方人的胆识；到1820年，4艘船都定期往来于大洋两岸，没有出现重大事故，而且货物不断增加，收费也稳步上涨。两年后，他们得以打造出更大的船只，顶着黑球旗航行了："阿尔比恩"号、"大不列颠"号、"加拿大"号和"哥伦比亚"号，它们载重达500吨，而且据说拥有大洋上最好的船员和最厉害的船长，即使是在最险恶的条件下，也会要求扯起所有的帆，以最快的速度走完下坡。

这样的赛跑一上演，常常会吓坏乘客，而他们只好眼睁睁地看着船帆被大风撕成碎片而无能为力。"加拿大"号有一次在短短的15天8小时内就完成了跨洋东渡，甚至在回程时，从默西河到桑迪岬也只用了36天。"起来盯着黑球线"成了许多与之竞争的跨洋船只每天换岗时的喊话——这话暗示着，如果船员拖拖拉拉，那么黑球船就会比你更快到港。而且，由于船员是在抵达时拿工钱，这就意味着黑球船的船员会第一个拿到装着现金的信封，成为大西洋海滨最令人羡慕的男人。

船长们个个都是粗犷狂放的硬汉，在个人野心和对公司时间表的赤胆忠心的驱使下，很快就成了传说，他们的船只同样被誉为海港中有史以来最浪漫的特快邮轮。船员们也同样强硬，被称为"邮鼠"，多是利物浦的爱尔兰人，嗜酒如命，而且更糟糕的是，在他们休假的任何港口，他们都无一例外地成为了警察又爱又恨的祸害。但他们被长官一刻不停地催促着：据说有一位船长用螺栓在后甲板上固定了一个特殊的小床，就睡在帆下面，以确保没有自己的下级敢趁他睡觉的时候，在风暴期间收帆减速，造成延期的危险。这是一种暴烈的做法，完全配得上邮船往返穿梭的暴烈的大海。

没过多久，数十家其他竞争对手纷纷成立，曼哈顿下城靠海的街道岸边挤满了等待的船只，正如狄更斯所写的，邮船的船首斜桅"几乎快顶到（码头对岸办公楼的）窗户里去了"，街道上的车辆在船下来回穿梭，就像树枝亭亭华盖下的森林居民一般。岸边的黑球线船只旁很快多了红星线、蓝燕线、伦敦线、利物浦线、联盟线（直接开往法国北部的勒阿弗尔）、法伊夫线（到苏格兰的格陵诺克）以及戏剧线（所有船只都以演员和剧作家的名字命名）。还有，尽管遭到了抗议，但在英国还是成立了一家完全独立的竞争对手，也叫"黑球线"，这造成了极大的混乱，直到法院出手拨乱反正为止。不管何时，曼哈顿海滨都会挤着多达500艘帆船，船头向内排成一溜，船尾则背对着外面东河（East River）的潮水，就像一排整装待发的种马一样。

很快，英国邮政局放弃了自己的邮轮服务，这正在黑球线创始人的意料之中，因为伦敦很快就完全接受了由美国人主导的跨大西洋贸易，这样一来，快速和可靠的邮轮几乎每天出发。一个新词很快就进入了词库：由于所有的船都属于一家公司——正如驿站马车公司已经在做的，努力把国内各地的信件按时送到——公司会把船一艘接一艘地排成一条"线"（line）送到海上，于是这些新式定期轮船就被称为"liner"（班轮）。它们是"跨大西洋班轮"——是这类多种多样的大型商船中最早的一批。班轮业务直到今天仍然繁荣存在。

在"詹姆斯·门罗"号首次离开纽约仅仅一年零五个月之后，美国港口又出现了另一次同样彪炳史册的启航。这就是"萨凡纳"号；虽然它是在纽约建成的，但1819年5月22日那天，它是从它得名的一个佐治亚州的港口出发的，和当时大多数东行的跨洋船一样，开往利物浦。"萨凡纳"号值得纪念原因是——美国直到今天还在庆祝此事，尽管只是名义上的庆祝，即把它启航的那个春日定为"国家海事日"（National Maritime Day）——虽然它和普通的航海快船一样有三根桅杆，但它还有一个烟囱——顶部弯曲，就像吸管一样——而下面，船里面有一台72马力的蒸汽机。它是第一艘由蒸汽驱动的横渡大西洋的船只。

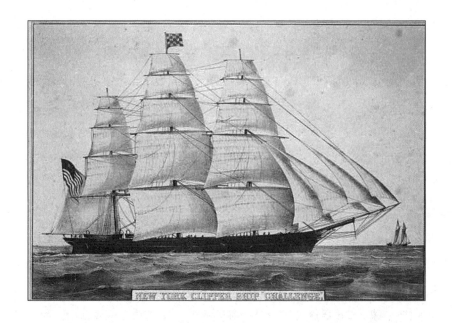

▲▲

"挑战"号于1851年在曼哈顿下城的韦伯船厂建成，这艘伟大的快速帆船在25年间一直是航海黄金时代的代名词，是海上速度和优雅的典范。

它的蒸汽机，只有大多数现代汽车发动机功率的四分之一大，被设计来驱动一个由桨轮组成的巧妙系统，明轮架在一个轴的两端，轴横放，但也可以取下折叠起来吊置于甲板上。虽然在第一次航行中，它的蒸汽机只用了80个小时，但它从萨凡纳河横跨大洋到爱尔兰海岸只花了23天——这已经是个很不错的成绩。但它并不经济：确实，还要再过20年左右，船用蒸汽机的效率才能提高到一定的水平，使完全放弃风力变得划算。然而，即使在1819年，人们也认为"萨凡纳"号终将成为全新远航方式的先驱。或许当时它 23天横跨大西洋的成绩还算不上令人惊叹，但125年后，和它完全不同的蒸汽船将能在3天多的时间里完成这趟旅程。

5. 海底电缆与无线电报

然而，在这个快速现代化的世界上，需要运往大洋彼岸的并非只有货物和乘客。起起伏伏的汪洋正日益被视为一条信息的高速公路——被大洋两岸以及更远的人们用来互通情报、新闻、情侣誓言、出生公告、船舶往来通告、股票价格，以及政府更迭以及国王去世的消息。

所有这些东西都突然变得不可或缺。19世纪初的世界已经发生了变化，已经走上了向今日巨大地球村转型的道路：费城和彼得伯勒（Peter borough，加拿大）之间，又或是巴西和比利时、莫斯科和蒙得维的亚（乌拉圭）之间的信息交流，变得跟曾经的铁匠和警察、旅店老板和教堂执事之间的往来一样重要了。为了运行顺畅，社区内的相互联系素来至关重要：随着世界人口在移民浪潮中混杂融合——尤其是19世纪大西洋两岸，欧洲和埃利斯岛之间的移民——一种全球社区的感觉也建立起来了，需要不断增长的信息和情报的流动。

1760年，乔治二世国王去世的新闻在波涛汹涌的海上颠簸了6个星期才到达殖民地时期美国的臣民耳中，显示了跨洋传递信息是多么缓慢，令人懊恼。一个世纪后，消息传递还是没快多少。美国内战期间，电报已经发明出来，使得大陆上的通信变得容易，因为陆地上可以通过竖电线杆来建立线路。而要隔海获取消息则需要全部的创造力：伦敦报纸要发布来自北美公告，要先送到纽芬兰外围的海岬，然后划船把手写的副本带给即将东去的轮船，接着匆匆抵达对面爱尔兰北部外围的海岬，然后由捕鲸划艇将它们送到最近的电报收发室，把它发往伦敦。这个耗时又笨拙的过程还不是什么巨大的进步：这仅仅意味着北美安蒂特姆（Antietam）或葛底斯堡（Gettysburg）战役的消息，或谢尔曼大军打过格鲁吉亚的情况，两周之后才可以在伦敦白厅或蓓尔美尔街（pall Mall）的俱乐部里读到。

速度在一点一点地提升：1864年7月4日，有关弗吉尼亚州战役的细节，仅仅两周后就见诸伦敦《泰晤士报》。1865年4月，当林肯总统被刺身亡时，电报新闻——也是从手写的信件转录而来的——被装在一个密封的牛皮袋子里，借"新斯科舍"号轮船去爱尔兰多尼戈尔（Donegal）的机会被送到了邮局，又在那儿被送去印刷，然后震惊而沮丧的伦敦了解到了这个消息——在刺杀事件发生12天以后。

显然，需要一种新的更快速的通信方式，而新发明的电报将是关键。而在随后的解决方案中占据关键地位的，是一个几乎未被探索过、海风呼啸的海岛，唯一的特别之处就是它是大西洋上的第四大岛，仅次于格陵兰岛、冰岛和爱尔兰——英属殖民地纽芬兰。19世纪中叶，一小群企业家想了解如何加快消息跨洋传递的速度，便开始把目光聚焦在这个岛上——这是因为纽芬兰可提供北美到欧洲距离最近的地点：从圣约翰斯的海港到康尼马拉的悬崖只有区区1600英里。

海底电缆——欧洲已经有了这项发明：1850年8月，英国和法国之间已经铺设了一条电报电缆，不久之后，英国和荷兰之间、苏格兰和爱尔兰之间的海域也有了电缆——或许也可以从圣劳伦斯湾横跨卡伯特海峡。如果能再有一组地上线路把这条水下电缆连接到圣约翰斯和哈利法克斯，再另铺一条线路连接波士顿——天哪，那就只需要在纽芬兰与爱尔兰之间设立一支快轮船队定期往返，即可让信息在短短7天之内到从纽约传递到达伦敦。

就在这个时候，35岁的赛勒斯·维斯特·菲尔德走进了这个传奇故事。他出生于马萨诸塞州西部伯克希尔山一个富裕的造纸世家。纽芬兰计划的主要支持者来见他，希望能说服他投资。菲尔德礼貌地接待了这个人，说他会考虑一下——

然后，当天晚上他在藏书室读书时，正巧用手转动了一个地球仪。它是那种适合放在绅士的藏书室里的大型地球仪——菲尔德注意到，他的手能跨越纽芬兰和爱尔兰，还有伦敦和纽约之间的距离。

于是他马上意识到，为了节省几天的电报传输时间，不能在纽芬兰和新斯科舍的荒野里建电缆线路，但人们可以在整个大西洋的最窄处，直接从纽芬兰铺设电缆到爱尔兰。如果他能做到这一点，就可以把19世纪全球最重要的两座城市之间传递消息的时间，从几天减少到几秒钟。

菲尔德既没有技术头脑，也不是海洋地形专家，但他立即给两个人写了信，他们是：发明了电报代码的塞缪尔·摩斯（Samuel Morse）和美国海军的马修·方丹·莫里，后者对大西洋的考察确证了广阔的海底高原"大西洋中脊"的存在。两个人都告诉菲尔德，他的想法是可行的：莫斯10年前就已经试验过在纽约港下面走电缆，并曾写信给美国政府，大意是"肯定可以利用电磁方案建立跨大西洋电报通信"；莫里——尽管是因为丝毫不知道大西洋中脊是一片和落基山一样锋利又不稳定的高山幽谷（也就是说，根本无法从空中盲目地空投电报电缆下去）——这样写道："那片高原……似乎就是专为承载海底电报电缆，保证它们免受伤害而摆在那里的。"

于是1854年5月，纽约、纽芬兰和伦敦电报公司成立了；两年后，大西洋电报公司①也同样在伦敦成立。两家都致力于筹集项目资金。美国公司的董事长彼得·库珀（Peter Cooper）——纽约库珀联合学院的创始人——相信，他要做的事将"会为世界的福祉提供一份巨大力量的可能性"。

英国政府对这项计划尤其兴奋，表示愿意勘测路线，甚至提供船只帮助铺设电缆，并支付一定的费用——唯一条件是，能让英国官方的消息拥有绝对优先权。美国人则对同一问题进行了更加激烈得多的辩论。

并不是每个新大陆的人都想与旧世界有这样的亲密接触。梭罗，这个一贯

---

① 小说家威廉·梅克皮斯·萨克雷（William Makepeace Thackeray）也是它的投资者；相反，查尔斯·狄更斯则表现出一种勒德分子（Luddite，19世纪初英国手工业工人中参加捣毁机器的人，指代强烈反对机械化或自动化的人）般的敌意。

脾气暴躁的厌世者，就刻薄地评论说，如果第一个到达美国的消息只是"阿德莱德公主得了百日咳"的话，那么在大西洋底下铺通信电缆基本没什么价值。而且，美国还存在一种鲜明的革命后、烧毁白厅后的仇英情绪，特别是在南方，任何英国的东西在那里都会受到广泛的厌恶和鄙视。尽管如此，经过在国会一番艰苦游说，终于通过了必要的法案；1857年3月，在跟詹姆斯·布坎南（James Buchanan）交接之前，富兰克林·皮尔斯（Franklin Pierce）总统签署了法案，开出的条件和伦敦之前同意的方案完全一致。建设——有史以来可以想象的最雄心勃勃的建设项目——现在可以开工了。

媒体有非常多的宣传：大洋两岸的报纸上充满了该怎么建设这些电缆的建议——用气球吊住，有一个通讯记者写道；用浮标串成锁链，将电缆拴在上面，在海面下晃动，船舶可以在这儿停泊，就像今天的汽车停在路边服务站一样装满消息；维多利亚女王的丈夫认为应该用玻璃管把它套起来。还有一些人认为——如第2章指出的——海洋有不同的密度分层，会影响各种物体下沉的深度：马会比青蛙沉得低，胖子会在瘦子的下面，而电缆只能下沉到海洋中的一定深度，然后就悬在那里，就像今天喷气式飞机喷出的尾迹一样。

科学家们为电缆该有多粗而争吵不休——粗铜线可以传导进行长途通讯所需的大电压，但也意味着它可能在下降到海底时在自身重量的作用下断裂。最终，人们决定制造一个和男人的食指差不多粗的电缆，铜芯外面加杜仲胶绝缘，然后涂上大麻和焦油，最后用钢丝包裹起来，每英里重约一吨（虽然悬在水中时只有约1340磅。在1857年初夏，2500英里电缆——如果把所有组件的电线算上，总长有34万英里——在伦敦和利物浦的工厂里生产出来，并被精心盘绕成大鼓状，装上两艘帆船USS"尼亚加拉"号和HMS"阿伽门农"号，一条船上载一半：约1500吨重。

8月，两艘船在护送下驶往爱尔兰西南部的瓦伦蒂亚岛（Valentia），一群魁梧的水手拖着电缆的一端，穿过浪花走向岸边，进了名字听来十分大气的"金箔湾"（Foilhommerum Bay）。人们纷纷发表了慷慨激昂的演讲和无比虔诚的祈祷，并点燃了烟花爆竹。然后，在海军护航舰队的陪同下，两艘运输电缆的船只退回了海上，一边走一边放电缆——由此开始了一段充满了意外、挫折、烦躁和沮丧的传奇，一直持续到第二年，因为事实显示，只要放入电缆，它就会一再断裂，要让它永远沉入海底，似乎不太可能实现。

▲▲

赛勒斯·菲尔德，跨大西洋电缆的掌门人，占据了这幅《哈珀周刊》(*Harper's Weekly*)漫画上的主要位置。他的旁边，是《仲夏夜之梦》(*A Midsummer Night's Dream*)中帕克著名的自夸之语①，虽然引用不是非常恰当。这幅漫画正是为了庆祝爱尔兰和纽芬兰之间第一条电缆铺设成功而作。女王和总统——出现在漫画的下半部分——很快就会忙着相互联系了。

船员们想了各种办法来解决这个问题——最引人注目的是他们选择不从海洋两岸开始，而从中间开始，先让两艘船在距离两边海岸各800英里的地方会合，再把电缆拼接在一起，然后彼此驶离，驶向相反的海岸。但他们后来又遇到了无数的问题——尤其是一场前所未有的盛夏风暴，几乎把载着电缆的沉甸甸的英国船掀翻了。而且，和以前一样，电缆依然会断裂、损失。技术故障持续困扰着铺设工

---

① 指图上那一行曲线排列的文字"I'll put a girdle round the earth in forty minutes"，意为"我能在40分钟内给地球围上一条腰带"。——译者注

程——包括一个著名的瞬间：在船尾要放下电缆的那一刻，一艘船上的工程师注意到电缆上有个问题，疯狂地冲过去，在电缆沿着甲板往下滑的时候进行修复，赶在它入水造成短路前抢修。他们当时成功了——但电缆终究还是出了问题。

随着成本日渐攀高，远在伦敦的公司董事们越来越气恼。有人说，这个项目在技术上是不可能实现的，并希望放弃它。媒体也开始冷嘲热讽。还有人写诗调侃这次行动。人们的信心动摇了，几乎到了崩溃的边缘。

但随后，在1858年夏末，在经历了三次失败的尝试之后，两艘船最后一次会合，在7月29日把电缆接到了一起，并驶离对方，然后，这次居然奇迹般地一帆风顺，没有遇到任何问题。USS"尼亚加拉"号在8月4日驶入了纽芬兰的三一湾（Trinity Bay），HMS"阿伽门农"号仅仅一天之后到了600英里外的瓦伦蒂亚岛。它们之前在大洋中间接在一起的电缆还在工作；甚至在两头的水手拖起电缆被连接到已经建好的电缆基站上时——纽约和伦敦的陆上线路正等着被连接——它仍然看起来完好无损。

大家全都欣喜若狂。当伦敦第一次听到传来的消息，说电缆已经完成连接，并保存完好时，《泰晤士报》激动得几近窒息，简直让大多数读者觉得有失以往的稳重：

……自从哥伦布发现新大陆以后，再没有什么可以媲美这次项目给人类活动领域带来的巨大拓展了……大西洋干涸了，我们如愿以偿地实实在在成了……一个国家……大西洋电报把1776年的《独立宣言》撤掉了一半，再一次让我们不由自主地融为了一个民族。

8月16日，人们采用现在著名的塞缪尔·摩斯电码，将第一批消息送过了大西洋——维多利亚女王首次向布坎南总统表示她诚挚的祝贺，并"热切期待"新的"电缆"跨越大洋，以巩固两国之间的友好关系和兄弟情谊，布坎南不久从华盛顿回复了类似的官样话语。很快，第一条商业讯息出现了——从丘纳德公司传来了两艘船，"欧洲"号和"阿拉伯"号[①]在加拿大入港时相撞，但未造成人员死亡的消息；然后是一系列的新闻事件。两大洲之间最早的一批电报消息，要么像

---

① "阿拉伯"号是丘纳德建造的最后一艘木船：有两根桅杆、两个烟囱和两个桨轮。

梭罗担心的那样，完全是些鸡毛蒜皮（"普鲁士国王病重，无法拜访维多利亚女王"），要么就能轰动一时。

但是好景不长。慢慢地，不到两个星期，水里的电缆开始显示出莫名其妙的痛苦迹象。传输的信号开始变成乱码，最终彻底瘫痪，什么都收发不了了。公司董事们万分悲痛地宣告电缆患上了某种未知的"水下疾病"，已经无可挽救。

它坚持了15天。这是一次失败。新诞生的"超级大陆"现在又分裂了，又变成了两块。而大海赢了。公众万分失望，官方也无比沮丧，于是在之后8年里没再铺设电缆。但最终，那些坚持信念的人说服了大家。1866年，布鲁内尔的新巨轮"大东方"号，从破产和闲置中被召来，征用为电缆铺设船。尽管有8年的技术进步，它还是遭遇了一些困难——但是最终，它驶入了纽芬兰一个有可爱名字的小村庄——哈茨康滕特（Heart's Content，意为"心满意足"），"它身后拖着一串2000英里的'锁链'，只为将旧世界连接到新世界"。

成功了。电缆表现完美，来自伯克郡的菲尔德先生，虽然由于美国人的身份而不能像其他人一样被维多利亚女王授予爵位，但是很快被英国媒体取了个"电缆爵士"的绰号。他的创造很快就获得了巨大成功，取得了不可替代的重要性，以至于在接下来的10年里，海底，不管南方北方，都交织起了细密的电缆之网。第一条电缆铺好之后4个星期，第二条也铺上了。到1900年时已经有了15条，包括阿根廷和巴西之间的电缆。欧美两洲之间的交流——每一个欧洲国家和每一座美国城市之间，南方与北方之间——几乎变成了一瞬时的事，然后渐渐被人们习以为常。

然而，在第一条电缆铺好后不到半世纪，技术又发生了一次进步，增强和加快了两个世界之间的电子联系。现在，就算不用电缆，也可以同样联系大洋彼岸——甚至全球各个角落，未来还有地球之外的地方。

第一次无线电报的实验——或者，按照后来的叫法，叫"radio"，因为这种电子信号的名字来自拉丁语"radiatus"，意为"传播"——也是横跨大西洋进行的。大西洋再次被选为实验场地——这是很自然的，因为在其两侧的城市富有、具有创造力、拥有活力四射的现代文明——因此再次巩固了自己的地位：它将是所有新创意——从邮轮到超音速飞机——的巨大验证场，这些创意将以越来越快的速度主宰着即将到来的科技时代。

纽芬兰东部边缘的一个山冈又一次和英格兰康沃尔郡西端的另一座山丘——同样，这也是又一次，因为自17世纪以来，法尔茅斯就一直是邮局班轮的终点站——被选定为1901年12月首次无线电测试的端点。爱尔兰也必须有一个传递无线电信号的路径点，就跟曾经的赛勒斯·菲尔德的电缆一样——但这一次还有一个额外的理由：古列尔莫·马可尼（Guglielmo Marconi），所有首批无线电测试的创始人，是半个爱尔兰人。虽然他的父亲是博洛尼亚人，但老马可尼夫人来自爱尔兰一个生产詹姆森威士忌的家庭。

就和声称创造了电视或白炽灯泡一样，有很多人声称自己发明了无线电。但马可尼于1896年取得了至关重要的英国专利①，并在一年后在英格兰南部使用各种形状大小不一的发射器、接收器和天线开始了测试——最著名的一次，是在怀特岛上维多利亚女王的奥斯本避暑行宫，和女王之子在英吉利海峡沿岸航行的同名游艇之间进行的测试——他仍然是和这项发明之间关系最密切的人。正如托马斯·爱迪生后来对怀疑论者一次又一次所说的那样："那个人就是马可尼。"

1901年末，已经证明英吉利海峡两岸和比斯开湾两岸之间，以及海上航行的船舶之间都可以收发信号，然后马可尼宣布，他将尝试横跨整个广大的大西洋发送无线电信号。人们对此颇为怀疑。他们说，（因为地球的曲率）这在技术上是不可能的，也是在道德上有些令人难以接受的（这是迟暮的赛勒斯·菲尔德的大西洋电报公司说的，它声称自己将在50年内垄断越洋电报，到这时还有两年）。

但27岁的马可尼对他们唱的反调不置可否，尽管他早期的尝试也是问题重重：康沃尔最初的20根天线被大风吹倒了；他还曾用一个热气球吊住纽芬兰的天线，热气球意外爆裂后，实验也失败了。

现在他又再次尝试。这时刚过午夜，1901年12月12日，星期四刚刚开始，天色漆黑，寒风凛冽，马可尼在现在的"信号山"（Signal Hill）山顶上，坐在

---

① 英国专利号12039，在1896年7月2日授予马可尼，理由是："电脉冲及信号传输技术的改进和所需设备"。

一张桌子前，俯瞰着纽芬兰首府港口入口处闪烁的灯火。火把照耀着他的记事本，他全神贯注地听着耳机，耳机连接在一个形状奇特、装着电子管和刻度盘的大型装置上，而这个装置本身又连接着一根在黑暗中看不见的电线，电线往上连着一个大风筝，一个助手使风筝借助大西洋的强风保持在500英尺的高空中。

在1800多英里以外的康沃尔波尔杜(Poldu）的一个低峰上，在直插海峡怒涛的绝壁旁，另一组人，马可尼的员工，正一直按着机器上一个由胶木和铜组成的按键。这个机器和马可尼在圣约翰岛用的那台类似。他们不断地快速连击三下，接着暂停一下，然后再快速连击三下。这是摩斯密码中的字母"S"。这时是康沃尔的清晨，天还没亮，甚至东方没有一丝曙光。纽芬兰正是深夜。所有人都累了。

然后，据他的助手的回忆，马可尼严肃而专注的脸上突然泛起了笑容。他招手要他的助手过来，带着一个大大的笑容把耳机递给他。"看看你能不能听到什么，坎普先生！"而一直被忘在一旁的坎普先生把听筒贴到自己的耳朵上，在静电杂音和不断增大的风声以及所有其他的电流和机械声音中，好像听到了微弱——又重复的——三次点击、三次点击、又三次点击。字母"S"，就在人们在遥远的康沃尔郡敲击出来的同时，从耳机中传了出来。

成功了。这是信号。这是整个事情的高潮。圆环闭合了：现在人们终于可以跨越数千英里风狂浪急的海洋，完美地同步收发信息了——将来甚至还可以对话——就像在城市里的一条小巷或在农场的草地上交谈一样。

一些人则对此嗤之以鼻。大西洋电报公司大怒，威胁要发禁令，希望以此吓退马可尼。另一些人人说，整个事情都是他和坎普先生的想象，那点声音完全是游离的电子在空间中飞驰留下的痕迹。但随后托马斯·爱迪生在南方的新泽西州发声，以他所有的影响力和权威性压下了争论，宣布他相信马可尼所说的；大约一天后，《纽约时报》也如此表示，然后，他们在观众们面前重复了无线电发信，而且更加准确得多，于是所有残存的怀疑都烟消云散了。

一年后，《泰晤士报》记者从新斯科舍的格莱斯贝（Glace Bay）给他在伦敦的报社发了一条长消息，并从国外编辑那里得到了实时回复；然后，1903年1月，马可尼无线电站在韦尔弗利特（Wellfleet）附近的科德角开张了。现在，悬崖顶上建了一个小凉亭保护这里的遗迹，在他用过的旧天线旁边还有一个铜牌匾。下方是一片典型的科德角海滩，宽阔的海滩被大西洋灰色的波涛不停冲刷着。牌匾上写到，1903年，罗斯福总统和英国国王爱德华七世在这里通过无线电互致贺词；从那一刻起，无线电报、无线电通信、无线电话等所有现有的长途通信奇迹，便开始了不可思议的、日新月异的迅猛发展。

6. 移民

与此同时，大西洋上的船只变得益发巨大、宏伟、快捷和光滑锃亮了。坚固又实用的邮轮首先演变成了优雅的快船，它们为速度而设计，后来又成了四桅的铁壳大帆船（windjammer），以巨大的载货能力为卖点。19世纪中期后，在不超过15年的时间里，大西洋就几乎被无数快船的航道撕开了口子，每条船都在以几年以前无可想象的速度来回飞驰。设计师中最好的一个，要属加拿大的唐纳德·麦凯（Donald McKay），他设计了一些最快的海洋快船：波士顿建造的扬基快船，200英尺长，不超过30英尺宽，有三个桅杆，船头陡峭，艉板优美，在水中穿行时具有无可比拟的灵巧和优雅。最快的一艘，传说中的"海洋霸主"号，曾达到过每小时22海里的速度；"闪电"号曾在一天之内飞驰436英里；"飞云"号离开纽约后，在一场猛烈的风暴中绕过了合恩角，然后转身进了太平洋，经过马不停蹄的89天抵达了旧金山；"詹姆斯·贝恩斯"号只花了短短13天6小时，就从波士顿开到了利物浦，然后又只用了133天，就周游了世界。麦凯的"伟大共和国"号是有史以来建造的最长的快船，有302英尺长。

诚然，在扬基快船和它们的巴尔的摩表亲们横渡大洋的那些年，这些船成了人们顶礼敬畏的对象。家长带着孩子到东河边目瞪口呆地注视着它们庄严地来来往往，人们还比赛看谁能在它们通过韦拉扎诺海峡时，第一个发现船的白帆。随着中介们到处用色彩鲜艳的卡片向纽约公众推销他们绝命飞行的快速跨洋服务，这些船只变得既有名又广受喜爱——在这个年纪尚轻的国家里，它们就是能令公民们大感骄傲的美国标志。正如大型喷气式客机是彰显美国能力的象征一样，扬基快船也有着同样的意义。

但好景不长。竞争很快到来，那就是蒸汽动力的货船。一旦蒸汽船趋于成熟，那么即使是有多达5个桅杆和巨大船帆面积、可以携带5000吨货物飞速航行的雄伟的铁壳大帆船，也没有什么商业意义了。

1814年，一旦像塞缪尔·丘纳德这样的玩家，在利物浦和波士顿之间开办起蒸汽船服务，进入市场后，帆船就走上了穷途末路。蒸汽船能够在不到两周的时间内完成跨洋航程。一时间，新型船舶从狂风暴雨的变幻莫测中解脱了出来。可靠的时间表——邮轮曾冒着巨大的风险努力争取按表行船，却很少能完全做到——成了公认的准则。货物运载价格开始直线下降。虽然一些大帆船还是设法守住了自己的业务，进入了新世纪——对于一些船只，一直挺到了第二次世界大战过后很久，负责从遥远的太平洋中部岛屿运送散装货物，如海鸟粪，因为在那里没有煤为蒸汽船补充燃料——到19世纪的最后25年间，所有的快船都从商业航道上消失了。

从帆到蒸汽机的进化也有着意想不到的后果。纽约的大帆船泊位早就成了东河的特色，为小帆船提供了一个更方便的转弯处。但蒸汽船——它后来将消灭所有的竞争对手——几乎都从曼哈顿西侧相对平静的哈得逊水域出发和到达，这里更靠近铁路，铁路会把货物和乘客带往美国腹地。这种变化给快速增长的纽约造成了不可阻挡的改变，到今天仍有余韵：最好的城市景观在朝西的一边，在班轮码头那一侧。

邮轮和快船既能载送乘客，也能运输货物。在帆船时代即将落幕前的最后几年，在整个蒸汽船时代直到飞机出现，是帆船将数千万人运到了西边（向西的客运业务占绝对多数）。由此，它们也在移民（实际上，是创造）美洲的过程中扮演了关键角色。特别是美国和加拿大，因为这两个国家到那时为止一直是地广人稀，而且由于一些特意制定的政策法案，决定了在很长一段时间内，它们需要移民①源源不断地从旧世界迁往新世界。

这种迁移是一个十分复杂的故事，其中有一大部分令人感到羞愧，正如前面已经提到的，就是身不由己的奴隶们被从非洲强行带走，在恶劣的条件下跨过大西洋到了美洲，然后带着挂锁遭受屈辱的奴役。其他自愿而来的很多人则是早期的殖民者，从普利茅斯的清教徒和詹姆斯敦的殖民者，到那些在马德林港（威尔士）、里约热内卢（葡萄牙）和哈利法克斯等偏远之地建造定居点的人们（其中很多是巴斯克人）。其中有许多精通技术的人，于是受邀帮助建设不断壮大的工业革命，参与纺织、编织或锻铁、捕鱼、开采煤矿；大多数到美洲来的人要么是从英格兰来的——毕竟，年轻的美洲基本是讲英语的，要么从德国或荷兰来的；他们这类人把在所有殖民地上——从拉布拉多到巴塔哥尼亚的整个美洲海岸线——繁衍生息视为自己的使命。

但是到这时为止，新移民中占最大比例的，还是那些摆脱了海外统治者而接连来到殖民地的人，他们漂洋过海来到这里，是因为他们在新成立的国家中看到了希望和诸多可能。这些就是现在人们耳熟能详的"芸芸众生"，这些人渴望脱离欧洲的艰难困苦，求得一丝喘息——正是这些人，这数百万除了集体和个人乐观坚定的精神以外、一无所有地来到西边去据说机会遍地的新世界碰运气的男女老少，主导着这个故事。

他们的跨洋旅行再一次大大改变了世界对大西洋的认知。到那时为止，它一直是令大多数人望洋兴叹的巨大障碍；现在，只需要支付一笔便宜的运费，熬过一番可以忍受的不适和在另一边通关时的侮辱，就能把大海改造成一座巨长无比的大桥——长固然长，但终究还是一座桥——只要够胆量，任何人都可以冒险跨过，走进全新的生活。变身成为移民的主要通道，海洋本身也成了一个充满无限可能的新世界的重要组成部分。移民数据是相当惊人的。从美国独立到1840年之间的70年间，只有100万人抵达美国，而在接下来的60年里，有不下3000万人

---

① 移民（immigrant）是一个18世纪末的新词——一位虽不知名但颇有先见之明的名叫爱德华·奥古斯都·肯德尔（Edward Augustus Kendall）的游记作家，在1809年写了一本美国游记，他说，这"也许是唯一一个，根据美国的情况需要加入英语中的新词"。

蜂拥而来——在一直持续到1890年的第一波移民大潮中，大多数都是北欧人，特别是英国人和爱尔兰人；在接下来的半个世纪中，很多是意大利人、德国人和斯堪的纳维亚人。赤道以南也发生了几乎相同的情况：第一次世界大战前的50年间，有几千万欧洲人移民到了拉丁美洲，尤其是巴西和阿根廷，接受了大量的葡萄牙、西班牙、意大利移民，人口出现猛增——巴西人口翻了10倍，阿根廷人口翻了15倍。

数百万人就这么蜂拥而来，他们涌上跳板，被驳船带到耐心等在码头或路口的船边，上船找个地方勉强安顿下来。统舱的"移民"票价很低——很多年里，到美国的费用一直都是3磅，不过阿根廷从1888年起还提供了免费行道，给任何健康能干又愿意来的人发放预付船票（一些人争论说，阿根廷后来后悔了这个决定，因为这没能带来多少高素质移民，其数量远低于国家需要，而精通技术的人就更少了）。

移民的新生活开始于利物浦（1860年到1914年之间，这里为近500万前往美国的单程票乘客办理了机关业务）和格拉斯哥（Glasgow）的码头，还有勒阿弗尔、波尔多和南特（Nantes），莫达诺（Modano）和马赛，那不勒斯和热那亚，汉堡和不来梅，以及早已被人遗忘的阜姆港（Fiume），现在的克罗地亚的里耶卡（Rijeka），从这里来的很多斯拉夫人成了今天的芝加哥居民。

移民船上的条件绝对不好受——当富人们在上层甲板上愉快地生活、用餐之时，那些正处在人生巨变关口上的人们则不得不忍受拥挤、黑暗、卫生条件恶劣又缺水的统舱甲板，睡的要么是铺着稻草的上下铺，要么干脆是吊床。统舱里几乎没有提供做饭的设施，两性之间严格隔离，以减少伤风败俗的诱惑，还要忍受非但不帮忙还常常恶声恶气的船员，他们不断地提醒乘客统舱票包含的权利只是把他们送达大洋彼岸，也许还能有一点面包、腌制的肉干，偶尔有几块干肉饼或硬饼干，此外就没什么了。天气恶劣时，舱门会关闭，因此乘客们在惯常的痛苦以外，还要平添一份可怕的恐惧，一连几天都在恶臭弥漫的黑暗中承受剧烈颠簸之苦——这是大部分旅客都相当陌生的一种体验，因为很多人这辈子压根都没见过船，更别说汪洋大海了。在痛苦的跨洋旅程中，人们难免士气低落——天气恶劣时尤其如此，下层甲板上的乘客们，只能一再用前方应许之地所呈现的想象的场景来互相安慰，以维持高昂的情绪。

在无数移民航行的经历中，罗伯特·路易斯·史蒂文森的记述也许是最有名、最令人大开眼界的。1879年，他乘坐低等舱从格拉斯哥前往纽约，整艘船上只有一个最低统舱比他们更惨。史蒂文森的家人吓坏了，试图拖延该书的出版，但最终《业余移民》(*The Amateur Emigrant*)还是在他去世后一年——1895年出版了，书中无比生动地描述了移民的苦难，简直让人难以置信。17年后发生的一次事件，则让人们更加了解了个中情况——1912年4月，RMS"泰坦尼克"号的沉没。

因为，在这个悲剧的传奇故事中，有一个触目惊心的残酷现实：那些在这艘巨轮统舱中的乘客——他们甚至没几个人知道船上的救生艇在哪里——显然，对白星航线来说，他们的生命远远比不上那些尊贵乘客的生命更珍贵。这是一个令人震惊的揭露，但却不容否认，因为统计数据显示了一个残酷的事实：当大多数头等舱乘客都幸免于难时，超过四分之三的被限制在吃水线以下的统舱甲板乘客死亡，没有获救的原因，要么是因为他们已经伤重难治，要么是因为根本没人愿意努力去拯救他们。

由于"泰坦尼克"号与冰山这次致命的相撞，海事法律和海军法令有了改变——其中有些法律远远不止是终结对移民的不公正对待。还有一个讽刺的地理位置的巧合，也没有逃过人们的注意：1912年北大西洋上发生的一场可怕的悲剧促成了规范海道的新法律；而确定和颁布法律的司法系统和议会组织就是在几百英里之外的冰岛首度创立的，那时是903年——几乎正好是1000年前。

7. 船难悲剧

海洋法律的变更，总是由海上事故引起的。近期最重要的海事事故中，不少都像"泰坦尼克"号一样，发生在大西洋上最繁忙的航道上。我们之所以能马上确定这一点，多亏了一位被遗忘的19世纪的博学家，名叫威廉·马斯登（William

Marsden）[1]。他曾受聘为海军部的秘书，因而对收集和整理全球海洋的统计数据产生了专业上的兴趣。他把一张墨卡托世界地图分成10个编号的方格，现在被称为"马斯登方格"。

　　每年的每个季度，劳合社[2]的会员保险公司都会制作一份伤亡报告，列出在海上发生事故的船只名单，它们要么沉没相撞，要么遭到破坏等，申报彻底损坏或受到严重损坏，而要求拖回和重建。这些数据都用黑点被绘到了世界地图上的马斯登方格中，结果显示，事故集中地点完全不出人们所料——新加坡附近拥挤的水域、黑海、西西里岛南边、爱琴海南部。

　　但是大西洋两侧的海岸也全都问题重重。每年在挪威和苏格兰西部海岸、整个英吉利海峡范围内、威尔士南边、鹿特丹、加利西亚、西班牙一侧的直布罗陀海峡的沿岸、拉各斯，以及到开普敦的路线，都报告了数量庞大的事故。相反，南美相对要好一些——413和376号方格，包括了布宜诺斯艾利斯和里约热内卢港口的入口，显现出一定的"活跃度"——但一旦加勒比和北美海岸映入眼帘，地图便迅速变成了一团黑，海地南部的海岸周围、从莫比尔到加尔维斯顿（Galveston）一带的墨西哥湾海岸、从楠塔基特灯塔一直到纽约市的长岛全线，还有整个圣劳伦斯航道满是墨点。马斯登方格149号，"泰坦尼克"号沉没的地方，只有几个分散的圆点，因为在深海中发生事故的频率并不高——尽管一旦发生，救援必然要很久才能到达，常常为时已晚。

　　海岸线和其他的船只，是最让水手们害怕的。近一个世纪以来最有名的事故都发生在看得见陆地的范围内。1956年，在距离楠塔基特岛以西不到20英里处，两艘客轮"安德里亚·多里亚"号和"斯德哥尔摩"号在大雾中发生碰撞，成为传奇性的救援故事（在1706名乘客中，有46人遇难），也是判断何时不依赖雷达的实案教学——导致了规则的进一步修改。1965年，利比里亚油轮"自由女

---

① 马斯登还是著名的钱币奖章收藏家，其收藏的钱币现在收藏在大英博物馆，他也是东方语言的权威——他会说流利的马来语，制作了一本马来语的权威词典。在海军界，他为人们铭记是因为1805年，他叫醒了英国海军大臣，告诉了英国在特拉法加战役中获胜以及纳尔逊将军去世的消息。

② 劳合社（Lloyd's），英国的一家保险人组织，由英国商人爱德华·劳埃德（Edward Lloyd，约1648~1713）经营的一家咖啡馆发展而来。它采用会员制，会员可经营包括水险在内的一切保险业务。——编者注

神像"号和葡萄牙货船"安杜罗"号在伊比利亚半岛西南端附近海域相撞，造成了巨额损失。责任分割引发了激烈的争论，以至于不得不最终交由英国上议院裁决，因为劳合社保险索赔的裁决是在这里进行的（利比里亚的船没了，被判负有"85%的责任"）。而当1976年，满载的利比里亚油轮"阿尔戈商人"号，在从委内瑞拉到波士顿的航程中，以每小时16海里的速度撞上楠塔基特的暗礁而沉没，导致28000吨油泄入海中时，当时的美国总统也宣布了有关污染、航行以及保护海洋生物的新规则。

也许近几十年来最令人难忘的油轮灾难，要属另一艘利比里亚船只"托利卡尼翁"号的失事。1967年3月，它正朝着英格兰西南部全速前进，载有11.9万吨科威特原油，要送往威尔士南部米尔福德港（Milford Haven）的炼油厂，却迎面撞上了锡利群岛七岩礁锋利的礁石。从制定的新法律和国际协议的层面来说，这次事故引起的反响甚至比"泰坦尼克"号出事后更加广泛。《泰晤士海洋地图集》（*Times Atlas of the Oceans*）对官方报告做了一番总结，那种简洁明了、就事论事的口气，丝毫没有体现这次灾难的严重性：

08：40，通过观察确定了七岩礁灯标船的位置——它位于033°T，范围4.8n mile（nautical miles，海里）。"托里峡谷"号距离前面的岩石只有2.8海里。

08：42，船长从自动控制切换到手动，并亲自修改了航向，左转到000°T，然后又切换回自动控制。

08：45，三副这时有些紧张了，他观察了一下方位，忘记了，又看了一次。现在的位置表明，"托里峡谷"号距离前方的礁石不到1海里。船长命令向左急转舵。舵手之前一直在舰桥上，现在跑去转舵。什么都没有发生。他向船长大喊，船长迅速检查了保险丝——没有问题。然后，船长试着打电话给工程师，让他们检查船尾的操舵装置。接线的是乘务员——号码错了。他试图再次拨号——然后注意到操舵模式为自动模式而非手动模式。他迅速将它改为手动，船开始转向。片刻后，08：50，船转了大约10°左右，仍然在以15.75海里/时的速度全速前进，撞上了波拉德岩（Pollard Rock）。

一些油舱破裂了，原油立即开始从船的周围蔓延开去……

▲▲

1956年7月25日晚，大雾弥漫，在遭瑞典班轮"斯德哥尔摩"号撞击以后，残破的意大利班轮"安德里亚·多里亚"号右舷侧倾，倒在了前往纽约的公海航道上。有关这一次"雷达辅助避碰"的责任分割至今仍有争论，事故造成46名船员和乘客死亡，不过有近1700人获救。

▲▲

1967年3月，这艘在利比里亚注册的加州油轮"托里峡谷"号，油舱中载着12000吨科威特原油，在航行计划中抄着近道，在全速前进时撞上了康沃尔的七岩礁，造成了一场环境灾难。

　　英国政府最终不得不用凝固汽油弹炸了沉船，点燃了蔓延的石油，这进一步刺激了舆论，因为到这时为止，很少有国家知道，英国拥有胶凝汽油弹这种武器，这种武器当时正在世界的其他地方制造可怕的效果。法院对这次事故造成的损失争论不休，人们召开国际会议，考虑它的环境影响，以及在法律和政治上造成的衍生结果，这样的情况一直持续到下一个十年的中期。

海上的大多数悲剧，虽然对于当事人来说十分悲伤，但对其他人而言，不过是远方的故事，总是会很快就忘记。一些人——比如说1838年，划着小船，冒着风暴，在北海的法尔内群岛（farne islands）附近从"福法尔郡"号上救起男女老少的格蕾丝·达琳（Grace Darling，这真是个好名字）——会被记住，变身一段非凡故事中的英雄。其他的则因为其神秘而留在人们的脑海中——比如在葡萄牙以西600英里外被发现的双桅横帆船"玛丽·西莱斯特"号，此船平稳地驶向直布罗陀海峡，而船上没有一个人——这类情况中，一个谜团往往会引起诸多可能的猜测，基本都不是好事（谋杀、中毒、海怪、海啸）。再有就是像"廷茅斯电子"号的命运：英国业余水手唐纳德·克劳赫斯特（Donald Crowhurst）驾驶这艘小双体船参加了一场环游世界的单人帆船赛。他作弊了，后来发现自己可能会取胜，并因此极有可能将受到审查，于是跳船逃走，以避免被人发现：这个故事至今萦绕在人们心头，生动地展现了广阔海洋中无边的寂寞会怎样让人狂躁发疯的图景。

当一个孤独的水手被迫承受着的寂寞与大海的浩瀚和泰然沉静相比较时，这一定能使他疯狂。它也可以促使其他人生出直上云霄的雄心，实现伟大的愿景，又或让某些人大发其财。但在面对大西洋这样广大的海洋时，必须要假定，像这样的水体本身就会激发人们高度的尊重和敬畏。如果大海不能再激发这种敬畏——如果人类真的开始轻视大海，不给它应有的尊重——那么事情就会开始出问题。伟大的海洋是不能等闲视之的：但是以人们现在这般频繁而快速地跨洋往返的情况来看，我们会越来越容易将它等闲视之。这会造成很多后果，而且所有后果无一例外全都不容乐观。

ATLANTIC

Great Sea Battles, Heroic Discoveries,
Titanic Storms, and a Vast Ocean
of a Million Stories

第 6 章

变化与衰落

第六个时期变成了
瘦削的趿拉着拖鞋的老朽，
鼻梁上架着老花镜，腰旁挂着钱袋；
他年轻时的长袜，保存得好好的，
现在宽大且晃荡
不称他皱缩的小腿；他那男子汉的粗嗓门
重新变得孩子般尖细，
听来犹如风笛和哨音。

1. 飞跨大洋

在伦敦希思罗机场约5英里以西一片空旷的荒野上，一幢高度安全、标识不甚明显的大楼里，英国航空公司的国际运营中心占据着整个三楼的空间。运营中心的工作人员将每个越洋飞行都认真地称为一次"任务"。这样称呼部分是传统使然；但这也是为了提醒人们，如同今天的太空探索和19世纪探索深海内部时一样，他们执行的任务根本没有百分百的常规或安全：他们是在把一架200多吨的飞机和300多名人类，克服重力的自然力量举到7英里左右这样完全不可持续的高度上，然后不间断地向前驱动很长时间，仅仅凭借最新发现的物理学原理，就这么高高地悬在寒冷和高度危险的汪洋之上。

近些年来，横跨大洋的航空旅行对于大多数消费者而言——如果对于从业者来说还不一定的话——已经变成了乏味无趣的家常便饭。它相对便宜的价格，使得芸芸众生都能短暂造访自己所能想象到的各个天涯海角。对大多数人而言，大西洋如今已经是可以在较短的时间内，不用经受太多痛苦就能坐飞机跨越的一段宽度，是目前数以百万计的人们前往异国他乡的首选途径。而太平洋太大了；印度洋对大多数人来说则太远。所以，20世纪70年代的曼彻斯特人或许会把西班牙的马贝拉（Marbella）当作一个诱人的神秘之地，而现在，在21世纪的头20年，他们则大可以把迈阿密当作度过长周末的目的地。巴黎人几乎可以不假思索地横渡大西洋，去向风群岛的马提尼克岛（Martinique）享受日光浴休假，百无聊赖的巴西市民可以飞去开普敦附近看长颈鹿和跳羚，比利时人成群结队地去墨西哥的坎昆（Cancún）晒太阳，得州人则动身前往伦敦的剧院，挪威人向西南进发，去阿根廷的巴里洛切（Bariloche）的山坡尝鲜。所有这样的飞行——还有在夜间穿行的运货和送信的无窗飞机，以及日常飞行的政府公务飞机和执行秘密任务的军用飞机——都在协力把大西洋变成所有海洋中最常被跨越的大洋。

航空路线图提供了一个惊人的例证，因为图上往来的交通几乎把大西洋上空变成了铁板一块。尤其美国东北部和欧洲西北部之间涂着两团大大的"涂鸦"，密密麻麻的航路在冰岛南部交汇时，看起来像是在海洋上空铺了一条黄砖路。在这条稠密的北部"高速公路"的南边，还有蛛网密布的路线连接着曾经的属地和曾经的宗主——墨西哥和马德里，库拉索岛（Curacao）和阿姆斯特丹，瓜德罗普岛（Guadeloupe）与巴黎，金斯顿与伦敦。在更远的南方，仍有粗线标示着南北的空中要道，也几乎和它们东西向的兄弟们一样集中，连接着南美洲一些仍在不断壮大的大城市，以及它们的主要贸易伙伴——里约当然连接着里斯本，但也还连接着法兰克福、莫斯科和米兰；布宜诺斯艾利斯与巴塞罗那，当然，还有斯德哥尔摩；伯明翰和伊斯坦布尔。然后在更遥远的地方，在南大西洋冰冷的海水上空，还有些孤独的、快被遗忘的线路联系着鲜为人知的城市伙伴：里约热内卢到拉各斯，基多到约翰内斯堡，圣地亚哥到开普敦，巴西利亚到罗安达。

每天，有超过1300架商用飞机横跨大西洋空域，这个数量还在不断增加，每年增长约5%。到目前为止，数量最多的是跨越这片沙漏形海区北部的飞机——例如，2006年，北部的几大海洋空中交通管制中心曾登记了41.4万架飞机。如果加上从南大西洋穿越到北边然后再返回的飞机，还有相对较少的、只在南美洲和非洲目的地之间穿梭、因此飞过了南回归线以南的大西洋寂寞水域的飞机，那么就能得出每年总共大约47.5万架次跨大西洋的飞行：平均每天约1301架次。

飞机的飞越分为两拨，每拨在雷达的定时拍摄动画上看来，就像熔融的黄金从大陆向海洋辐射而出。首先是西行的飞机徒劳地追逐太阳[①]，它们大多在白天航

---

① 也不总是徒劳的：有一次，我乘坐协和的驾驶舱旅行，刚好在日落前离开伦敦。我们离开那儿时，太阳降入布里斯托尔海峡，然后，当我们达到超音速巡航速度时，它再次升出西大西洋的地平线，并在整个航程中一直盘旋在我们面前，然后在我们降落时，溜回了弗吉尼亚州的蓝山下——当地时间还早于我们离开的时间。

行；相反，那些由西向东，驶回旧世界的飞机，则往往在飞过美洲的黑暗和陆地后进入了欧洲的清晨。无论白天黑夜，每个小时都有大概50架这样的飞机飞过大海——每小时有一万人在7英里的高空中一边看着书、睡着觉、吃着东西、看着电影、写着文字，一边从大海上空掠过。

然而，在这些7英里高空的小城中，只有极少数人会花心思好奇地多瞄一眼下方波光粼粼的海面，或是时常遮住视线的厚厚的灰白云层。这些人大多不在意海洋的存在：它仅仅是一片供人跨越的广阔空间——如果能快速而随便地越过，就可以叫"池塘"；若是要飞上无数个小时才能过去，那就只能是一样烦人的东西，只配用更加不堪的名字了。

廉价的跨洋旅行已大大剥夺了海的神秘感，使我们对它的存在漠不关心。由于跨洋旅行在大多数跨越者心中变得乏味了，所以海洋本身也变成了单调乏味的对象。而以前人们害怕海洋；它们能激起敬畏、惊异和神秘之感。现在它们只是一个障碍、一种不便——作为一个实体，它太大了，让人们无法加以适当考量；作为一种存在，它令人烦恼，让人没法多加在意。公众对大海的态度变了——而这种变化对大海造成了影响，且往往是负面影响。

要认识这一点，我们最好看看某些人所担心的事情——人们甚少意识到的人类在大西洋故事——的结局。当然，这没什么新鲜的。人们已经随意掠夺了海洋数十年。自从临海而建的第一家工厂开始，自从工业化港口城市铺设的第一根污水管开始，自从我们开始有意无意地将废弃物和化学物质排入海洋这个宽广而干净的"水池"中开始，我们就已经展示出了破坏它、侵犯它的倾向。土地，是我们必须生活的地方，所以我们多少得给它一点关注；相反，海洋在很大程度上超出了我们的视线。它是如此浩瀚，可以"承受"——或者说我们曾经以为它可以"承受"——无限量的全面滥用。

　　但是在维多利亚时代，我们仍然认为海洋是巨大的、可怕的，我们仍然对它抱有某种敬畏。现在却不同了。客运飞机已经把大西洋的浩瀚缩小到了一个可以驾驭的范围，从而也缩小了它震慑我们的能力。如今，人们敢于自己驾船横跨大西洋，而且在夏季这几乎成了司空见惯之事。从康沃尔到加勒比海经亚速尔群岛的西行航线被视为易如反掌，甚至被那些厌恶女人的硬汉派游艇家轻蔑地称为"女士航线"。有些人会划船横跨大西洋，第一次还两人一对地行动，后来就敢孤身犯险了。总有一天，等谁有了大量的空余时间，就会试图游泳游过大西洋了。海洋不再像曾经那样充满挑战。它在公众的想象中，变成了和曾经的珠穆朗玛峰一样的形象：我们现在已经"征服"了它，我们认为在某种程度上它是可以被驾驭的，而且我们敢说，终有一天它还会变得微不足道。

　　与这种感知上的变化相一致的——倒不一定是由它引起的，但肯定是相辅相成的——就是人类顾惜它的责任感也一直在逐渐减弱，有些人会说实际上人们已经完全抛弃了这种责任感。这样的事情已经发生在珠穆朗玛峰身上。现在，我们对世界上的海洋也做着同样的事，对待它的态度过于轻率，很多人说这正威胁着大海的宁静，如果说尚未危及它的生存的话。

　　海洋正在遭受着无意的攻击，而且是前所未有的攻击。而由于大西洋是所有海洋中最常被使用、最常被跨越和掠夺的一个，所以也是目前受威胁最大的水体。尽管近期太平洋中部招来了很多诟病，因为当地的环流给大海中央卷来了大片大片丑陋的漂浮物，面积之大，简直能赶上一些小国家的规模，但实际上，麻烦更大的还是大西洋。它要屈从于更多的用途——而且多为滥用——而且所有这一切使用都被塞进了一个更小的空间。它是人类跨越的第一个大型水体，而迄今为止，它也是最繁忙的，毫无争议也是最重要的水体——但它显然也已经成了最不纯洁、最为肮脏的水体。

　　然而，在一些人的心中，敬畏仍然存在。在英国航空运营中心——这里摆放着无数电脑屏幕、图表、天气预报地图和闪烁着的高像素巨大显示屏，几十个神情严肃的男男女女①监控着正在世界各地飞行的所有人、动物和货物，尽力确

① 其中有一个人坐在一个非常大的电脑屏幕前，屏幕上显示着世界上正在飞行的每一架飞机的实时图像。

保航班都能安全、准时，飞机上的人们都能尽可能满意——毫无疑问，这里的所有人依然一天24小时对伟大的海洋保持着相当的敬畏。大海可不是任你飞跃的善类：如果飞机出了故障，你应该要去哪里降落？没有哪个飞行员在飞机撤掉轮挡开始跨洋飞行时会忘记进入飞行学校的第一条训诫："每个起飞都是自愿的，每个降落都是强迫的。"而在大海中央，不言自明的一个事实就是，别说没有地方落地，根本就没有"地"。完全没有。

那些率先飞过海的先驱们都非常清楚这一点。1903年，莱特兄弟在北卡罗来纳州的小鹰镇首次试飞，仅仅6年之后的1909年，路易·布莱里奥（Louis Blériot）开着他小型单翼飞机，从加来飞往多佛尔，横跨了英吉利海峡。这个时候，他或许没有为跨越大片海水而感到困难。因为尽管布雷里奥承认，独自一人在一片"巨大的水体"上空待了整整10分钟，但他也安心地知道，有一艘法国驱逐舰在他下方，监视着他的飞行，如果他落海了，会随时准备救他。而且，在他37分钟的跨海飞行中，尽管高度只有250英尺，但大多数时间他都可以看到他身后的法国海岸，前方也能看见英格兰的白色悬崖。布莱里奥赢得了诺斯克利夫（Northcliffe）勋爵通过他的报纸《每日邮报》提供的1000英镑奖金，并立即成了——特别是凭借他花花公子式的胡子和他作为飞行比赛选手巡回表演的名声——一个超级巨星，成了广大女性心中的"万人迷"。

但是，跨越英吉利海峡是一回事，横跨大西洋飞行就是另一回事了。诺斯克利夫勋爵拿出了10倍的奖金给敢于尝试的人；虽然他在1913年就宣布了此事，但直到6年后（诚然，中间有第一次世界大战造成的4年沉寂），才有人赢得这笔奖金，得奖者是一对英国皇家空军军官，说起来有些不太公平，他们的名字直到今天仍然不像布莱里奥那样广为人知：杰克·阿尔科克（Jack Alcock）和亚瑟·惠滕·布朗（Arthur Whitten Brown）。

这次冒险是阿尔科克的主意，产生于他驾驶战机在加利波利附近的海域中跳海，被土耳其人囚禁的时候。"为什么不试试呢？"他说。两人为这次冒险选择了一架精简的远程维克斯"维米"双翼飞机，并在它的炸弹舱中装满了附加燃料。1919年夏天，他们拆了飞机，把它装入板条箱，好用船把它运往纽芬兰。在那里，他们修建了自己的起飞跑道。他们不知道自己将在哪里降落——可能是一片田地，或是一片海滩，又或是爱尔兰的海道：结果却是一片沼泽。

▲▲

杰克·阿尔科克（左）和阿瑟·惠顿·布朗，站在一架维克斯"维米"双翼飞机旁。1919年6月，他们就是乘坐这架飞机，带着他们的两只宠物小猫做了横渡大西洋的不着陆飞行。

　　还有其他很多人都在争取同一奖项——其中有一个美国人，阿尔伯特·库欣·里德（Albert Cushing Read），他开了一架水上飞机到了亚速尔群岛，在那里待了一个星期，然后接着飞到葡萄牙：花了11天，沿途每隔50英里都有美国军舰驻扎。但是，诺斯克利夫勋爵曾规定，他的奖金只颁发给不着陆飞行，而且要在72小时内完成，所以里德没能得奖。还有一个叫哈利·霍克（Harry Hawker）的澳大利亚人也没有得奖。他驾驶的是一架实验性的远程飞机，叫作"索普威思大西洋"号。当飞机发动机过热时，霍克发现有一艘往东去的船，距离爱尔兰不到500英里，于是弃机跳海；人们把他救上来，然后他乘船回家了。因为船上没有无线电，所以船员们无法告诉霍克的亲人他得救了。相反，他的父母霍克夫妇震惊地收到了乔治国王的官方黑边电报，代表皇室慰问他们所谓的失子之痛。而好消息之后才传来。

6月14日，周六上午，两位意气风发的飞行员——杰克·阿尔科克穿着一套蓝色毛哔叽西装，布朗穿着皇家陆军航空队的制服，带着865加仑①的燃料和一对名为"闪脚丫"和"幸运吉姆"的小黑猫——起飞了。他们遇到了一些可怕的问题：在12000英尺的高空中，他们的器材都被冻得结结实实，无线电坏了，排气管也破裂了，布朗不得不爬上机翼去除冰②；他们分不清方向，试图观看星星的偏角来导航；他们穿过云层旋转下降，几乎撞上海浪。当他们终于抵达爱尔兰海岸时，却无法找到一块没有岩石的开阔地来着陆。最后，他们发现了一根广播电台的桅杆，绕着它盘旋了好多圈，却没能唤醒任何人——这时是爱尔兰周日的早上8点，吉尼斯黑啤酒的后劲一定是太足了。于是他们把飞机紧急迫降在了一片空地里——是一个倒栽葱扎进了潮湿的黑泥中。他们是在戈尔韦郡克利夫登（Clifden）附近的一个小村庄。当无线电报务员醒来，并认出这两个飞行员是谁之后，就用电报把他们的成就告知了伦敦。两人一夜之间身价倍增，名声大噪，仅仅几周以后就被国王授予了爵士爵位。仅仅一年之后，约翰·阿尔科克爵士死于一次飞行事故，而阿瑟·惠顿·布朗先生一直活到了1948年。他们用了16个小时零27分钟跨越了大西洋，中途不曾着陆。1927年，又有了一次更漂亮、更广为人知的跨洋飞行：查尔斯·林德伯格（Charles Lindbergh）驾驶"圣路易精神"（Spirit of St. Louis）号，单枪匹马从长岛飞到勒布尔歇（Le Bourget）。他为两人给予了应有的赞誉：他说，是阿尔科克和布朗为他指明了道路。艾米·约翰逊（Amy Johnson）和贝丽尔·马卡姆（Beryl Markham），在20世纪30年代分别成为第一个向东、向西飞越大西洋的女性，但她们的赞誉之词就没有这么大方了。

---

① 1加仑≈3.79升。——编者注

② 只能说据说如此。一些人认为他不可能做到，因为他的腿受了重伤。

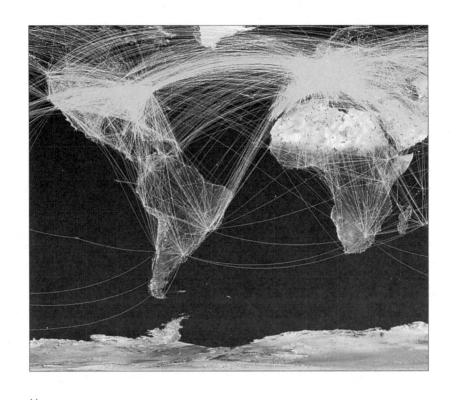

▲▲

每年有超过40万架商用飞机飞越大西洋，这幅航空电子地图显示了它们的飞行线路。欧洲和它曾经的南美领地之间有大量交通，但在美国东海岸与英国、欧洲大陆之间，看起来简直像建了一座实实在在的3000英里的长桥。

　　有两家空中交通管制中心掌管着北大西洋空域，在它们的正式描述中，大西洋是一片"对民用航空交通不太友好"的区域——它广阔无垠，没有帮助导航的装备，也没有通信中继设备。这意味着，民用运输机在跨洋旅途中的很大一部分基本上都只能靠自己。如果在大海中间陷入困境，那就真是遇上了大麻烦。这种认识，对于那些执行跨洋运输人员和货物任务的人们来说，这样的认识会让他们产生真正的敬畏。在一个安全抵达的乘客看来，这或许不过是一次司空见惯的例行公事，但事实上，这却是一次次精密筹划的结果，其紧张程度不亚于一场真正的令人紧张异常的冒险，就像绕过合恩角或攀登珠峰一般。

　　我选择研究的航班是我2009年1月30日回家时所乘坐的那架：BA113（即英

航113号航班），一趟普通的、波澜不惊的波音777午后航班，15：15离开伦敦，预计在7小时15分钟后，即当地时间17:30左右抵达肯尼迪机场。飞机将停在555号停机位，它的尾号为G-YMMO，是一架服役了两年的777-300ER型客机，是波音名气很大的一种宽体长途客机的扩展版，搭载了劳斯莱斯的遄达发动机（Trent）。它刚刚从新加坡过来，不久前执行了到多伦多和悉尼的飞行。这是一架主力机，频繁用于长途飞行，早已习惯了飞越大西洋。

（这本来只是一个普通的1月的一天，只是发生了两件不寻常的事情。第一是一趟从约翰内斯堡飞往北方的夜间航班在西班牙上空遭遇了严重的机械故障，不得不在马德里迫降。伦敦的工作人员赶紧派来替代飞机，接走滞留的旅客，同时还有一大批黄金货物，显然，对从约翰内斯堡起飞的航班来说，这是很正常的东西。不过，马德里机场的警方却忙得焦头烂额，因为他们知道，如果走漏了风声，这些价值数百万美元的金条对西班牙的亡命之徒来说将极具诱惑力。在每个乘客手中都有一部手机的情况下，这个秘密守不了多久。

另一件古怪的事情是，刚刚发布了一份有关G-YMMM的临时报告。这是比G-YMMO年龄稍大的一架姊妹机。几乎刚好一年前，这架飞机在前往希思罗机场的途中坠毁，但仍然有些疑点未解，为什么它的引擎会突然没了燃料，在即将着陆时，用飞行员的话说，飞机"就这么掉下来了"。控制中心的工作人员急切地向我保证，虽然事故的确切原因尚未搞清楚——很可能是因为在飞过乌拉尔异常寒冷的空气时，燃油管上结了冰——但从统计数据的角度看，这种情况不可能再次发生。）

机长和机组人员在飞机起飞前3个小时登机；拿到了18页的简报。出发和到达的机场均正常运行——希思罗机场的一条跑道上没有亮灯，肯尼迪机场一条跑道的尽头正在施工，没什么大不了的。备选的到达机场——费城、波士顿和纽瓦克，也都差不多，不过飞机进入波士顿时会有些小的导航问题。至于这之间的备选机场——在伯明翰和卡迪夫（Cardiff），偶尔会有无聊之人用激光灯照射到来的飞机，给它们造成干扰，去圣约翰机场的路上出现了严重的风切变和湍流，而拉布拉多的古斯贝（Goose Bay）发生了工人罢工，意味着雪还尚未完全从跑道上清除，因此特定的区域被关闭了。

　　飞行时的天气，在1月下旬可以算是天公作美了：起飞地有强劲的高层南风，一直延伸到500英里外的爱尔兰海岸——然后出现云团，风力下降，并在之后的大部分旅程中都转为向西吹，后转回西南，拂过纽芬兰，再之后在接近纽约时又回到西风带。大气湍流将极小；没有报告会有风暴。

　　空中交通管制中心和航空公司的规划部门会公布BA113当天应该使用的跨大西洋航路。通常每天会列出十条航路，西向五条、东向五条——每条都是精心指定的交通通道，供飞机在远离欧洲和北美海岸后，穿越浩瀚的大西洋深海。这些通道每隔几个小时就会根据当前高空急流的精确位置，向北或向南稍微偏转一点，使数量庞大的越洋飞机安全地远离彼此。

　　西向航路被标为A、B、C、D、E，东向为V、W、X、Y、Z。每天有600趟左右的航班向西——BA113就是其中之一——飞在不同的偶数高度，相互间隔2000英尺：40000英尺、38000英尺、36000英尺，以此类推。向东的飞机则反过来，都在奇数的高度上飞行——39000英尺、37000英尺，一直降到31000英尺。当天，我这趟BA113航班——其无线电代号为"Speed brid 113"——被告知要在NAT charlie航路上飞行，飞行高度层380。它将在一个看不见的航路点——大西洋航空地图的绘制者们给它取了个不好听的名字"BURAK"——准备进入越洋航行的关键部分，然后将在名为马洛"MALOT"①的第二个航路点上，真正进入海洋路段，优雅地滑入飞行中最关键的部分。

　　这两个负责监控高海拔海域，为飞机及每天数以千计的乘客维持着良好秩序和安全的部门，分别设在苏格兰的普勒斯威克（Prestwick）和纽芬兰的甘德。前一个，香威克海洋控制中心，占据着一个巨大的建筑群——有个恰如其分的名字，叫作"大西洋之家"——坐落在普勒斯威克机场主跑道南侧的公共住房用地

---

① 有些航路点的名字听起来会很奇怪，但正因如此，这种由5个字母组成的无意义词汇很容易进入飞行员的记忆。不列颠主岛的航路点几乎在香威克（Shanwick）辖区的边缘，分别被命名为RATSU、SUNOT、PIKIL、RESNO、VENER、DOGAL、MALOT、LIMRI、DINIM、SOMAX和BEDRA；而另一边的那些，标志着甘德的责任范围——从区域面积上看，这条线要更长得多——从巴芬岛海岸附近的MUSVA开始，一直到纽芬兰附近的VODOR。我们的BA113航班在HECKK航点进入北美领空，离10世纪列夫·埃里克森的登陆点并不遥远。

上。它通过一个非常强大的短波电台——这个电台远在爱尔兰西南边的一个名叫巴力吉林（Ballygirreen）的村庄——控制着所有进出不列颠群岛的飞机。从北至冰岛水域，南到比斯开湾沿线，横跨半个大西洋直到西经30度经线的辽阔海域都在它的管辖之中。

正如人们所料，香威克通常是一个紧张忙碌的地方。但在2010年的春末期间，主控制室陷入了一阵奇异又可怕的寂静。冰岛火山喷发出的烟尘形成了高空火山灰云，飘荡在整个北欧上空，布鲁塞尔谨慎的官员们决定让大部分欧洲航班降落，并禁止了几乎所有跨北大西洋的空中交通。他们的决定备受诟病，导致数百万乘客滞留在世界各地，也让香威克的指挥者们很难得地没有事做。

与香威克相反，纽芬兰的甘德海洋控制中心目前是全世界最繁忙的海洋控制中心——其员工2007年指挥了不下41.4万次跨洋飞行——负责处理同一条西经30度经线以西大西洋深海上空的所有交通。相对于位于平凡的苏格兰郊区普勒斯威克的控制中心，甘德则占据着纽芬兰东北部一片松树和沼泽之中的低矮难看的建筑，旁边是一个孤独的前军事补给站的飞机场，非常偏远。然而，甘德机场不仅偏远，它还有个独一无二之处：这也是一个持续开放的机场，没有任何时间或噪音限制——"宵禁，在这里？你一定是在开玩笑！"——机场骄傲地自诩为"航空公司的救生艇"，一个随时储备充足、准备好吊艇架时刻待命的避难所，可以应对任何飞行中可能发生的问题。"我们可以处理任何事情，"管理者们说，"机械问题、导航问题、不守规矩的乘客、炸弹恐慌、劫持……我们训练有素，准备充分。无论什么时候，什么需求，天气如何，在甘德都可以处理。"[1]

Speedbrid113应该在海洋控制部门虚拟的跨大西洋航道上花费约3小时，这是一个由甘德和香威克不断衰减的短波无线电信号指挥的地方。对于坐在驾驶舱装甲门后面的乘客来说，下面的海洋是一个完全无关紧要的地方——与其说是一片空间，不如说是一段漫长的时间，一段必须经受的单调乏味的时段。这个地方、

---

[1] 2001年9月11日袭击事件后，有近40架前往美国的大型商用飞机转飞甘德，这座1万人的小城发现自己突然要招待额外的6000名惊惶的新客人。许多人后来感动地谈到这些加拿大人是多么热情好客：加拿大总理后来来到纽芬兰，告诉甘德的听众们："你们让我们感到骄傲。"

这段时间，没有标记，没有固定的航路点——所有的只是看不到的经纬度坐标，由前方的指挥员在飞行途中通过无线电或卫星数据连接，向苏格兰或加拿大报告——没有标志性建筑，除了两片机翼和一对遄达发动机恒稳的低声轰鸣以外，也没有看得见的保障手段。如果在这里出了严重的问题——比如有一个发动机起火，或者机舱压力突然下降——那么飞行员可以，在跨洋旅程中的大部分时间可以，掉头回去或转去两个备选机场之中的一个，备选机场一般距离其选定路线较近，能有把握飞到——对这次飞行而言，这就是冰岛的凯夫拉维克（Keflavik）的机场或格陵兰岛南部的纳萨尔苏瓦克的（Narsarsuaq）机场。

换言之，只是对旅程中的大部分时间而言如此。在这条跨大西洋的航道上，有一小区段——对这趟特定的航班来说，航线为西经25度到44度之间，大约500英里长、1个小时左右的飞行距离，试图前往备选机场是完全不切实际的。在这段范围内，凯夫拉维克和纳萨尔苏瓦克都会比无论是身后还是前方的目的地大陆上的机场都更遥远。一旦出现严重问题，唯一的解决办法就是勇往直前，保持冷静，临危不乱，如果需要的话，就向上苍祷告，然后怀抱希望。这短短的几百英里是整个北大西洋空中交通中最最危险的一部分——对于从这里飞过的飞行员来说，这里就是收起对下方的海洋轻慢和蔑视的地方，在这里，厌世情绪退居次位，而对大海的浩瀚和无情产生的敬畏变为了不折不扣的现实。

但是其实——谢天谢地，一般也都是如此——那一天的飞越没有问题。途中几乎没有遇到大气湍流和航线偏移；降落跟起飞时一样正常；飞机分秒不差地准时抵达了肯尼迪机场；而当我在行李区对飞行员提起说，我在经过那段危险区时——有点紧张，他笑了，简单地说了句："那就是我们必须万分小心的地方"。

2. 巨量污染

然而，如果我们回到最初的观点——大众对跨洋飞行随意的态度，让我们对下方海洋中的珍奇美景也变得迟钝了——不仅仅是正在飞行的飞行员需要万分小心。现在整个世界都必须对飞行的意义保持超高警惕，而这是因为一个完全不同的原因。飞行中的飞机是耗油严重的怪物，而由于现在有这么多的飞机——目前有大约2万架大型商用飞机，每年运载世界各地的22亿人（其中1亿人横跨大西洋）——根据许多研究环境的学者所说，这对于脆弱的地球大气层所造成的伤害，以及进而延伸至海洋的伤害，实在是非常严重。

当飞机在7英里的高空中飞过大海时，看起来安详美丽，不再和土地亲密接触，而孤独地飞行在天空中——但它们也留下了长长的尾迹，那都是有害气体以及由污染颗粒形成的灰雾。这些飞机燃烧的航空煤油放出了巨量温室气体，主要是二氧化碳和氮氧化物（这可以增加上层大气中的臭氧产量），许多人认为这正是促成地球变暖的罪魁祸首。当飞机嗖地一下平稳飞过时，它们也喷出了大量烟尘和硫化物，这些物质看起来纯白可爱，像是冷凝的水蒸气的痕迹，极具欺骗性，也构成了具有破坏性的尾迹。

这里涉的气体量是非常惊人的。一架满载的波音777从伦敦前往纽约时——如果燃烧目前这些燃料——排放的二氧化碳将有整整70吨。一架老式747大型喷气式客机，现在已经算是航空业中的恐龙了，如果只专门在伦敦和迈阿密之间运送游客的话，每年将排放出54万吨二氧化碳。每年有47.5万趟或长或短的跨大西洋航班，如果按平均废气吨量乘起来——从里约到法兰克福显然比从香农到哈利法克斯这一段要长得多，污染也大得多——再考虑到每年记录在案的各种不同的飞行器，海洋每年要承受超过3300万吨飞机在其上空制造的碳。那个1月下午，我坐的航班上的300名乘客，每人都承担着排放200磅碳到大气上层的责任。想到这些，觉得我还不如自己开一辆四座汽车过海呢。

但是，也有一些人正在努力，使这样的旅行变得既高效又能减少碳排放。发动机设计变得更加巧妙，飞机也正变得越来越轻（例如，姗姗来迟的新型波音787梦幻飞机之机体结构一半都用了由类似于碳纤维的复合材料，并拥有超高效的发动机，据说能比目前的商业飞机在长途飞行中节省五分之一的燃料）。还有大量研究在尝试利用植物或生物制造生物燃料，这类生物本身的燃烧能减少飞机飞行时排放的二氧化碳量。如果飞机能够建立两者之间，也就是其自身的二氧化碳排放量和生成燃料的草地的二氧化碳吸收量之间的平衡，那么就实现了碳中和，而飞机的所有者——大多数情况下，也就是航空公司——也能宣称绿色环保了。

为了防止或严格限制人为引发的气候变化——如果真的存在这种现象的话，不过现在很少还有真正理性的科学家不接受这个观点——产生了一批新的热点，一套奇怪的、充满异域色彩的新词汇冒了出来：麻风树、亚麻荠、巴巴苏和盐生植物——所有这些植物，目前为止对人类或动物来说都没有多大用处（麻风树对动物和人都是有毒的），都在近乎沙漠的地方和盐沼这样用途不大的地区快乐地生长着，如饥似渴地成吨吸收着二氧化碳，而当用专门的机器把它们使劲压榨之后，就能生产大量可燃的油。

航空公司——日本航空和维珍大西洋航空是先驱者，后者正在大西洋东部和北海的路线上测试——已经改造了他们的一些飞机发动机，使其使用新的实验性生物燃料，不过为了安全起见，一般四引擎飞机上只有一个改装发动机。最初的报道称，这种发动机确实能正常运转，关闭后可以重新启动（早先人们担心可能不行），而且燃料在高海拔时不会冻结（这是另一项担心）。一些航空公司说，到2015年，所谓的绿色燃料就能用于客运航班；地球之友和绿色和平组织马上说，他们持怀疑态度，声称唯一能减少碳排放量、减小气候威胁的方法，就是减缓不断增长的大规模飞行现象，要达到这个目的，最起码，需要对航空燃料征收重税。

但是，要说产生碳排放的这种罪过，在目前的大规模客货运输方式之中，没有什么方式是完全清白的——而且，考虑到现代世界几乎已经完全放弃了以风帆为动力的海运，其中最严重的就是海运业。船舶和飞机一样耗油严重——大西洋表面甚至比它的上空更加拥挤，造成的问题绝对有过之而无不及。英国石油公司和德国一家物理研究所[1]2007年发表的一个数字表明，世界上全部的船只，大约7万艘燃烧燃料的客货轮船，通过烟囱排入大气的二氧化碳，比目前非洲所有国家加起来产生的还要多。

---

[1] 慕尼黑附近的大气物理研究所，项目名叫海洋KLIM（SeaKLIM），是和不来梅大学联合进行的研究。

有一个研究小组研究航运对环境的影响，其负责人薇罗妮卡·艾林（Veronika Evring）博士利用了欧洲卫星维萨特（Envisat）上装的传感器。这颗卫星是2002年发射的，用来绘制标志着长途货船通道的可见云线。高层大气中的高速大风确保了飞机留下的凝结尾迹在产生后的瞬间就会消散。但船则不然：废气中的大量含硫烟尘及其他小颗粒会从排气烟囱中往上冲——并因为比周围的空气温度高得多而不断上升——最近几年，已经证明这能造成在大气中萦绕几个星期乃至几个月的低端云层。

人们把这称作船迹，这名字有点缺乏想象力。船迹能从太空看到，很容易就能被卫星发现——它们是一些东西向的持续存在的粗线，看起来像是和天气无关的云，在北大西洋上比较明显，且和下方船只的实际路径高度吻合。大西洋东部也能见到一些痕迹，从西非的突出部分一直向下运行到开普敦。斯里兰卡和马六甲海峡之间也有一道特别突出的线条。还有一条蜿蜒在新加坡和中国香港之间。

这些云离奇的持久性，是由于下方经过的船只在不断喷出新的气体给它们持续补充——大多数货船，即使在大洋中央航行的那些，通常都会坚持既有的航道，这样既能更好地利用风和洋流，也是遵循大圆航行的数学现实。维萨特上的十个主要传感器中，有两个尤其有用。其中一个叫作"高级沿轨扫描辐射计"，绘制出了海洋地图，显示低端云层的模式和已知的货船惯用航道之间具有奇怪的一致性；另一个是一台极为复杂的光谱仪，SCIAMACHY设备[1]，它成功地破解了可见和不可见的排放模式，无论在规模上还是化学上都取得了突破。其结果令人印象深刻：根据艾林博士的工作获得的SCIAMACHY数据来看，推动着全世界成千上万货船的发动机每年产生8亿吨二氧化碳排量——接近人类全部碳排量的3%。船舶的碳排量几乎和飞机的碳排量一模一样——两者加起来接近人类全部碳排量的6%。

所以，除了处理飞机的污染，现在还有一些计划试图通过各种可行的手段让

---

[1] 即SCanning Imaging Absorpion spectroMeter for Atmospheric CHartographY，大气制图扫描成像吸收光谱仪。

船舶也变得更加高效，更符合环保要求——当然，不是通过削减它们的数量，这是不安分的现代人做不到的。

在整顿这个积重难返的行业时——自从3000年前腓尼基人在摩加多尔装运骨螺，把它们带回提尔以来，这个行业的运行原则就一直没有变过——效果最显著的一个早期方法，是20世纪50年代中期，一个名叫马尔科姆·麦克莱恩（Malcom McLean）的美国卡车运输主管想到的一个主意：把货物打包放进巨大的钢箱，即海运集装箱之中。在当时，货物——不管是袋装土豆、棉花包、瓶装威士忌、汽车还是机枪——统统用起重机堆到船底，然后尽量按照它们的形状和大小码整齐。

使用20或40英尺长标准尺寸的集装箱的好处是，让厂商和商家在工厂或农场就把自己的商品事先装好，箱子可以放上卡车或铁路平车，送到码头边，然后用特制的起重机迅速装到等待的船只上部以及船底货舱里。然后可以把它们运到一个遥远的港口，中途完全不会被人打开或做什么手脚，送到后再卸下来放上另一组卡车或铁路平车，送到遥远的目的地。这就诞生了所谓的联合航运。这时，浮动的船只就仅仅成了一条长长的运输链上的一个环节，这样的运输链既经济又高效，能把世界各地的产品送到任何其他的地方。

这样的发展可能降低了成本，提高了效率——但是，它也一下子剥夺了海洋贸易所剩的一切浪漫和诱惑。集装箱船——它们是迄今为止世界上最大的船；在我写作本书的时候，其中最大的一艘，丹麦的MV"艾玛·马士基"号（Emma Maersk），重达17万吨，可携带1.5万个集装箱，速度可达31海里/小时——这一定是自勒·柯布西耶（Le Corbusier）的公共住房项目诞生以来最丑陋的人类造物。那些喜爱快船、喜欢五桨座大船，甚至喜欢脏兮兮的英国沿海货船[①]的人，都对发明出这些四四方方的怪物而痛恨不已，但它们一定算得上是人们最熟悉的当今全球化世界的标志。但是马尔科姆·麦克莱恩知道，在海运业，时间就是一切，金钱就是一切，知道手工装载1吨货物的成本接近6美元，而用集装箱船只花16美

---

① 五桨座大船和"脏脏的英国沿海货船"是约翰·梅斯菲尔德的著名诗作《货物》中出现的两个意象。——编者注

分——实际上，他1956年4月，曾在大西洋上试验了自己的第一艘船，这是一艘改装过的美国海军油轮"理想-X"号，装载了58个集装箱，从纽瓦克开到了休斯敦，"理想-X"号的运载成本就是这个价。浪漫或许在一瞬间烟消云散了，但搬运工人也是同样的命运，押运员也未能幸免，货仓也成了历史，一夜之间，航运业就从一个有关潮水、风、海鸥、六分仪、信号旗、沾染着焦油和湿绳索气味的行业，变成了一个全然不同的世界，这个世界属于灵巧的燃油机器、GPS、计算机计算导航路线，还有由机器编程掌控、时间精确到毫秒的装载起重机。

▲▲

这个将海运货物装到相同大小的钢箱里、创造所谓集装箱船的想法，改变了世界。这个想法毫无争议地属于一名北卡罗来纳州的前卡车司机——马尔科姆·麦克莱恩。

麦克莱恩的第一家公司叫作"泛大西洋轮船公司"（Pan-Atlantic

Steamships）——他后来把它卖给了一家烟草公司，然后又转手给了一家铁路公司，最终落到了马士基公司手里。马士基现在拥有一支由7艘有史以来最大的船只组成的舰队——公司老板A. P. 穆勒（A. P. Moeller）在2001年去世时已经积累了无法想象的财富——用他的集装箱永远地改变了世界对海洋的看法。海运业的集装箱化愈演愈烈，而从未考虑过全球不断扩大的船队会造成怎样的污染。现在，德国研究人员和其他人的数据开始拷问海运企业高管的良心，航空公司和飞机制造商们也渐渐意识到他们的所作所为造成的后果。于是，人们开始进行研究，寻找更好、更清洁的燃料，和其他驱动船只穿行于世界各种水体的方法。最近，波罗的海和北海都已实行了新的规则，限制船用柴油燃料中的含硫量，以期减少污染，减少卫星发现船只开过时在航道上方留下云层的可能性。

除此以外，还有一些全新的想法。其中一个得以推进，这里的"推进"就是字面上的意思：做一张巨大的船帆，或一种像三角帆一样的风筝，风力合适的时候，就把它张在大货船的前面，这样即使在船的引擎关闭后，仍然可以帮忙拖动船只。一家德国公司在一艘散货船"白鲸天帆"号上装了一张由计算机控制的大三角帆，并于2008年1月进行了第一次测试，从不莱梅港开往委内瑞拉的煤港关塔（Guanta）——遵循了几乎所有新型航海技术测试时的传统，在可能会最常运用这些技术的大西洋里进行试航。

不过，还要经过很长一段时间，风帆才能接替船用油，巴巴苏植物燃油推动的飞机才能跨越大西洋在城市之间翱翔。由于我们依然需要从海洋上飞过、驶过，所以我们海洋上方的空气质量将继续恶化，也将继续作为一个令人震惊的例子，体现现代人对曾经崇敬的大海产生的厌倦和无视。然而，真正的破坏还要远远不止于此。我们看得见的海面、或深或浅的海水，还有生活在其中的生物、所有岸边的海底、海中，也都在遭受荼毒，这荼毒主要不仅来自飞机和轮船，还来自陆地上数以百万计的工厂日夜不停地产生的海量污染残留物。

1960年，蕾切尔·卡逊第一个忧心将发生海上灾难，当时她正在为她的第一部经典之作《我们周围的海洋》的新版撰写序言。这本书最初发表于1951年。或许奠定她圣洁声誉的并不是这本书——是1962年完成的《寂静的春天》（*Silent Spring*），使她成为今天的环保运动之母——但它确实给了世界一个崇敬和尊重海洋的绝佳理由。

▲▲

如果说有谁能实至名归地享有开创现代环保运动的名声，那大概就是美国的公务员和海洋生物学家蕾切尔·卡逊。她最著名的两部作品是《我们周围的海洋》和《寂静的春天》。

该书的第一版是一部抒情作品，纯真中散发着浓浓的天真，语气中透露着崇拜，从未想过人类会对海洋抱有任何形式的邪恶意图，只是有力地论证人们对海下矿物资源的卖力开采。尤具魅力的是她对世界气温不断攀升的解释——这在20世纪50年代已经非常明显，有许多和今天一样的现象：冰盖缩小，冰川退却，暴虐而难以预料的风暴。给蕾切尔·卡逊留下深刻印象的是一位不为人知的瑞典海洋学家奥托·佩特森（Otto Pettersson）的理论。他宣称，全球变暖的所有周期都伴随着深海潮汐产生巨浪的轶事证据：他认为，海下"看不见的移动水山"对地球气候造成了"令人震惊的不寻常事件"。无论是佩特森还是蕾切尔·卡逊，都丝毫没有暗示过人类和气候改变有什么关系；而觉得要么是潮汐，要么是太阳黑子爆发引起的不良反应。

不过，那是在1950年；10年之后，虽然卡逊没有提供新的理论解释继续上涨的全球气温，但她开始发声警醒海洋污染——尤其是，当时正是原子时代的清晨，放射性物质对海洋的污染刚刚开始。

她的笔力丝毫未减。她在这篇名副其实的著名序言中写道：

虽然作为地球自然资源的管家，人类的记录却一直令人沮丧，但长期以来，有一个信念给了我们些许安慰：至少，海洋是不可侵犯的，改变它、掠夺它也超出了人们的能力。可不幸的是，事实证明这种信念是幼稚的。揭开了原子的秘密后，现代人发现自己面临着一个可怕的问题——如何处理这些地球上有史以来最危险的物质——这些原子裂变的副产品……

……海洋以其本身的浩瀚和看似的遥远，引起了为处理废物而头疼不已的人们的注意，没有经过多少讨论，更没有引起公众的注意，海洋就已被选定为污染垃圾的天然掩埋场……

先处理，后研究，正是取祸之道，因为一旦把放射性元素扔进了海里沉积，就再也无法回收。一朝犯错，将为永世造成恶果。

这真是一个奇怪的情况，大海，是生命最初诞生的地方，现在竟会受到来自这种生命的一种形式的活动的带来的威胁。但是大海，虽然遭受了恶性的改变，却仍将继续存在：而真正受到威胁的，正是这种生命本身。

她是多么有先见之明啊！蕾切尔·卡逊有充分的理由担心放射性污染；但她当时却幸福地对其他一些侵扰大海的物质一无所知——甚至，在那个纯真年代，她都没有想到她在《寂静的春天》中斩钉截铁地禁止在陆地上使用的除草剂也是这类物质。

那时的一切都简单得多。毫无疑问，和许多在20世纪50和60年代造访海滨的人们一样，她也痛骂在岸边清洗油罐的船上流出的一片片焦油，也忧心在大西洋的海带丛中漂动的破碎的浮舟和腐烂的渔网。她知道她心爱的海洋远不是洁净无瑕的，但她认为，这种污染还比较普通，可以理解，是一种可以原谅的污染，和你在一个农场、一个酒窖、一家汽车修理厂碰到的污染一样。

她对于即将到来的"灾难性的"化学元素周期表浑然无觉——人们会很快在几乎每一条金枪鱼、鲨鱼和剑鱼的鱼肉中发现汞；也不知道成千上万吨高毒性、高致癌性的多氯联苯——PCBs——会很快流入海洋，杀死数百英里外的海鸟，污染海岸、贝类和鱼类；更不知道塑料将会污染海滩、坑害鱼类、填满海鸟的胃；镀金加工厂的氰化物会污染海水；油轮事故、沉船或钻探事故会造成石油污染；巨量的药物——激素和精神药物、抗抑郁药、安眠药、抗睡眠鸡尾酒——将缓慢而稳步地改变人们长期以来的信念，即认为海洋具备无限的稀释和消解能力。正如蕾切尔·卡逊所明智指出的，这种观念幼稚之极：海洋很快就决定不再充当稀释化学物质的机器，而宁可通过海水或通过鱼类和生活在海中的其他生物，成为一个运送它们到地球各个角落去的交通工具。

人们终于达成了世界共识，认识到曾经纯净无瑕的海洋如今越来越脏了，认识到它绝不是能力无限的了，认识到对它的污染是一件可怕的事情了，并实行了一系列马后炮的国际法规——最著名的就是所谓的《1972伦敦公约》（London Convention of 1972）——规定使用海洋和沿海国家要尊重海洋的神圣，尊重它们对地球的共同价值。

3. 海鲜的背后

然而，对于大西洋这样的大洋，海洋污染本身并非它们面临的最大、最顽固的问题。海洋确实有一定能力清洁和改造自身。然而，生活在其中的生物则没有。人类对鱼类和其他海洋生物日益增长的需求，正在将最脆弱的海洋资源之一推向崩溃的边缘。为了满足人类对海鲜几乎无法满足的胃口，人们近年来一直在海洋中大肆过度捕捞；于是，出现了一个令大多数人惊讶不已的结果：我们很快就会把鱼吃完了。

一个小小的例子可以说明这个问题近来变得有多么敏感。那是2009年的秋初，我非常偶然地遭遇了一场不值一提的争议，这场争议本来可以避免，但却发生了，但十分有趣，引发了大众的广泛关注。

我乘坐一趟日间航班从纽约飞往伦敦，到达时已是晚上。20点左右，我下榻在蓓尔美尔街上的一家酒店，限门房登记并放了行李。那是一个星期六的晚上。我饿了，但是估计到这个点，很难找到一家像样的餐馆吃饭了。我慢慢走过莱斯特广场，进了科芬园，走过无数的咖啡店和小酒馆，大多数店等位的客人已经蔓延到了街上。这时，我在一条小巷里走到一半时，看到了"J. Sheekey"。这是一家海鲜餐厅，我记得20世纪50年代，我大约10岁的时候，父母曾带我来过这里，现在已经装修得焕然一新。它现在变得如此时尚。我估计是弄不到位子了，至少也得经过漫长的等待，于是我开始继续往前走。只不过，一时心血来潮，我又转过身来，走了进去，满心以为自己要失望。

完全不是那样。工作人员看起来很惊讶，当街门打开时有些措手不及，看到是我似乎又奇怪地松了口气。结果发现，餐厅里还有空余的位子。于是，我意外地很快坐了下来，我的杯子斟满了，我的晚餐也点好了，餐具都拿了过来并摆放整齐——那时大约已是午夜时分，就这样，我满足地享用了一打牡蛎、一盘银鱼、一条个头不小的鲈鱼、一小碟茴香和一些新土豆、半瓶波利干白葡萄酒和一杯咖啡，然后信步返回。我感觉很好，惊喜地发现伦敦这样一个长期乏于美食的城市，现在也能招待好它的客人了。

只不过，几天后我读了报纸，才知道这其中另有原因。就在我去就餐的前几天，J. Sheekey在报纸上被公开抨击，因涉嫌给客人供应被公认遭到过度捕捞而已列入濒危物种的鱼类。

就在几天前，关心时事且久经世故的伦敦人突然对濒危鱼类和海洋捕捞问题兴趣大增。电视上刚刚播放了一部纪录片，曝光了所谓的残酷技术和非法捕捞，还有因此而濒临灭绝的鱼类，而为数众多的商店、超市、餐馆、厨师、顾客、食客，要么不知道，要么不关心，仍在购买、出售和食用这样的鱼，为鱼的减少"添砖加瓦"。还出现了一家网站，在网上发布濒危鱼类的名单，以及售卖这些鱼的商店和餐馆的名单——其中之一就是 J. Sheekey。它或许本来名声不错，但现在被公开指责，饱受议论。这是一家有些档次的餐厅，这里的顾客都希望被视作有道义之人——于是在陆陆续续地看了、读了、点击了那些令人震惊的报道后，便不再光顾。这样一来，也就有了空座，而且正好是在一个不知情的外国人意外上门的那天晚上。

但没想到，这还不是故事的结尾。餐厅的老板们是一个强大的团体，还经营着其他的伦敦时尚餐厅。他们提出了正式投诉，说他们实际上对自己所售的鱼类严格把控，只供应可持续捕捞的海鲜，是那家网站搞错了事实。然后，大家不同寻常地消停了一下，喘了口气。环保团体都知道，他们必须非常小心，不能轻易断言问责。一家惊慌的鱼类保护团体，经过一番犹豫后承认他们确实有些仓促，确实弄错了一些事实。他们似乎后撤了。他们道了歉——如果说有点勉强的话——并及时恢复了 J. Sheekey 在"万神殿"中的名誉。那些嗜鱼如命的食客们松了口气，高高兴兴地回来了，结果发现，现在想再弄到一个空座又难如登天了，特别是在周六的深夜。

这只是一场令人遗憾的小插曲，但它却指出了一个在那之前被普遍忽视的现实：世界各地的许多种鱼类确实遇到了大麻烦，而且始作俑者正是目前西方人对美食享受的无尽渴望。我们购买或点来我们的食物——尤其会要海鲜，因为人们很少看到它们在海里的样子，因此显得比那些常在我们眼前吃草嬉戏的普通动物更富神秘感，而没有过多关注它们的来源、它们被捕的方式或我们偏爱的鱼类还能存在多久这个问题。就算有少数人会在意这些，之前也没有几家餐厅愿意向他们提供多少相关信息。

这样的信息也不见得有多少公认的含金量。旨在保护海洋和海洋生物的机构为数众多：蓝色海洋研究所、世界野生动物基金会（World Wild life Fund）、海洋守护者协会（Sea Shepherd）、奥杜邦协会（National Audubon Society）、蒙特里湾水族馆（Monterey Bay Aquarium）、阿拉斯加海洋基金会（Alaska Oceans

Foundation）、海网（Seaweb）、自然资源保护委员会（Natural Resources Defense Council）和国家环境信托基金会①等，各自都有自己的议程和工作方法，有时会互相合作，但更多时候是在各自为战。现在，人们可以（从蒙特利湾水族馆及其他机构）获取钱包大小的卡片，卡片会告诉你哪种鱼是目前需要谨慎食用的；一些较好的餐厅会确定他们的食物是从哪个渔场捞来的。

不同的方法在环保组织中是常态。海洋管理委员会（MSC）1999年在英国成立，是一个以科学为基础进行可持续捕捞的早期倡导者。它建立了一套原则，根据这套原则评判出负责任、可持续的渔场，并向客户推荐这些渔场：现在，他们会把蓝白相间的椭圆形标志贴在（收费）来自这些渔场的鱼的外包装上——目前大约占了全世界渔场的7%，在大西洋范围内，包括南非鳕鱼、泰晤士鲱鱼和（我们将在后文中看到的）名字难听的南乔治亚版巴塔哥尼亚犬牙鱼。

MSC这种做法的原则是基于推广它认为的"好"鱼。而很多美国的机构则尽最大努力组织人们抵制他们认为的"坏"鱼（比如说，国家环境信托基金会发起"走吧，智利海鲈鱼"活动）。因此有了绿色和平组织2009年公布的"红名单"。在这张纲要中列出了他们认为最濒危的鱼类、甲壳类和贝类动物：在我写作本书的时候，其中包含了22种物种或物种群。其中18种都生活在大西洋，它们之所以会濒危，几乎完全是由于大西洋范围内无止无休的过度捕捞或残酷轻率的捕鱼方式。

智利海鲈鱼——营销人员巧妙选用的一个名称，代替了不太好听的"巴塔哥尼亚犬牙鱼"——就在名单上，但它一般生活在智利海岸、太平洋或南极海域。长尾鳕，没有多少人知道它，它也被认为濒危，这是一种通常见于新西兰海域的一种浅色动物。鳕鱼常见和被捕捞于阿拉斯加（MSC认为阿拉斯加的鳕鱼渔场值得它的许可章，但它却被列入了绿色和平组织的红名单，这暗示了复杂而争议缠身的海洋界中存在着诸多差异）。还有剑鱼，一般是用饱受批评的延绳钓法捕捞的，它们主要是太平洋的"居民"。

---

① 国家环境信托基金会（National Environmental Trust，NET），总部设在费城，皮尤信托基金会旗下的一家。皮尤信托由太阳石油公司的创始人的子女创办。

其余被过度捕捞的鱼类大多数都在大西洋：大部分渔场捕捞大西洋鳕鱼、大西洋大比目鱼、大西洋鲑鱼和大西洋扇贝；南大西洋的长鳍金枪鱼；大眼鲷、黄鳍金枪鱼，特别是个头极大、游速极快、价值极高的蓝鳍金枪鱼（这是整个大西洋中最受威胁的鱼类，在东京著名的筑地市场能卖到3万美元一条，部分是因为日本对于这种鱼的需求很旺盛）；格陵兰大比目鱼、北大西洋安康鱼、被称为海洋圆蛤的双壳类动物、红鲑鱼、热带红鲷鱼、大多数鳐科鱼类、非洲西海岸的大多数热带虾类，还有一种现在被人们热情地称为"橙罗非鱼"的鱼类，但是在营销人员注意它之前，被广大的渔民和生物学家简单称作"燧鲷头"——所有这些生物都生活在格陵兰和火地岛之间、开普敦和北开普省之间的深海浅滩和温水冷海之中，生活在几十万立方英里的大西洋水域中的某处。

我曾两次切实遭遇过大西洋渔业的危机，一次在大西洋西北，然后更近的一次在亚南极海域的南方深海。

4. 北方鱼殇

我的第一次遭遇是在很北的地方，纽芬兰附近，那里并没有什么具体的恶人，只有人类普遍的不当作为。在20世纪90年代初期，这里几乎毁掉了地球上一个伟大的渔场。我在20世纪90年代后期见证了大浅滩鳕鱼渔场的崩溃。这确确实实是一个令人遗憾的故事。那些聚集在博纳维斯塔湾（Bonavista Bay）沿岸，美得令人心碎而又令人可悲的小小群落，更令人悲伤。

抽象地说，纽芬兰周围的浅海海域总是被恰如其分地描绘成粗糙、寒冷、大雾弥漫的样子，海面上漂动着零散的锯齿状的冰块，还有无比强烈的风暴和紧贴海面的海底岩石，使得这个地方往往充满了致命的危险，故此长期以来都有一分传说中的辉煌。历史书告诉我们，约翰·卡伯特在这片海域发现了极为丰富的大个银色鳕鱼，于是他写道，人们不用渔网和鱼钩就可以抓住它们：只需要把一个简陋的篮子从船舷上扔出去，不出一分钟，篮子里就会装满了鱼，用索针立刻把大鳕鱼打晕，一分钟后就能把它在甲板上烧烤起来。在此之前，从未有人在世界上任何地方的任何海域里见过这么丰富的鱼类资源；我们似乎完全可以相信，桨手会抱怨说，划桨通过纽芬兰海域很困难，因为水里的鱼实在太多了；很有可能，像有人想象的那样，或许可以踏着数百万条鳕鱼闪闪发光的背部，从伦敦走到圣约翰斯去。

现实的情况也一样令人振奋。1963年，我首次跨大西洋航行时曾见过大浅滩。当时我们的"不列颠女皇"号曾在大浅滩东边一个被称为"弗莱明角"的地方短暂停留，和飞机会合。起初，大海平静得令人失望，天气一反异常晴朗。而一旦我们上了路，一切都变了，几个小时后西行进入真正的大浅滩后。我们只需要经过大浅滩的最东端，一个鱼类众多的叫作"鼻岩"的地方，大雾恰在这时包围了过来，海面变得起伏不定，令人难受，我们不得不慢下速度，一点一点地往前挪，生怕撞到四周遍布的渔船，或扯断它们的渔网。

这里的大雾渲染得大海静得出奇，我记得自己在甲板上站起来，随后走到外面的翼桥上，浑身湿气腾腾，冷得瑟瑟发抖。我凝神聆听。我听见海浪拍打着我们的船体，船头划破波涛，发出柔软的嘶嘶声。但最引人注意的是一阵阵雾角的呼喊，这是渔民的欢声，我估计是从那天发现鳕鱼的地方响起的，然后声音渐渐退去，又重新响起，直到最终渐渐弱了下去，慢慢消于无形。我们也终于驶过了浅滩，到了纽芬兰南部，然后进入圣劳伦斯湾深深的、相对没什么鳕鱼的水域。

那天的浓雾遮天蔽日，我一艘渔船也没见到——我对大浅滩渔民生活的了解，大概是来自于阅读吉卜林的《勇敢的船长》，最令人印象深刻的，还是后来1937年根据这本书拍的电影《怒海余生》。那是BBC在冬季的一个下午播放的，其中一个场景我似乎记得尤为清楚，是斯宾塞·屈塞（Spencer Tracy）和费雷迪·巴塞洛缪（Freddie Bartholomew）两人都奋力挣扎着，浮在一个岌岌可危的小海舫上，过去鳕鱼渔民们常用那种平底小渔船去追捕他们的战利品。

那部影片帮我将一切拼凑了起来。首先是那光洁优雅的纵帆船，从马萨诸塞州的港口千帆竞发——那时，美国人刚刚能和这片水域的所有者加拿大人一样去大浅滩上捕鱼；《巴黎和约》早已允许了这一点。然后遭遇了大雾、风暴，紧接着看到了充斥着小小的毛鳞鱼和鲱鱼的浅滩，然后碰到了笨重地游动着的鲸鱼，最终船队自己到了鳕鱼场——他们也在这里遇上了从圣约翰斯以及三一港、佩蒂港（Petty Harbor）和博纳维斯塔等外港而来的强壮凶狠的法裔加拿大渔夫。之后，他们放下海舫，无论天气有多糟，海浪有多高，他们都进行着漫长、潮湿、绝望而疲惫的追捕，捕捞那些潜伏在不过几英尺深的浅水水底的鳕鱼。

在伦敦电影院那种烟雾缭绕的舒适环境中看来，这一切似乎是难以想象得艰难困苦。那些海舫只有20英尺长，虽然船头和船尾高耸在海面上，但船中间几乎没有设计干舷，好让主人们在把上钩的鳕鱼拉起来时轻松一点；但接下来，水一直冲击着船的一侧，弄得凡是不在奋力划桨的人，就在不停地舀水，或是试图把自己长筒靴里的冷水倒出来，又或在一个浪头从他脖子上灌下来以及大风刮走他的长雨衣时冷得发抖。当然，他也可能是在钓鱼：要么是自顾自手钓，要么帮忙拉起一根长绳，这根长绳缠在用作浮标的大桶之间，在海下延伸了足足5英里，可能挂了1000个鱼钩——在那久远的、丰饶的打渔时代，每个鱼钩上可能都挂着一条巨大的鳕鱼，需要人们把它拉起来，从倒钩上解脱出来，丢进船舱底部，加入同类的行列，一起在人们的双脚之间翻滚蠕动。

当你最终试图返回纵帆船时，或许已经弄到了一整吨鳕鱼。100条鱼，条条都有20磅，它们个个张着大嘴，下唇上飘着一把小山羊胡子，橄榄绿的鱼背，白花花的肚皮，侧边一条长长的白色条纹。纽芬兰鳕鱼，又肥又重，肉质内脏很适合进厨房，被渔民誉为整个鳕鱼家族里最漂亮的一类。几十年来，这些满载而归的海舫，都像是北大西洋物产丰饶最有力的象征，很明显地解释了那些住在它旁边、受它哺育的人们为何能繁荣兴旺。

但是，要想乘着一条装满了这么多鱼的低矮小船回到纵帆船上，就是一件难如登天的工作了。光是找到你的船就是一个挑战，特别是如果你已经离开了几个小时或者更长时间，如果你不在的时候，雾帘已经合上的话。那时即使是把最亮的灯笼挂在帆船的前甲板上——就像在吉卜林的电影里那样，当时莱昂内尔·巴里摩尔（Lionel Barrymore）想办法挂了一盏尽可能亮的灯，令人着急地表示着"我们在这儿"，以帮助他的伙伴们找到帆船——但在薄雾之中，能见度也不超过

100英尺，浓雾中更是只有5英尺。这样一来，就只有渔夫和船长轮流吹奏的一来一往的雾角，还能让你有一线回家的希望。

此外，装满鱼的海舫会比平时吃水更深，船舷几乎没过海面，海浪冲过船舷，让小船愈发不稳。难怪会有这么多水手死亡——在19世纪的后70年间，有3800名格洛斯特（Gloucester）渔民丧命，而整个城镇只有15000人——这样死里逃生的渔夫们，所享有的友情和共同的骄傲是其他任何地方的工人们所不能比的。做一个大浅滩的鳕鱼渔夫是一门高尚的艺术，只有最勇敢的人才能做到。等他们回到了港口，海滨城镇的所有酒吧都会清清楚楚地知道这点。

但是后来，到了20世纪50年代，捕鲸船出现了，转眼间就改变了整幅图景。

捕捞技术已经大为改善。手钓这种办法只有少数渔民还在采用：一些更富争议的方法，比如延绳钓法，或设置几乎看不见的轻飘飘的浮动刺网，甚至是沿着鳕鱼生长的海底用拖网作业等，都大大增加了收获量。长期以来，每个人都能在大浅滩心满意足。随着越来越多的渔民到来，一切都还是和约翰·卡伯特当年乘坐"马太"号过来时一样；世界很快就相信了他所说的事情，以及巴斯克人接下来几十年间所发现的——那里有着丰富的鱼类，可以满足所有人，似乎每捕一条鱼，就有两条产卵；渔夫似乎可以永远发达，数百万爱吃鱼的人，似乎可以永远尽情享用而无匮乏之虞。有一些人——包括很多纽芬兰外港的年长渔民，他们说自己"了解"鱼和它们的习性，知道捕捞多少才合适——他们担忧，或许有一天可能会把鱼的储量掏空，他们担心一场灾难正在潜伏。人们给他们一个宽容的微笑，并告诉他们不要担心：大浅滩是所有人的幸福快乐之源，并将永远如此。

但后来出现了蒸汽船和伯宰公司（Birdseye）的冻鱼技术，接着又出现了鱼棒，或欧洲所说的炸鱼条，有了方便食品市场。然后又诞生了一个想法，那就是鱼不必非得带到陆地上处理、切片、冷冻、装盒、贴商标，所有这一切都可以漂在海上完成，只需要用一艘大船——这并非真正的渔船，而是一条浮动的蒸汽机驱动的生产线，可以一天24小时分解鱼，并一天24小时地重新把它们组装成方便食品——突然之间，延绳钓、刺网、拖网似乎变成了对海洋渔业最微不足道的挑战。现在，它成了一个简单的算术问题：随着捕鲸加工船的到来，20世纪60年代从大浅滩带走的鱼的数量突然变成了天文数字，明显变得——用一个20世纪60年代开始慢慢进入词典，然后，如果还不算时髦的话，也算是人们耳熟能详了的词——"不可持续"了。

▲▲

大西洋丰富的鳕鱼资源已经完全成了过去。图中这位喜不自禁的拖网渔夫的照片是1949年在挪威北部的罗弗敦群岛附近拍摄的。今天已经很少能捕到这么多的大西洋鳕鱼了，鱼本身的个头通常也没这么大了。

1954年，苏格兰下水了一艘名叫"公平尝试"号的船，首次开启了所谓的大浅滩机械化露天开采作业。相较于纵帆船和之前的近海渔船，它体量巨大：重2600吨，看起来像一艘改装过的客轮。它执行起任务来还高效得可怕——它从船尾的斜坡放下一张巨大的拖网，拖网张开数百英尺的大口，沿着海底一拉，重重的下颌就能铲起所到之处你能想象的任何活物——成千上万不同年龄、性别、重量、健康状况的鳕鱼，还有其他各种在海底生存觅食的鱼类和甲壳类动物，不管人们需要不需要都会被捞起。所有东西都被快速丢进巨船的肚子里；不需要的就被扔在一边；其余的被机器一番加工——切片、盐渍、冷冻打包——甚至就在同一时间，拖网就被再次丢进海底，又拖上几百吨来，接着用同样的残酷干脆的方式处理一番。

　　仅仅是这一艘船的捕捞量就令人震惊。但还有一些类似的船后来加入进来。这些船都在大浅滩上笨重地航行，像牛车拉犁一般铲起大量的鱼类，数量之巨大远非约翰·卡伯特和他后来的巴斯克人所能想象。

　　想要更多鱼的诱惑是不可抗拒的。不过一两个捕鱼季，几乎每个能弄到足够大的渔网的人都来加入了这场狂欢。从德国和韩国、古巴和日本的捕鱼码头上，就驶出了几十艘动作迟缓、锈迹斑斑的露天开采轮船，一路来到"鼻岩"、"尾岩"、弗莱明角，然后深入大浅滩腹地，一直捕鱼捕到没了燃料，然后去圣约翰斯的燃料库，在那里开怀畅饮。住在博纳维斯塔渔村的人们表示，他们走到附近一个海角的高处，那里有约翰·卡伯特的雕像，在那儿向东眺望大海，就能看到那里仿佛有一座巨大的乡村——数以千计的点点灯火——那是拖船、鱼制品加工厂和他们的拖网大船，在夜以继日一刻不停地掠夺着大海。

　　捕鱼加工船上飘扬着十几个新来国家的国旗，挤走了那些几十年来都在这片海域谋生的人们。它们隐藏在大雾和凶猛的浅水区风暴中，安定下来，用越发先进的技术和越发巨大的拖网捕捞。捕捞水平一升再升——一直到了令人瞠目结舌的地步：仅在1968年一年，就有81万吨鳕鱼从满是沙粒的海底被拖了出来，正是在这一年，纽芬兰大浅滩上的一切开始出现严重的问题。

　　就在此时，加拿大政府决定应该做些什么了。渔场中被捞走了太多的鱼，捕捞的时间也太长——这种情况发展到现在，已经完全无法继续下去了。政府的统计学家们确信，17世纪中期到18世纪中期之间——这段时间足够供30代鳕鱼生生灭灭——每年约有800万吨鳕鱼被捕捞，主要是被英国、西班牙和葡萄牙的手钓船捞走的。但是，同一批统计学家说，在捕捞加工船热潮的头15年里，人们就已经几乎捞走了近乎完全一样吨量的鱼——说得直白一些，在15年里捕捞800万吨鱼，这样的数字，地球上没有任何一个地方的渔场能承担得了。

必须要想个办法了——并且按照政府标准来看，也算是以合理的速度及时实行了。但尽管远在渥太华的官员和政治家们的意图可能是极好的，但在之后的20年里，加拿大执行的渔业政策却促成了一场更严重的灾难，而且鱼、渔民、渔业社区都至今没能从这场灾难中完全恢复过来。

首先，加拿大政府做了一个看似非常明智的决定：1977年，它宣布（与世界上大多数其他的沿海国家一样），从今以后，沿其整条海岸线划一道200英里宽的海洋带，这个区域被当作它自己的专属经济区，外国渔船将禁止在那里作业。加拿大的司法管辖意味着，博纳维斯塔海角上看到的那座令人敬畏的拖船村落——从摩尔曼斯克、弗利特伍德、比戈、里斯本、釜山以及其他外国港口过来的、在岸边3英里内作业的捕鲸加工船和拖网渔船群落——不得不散离。在这条新的限定线以外，他们仍然可以捕鱼——这意味着他们仍然可以在鼻岩、尾岩和弗莱明角附近作业——但不能在大浅滩捕鱼。

于是大部分船开始往西走。西班牙拖网渔船队由于受到欧洲限额规则的挤压，认为法国境内的圣皮埃尔（St. Pierre）和密克隆群岛（Miquelon）——这对双子岛使用欧元，抽法国茨冈烟（Gitanes），喝法国卡尔瓦多斯酒（Calvados），是法国殖民地时期的遗产，位于纽芬兰南部海岸10英里外——或许能为他们提供庇护，因此继续在非加拿大公海的大浅滩外围捕鱼。葡萄牙白色舰队——他们的渔船仍然漆成白色，跟第二次世界大战期间一样，当时是为了向德国的U型船提醒它们的中立立场——也是如此。此外，海面空空荡荡，海底的鳕鱼拖网也停止了活动。

这阵突如其来的沉寂，本应该给大浅滩的鳕鱼种群一些时间和机会恢复元气。因为突然之间，没有人进行大规模捕捞了；因为现在独享这项权利的加拿大人尚没有足够的资金来捕鱼。他们既没有船也没有意愿去露天作业，像外国人那样掏空自己的海域。

然而，政府有其他的计划。无论是在渥太华的联邦政府，还是在圣约翰斯的省政府，都决定为本国最贫穷、最年轻的省份注入一些经济活力（纽芬兰省直到1949年仍是一个贫穷的英国属地，自从加入加拿大联邦以来，经济基本依靠鱼和木浆）。为了贯彻这项可以赢取选票的政策，他们决定依照政客所愿，开展一个加拿大运营、加拿大所有、加拿大组织的巨型大西洋渔业。

但是接下来，政府——具体地说，是一个现在饱受嘲弄的联邦监管机构，即加拿大渔业海洋部——估算出了每支新的加拿大船队可以合法捕捞多少鳕鱼，没想到却把这估算弄得——几乎令人难以置信地——大错特错。

这些数字定得太高了。政府兴高采烈地表示，每年可以从大浅滩捕捞40万吨鳕鱼，新生的加拿大捕鱼业受到政府的慷慨援助，自然愈发心动，便不出所料地上钩了。加拿大东部的船厂，之前没怎么开工过，这时立即开始了电焊铆接，新船下水突然变成了司空见惯之事。在很短的时间内，离开大浅滩的外国拖船现在被完全取代——换成了大小相近、装备类似而且同样暴虐的捕鱼船，唯一的不同之处就是，它们的旗杆上都飘扬着加拿大的枫叶旗。这些船只纷纷热情洋溢、野心勃勃地在海边捕起了鱼，政府则用无限乐观的言论倍加鼓励。政府的话，简直让人认为海里有无数的鱼，加拿大的船想要多少、想要什么品种，都尽可以随意带走。

但是不久之后，人们就明白这令人振奋的鱼储量估算数字一定是被夸大了——到底是因为什么，至今还未有定论。当时的一些海洋生物学家及少数当地海边的渔民，都很肯定这一点，并抱怨说，大祸就要临头——有一阵，他们甚至尝试去法院，在法官面前据理力争，要求谨慎行事。但是，根本没有人听，20世纪70年代末以及80年代的大部分时间，整个加拿大出现了一场前所未有的渔业大爆发。

纽芬兰变得相对繁荣富有了，这时对加入智慧而富有远见的加拿大联邦十分满意。这里的人民现在普遍都很幸福，一如从加拿大附近海洋的激流中跃出的银鳕鱼。突然之间，在人们眼中，这些古老而备受非议的"纽芬兰人"变成了一种完全不同的生物，他们现在是令人钦佩的人，有着高尚的职业道德和新生的创业精神；纽芬兰也变了样，曾经绵绵无尽的松树和落后可怜的小城镇不见了，取而代之的是全新的海产品加工厂和巨大的卡车运营公司，还有一堆营销公司也开办起来。这就是现在纽芬兰现代、富有、大器晚成的面貌，这里的人们也突然被视作上帝的宠儿。有人开玩笑说，新定的本省座右铭应该是"鳕鱼是我们的信仰"。

一股不可阻挡的巨大力量已经开始运转，而且在开头那令人陶醉的几年里，仿佛没有什么能够阻止它。

但随后的数字开始下降。早在20世纪90年代，科学家们就开始宣布新的数据，说明大浅滩捕获的鳕鱼数量正在急剧减少，而且鳕鱼的产卵量——这是预测未来走势的关键数据——就和被刺破的气球一样迅速瘪了下去。政府意识到它已帮助纽芬兰创造了经济繁荣，试图继续保持微笑，告诉所有听得进去的人说，一切都很好。1992年，它自己的海洋科学家，尽管他们在10年前把数据弄得大错特错，现在却突然认识到了自己的错误所带来的后果，并建议将每年的捕捞量限制在12.5万吨以内。这时政治开始干预：各位部长试图保持疯狂发展的势头，决定忽略这些数字，并把自己的目标翻了两倍：23.5万吨。即使这样，他们还觉得政治上会有风险；官员们解释说，虽然新建议的水平可能距离1968年令人惊叹的81万吨还有很长的距离，但这实际上不过是酌量减少，这个数字既明智又谨慎。

但这远远算不上明智和谨慎，它实际上和这两个词完全无关——那次的捕捞季开始不久，海上便传来了意外的严峻消息：突然之间，不管他们怎么努力，纽芬兰渔民们怎么也捕不到预计吨量的十分之一了。然后人们恍然大悟：发生了一件可怕的、难以想象的事情。很简单，鳕鱼，没有了。

拖网渔船开出去，撒下网，张开大嘴，拖着网在渔场待满分配的时间，然后把所有东西拉上来——发现拖网里空空如也。近海渔民开着小船驶入12英里的界限内，放上诱饵，把钓线放下——却沮丧地拉起钩来，看到上面干干净净、闪闪发光，就是没有鳕鱼。

突然，事实真相给了所有人当头一棒。自从200海里的界限划定、外国人被赶走以后所发生的一切，都证明不过是一场疯狂的派对，那些混淆视听的数据，不可避免地让每个参加派对的人都经受了一次糟糕活动的所有症状。而在这场派对猝不及防地猛然结束，百叶窗啪地落下的一刻，宿醉的痛苦就开始了。

于是，目瞪口呆的政府别无选择。它关闭了渔场。1992年6月，在约翰·卡伯特告诉人们，大海的一角满溢着最美丽的可食用鱼类的5个世纪后，所有的鱼都被人捞走了，大海变得非常贫瘠。据说纽芬兰海域曾经有150万吨产卵的鳕鱼；现在，海湾中尚存的鳕鱼或许能有6万吨——基本上算是什么都没有。大海现在空空荡荡。大浅滩现在成了"前"鳕鱼渔场。

从那以后就一直如此。人们曾试验过想重启渔业，但最终都一败涂地。当我开车沿着博纳维斯塔半岛前进，一路经停卡特琳娜（Catalina）、雷克斯顿港（Rexton）、纽曼湾、三一港，还有北边的博纳维斯塔镇本身，也就是约翰·卡伯特的塑像矗立着眺望大海的地方，很快发现，海湾和周围各个小水湾里仍然可以找到少量鳕鱼。但渔民被绝对禁止捕捞——一旦发现谁捕了鳕鱼，就将受到高额的政府罚款。一些人认为，允许每个渔民每年捕捞一吨应该说得过去——但政府不同意，或许是尴尬地希望补偿过去铸成的大错。

一些加工厂已经关闭，或者现在又上短班，加工其他找得到也可以合法捕捞的鱼；约有3万纽芬兰人失业。这个地方弥漫着萎靡和悲哀惨痛的气息——闭门的商店、封死的工厂，曾经工人们忙忙碌碌的工厂如今铁网紧锁。

对于鳕鱼捕捞业崩溃的责任归属，人们众说纷纭。政府里有人指责变暖的天气，并承认这是谁也没办法的事；其他人断言，是喂不饱的格陵兰海豹吃掉了产卵的鳕鱼，而这一点，政治家们是有办法的，于是许多人敦促根除或扑杀海豹的聚居地。陆上的渔民们责怪拖网渔船和统计学家。海上的渔民们对政府扼杀了他们的生计又无所回报而义愤填膺——尽管纽芬兰省的失业保险金很是慷慨，评论家们认为，对此地的渔业补贴太过大方，应该让它自生自灭。

但是和一个现实比起来，这些说法全都微不足道：就在不久之前，大西洋西北部还有着丰饶的物产——而人类的贪婪和致命的短视思维习性使它消失了，而且很可能是永远消失了。整个岸边的社区都成了牺牲品。究竟这才是真正的大悲剧，还是说大浅滩的鳕鱼数量剧减才更令人痛心，这个问题触及了我们与我们周围海洋的关系的核心。

约翰·卡里尼（John Culliney），一位在夏威夷工作的海洋生物学家，曾经说过，海洋作为"地球上最后一片伟大的生机勃勃的蛮荒之地"，或许提供了一个给予人类"最后一个机会来证明自己是一个理性的物种。"的前沿之地在这里，在纽芬兰，人类作为大西洋的管家显然是彻底失职的，这实在不容乐观。

5. 南方故事

但在遥远的南大西洋，事情似乎要好得多。1993年，在南乔治亚岛和南桑威奇群岛（South Sandwich）周围的一大片海域里创立了一个渔场——面积达85万平方英里，——它是目前全世界治理得最好、效率最高的一家渔场。北方餐馆菜单上的智利海鲈鱼大多都来自这里，其中大部分都有世界各鱼类保护组织颁发的许可证。

实际上，和大多数人一样，在很长时间里，我根本都没有意识到这片水域的存在。至少，直到20世纪90年代早期某个2月的一天之前，都是如此。那天，我有了一次偶遇，了解到了一连串最不可思议的事件。但是首先，还需要一些背景介绍。

20世纪60年代，在我上大学的时候，我曾和一个名叫克雷格（Craig）的小伙子做过一小段时间的室友。他极聪明，拿了古波斯语的学位，有着极其优秀的成绩，很快被英国外交部录取为外交官。他被派到了西南亚各地的英国使馆，考虑到他的语言天赋，这不足为奇。我们保持着朋友关系，我时不时会收到他的来信和明信片，讲述他在各个驻地的情况，包括安曼、吉达（Jeddah）、耶路撒冷和德黑兰等。他有一次告诉我，只要不犯什么事儿的话，他有理由期望自己将成为英国驻伊朗大使，实现英国高级外交官的最大成就，满载所有的荣誉和奖章结束自己的职业生涯。我认为我最后一次收到他的来信是在80年代中期，当时他在一个和中东打交道的外事部门：那时他的事业还顺风顺水。

但是接着，20年后，在一个2月的万里无云的夏日早上，我乘坐一艘俄罗斯货船，正要驶入斯坦利港，那是马尔维纳斯群岛的首府和主要港口。当时我正在船桥上，突然很奇怪地听到无线电甚高频频道传来呼叫，问我现在有没有空。

"马尔维纳斯群岛副总督向您致意，"无线电中响起了洪亮的声音——问我愿不愿意和他共进午宴。我当然说好，尽管我对谁是总督、他的副手又是谁一无所知。过了一会儿，两名士兵驾着一艘小艇出现了；他们把小艇系在大船的舷梯上，敬了一个礼，请我上船，然后我们快速返回陆地，一片旗帜在微风中飘扬。

码头上等待我的正是克雷格。他现在蓄着大胡子，看起来比我记忆中老了一点，但还是一贯的热情好客。我们慢慢走到他在"高地鹅"——在10年前的马尔维纳斯海战中短暂出名的小酒店——定的政府预留席位。考虑到这是盛产羊肉的马尔维纳斯群岛，我们免不了吃了一顿花样百出的烤羊肉主题午餐。然后，我们又点了咖啡和白兰地，走到外面的花园里，沐浴着南大西洋如水一般的阳光，开始回忆往事。这时，我问了那个显而易见的问题——只是克雷格举起一只手阻止了我。

他说，他知道我铁定要问这个问题。他知道我想问：这个人，这个波斯语学者、说波斯语的家伙，一个有着辉煌外交官生涯的人，到底在这样的地方干什么呢？我们都感到非常尴尬。但克雷格说，他已经做好了准备，有一天会见到自己的老朋友，并且决定如果见了面，最好说实话。

原来，几年前，外交部把他派到了仰光大使馆。他即将受到推荐，晋升大使馆主任的高级职位——即使这次外派任务严重偏离了他的正常工作轨道——现在看来，他一定会升为外交明星。一切都很顺利——只是克雷格那时已经年近50，却还没结婚，正和一位同样单身的缅甸中年女性交往。正常情况下，这根本不成问题——但不巧的是，当时的英国驻缅甸大使坚决反对自己的属下和他所谓的"当地人"谈情说爱。

于是，他写了一封正式文书给伦敦方面，要求将克雷格调走——由于这是大使提出的意见，伦敦不得不认真对待。于是，这个可怜的人回了国，开始了一段曲折的事业毁灭之旅，被派到罗安达、摩加迪沙和阿森松岛等为人忽视且在那时候完全没太多联系的一些地方任职。"现在又到这里来了。"他说，然后很不好意思地从钱包里拿出一张名片递给我。名片上写着密密麻麻的文字。

上面有熟悉的英国政府的贵族气派的徽章，然后是他的名字，然后他的头衔——真是完美佐证了"头衔越长，工作越不怎么样"这条公理。如无线电中所说，他确实是"这里所谓的副总督"，但此外还是"南乔治亚岛和南桑威奇群岛渔场助理专员兼主任"。

但这时我发现最奇怪的还是他的反应。"我是第一个主任，有史以来的第一个。"他非常自豪地说，"你知道吗？你一定觉得我对这一切非常怨愤——但实际上恰恰相反。我彻底爱上了这里。这里，就在这儿，正是纯粹的人间天堂。"然后，他不歇气地告诉我，现在的外交事务主要都在处理贸易之类无聊的问题——但是在这里，他完全生活在干净、清冷、无穷无尽的新鲜空气中；有一艘他可以坐上一艘公务船游览世界上最壮观的海岛风景；他逐渐了解了一些奇特的生物最佳的繁殖地点，包括漂泊信天翁、露脊鲸，还有数不清的企鹅。他完全不用穿西装；他见到的人似乎都很有趣，着迷于自己的爱好，充满热情而喜欢冒险；他现在还可以帮忙建造世界上管理得最好的渔场之一。

"5年前，我连两条鱼的鱼尾都分不清。我置身于办公室里，要开无穷无尽的政策会议，永远在纠结伦敦方面会怎么想。但现在我的工作彻底改变了。我的薪水还是不错。我仍然是英国的外交官。缅甸的事情虽然给我造成了短时间的痛苦，但最后却帮了我一个大忙。它把我被派到了这里。在南大西洋的这两年把我变成了一个非常非常快乐的人。"

我确实看得出来。他浑身散发着愉悦的光芒，透露出快乐的情绪。他仍然用波斯语写作，还在书房里收集了一些波斯语的经典著作。他还将一直热爱那个领域。但现在他找到了很不一样的东西，发现这也同样迷人。如果他能待在南大西洋，毫无疑问将一直是一个快乐而充实的人。但事实却不尽人意：我们在这里偶遇之后没过几周，他就病倒了，乘飞机返回了英国，不久就去世了。在一个大风的3月天，我们参加了他在拉特兰（Rutland）一个村庄的葬礼。

他那位缅甸的女朋友也搬来了伦敦，我后来多年都和她保持着联系。她在20世纪90年代末的时候写信说，克雷格如果知道他和他的继任者们在南大西洋所取得的成绩，一定会很高兴的。她写到，自己住在仰光的时候，对鱼不感兴趣。但是后来，经过和我的老朋友这一段短暂的生活，她也对海洋里的这些东西完全着了迷，现在彻底皈依了，以极大的热情维护着海洋的圣洁。

○ ◉ ○

　　南乔治亚岛和南桑威奇渔场的名声，和8000英里之外、同一片海洋北边的纽芬兰附近的渔场很不一样。大浅滩渔场名声在外，被视为世界级的渔业灾难，是为贪婪和粗心树立的海上纪念碑，但合恩角和好望角之间这片管理得当的水域，近年来已经成为世界著名的环保成功的故事，一个有关谨慎、克制、负责任的关怀的故事——一个有着带炮的巨轮不断巡航的故事。

　　但也只是近些年才如此。传统上，"谨慎""克制"和"关怀"这种词语很少用于南乔治亚水域中的生物。直到20世纪80年代，捕捞海狗、海象、企鹅、巨头鲸、露脊鲸仍然是一项规模巨大、利润丰厚的产业，几乎从库克船长在18世纪末发现"悲惨的、可怕的、野蛮的"南乔治亚岛的那一刻起就是如此。不管可怕与否，到1912年，在气候恶劣、完全被冰川覆盖的主岛上，已经有了不少于6家的大型捕鲸厂，对鲸类的大量捕杀——主要是座头鲸——成为一个几乎无法遏制的现象。英国和挪威的鲸鱼商人在1929年就加工了超过3000头蓝鲸。现在，这些雄伟而温柔可亲的生物，这些地球上最大的动物，数量已经不足2000头。

　　群岛上的英国司法机构或许最终帮助遏制了更大的毁灭——只是，到1925年时，发明出了配有加工设备的捕鲸船，在接下来的60年里演变成了一项海上产业，而不管是谁，不管其用意多么善良，都完全无法监管这项产业。于是，一些其他国家的船只都开始在南太平洋自由竞赛，导致当地很多濒危生物近乎灭绝，鱼类和鲸类都一样。

　　但越来越有话语权的海洋环境保护团体，利用公众对南大西洋鲸类命运的广泛同情，曝光了混乱的状况，最终促使主管机构，尤其是在1982年后，开始改变规则。到80年代晚期，决定提供机构和人力，让将来至少从它治下的海域里捕捞的任何鱼类，都必须是经过考虑后的谨慎行动。鲸类、海豹、企鹅的猎捕被禁止了；然后，还要确保在南大西洋数量尚多的鱼类——有些当地物种数量巨大，几乎和以前纽芬兰海域的鳕鱼一样多——绝不会遭受同样的风险。

南大西洋生物的种类及数量，和北大西洋的很不一样。比如说，有丰富的磷虾，这是须鲸捕食的一种小小的虾类生物。这种虾要么被做成罐头、制成糊糊，或直接冻成块售卖，拿来喂牲畜；要么包装一下售卖。还有银鱼和鳕鱼，这两种鱼在南乔治亚都很多，但在20世纪80年代早期，被东方集团（Eastern Bloc）的拖网捕捞到近乎灭绝。还有巴塔哥尼亚犬牙鱼，因为某种原因，它没有引起人们的注意——直到1988年。在此不久前，这种体积巨大（有7英尺长）、寿命很长（一条犬牙鱼能活到50岁）、非常丑陋而又非常美味的鱼被"重塑品牌"，有了一个新发明的名字，叫"智利海鲈鱼"，开始出现在了北美和欧洲鱼餐厅的菜单上。

"智利海鲈鱼"这个词是1984年才出现的；4年后，1988年南半球的夏天，南大西洋海域第一次出现了专门大量捕捞此鱼的捕鱼舰队。从那以后，这种鱼变得很受欢迎，世界各地的餐厅都求之若渴，被很多记者称为"南大西洋的白色黄金"。对于还记得大浅滩悲剧的南大西洋的守护者来说，这种发展带来的只是沮丧和无限的忧虑。

▲▲

这种面目可怖、名字难听的大型生物——巴塔哥尼亚犬牙鱼，拉丁文学名是小鳞大牙南极鱼（Dissostichus eleginoides）——需要海鲜食品业进行反复揉制才能变得美味。现在它以"智利海鲈鱼"的名字出现在菜单上，这个名字是1984年发明出来的。

捕捞犬牙鱼的地方，一般在南乔治亚岛附近的海域，以及人称"沙格岩"（Shag rocks）的崎岖不平的火山岩附近的浅滩。沙格岩位于去马尔维纳斯群岛的半路上，从灰色大海中拔地而起。人们用拖网在浅海中捕鱼，在深海里则是用更厉害的"延绳钓船"。

这些船能做到兵不血刃、效率极高。正如"延绳钓船"这个名字所暗示的，用的是非常长的钓绳——有些长达8英里——上面有成千上万个鱼钩，每一个上面都挂有鱿鱼或沙丁鱼，或一种名叫纳米比亚马鲭鱼的便宜而美味的鱼，钓绳从快速移动的船尾落入水中。挂好鱼饵的鱼钩沉入海底过一个晚上，第二天早上被拉起来——常常每根绳子上都能拖起四五吨重的大鱼，然后把绳子过一遍滚盘，把鱼钩取下；海鱼宝贵的两颊被自动摘下，然后被速冻，送入冰库。

这样捕鱼有两个问题。第一是技术问题，尤其具有悲剧性：挂有鱼饵的鱼钩在沉入海底之前，会引来海鸟的注意，生物学家早就警告过，成千上万的海鸟——其中很多是海燕或大信天翁——都被钩住了，然后被钓绳的重量和下沉的鱼钩拖入海里淹死了。现在，人们要求捕鱼人在钓绳上加上彩色纸带和惊鸟器，防止伤害海鸟，尤其是稀有而宝贵的信天翁；令人振奋的是，这个办法的效果据说不错——只要捕鱼人能按照要求去做。

但这也说明了第二个更严重的问题：很多捕鱼人不理会这些要求，因为在南乔治亚附近捕捞犬牙鱼，多数时候都是违法的，至少到最近还是如此。海鸟继续丧生于捕鱼的海盗手中；渔场总体来说也面临着被掏空的危险，就和30年前的纽芬兰一样。

这就是为什么近年来装着大炮的强大军舰会被送到这片海域，以震慑非法捕捞的行为——这是在加拿大海域从来没有过的事。南乔治亚的犬牙鱼之所以现在能快速恢复，这家渔场之所以被视为渔业管理的典范，正是因为至少在它成立之初，这种强硬的政策就开始起效。

最近一次去南乔治亚的时候，我正好撞到了这种政策的枪口上。我搭乘着一艘以前的俄罗斯考察船，船上有几个观鸟爱好者，要去看主岛西南边一处岩礁上漂泊信天翁的繁殖地。我们正以大约10海里/小时的速度在已看不到陆地的广阔海面上前进，突然一艘船以极快的速度出现在我们船后右舷方向，我们船桥的广播里传来焦急的声音。

"我前方两英里的俄国不明船只，报上你的名字和来此的目的。"一个清脆的、一本正经的声音操着英国腔说道，"这里是英国战舰HMS'诺森伯兰'号。报上你的名字和来此的目的，以及你出现在这片水域的原因，请立即回答。减缓速度，可能需要接受登船检查。"

于是，我们不得不停了下来，不得不证明自己的身份，并留下备案，说我们不打算也没有能力捕鱼，并大致说出我们出现在这片海域的目的。如果他们觉得我们行动可疑，那么Zodiac战斗快艇上的士兵就会准备过来用小钩钩住我们的船舷，然后爬上来；如果我们决定逃跑，可能很快会有一颗炮弹划过我们的船头，吓得我们不敢动弹。

但结果完全不是这样。那艘军舰的舰长碰巧是我的一位熟人，他确定了我们的证件之后，马上就问他能不能为我们这些乘客"做一场表演"，以为叫我们的停船做个补偿。所有人都兴致勃勃地看了15分钟的海军操练，崭新的军舰在波涛中高速穿行，掀起层层巨浪，留下了一英里长的尾迹。终于，表演结束，舰上响了三声汽笛声，然后向落日驶去，几分钟后便消失在地平线上。这一片海域也暂时被宣告为"没有偷猎者"；深海下的犬牙鱼群终于又可以安全地度过一个晚上了。

那时正是20世纪90年代初，大家都还因为1982年战争的余波而心惊胆战。这些年来，局势要平稳得多了，尽管还是有海军驻扎在那里以防万一。所有持证在南乔治亚捕鱼的船只，都必须用异频雷达收发机向管理部门持续报告它们的位置；此外，作为额外的预防措施，各种保护性手段还强强联合：800英里外的马尔维纳斯群岛空军基地派出"大力神"飞机，侦察卫星可以报告任何有非法捕捞嫌疑的船只（包括夜间作业的鱿鱼钩船，它们使用成千上万的诱饵，吸引数以百万计的鱿鱼，这从太空中很容易发现，因为他们使用的电池会在水下发出亮白的光芒来吸引鱿鱼）。

还有速度很快、航行范围极广的渔场巡逻船，船身被涂成橙色，在冰雪中格外显眼。船上装备了厄利康重机枪，船员们会追击、强登并逮捕作恶的船只，还会毫不犹豫地没收或击沉不合作的船只。2003年，MV"多拉达"号就曾这么做过：它帮助追捕挂有乌拉圭旗帜的犬牙鱼盗猎船"瓦尔萨"号。"瓦尔萨"号的冷冻库里有价值近400万美元的非法捕捞的海鱼。"多拉达"号在南半球追了它大半个世界，最终在南非海岸截捕了"瓦尔萨"号及船上的船员。

这个故事有一种历史上的相似性。"瓦尔萨"号其实属于西班牙北部的一个加利西亚人的财团——他们曾是500年前就在大西洋深海中捕鱼的行业先锋。据报道，还有大约20艘这样的船，都是被同一批人所有，但却是登记在伯利兹和加纳、阿根廷和巴拿马等地，而且全都在进行同样的活动：掠夺远洋海鱼，由于高昂的回报，他们对任何风险都在所不惜。讽刺的是，16世纪时，对鱼的需求把北方的伊比利亚人第一次带到了无人监管、雾气蒙蒙、荒无人烟的大浅滩，如今，同一种需求终于也在21世纪把他们——尽管再次是非法的——带到了冰冷但管理严格的亚南极海域。这两种情况都是被贪得无厌的欲望所推动，使加利西亚人——今天仅次于日本人的世界第二大鱼类消费者——从其认为的取之不尽、用之不竭的大海中捕捞无穷无尽的海鱼。

6. 未知的恶果

在16世纪，海洋资源取之不尽、用之不竭的情况或许是真的。但是今天，情况肯定已非如此。在哥伦布和卡伯特、韦斯普奇和弗朗西斯·德雷克的时代熙熙攘攘的鱼群，如今已经被蓄意掠夺的阴谋而残忍地减少了数量。难怪，在海洋永远取之不尽的幻觉依然被大众深信的情况下——尽管证据表明并非如此——再加上全世界都对海鱼有着无法停息的胃口，现在终于响起了警报。

有人说，全世界所有的鱼类都受到了威胁。很多从环保角度谴责吃鱼的人说，我们应该同样努力避免吃鱼，因为大海里的鱼和以往美国高原上的野牛一样，面临着巨大的危险。不少人预言，在本世纪中叶以前，全世界的商业捕鱼就会基本消失。

　　陆地上的人们对海洋掉以轻心，在这样的恶劣影响下，海洋肯定正在发生变化。我们都必须了解一些有关的事件——有些还是新闻，有些已经不再新鲜。例如，20世纪60年代，我曾去过苏格兰西北海岸一处偏远的海湾。我有时会乘船出海，走遍了我的勇气能允许我到达的最远范围，有时候会在一个名叫格林亚德（Gruinard）的低矮的绿色小岛边避风。当地人告诉我们，不要靠得太近。有一次，我意外靠近了，看到岸边的警告说，登陆是不明智的，因为半个世纪以来，此岛及其周边水域已经被故意感染了毒素，这是战时的一个实验，但其效果远比人们预期的更为持久。他们认为大海大到足以将毒素全部冲走：没有人想过会发生相反的情况，反倒把海洋本身弄得紊乱有毒了。

　　也是在那时，但不过是沿着另外一处颇远的海湾，我们会在岸边漫步，度过欢乐时光，并时不时停下来，透过岩池中清澈的海水，凝视下方色彩艳丽的海底花园，紫色海葵挥舞着生动的叶状体，为紧张的猩红色螃蟹和搁浅的小鱼免于阳光照射提供暂时的保护。但是，一切都变了。因为粗心的游客汹涌而来，这些远离人烟的海岸近年来受到了严重摧毁。我最近几次到访时，看到曾经清澈的池水现在正泛着泡沫，而且我相信这并非我的幻想：现在能看到的生物没有以前那么多了，也没有我早年记忆中那样鲜艳的色彩了。

　　而且，在更远的南方，但仍然是在苏格兰西部一个风拍浪打的地方，还有被粗心破坏的又一迹象。我们曾经趴在孤独的海边沙滩低地上，观赏近海的海獭和姥鲨，震惊于周围浩瀚的海洋灰蒙蒙的空旷。而现在，那里有一长串浮动平台，被木头和蓝色浮筒托着：养鱼场中，水泵不停地呼呼运转，灯光不停地闪闪烁烁，滴油的快艇带着饲料桶来回乱窜，喂养成千上万被困其中的动物。笼内的海水持续激烈地涌动激荡：下面的巨大鱼群疯狂地拥挤着争夺空间——并不是像5个世纪以前，它们在北大西洋里那样因自由和繁殖而快乐地拥挤，而是由于它们被束缚在水下的铁网藩篱中，被关在那里承受鱼鳍磨损、肌肉虚弱、感染扩散之苦，直到长得够大了，被人捞起来，用卡车送往欧洲大城市的市场上。

　　整个海洋都在改变和腐化。就在我写作的这个冬日，又出现了一条令人痛心的破坏海洋的新闻：这次似乎是由于海水中溶解了过量的人造二氧化碳，导致一些热带海域的酸度不断上升，让某些鱼类失去了嗅觉，使它们无法发现附近的捕食者。看来我们不光想自己吃掉所有令我们有食欲的海里的鱼，还想助其他嗜鱼怪物一臂之力，从而使海鱼的数量进一步减少。

在这样令人汗颜的事件和悲惨的挫折面前，我们不能不垂下头：我们污染了海洋，我们掠夺了大海，我们鄙弃大海，我们侮辱大海，仅仅把它当作一片铁打的青灰色物体，乘坐着污染空气的飞机从它上空飞过——全然忘记或忽略了海洋是地球上一切生命的源头，是我们所有人的源头。大西洋，这片第一个被发现、被跨越、被了解的海洋，成了迄今世界上被污染、被掠夺、被鄙弃、被侮辱得最严重的海洋。

北大西洋上人为造成的鳕鱼崩溃，和南大西洋上目前对海鲈鱼貌似明智的管理，两相对比，似乎暗示了人类该如何改变自己的做法。但这个对比绝不完美。加拿大政府在20世纪80年代做出的可悲的决定，是一项民意决议，这个政府感到自己有必要满足纽芬兰渔民的短期需求，这可以理解。而在南乔治亚岛海域则绝对没有选民，没有永久的人类居民。所以，管理部门才可以毫无顾忌地管理那里的渔业，做其认为审慎的抉择，而不用照顾任何利益集团——除了鱼本身。

但尽管如此，慢慢地，已经有越来越多的人决心改变我们的方式——而且很有可能，检测新办法的平台将由大西洋提供。而如果我们失败了，失败的后果也注定会显现在这片海洋身上。

那么，人们必然要问，这些可能的后果是什么？海洋会不会正密谋着，以某种我们无法想象的方式抵制我们对它无休无止的滥用，并以某种形式或其他开端进行反击？如果在人类几十年的滥用和怠慢之后，大西洋真的决定那么做的话，人类可能会付出什么代价？

ATLANTIC

Great Sea Battles, Heroic Discoveries,
Titanic Storms, and a Vast Ocean
of a Million Stories

第 7 章

仍未知的海洋

最后一个场景，
将结束这段奇怪而丰富的历史，
那就是再度的童真和一片茫然的遗忘；
没了牙齿，没了视力，
没了味觉，没了一切。

1. 被吹来的冰块

北大西洋上正在发生一些奇特的事情，而且没有人明白这究竟是为什么。这些变化的表现形式多种多样，这里只举其中的一个例子。

1965年9月初，我在东格陵兰岛，等待一组因纽特渔民，到被称为"斯科斯比松"（Scoresbysund）的大峡湾岸边接我们大学的科考团。我们已经在冰盖上工作了几个月，现在按照事先的安排下到海边等待，这是我们迢迢回家路的第一阶段。我们等待着，等待着。3天过去了，船还没有来。最终，通过我们的短波电台，我们听到了解释：一连刮了两个星期的猛烈东风，意外地把数十亿吨大西洋浮冰从丹麦海峡吹来，堵住了200英里长的峡湾通道，所有的航船都只能望洋兴叹，除了大型破冰船外谁也无法通行。那时，每隔一段时间就会发生一次这样的事情，但没有人告诉过我们。我们等的那艘船肯定不是破冰船，而是一艘不超过20英尺长的木船，只有3名船员，叫作"恩塔里克"号（Entalik）。

所以，我们只能待在原地——被困在那里，插翅难飞，凶多吉少。我们一共6个人，每个人体格都不错，但我们快断粮了。我们有几百磅特殊配方的范登贝尔赫低温涂抹人造奶油、10盒维他麦，而且，奇怪的是，还有一箱月桂叶——全都是3个月前，我们科考队首次登陆时留在贮藏处的。但是，我们也远非困苦无助：我们有一台无线电和一杆枪；而且，靠着运气好而非擅长枪法，还打到了一只黑雁和——虽然今天我不太好意思承认这一点——一头邋里邋遢、黄了吧唧的老北极熊。我们把两样都吃了。

最终，我们收到了"恩塔里克"号船员的无线电消息，说他们已经奋斗了三天三夜，通过了浮冰，现在已经离我们很近了——约一英里，再没法靠近了。只要冰别移动太多，他们可以在原地停留大约一天的时间，但是之后他们就得回家了。冬天正在逼近：在那个纬度——略高于北纬70度——秋天的太阳消失得越来越早，每天都提前几分钟，夜间气温已经开始骤降，甚至白天也冷得可以刮起小型暴风雪。

我们的选择有限。破冰船每年两次从峡湾北侧30英里的一个小型聚居地出发，本可以带我们回到丹麦，但我们已经错过了当季最后一艘。但是，如果我们现在不能去到安全的聚居地，就要在这里，在峡湾南侧困上整个冬天。我们显然面临着一个两难的处境。寒冷会开始加剧，而且四周很快就会陷入完全的黑暗。我们很可能会饿死。

如果我们还想回家，就必须走着到那艘船上，这意味着我们要蹚过冰冷的海水，穿过不断移动的浮冰，并祈祷能在冰带边缘找到"恩塔里克"号。我们必须立即动身，否则被困在这里过冬的风险很快会逼得小船转头返回港口。

于是，我们拔起帐篷，收拾好必要的物品，把它们绑到背上；我们用绳子把大家捆在一起，以求安全，并穿好冰爪，拿好冰镐，爬上了浮冰和海滩交汇处形成的冰脊，然后走上了不断移动、不断倾斜的浮冰块。我们从一块跳到另一块，跃过漆黑冰冷的海水。我们知道它深及千尺。倒不是说这个深度有什么意义：只要在冰水里待一分钟，还远远没沉到底时，人就会死。

我们花了好多个钟头，并多次险些滑落，但最终还是走到了船上；虽然正如船员们所害怕的那样，船本身也被冰困住了一会儿。我们不得不又射杀了一只动物来吃——这次是一头麝牛——虽然还发生了和这个故事并非完全无关的交通困难，但我们最终还是赶到了斯科斯比松，并在一个星期内，全都回到了英国。而且，我们6个人中，有4个是学生，都赶上了开学，虽然只是勉强赶上。

○ ◉ ○

　　我们6个人中，有5个人后来成了专业地质学家，有两个人还曾几乎每年都回到格陵兰的同一片区域。他们现在已经和仍然生活在那里的格陵兰人一样，充分了解了这个无比偏远的世界角落里的冰、岩石、动物，还有天气。这些年来，他们注意到，这里发生了一些改变，非常奇怪的改变。

　　从表面上看，有些变化完全在意料之中。那个聚居地现在稍微大了一点——那时有400人，现在有500人。它改了名字，不再是纪念英国的捕鲸船长威廉·斯科斯比（William Scoresby）的名字：它现在叫"伊托考托米特"（Ittoqqortoormiit），在格陵兰语中意为"大房子"。来自哥本哈根的破冰船依然每年来两次，但现在，夏天有了每周两次的飞行服务。"恩塔里克"号早已不复存在，取而代之的是一艘更大更坚固的船。1965年那些驾船的年轻人如今也成了老前辈了，现在是一批强壮的年轻猎人和水手驾着新船进入峡湾更远的地方——在大西洋上前行220英里，到达世界上最长最远的馈线冰川——为那些选择远离大海、住在更偏远的地方的人们送去补给物资。

　　这些驾船的年轻人注意到了周围环境中最显著的变化。当他们最初开始工作时，他们可以估计到，如果他们在季节末驾船出海，过不了几天，他们一定会遇到风暴吹来的浮冰，就像我们在1965年时那样。数十亿吨浮冰将会把峡湾堵住，航行即使不是不可能，也会变得非常困难。第一场风暴浮冰通常发生在9月下旬——这是个信号，就和钟表一样准时，预示着冬季即将开始，水会开始冻结，斯科斯比松会像往常一样，完全和丹麦海峡的冰带连为一体。少有的几次，冰会被提前几个星期刮来；比如在阻碍我们回国的那一次，就是在9月的第一个星期。极其偶然的情况下，峡湾内会在8月末出现浮冰。但这种情况非常少见，万一发生了，那么对以前"恩塔里克"号上的人来说，会让人非常头疼。

　　但是后来——按照格陵兰人的印象，这开始于20世纪90年代中期——峡湾浮冰的到来第一次被推迟了，过了很久很久才出现。8月里一点冰也没有，这让人松了一口气。但是9月初也没有多少——尽管这很值得水手们欢呼雀跃，但却是相当奇怪的。从20世纪末到21世纪，一个冬天又一个冬天，峡湾都要到9月很晚才会有冰。事实上，有可能直到9月末以前根本没有冰出现，这是在此之前前所未闻的。

接下来就到了每年一度的封堵，也就是峡湾的冰块积得太厚而久久不散，所有本地船只被拖上岸、翻倒过来搁置着度过整个黑暗冬天的那一刻。这时，天上的太阳垂得低低的，一天里有半天时间都是黑暗的。这种黑暗一般会和厚厚的冰块一起出现，但是现在，外面的大海一片开阔，还伴着只有全天阳光照耀时才有的海浪翻滚的声音。北极的冬天可能已经来临了，但北极的海水并不像曾经那样冷了，冰也没有过去那样多了。到新世纪的第一个十年结束时，每个人都开始意识到，这个起初看来只是特例的情况，现在成了一种趋势。北极，或至少它的这一小部分，真的在逐渐变暖。

气候变化就这样慢慢影响着东格陵兰岛的这个小型大西洋聚居地。也许，海洋这个角落的温度上升还算相当温和——并不像向南8000英里南极洲海岸那大得惊人的冰原解体那样令人印象深刻，对东格陵兰岛的经济影响也不像俄罗斯北部的极地浮冰融化那样深远，后者在2009年曾使货船得以穿越阿尔汉格尔和海参崴之间的所谓"东北航道"。但它会改变格陵兰人的出海习惯——冬天推迟到来，将延长他们猎取独角鲸、海象或海豹的时间；会延长他们捕鱼的时间；会影响冬天开始时他们看到从哥本哈根过来的破冰船的日期——是的，正如人们所预料的，与秋天较晚结冰相对的，是春天冰块融化的时间也提前了——也会影响最后一艘船回欧洲的日期。世界即将变暖，很可能引起既深远又危险的后果。在伊托考托米特之类的偏远地方，也会出现较小的变化，而且对于这——世界的角落来说，并不全是坏变化。

一系列类似的前所未闻的事件——其中一些只是小事，只对本地有影响，而另一些则规模极大，引起了世界关注——正在世界各地的海洋上演，但人们观察最密切的是在大西洋周围。我们都非常清楚到底有些什么变化。一些生活在海洋中和海岸旁的生物——从鲸鱼到鳕鱼及北极熊——现在正大批大批地死去，或不自觉地被扑杀，或者生存受到威胁，又或栖息地发生改变。一些洋流正在改变路线、规模和强度。世界海洋和海上空气的环境温度都在增加，并且，根据一些人的观察，增速要比起初设想的快得多，这尤其令人忧心。

各地的天气模式正在被打乱，剧烈的风暴正变得越来越多，而且强度有逐步增加的预兆。冰盖、冰川和迄今为止一直存在的雪原正在融化，而且融化得很快，巨量的固态水转变为数万亿吨的液态水，造成海平面上升，可能会威胁到我们所有的海岸线和众多的城市。

这一切都在拉响巨大的报警。很多人从海洋的病变中看到了灭顶之灾，并出现了很多末日论。人们普遍认为——但还远远不是世界共识——人类过度的工业化是罪魁祸首，除非人类改变自己的生活方式，否则世界以及赋予它生命的海洋，将在短期内遇到最可怕的困境。

2. 末日之约

大西洋作为一个实体，总有一天会消失，这可能是一个不可避免的事实。围绕着它、赋予它当前这个特定形状的大陆本身，也将改变外观；在巨大力量的影响下，它们将在全球的地表移动，大西洋的海水将被驱赶到别处。无论还有什么样广为人知的其他麻烦"折磨"着海洋，对此也都无能为力。不管它的温度是上升还是下降，它的洋流是向东还是向西，它的犬牙鱼或北极熊是生存还是死亡，大西洋作为海洋的存在，都不会受到影响。大西洋存在的时长和人类毫无关系，人类对于它能生存多久毫无影响，等到海洋消失时，人类亦早已不复存在。

但人类和海洋之间的关系则是一个完全不同的问题。可以肯定，这个问题很大程度上取决于人类对海洋的关怀程度。眼下存在一种激烈的争论，就在本章写作之时（并且在你阅读本章时很可能仍在继续，且还远未结束），那就是争执人类的坏习惯究竟在何种程度上影响着大海的环境。

　　我们知道海洋现在有了麻烦。我们知道，人类至少部分地造成了这种麻烦。这样的例子不胜枚举，最近的一个就是墨西哥湾——按照摩纳哥的先知们所下的官方定义，它是大西洋的一部分，即使看起来并不像——2010年4月，新奥尔良几英里外，一个钻井平台发生爆炸并沉入海中，使海湾受到了灾难性污染。而新奥尔良本就尚未从5年前的卡特里娜飓风灾难中恢复过来。"深水地平线"平台下方一英里处，一条海底管道破裂，石油从中喷涌而出，蔓延到了从得克萨斯州到佛罗里达州的海岸线，造成了毁灭、污染和杀戮。爆炸本身就导致了11个人死亡。

　　本次事件——本是可预见、可预防的——让越来越多正要开始相信海底石油勘探是安全的，或者至少足够安全的怀疑论者又变得困惑了。但另一些人回忆起大西洋上其他的巨大悲剧——最恶劣的一次是1988年，"派珀阿尔法"北海平台事故，造成了骇人的伤亡——这次灾难仅仅是确认了另一种看法：海上石油钻探会对海洋和人类同样地造成不可避免的巨大伤害。

　　但是，还有第三种人——而且还不少。这些人总是执迷不悟，他们相信，世界现代工业的需要，无论如何都胜于这些细枝末节。对这些人来说，钻机失事并造成污染，虽然让人悲痛，但没什么要紧。这些事情都会"随风而逝"——环保主义者听了真要不寒而栗。

　　墨西哥湾令人痛心的事件再一次提出了这个问题：真相是什么？大海接二连三的麻烦真是人类错行的结果吗？更进一步：当巨大的卡特里娜飓风肆虐时，或者荷兰的圩田被淹没，又或非洲的海滩被撕开、村庄被波浪击毁时——这些会不会是大海采取某种"反击"的迹象（至少对那些喜欢将大海拟人的人来说）？或者，所有的海洋问题其实完全是周期性的、自然产生的，会不会那些风暴和海平面上升也都是周期的一部分，会不会人类的错行其实只是些不足为道的小麻烦，海洋其实完全不受影响？

　　这个问题很复杂，争论也由此出现。我完全承认，如果能够证明人类应该为海洋的问题完全甚至全权负责，那么这将很好地服务于这本书的写作目的，显然我也希望能够这样做。但我也知道，在这个话题上众说纷纭——一些杰出的、诚实的人争辩说，人类当然要负责任；而另外一些同样德高望重、信誉良好的人声称，这样的看法是极度自大，人类对于大西洋这样宏大的事物来说，实在是太微不足道了。1995年，政府间气候变化专门委员会（Intergovernmental Panel on Climate Change）发出了历史性的宣言，说它看到"人类对全球气候产生了明显的影响"，自那以来，这场争论就变得至关重要，它的拥护者和反对者都在竭尽全力争夺民心。

尽管如此，但关于海洋现在的情况，现在已经有了一些铁证如山的事实，即使是死不"认账"的人，一般也不得不接受。

首先，最简单也最深刻的一点是：全球正在变暖，而且海洋的温度，尤其是大西洋的温度，目前正突然以令人警惕的速度飙升。这对许多住在海边或靠近海边、以海为生的人有着巨大的影响。这影响是暂时的还是永久的并不重要：重要的是，这会影响到每一个人，而不仅仅是伊托考托米特的独角鲸猎人。

这似乎就是这些争论的核心事实，有三组观测数据似乎是无懈可击的（我们将看到，这并不意味着它们没有受到攻击）。首先，通过测量可清楚地看到，在过去的25年里，地表的大气平均温度一直在增加，每十年平均上升0.19摄氏度。其次，船舶、飞机、卫星及科学家在地面上的观测都得出了一个结论：北冰洋、格陵兰岛和南极大陆的冰层和冰盖都在减少；而且自1990年以来，原本就慢慢缩减了半个世纪的其他地方的冰川和冰盖，也都突然开始迅速融化。最后，根据卫星观测显示，全球海平面不断上升，过去15年里每年升高3.4毫米，而且这个速度还在加快。

除了这三个事实，还有其他一些不太确定的——或更富争议的——断言和预测，是由为数众多的气候科学家提出的。第一，全球海平面预计将继续上升，到2100年，将升高一米以上，也许能达到两米。第二，这种全球海平面的上升与冰盖融化有关。第三，一系列所谓的临界点正在快速逼近，如果目前观察到的这种变暖趋势持续下去（这本身绝不是板上钉钉的事情），那么世界面貌和自然现象——雨林、季风、飓风的频率、荒漠化——都将可能发生不可逆的改变。

第四点是很多人做出的预测，现在大多数人都相信了，那就是在所有这些发展的同时，二氧化碳和其他所谓的温室气体——它们基本处于大气上层，能阻止热量从地球散失——正从人类工业的烟囱和废弃管中排出，导致它们的吨位急剧上升。这些气体的排放，归根结底都源于化石燃料的燃烧，自1990年以来，排放量已经增加了40%以上。

第五点是大多数人主张，但还有很多人不信的，即把所有有关气候变暖、冰川融化和海面上升的不容置疑的事实，都归结于最后这个众所周知的事实：人类碳排放的增加不仅和全球气温升高同时发生，而且就是造成气温升高的根本原因。在这一点上，两派观点有了根本分歧，大家吵嚷不休，并常常口出恶言。一派坚持认为就是如此；另一派则极尽怀疑之能事，声称全世界的钱——其中有很大一笔都被拿来降低人类的碳排放，以减缓变暖——本可以而且应该花在更有用得多的地方。大部分的气候怀疑论者说，人口才是主要的问题（尽管最近的数据表明，人口可能快要达到顶峰，也许要缩减了），我们需要首先处理其他的大麻烦——疾病、缺水、贫穷，之后再来关心碳排放和全球变暖之间这种在他们看来完全无法证明的联系。

3. 上升的海平面

全球变暖将带来很多可以预测的后果。其中一些与陆地密切相关，比如干旱增加、沙漠扩大。但是，大多数都必将与海洋的未来紧密相连，其中最重要的有两个：海平面上升和世界天气可能出现的一系列变化。

海平面上升可能关乎最直接的利益，特别是因为住在海边的数百万人常常能非常清楚地意识到它什么时候发生、有没有发生。有两个原因造成了这一现象，这是一个真实存在的而且（至少对人类而言）也是长期的趋势：自1870年（从那年起，人们就开始使用机械验潮仪采集数据，而不是今天的卫星）以来，世界海洋已经上升了8英寸左右。

造成上升的首要原因源于物理学的简单规律：即随着环境温度的升高，水会膨胀。换句话说，海水变暖，不是变高了，而是变"肿"了。

虽然这种热膨胀估计导致了全球海平面40%左右的涨幅——有人认为，或许超到一半的涨幅——但这是一个很难想象的概念。一些人主张，容纳海水的海盆也会在炎热的天气下变得更大，从而维持海平面不变。支持膨胀说的物理学家反对道，水比岩石膨胀得厉害，所以他们的说法是正确的。人们在这些事情上必须考虑科学①。

海平面上升的另一个原因要容易理解得多。这个原因估计导致了另外60%的涨幅，涉及大部分高纬度和高海拔地区存在的一种水的物理形式：冰。只要世界上的陆地冰——冰川、冰盖、永久雪原——能保持冷冻，那么一切都没问题，或者至少都将保持稳定。但是，如果这些冰像在过去的至少20年间那样大量融化，如果像近年来这样继续加速融化，如果所有被锁定的水都被解锁释放，向下流入大海，那么就会有麻烦——或者至少会出现不稳定。这是因为世界上的海洋将变得更满，海平面会上升、上升，并持续很长一段时间，并有可能无法停止。

由于冰是海洋稳定的关键，所以大西洋是需要特别关注的关键海洋。世界三大洋中，大西洋含有的冰量目前为止是最大的。只要看一眼地图，就能明白为什么大西洋是极地浮冰的汇聚地，而其他两大洋要少一些。

比如说，太平洋与北冰洋之间的连接，被60英里宽的白令海峡阻断了；虽然白令海有大量冬季浮冰，但从阿拉斯加和堪察加半岛以及俄罗斯极北地区的冰川进入当地海洋的新冰较少。南美的安第斯山脉会通过智利向南太平洋中推入一些冰山——不过其中大部分融化成了高海拔湖泊，并有河流从中流出，主要经阿根廷进入了大西洋。然后南太平洋（至少严格来说是这样，虽然地图集上看可能并非如此）基本不和南极冰原相连——按照位于摩纳哥的国际海道测量组织的划定，这片冰封大陆尚在南太平洋终点以南数百英里。而印度洋主要是一个南半球的海洋，也和北冰洋没有实际联系。它的南部边界，也像太平洋一样，终端距离

---

① 全球变暖理论的怀疑者总是声称，科学家们并不一定是正直的典范，这一论断有如下佐证：2009年11月，从英格兰一家著名的气候研究中心中泄露出数以千计的电子邮件，邮件显示——尽管从未被证实——研究人员在写统计数据时玩了些"花招"，并抱怨信息自由法使他们的工作要接受公众审查。

南极洲海岸还有好几百英里[①]。南太平洋和印度洋上，就算有，也很少会看到冰山和浮冰，当然，有没有浮冰并不影响海平面，季节对其的影响更大。

相反，大西洋和酷寒的极地水域密切相关，与孕育了大量冰山的大陆也紧密相连。无论在极北还是极南，大西洋都得到了超量的结实而壮观的冰块。

冬天，北大西洋的开阔水域上布满了冰山，漂浮在涌向格陵兰岛南部的洋流上——"泰坦尼克"号的灾难就是这样造成的。冰岛周围的北大西洋也到处是冰——弗利特伍德冬天出动去捕捞鳕鱼的拖网渔船都知道这一点。而且，冰岛北部还有一道连绵不断的宽阔海域，直通北极，中间毫无任何陆地阻隔，使得积冰——偶尔还有流向北极的冰川被困在这里——漂进了宽阔的大海，与格陵兰岛成千上万的冰山连绵相连。

但是格陵兰——世界上最大的非大陆岛，目前共有5.7万人口和近300万立方千米（70万立方英里）的冰——才是真正的关键。它所有的冰都正在以不同的速度融化或脱落，且有数百座润滑良好的冰川滑离冰盖，从海岛东海岸直接进入大西洋，或从别处间接坠入，比如从西面的巨大冰川上脱落，经由戴维斯海峡和拉布拉多海进入大西洋[②]。格陵兰将新融化出的冰水源源不断地送入大西洋：它已经变成了一个拧开的巨型水龙头，正哗啦啦把浴池快速充满，却没有人能把它关掉。

大西洋对新冰的吸引力并不是北方独有的现象：其南部海域也同样点缀着冰山——这主要得益于板块构造上一个奇特的意外。被称为南极半岛的沉陷山脉向北伸出，从大陆直接进入了南大西洋的心脏——几乎到达了南美洲的南端。然后，由于地质急转，它转了个弯，南美洲也一样，最终两个海岬都朝向了东方。这里耸立着两组悬崖峭壁，一组在北边智利的合恩角，另一组在南边象岛

---

① 印度洋无冰这一说法是否正确，很大程度上取决于如何确定南大洋的北部边界（南印度洋、太平洋和大西洋终止的那一条线）。在官方海洋界定文件SP23中（参看第2章），国际海道测量组织将这个界限定在南纬60度。然而，澳大利亚政府反对，要求南大洋应被视为一路延伸至澳大利亚的南部海岸。因此，在澳大利亚的赫德和麦克唐纳群岛（McDonald）附近看到的冰山，如果严格按照IHO的定义，实际上是在南印度洋。

② 格陵兰冰盖融化及推测其带来的冰川加速——这是一个普遍看法，曾受到美国前副总统戈尔支持——已经造成了很大轰动。但最近冰川又再次放缓，回到了20世纪末的速度，消除了一些政治局势的戏剧性。然而，大多数气候科学家仍然相信，缓慢而稳定的融化将会继续。

（Elephant Island）周围，形成了著名的险象环生的危险水域——德雷克海峡。在地图上看，它就像向东射夫的一颗子弹穿过铁板时击出的伤口：在太平洋的一侧非常平滑，而在大西洋的岩壁则崎岖杂乱，看上去就像大海里一个巨大的、末端凹凸不平的漏斗，就像是为了将一些东西冲到深海而特别建作的。

它确实冲走了一些东西。经过这道海峡的有猛烈的西风、冰冷的洋流、数量庞大的融化的冰山。这些巨大的冰堡垒被以迅猛的速度被直接扫入了南大西洋，到了马尔维纳斯群岛南边，靠近了南乔治亚岛和南桑威奇群岛。大西洋南部海域的冰山危机四伏，少有船只敢来这里冒犯，来了也都始终小心翼翼，高度警惕。但更重要的是：从它们进入海水的那一刻起，它们就升高了海平面。如果有上千万、上百万的冰块从陆地涌入海洋，那么为了容纳它们，海平面必将一毫米又一毫米地被抬升。

因此，外来冰的存在是大西洋上至关重要的一种现象——并且随着气温升高、冰块融化和海面上升，海平面的问题首先是、也主要是大西洋的问题。当然，海洋是相连的——许多海洋学家使用"世界洋"的说法，认为海洋不同的名称只是人们的人为行为——大西洋的问题，也将很快成为世界的问题。但人们会首先在大西洋上注意到变化的"症状"——现在就注意到了。

很久以前，大西洋海平面曾有过一次猛涨，导致了一些社会变化，这是今天的一些人所害怕的。以往曾多次出现过全球气候变暖，大约8700年前，又一次变暖期间，阿加西湖（Agassiz）水域边的一道冰障，即现在加拿大中部的一个巨大冰湖分开了。巨量的淡水——有人说，相当于15个苏必利尔湖——疯狂流入哈得逊湾，最终进入大西洋。几周内，海平面上升了整整一米多。虽然还没有太确凿的考古证据，但亦有考古证据表明，海平面上升影响了整个北半球，使远在黑海的农民很快离开了海岸线，迁移到更安全的山坡上，开始耕地，而那里已经存在狩猎采集部落。人们猜想，紧张的局势因此迅速产生。

今天，其他地方也有类似的迹象表明，海平面变化和气候改变的后果颇受关注。2009年，马尔代夫政府举行了水下内阁会议，获得了大量的媒体关注。所有部长都身穿蛙人装，表现海面上升会对他们造成的伤害，尽管海平面的上升远远比不上阿加西洪水造成的变化①。不过，一般来说，首先感受到冰融化影响的，将是那些生活在大西洋中央及其周围的人。或许，人们一时还难以想象当代能出现同等规模的冰坝崩溃，但其他变化——墨西哥湾流减弱，和它们靠近北极而造成的相互间的引力效应——则会使北大西洋的海平面上升更加令人印象深刻，而那些海边居民的反应，也会产生同样强烈的效果。

就拿鹿特丹港来说，或拿荷兰省来说，或拿整个荷兰来说，也一样。也许，大西洋周边没有任何一个国家的任何地方能与海洋如此息息相关——荷兰的四分之一都在海平面以下［在荷兰语中，"Netherland"（尼德兰即荷兰）意为"低洼地"］，自从20世纪20年代以来，填海、筑堤坝、防洪管控和他们保护的圩田——填海形成的耕地——已经成了实实在在的国家奠基的核心。因此，对国家存续至关重要的就是保护圩田，他们已经创立了一种政策模式，肯定了这一点：圩田模式就代表着"共识政治"——无论在其他问题上你们的分歧有多大，但如果有任何事情威胁到圩田，那么所有荷兰人都知道，争论必须停止，因为守卫圩田是第一要务。

就像其他干燥地方的国家用解放战争和国王年号来标明时间一样，灾难性风暴标志着荷兰历史上的重要日期。因此，就像美国有1776年、1865年和1941年，英国有1066年、1688年和1914年一样，荷兰有1170年［万圣节洪水（All-Saints Flood），海侵形成了须德海（Zuider Zee），淡水变为海水］，1362年（发生了"大溺水"，有2.5万人被巨大的风暴潮卷走），1703年（杀人无数的"大风暴"，这也影响了英格兰，并使笛福写了一本与此有关的书），还有1916年（首次开展全国动员，阻止冬季北海海水涌入——直到今天仍在继续）。1953年1月和2月也发生了骇人的风暴——春潮和西北风相结合，掀起的海浪破坏了堤坝，淹没了近2000人。其后荷兰人进行了多年的重建，确保再也不会有悲剧发生。

这就是为什么不同于其他所有国家，荷兰现在会快速行动，确保海洋的上升不会超出它庞大的海堤，不会将这个民族冲得不复存在。在现在出版的地图上，

---

① 对于低洼国家可能被淹没的困境，人们已经说了很多。最常提起的是印度洋中的马尔代夫和太平洋中的图瓦卢，而孟加拉国沿岸的一些小岛已经开始消失。

能看出如果没有预防措施的话，哪怕是一点点海平面的上升，都能把这个国家深深地淹没。如果海洋上升一米，那么几乎整个荷兰海岸，以及从德国北部的不来梅港到法国南部的加来，都会有被淹没的危险。洪水将向内陆扩展几英里，直到布雷达（Breda）、乌得勒支（Vtrecht）和不来梅等城市。而荷兰的田地将有一半被海水浸透而无法使用。潮汐会在阿姆斯特丹、海牙、鹿特丹等荷兰大城市里冲进冲出。

但荷兰人不会允许任何这样的事情发生。防海工程——巨大的可移动闸门和拦河坝——保护着圩田，防止风暴潮涌入河流、增大水量、抬高水面。但大城市还不止于此——鹿特丹，欧洲最繁忙的港口，一座700万人口的城市，如今其大部分都位于海平面以下，走在了防海的最前线。城市建设者们决定，与其对抗进来的海水，他们不如更好地考虑练成与之长期共存的能力——容纳海水，创造了一个新的北部威尼斯，并借助巧妙的工程手段，确保不让这个"威尼斯"沉没。

因此，他们鼓励加深现有运河，拓宽现有河道；他们在所有新办公大楼和停车场的下方建设巨大的储水设施；他们鼓励在屋顶种草坪，以及巨大的、总是干渴的公共花园；他们正在创造既可以在干燥的天气里使用，在下雨的时候或者潮汐引发麻烦以后，又能即刻转化为浅水湖泊做水上运动的儿童公园；他们将大型航运码头和集装箱码头向莱茵河和马斯河下游延长，并按照预测的新水位，选择最佳地点在老码头里建设了大量漂浮结构。就在现在，浮桥上方正在建设实验性临时建筑馆；要不了多久，市民们说，就会有新型房屋和商场，不管水面升到多高，都能安安心心地漂在水上。

其他大多数大城市对待前景比较保守，资金也更为紧张，于是只是建设了现代化的防守型土木工程。伦敦别扭地坐落在一个粘土盆中，会大大受到海平面上升的影响，但尚未涉足鹿特丹计划的那种实验性水上世界。它预计自己所有的河口小镇都将被完全淹没，担心附近的核电站——它们几乎全都建在海边，因为需要冷却水——还担心水会进入地下铁路系统。但它没有多少行动——它不敢有什么太多行动，不管怎么说，它已经失去了自己一个世纪前大胆建设基础设施的高瞻远瞩——可能会遭受比大多数城市更惨重的损失。伦敦现在唯一的防御就是泰晤士水闸，它看起来仍然是一个疯狂的来自未来的水下移动门，它是放在格林尼治河中的两块铁板，设计于20世纪70年代，用来抵抗风暴潮，自建成以来已经加高过一百多次，而海平面的上升意味着，在不久的将来，它加高的频率还必将提高。但是然后怎么办？修建这个水闸时，海平面上升的速率是恒定的、可预测的；但现在它正在加速上升，已越来越难预测水堵在河口时会出现什么情况。人们说起要修一个新水闸，说起如果不建的话会如何如何。耸人听闻的场景被传布，显示不修水闸的后果：国会大厦被淹没了，金丝雀码头的变电站短路了闪着噼噼啪啪的火花，圣保罗大教堂的教长穿着橡胶靴在中殿摔得满身泥水，伦敦之眼摩天轮在形成的环礁湖中映出倒影。这个城市本来已被称为潮湿之都，现在更是突然为演变成海上伦敦的前景及其暗示的所有景象惊慌不已。

纽约也正在考虑类似的防线。和伦敦不同，纽约坐落在稳定的地质层上，远高于海平面——但它有着纵横交错的隧道，地底下被挖成了蚂蚁窝，而且所有的隧道都在海平面以下。风暴潮进入纽约港后能毫不费力地淹没地铁线路——即使是现在，也要用巨大的水泵每天从轨道和隧道里抽出1400万加仑的渗水。但地下还远不止地铁：光是电信电缆和光纤线路就对全球金融业的运行至关重要，只要它们泡了水，世界就会面临一定的危险。难怪当局已经开始购买新泵，创造新的隐蔽式排水系统，以使所有地下高科技设备免遭水患；新的专家委员会正如雨后春笋般萌发，全都在竭力防止出现发大水时纽约被淹的情况。

纽约有近600英里的海岸线。气候建模者认为，由于技术原因，如果格陵兰岛的冰川迅速融化，那么美国的东北部将比其他地方的海平面上升得更多，所以这些海岸线突然变得非常脆弱。因此，从帕拉默斯（Paramus）到伊丽莎白市，从力登湾（Raritan）到窄颈大桥（Throgs Neck），都在计划加强码头，设立锚地，重新搬出应急疏散预案——建设两个巨大的防洪屏障的计划也在公开讨论。其中一个部建在维拉萨诺大桥靠海的一侧，有几百码长，另一个将横亘在亚瑟水道（Arthur Kill）的入口，位于斯塔顿岛（Staten Island）和新泽西州之间。工程师们已经算出了它们的成本和收益：但是政治家们还没拿定主意。

目前，世界各地的海滨城市正在进行大约40项与气候变化相关的建设项目，其中大多数是在大西洋沿岸。所有这些准备工作——无论其先进与否，无论是否包含革命性的设计，无论能不能奏效——都有一个核心假设，那就是，一旦"天气变坏"，每座城市都会面临最坏的情况。气候专家在所有这些城市里高声断言，天气已经在变坏——随着全球变暖，随着冰川融化，随着海平面上升，以及人们尚未完全了解的一系列复杂的物理变化，天气还在急剧恶化。

因此，脆弱的城市不仅会慢慢地、优雅地、一毫米又一毫米地滑到海平面以下，而且它们还会一直处于淹没的边缘，直到几年或几十年后的一个冬夜里，肆虐的暴风雨演变成怒不可遏的漩涡，巨浪的殴打击垮堤坝，海水化为洪流，涌入城市中心，将面前的一切摧毁。恶劣的天气还会让增高的水位雪上加霜，让眼下令人忧心的形势变为一系列致命的惨剧。而恶劣的天气据说正变得越来越普遍。

4. 飓风

但果真如此吗？大西洋的天气正在变化吗？现在是不是有什么气候上的原因能假定被过分"虐待"的大西洋即将展开"甜蜜的复仇"？我们可能会为自己这份现代的精明世故而自豪，但是，我们会问这样的问题，我们现在会如此焦虑，会如此深陷于内讧之中，这个事实本身就将我们带回了与玛雅人和加勒比人一样的水平。几个世纪前，他们也问过一模一样的问题。"我们让老天生气了吗？"这是他们所问的问题。"海洋在向我们反击吗？"我们在今天紧张地询问。

有一些轶事表明，可能确实存在一些气象异常。例如，2009年，里约热内卢海滩碎波带上出现了麦哲伦企鹅的踪迹，它一贯的家园本来是在2000英里以南的巴塔哥尼亚。这造成了很大的恐慌和困惑。人们请求生物学家们的帮助，生物学家猜想，一定是因为变化的洋流和大风把凤尾鱼群冲到了北方，这些企鹅也就跟过来了：巴西的报纸不可置信地报道说，看到有身穿比基尼的年轻人晒日光浴后，把这些企鹅带回家冻到了冰箱里，而妇女和鸟都吓得不轻（企鹅则奄奄一息）。

　　而在北半球，大海的另一边，一波又一波的风暴折磨着利比里亚共和国，侵蚀着该国的海岸，将一些小社区的数百间房屋卷入海中。一个叫做布坎南的较大的城镇，呼吁募集资金，建设海堤以阻止这种侵蚀。利比里亚政府已经警告说，除非国际社会帮助，否则布坎南和许多其他类似的城镇将不得不眼睁睁地看着街道被淹没、人民将被迫向内陆迁移、整个国家的外形将被迫改变，以适应正在变化的大海。

　　不仅如此，在丹麦也有些其他奇怪的现象：全国的平均风速似乎增大了，丹麦乡村风力发电机的销量看涨，因为频繁的大风似乎突然产生了强大的商业诱惑力。开普敦熊熊的森林大火，已经逼近了城市中心，而该国的国花"帝王花"，在当地已几近灭绝，因为它的主要传粉者食蜜鸟已被残杀殆尽。10年前，会有猛烈的暴雨浇灭这样的大火，现在却没有了。东开普省的天气已经变了，BBC引述一位当地人的说法："季节变化已经失控了。"

　　当然，还有卡特里娜飓风。2005年8月23日，这场5级飓风在巴哈马群岛附近的大西洋上诞生，6天后袭击了路易斯安那州和密西西比州的南部海岸，造成了令人震恐的破坏。虽然它在登陆时只是3级飓风，也没有侵袭新奥尔良，但它还是摧毁了这座河网密布的城市，致使近2000人死亡，造成数百亿美元的财产损失，成为美国历史上造成损失最惨重的自然灾害。

　　政府由于对风暴的灾后应对失职而受到了严厉批评——但这掩盖了第一时间预测飓风的政府机构的杰出成就。卡特里娜飓风的形成和发展过程非常典型，以致国家气象局以不可思议的精准，预测了有关它的一切。卡特里娜飓风登陆前几个小时，路易斯安那州巴吞鲁日新闻办事处发布了国家气象局公告，以教科书式的范例证明了官方公告的语言远比最花哨的文学散文更能令人心寒：

紧急气象信息

新奥尔良国家气象局

2005年8月28日 星期日美国中央时区上午 10:11

预计将造成毁灭性损害

卡特里娜飓风：最强飓风，具有前所未有的强度，足以与1969年的卡米尔飓风相较。

大部分地区将有几个星期无法居住，也许还会更长。至少有一半构造良好的房屋将出现屋顶和墙面损毁。所有人字形屋顶都会被掀掉，使房屋严重受损或毁坏。

大部分工业建筑将无法使用。预计会出现墙壁和屋顶的部分或全部损毁。所有木结构的低层公寓楼将被毁坏。混凝土结构的低层公寓将遭受重大损坏，包括墙壁和屋顶的破坏。

高层办公楼和公寓楼将出现危险的摇晃。有一些将完全倒塌。所有窗户都会被刮掉。

空中将大面积出现灾后物体碎片……并可能裹挟一些较重的物体，如家用电器，甚至轻型车辆。SUV和轻型卡车将被移动。吹动的残片会造成进一步破坏。人类、宠物和家畜若暴露在风中，一旦被击中则必死无疑。

停电将持续数周……因为大部分电线杆将被刮倒，变压器将被破坏。缺水将使人们承受以现代标准而言难以置信的苦难。

本地的树木绝大多数会被折断或连根拔起。只有最坚韧的树木能够屹立不倒……但树叶也会被全部刮走。农作物将会所剩无几。暴露在风中的家畜将会被杀死。

现发布内陆飓风警报，未来12至24小时必将出现风力接近飓风的持续大风，或风力达到或超过飓风的频繁阵风。

一旦出现热带风暴或飓风级大风，万勿冒险外出！

那么，"卡特里娜"究竟是怎么回事？它只是气象局给飓风的命名——自1953年以来，他们都会给飓风命名——还是说，它真正的名字其实应该是"全球暖化"？或者真像飓风最先出现时，由《波士顿环球报》的一位知名专栏作家首先提出的那样，这只是又一例澳大利亚气候学家所说的"十足的垃圾"，在给如今已非常公众化和政治化的辩论添乱？

自2005年的大西洋飓风季结束以来——这一个飓风季真是格外凶猛，卡特里娜飓风后还有两场实际上强得多的大飓风，已经破了纪录——一些问题一直萦绕在大众心头：海洋变暖究竟是制造了更多的飓风，还是让每场飓风变得更强、更具杀伤力了，又或兼而有之？如果海洋变暖是人类的过错——那么我们是不是使得飓风变得更致命和更普遍了？换句话说，这一切都是我们的错吗？

2005年，人们就这个问题展开了尖锐的论战——正好巧合了异常凶猛的卡特里娜飓风本身以及当年的整个飓风季。2004年的飓风季也非常可怕：那年夏天，4场巨大的风暴袭击了佛罗里达州，造成了约450亿美元的损失。这一次，这个飓风季带来的死亡和破坏甚至更胜一筹。这其中似乎有什么蹊跷——在某些人看来，事情正在呈现出一种趋势。

可怕而持久的飓风起始于非洲大草原上的一阵微风，偶尔会在大西洋东部的佛得角群岛上空形成。有少数会登陆加勒比海和美洲——比如1992年的"安德鲁"，或者图中的1998年的"邦妮"——这些飓风都很强劲，足以致命。

毫不奇怪，随着人们充分意识到破坏程度，媒体开始越来越狂热地寻觅风暴和人为造成的全球变暖之间可能存在的联系：实际上，美国著名媒体上有很多讨论这种联系的可能性的文章。2007年，克里斯·穆尼（Chris Mooney）绘了一张图表，表现这类文章数量的变化，发现其形状几乎复制了气候学家著名的"曲棍球棒"曲线图——此图被长期用来讨论近年来大气变暖近乎指数上升的观点——说明这类文章的数量也在指数上涨。

大西洋飓风——一种逆时针旋转的暴风，更准确地说，叫大西洋热带气旋——是一种脆弱得令人惊讶的"生物"。孕育它的地点和方式、它成熟前不确定的发展、它跨洋移动的方向和速度、它生长并达到力量巅峰的方式、它衰落及之后慢慢消于无形的机制，都是海洋和风最细微和最微妙的波动的结果，海和风是培育、指挥、维持它的条件。

基本说来，飓风——这个词本来是加勒比语；飓风[①]特指大西洋的一种现象——出现在北方的夏季，通常在6月到11月之间。要形成飓风，需要在非常温暖的亚热带海水上方出现较冷的空气，这样，从海中上升的湿气会迅速冷却。许多飓风首先在加勒比海东部的浅水海域诞生；而一些非常大的飓风则往往诞生在更远的地方，比如佛得角群岛周围的大西洋东部浅水区。这些所谓的气旋区情况基本相同：下方有大量的温水，上面是很冷的空气，升起的水蒸气在之后会异常迅速地冷却。

这种迅速的冷却——这会产生云、雨，并通过空气释放内含的热量——在某些（但人们尚未完全理解）的情况下，会使垂直的空气柱产生剧烈扰动——这是一种无形的现象，而滑翔机飞行员或气象气球会很容易地感受到强烈涡流和热气流。

除了这种空气柱，在生成气旋的纬度地区——也是烦躁的气柱诞生之地——还具有压力梯度，这会产生大风，通常是从东北吹来的信风。这些风会卷动所有不稳定的空气柱——而且这样的运动，在科里奥利力（Coriolis force）[②]的作用下，

① 在北太平洋，这类风暴的名字是中国粤语中的"大风"，后经演变而叫"台风"；而在印度洋和南太平洋叫"气旋"，是一种环形暴风的常见科学称谓，这种称呼挺不错。随着飓风科学如今变得流行，人们也兴致勃勃地发明了一些新词：研究历史上的风暴的学生，现在被称为"古风暴学者"。

② 简称科氏力，是对旋转体系中进行直线运动的质点由于惯性相对于旋转体系产生的直线运动发生偏移的一种描述。科里奥利力来自于运动物体所具有的惯性。——译者注

在少数情况下会导致空气柱旋转，在北半球总是逆时针方向旋转。然后，强大的信风引导这个脆弱和微微旋转的空气柱向西吹过大海——如果下面的水够温暖，上升进入空气柱的空气够湿润，同时如果上层大气足以将其冷却凝结成云和雨，那么旋转的空气柱将出现更多的扰动，最终充满了热能，而转化为动能，使大风越转越快。每过一段时间，大约每个风季15次左右，这团旋转的空气和云会发展成风暴。根据它的最大持续风速，风暴可以被归类为"飓风"，如果有足量的温水给它加油，它就会越转越厉害，在5个正式级别中越升越高，其强度和可能的危险性越来越大，直到具有可怕的规模和力量。

　　飓风成长的最终关键是它经过的水的温度。卡特里娜飓风之所以变得如此厉害一个原因就是，当它从巴哈马群岛上空的发源地向西运动时，不知不觉经过了墨西哥湾流的一道支流的上方——墨西哥湾一条被称为"环流"的狭窄水下河，而在2005年8月，环流异常温暖。它的异常可能不足为道——只有几分之几度而已——但对于发展中的飓风这样敏感的东西来说，这足以造成巨大差异。这略微变暖的海水为飓风提供了额外的"燃料"，使得本来相对温和的卡特里娜暴风一路飙升到了5级强度。正是这样的发展促使国家气象局发出了那条著名的颇具戏剧性的周日公告，而它所创造的风暴潮及它最终的着陆——尽管那时已相当疲软——导致了第二天可怕的灾难。

　　如果温水是关键，而海水温度上升会导致更多的温水，那么这其间的相关性似乎显而易见：更暖的海水意味着更加强烈的飓风，还可能是会更多。但科学不是那么简单，这种相关性——至少从历史上来看——似乎不能令人信服。例如，目前还不能确定是否真的呈现出什么趋势。短期来看，2004年和2005年出现了高度活跃的飓风季，而随后两年则低于平均活动水平，之后一年——2008年，有16场被命名的飓风，其中只有一场稍微猛烈，然后到2009年，简直和牧师茶话会一样温和。从中期来看——自1995年以来——飓风的数量增多，而且很多飓风的风力变强。但是超长期的统计数据——有一个名为"HURDAT"的项目，致力于寻找1851年以来所有大西洋飓风的相关信息——没有展现出什么趋势，反而呈现出一些周期性的特点。

在讨论海水温度变化时，许多气候学家认为所谓的"温盐环流"非常重要：就是指由于温暖的海面的蒸发，变咸的海水沉入冰冷的深海，导致温水补充下沉的海水。似乎温盐环流的变化存在一种周期性——被称为"大西洋多年代际振荡"（Atlantic Multidecadal Oscillation）。自1995年以来出现了比通常情况下更为激烈的温盐环流——尽管仍在过去测量的震荡范围内——所以一些人相信，我们看到的不是变化趋势，而可能是一个正常的周期，今天的振荡只是处于一个正常的温暖期。这并不意味着气候变暖没有发生；但是，在此之上可能还有一个周期性现象，这并不能让人放下心来，反倒让问题更加复杂。（当然，变暖正在发生，并且可能是它在影响温盐环流，而不是反过来。）

而且，即使是人为导致气候变化的最狂热的信徒也承认，像卡特里娜这样的超级飓风本身不能被归因于全球变暖——只有大量的类似灾难才能确立这样的联系，而目前仍没有多少数据支持这一点。唯一可以确定的是一个明显的事实：最近的大西洋风暴造成了更多的伤亡和更大的损失，这并不是因为风暴增多，而是因为风暴袭击的地方住了更多的人，建了更昂贵的建筑物。

所以，我们需要再次重申对大量墨西哥湾和大西洋沿岸社区遭受定期破坏这一问题的短期最佳方案：不需要给世界降温，而是要说服人们不要来那些"习惯性"遭遇惨祸的地方定居。我们有很多充分的理由希望限制碳排放量，但是，防止风暴破坏美国沿海社区并非其中之一。这些社区本就不适合建立。把佛罗里达州、路易斯安那州、亚拉巴马州、密西西比州和得克萨斯州脆弱的海岸线上那些巨大的豪宅和密密麻麻的炼油厂移走，把商场、乡村俱乐部和赌场也移走，并建议居民前往内陆，远离飓风走廊——那么，在一定程度上，人类的问题就自行解决了。热带大西洋及其邻海非常暴虐——也许现在比以往任何时候都更加暴虐。在想办法说服它们冷静下来之前，最好也是最直接的办法就是对这些水域和它们的大风敬而远之。只要海洋"永不停歇"，那么飓风地界上的人类或许应该考虑"退避三舍"。

5. 无尽的未知

海洋变暖最明显的效果体现在一些人们熟悉的事物上——鹿特丹、飓风、企鹅或凤尾鱼。但温度的上升，不管是如何造成的，似乎也在对人们不那么熟悉的世界产生影响——其中之一佐证了我们最好不要打扰海洋的观点，因为我们对它们的了解远比我们认为的要少。目前，人们争相关注全球变暖是否会对某种生物产生特别的影响——这影响究竟是好是坏，我们还不知道——这种生物可能是我们星球上数量最多的物种，但对于它们的存在，我们直到1986年还一无所知。直到那一年，人们才首次在大西洋中发现了这种动物。

海中盛产小小的漂流生命——浮游生物，它们或悬浮或漂动，漫无目的地在平静的海下世界移动着。它们的位置和它们的行为很大程度上取决于它们飘荡其中的水的性质：取决于它是暖还是冷——这个属性则既和纬度相关，又与深度相关，因为它们漂浮在一个三维宇宙之中，虽然咸度或高或低，压力或大或小，海水的化学性质是良性或奇怪，光线或明或暗——因为在千米以下是完全没有光的，永远是一团漆黑，只有一些微弱的闪光，比如发光生物发出的光芒，和发着橙色闪光的小萤虫。然而，在每个区域，从沿海水花四溅的富氧水域，到一片冰冷、一团黑暗、压力巨大的深海海沟，几乎无一例外存在着生命，而且大部分是微观生命，而且大部分人们依然一无所知。

许多生活在海洋阳光充足的上层水域的微小生物都会排放气体或气态化合物。一种硬壳的藻类生物球石藻，能释放二甲基硫醚，有人认为，这种物质产生的独特香气就是我们所谓的海的气味[①]。但大多数都是能光合作用的生物，它们吸收二氧化碳，制造碳水化合物，并生产巨量的氧气。也许地球氧气总量的70%都来自于这类海洋生物：1986年，人们发现了其中一种——一种此前不为人所知的蓝绿藻类，被命名为"原绿球藻"（Prochlorococcus）。

---

① 在海上闻不出海的气味——水手只有在靠近陆地时才会注意到这种气味，这是由二甲基硫化物和海藻反应产生的香气——更恰当的叫法应该是"海岸的气味"。当这种气体在大洋中部释放后，它会升入到海水形成的云中，然后散布到全球，加入构成生命的复杂的元素混合物中。赫氏颗石藻（E. huxleyi）曾向海中倾倒过数万亿的贝壳，它们落到海底，最终形成了钙质沉积，就像粉笔一样，更为这种微型生物的英名增光添彩。

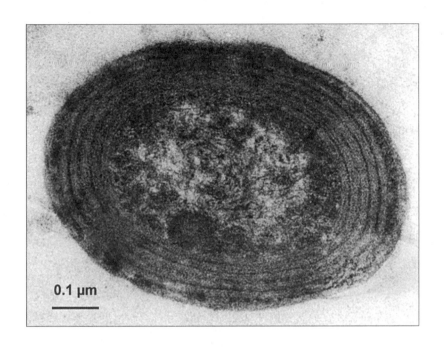

▲▲

这种蓝绿藻——原绿球藻，很可能是这个星球上数量最丰富的物种。它最早于1986年被发现于大西洋的马尾藻海。这些微生物利用它们的叶绿素b，产生了多达全球大气中五分之一的氧气。

　　麻省理工学院一位年轻的研究员佩妮·奇泽姆（Penny Chisholm），第一次在马尾藻海发现了这种生物。她和一位来自伍兹霍尔研究所的同事罗布·奥尔森（Rob Olsen），当时正在一艘从科德角开往百慕大的科考船上，作为船上试验，他们带了一台通常用于医院里测定血液的，叫作"流式细胞分析仪"的机器。此装置的原理非常简单：一束激光照射试管，通过其中快速流动的液体——在医院里是血液，在佩妮·奇泽姆的船上则是海水——然后检测器捕捉悬浮在流动的液体中、肉眼不可见的微粒所分散和偏转的光。两位研究员甚至都不知道这台机器能不能在船上工作；如果它可以的话，他们预计能够找到大量某种他们已知的、特定的蓝绿藻的样本。

　　他们没想到的是，这台设备将显示出无数甚至更加细微的、椭圆形的生物，直径大约6微米，只有人头发丝的两百分之一。但这些生物并不只是微小而已；放在电子显微镜下检查，就能发现它们在小小的生命活动中纳入了一种叶绿素，使它们能吸收二氧化碳，从海水中提取微量的氧，而那些氧气之后会逃逸到大气中。

单独拿某一个个体来说，这些藻类产生的氧气量都微不足道；但佩妮·奇泽姆计算出，原绿球藻的总量巨大得难以想象——在仅仅1立方厘米的水中，就有10万个原绿球藻——它们很可能是这个世界上最常见的生物，总共产生了无可计量的氧气。

它们喜欢生活在温暖的海洋中，主要在约北纬40度和南纬40度之间的海洋中漂浮着，或者说是在纽约和里斯本北部连线以南，布宜诺斯艾利斯和开普敦连线以北之间的区域。它们生活在那里，心满意足地待在食物链的底端，等待着被小虾吃掉，小虾又被小鱼吞食，这样一层层递进，直到进入最贪婪的掠食者——人类的口中。或许应该说，它们其实是食物链的基层，尽管很难想象在大海还能有比它更小的东西存在，但奇泽姆博士认为，原绿球藻再一次展示了自然界让科学"自叹不如"的无限力量，大自然完全有可能再次让人们惊叹。1986年以前，我们不知道有这样的生物存在；现在它则被人们认为可能是地球上——或者说，海洋中——最常见的生物，而且对陆生生物的生存起着至关重要的作用。

为了形象体现这种生物的重要性，我们可以说，每个人每呼吸五次，就有一次吸入了海中创造的氧气，具体地说，就是原绿球藻创造的氧气。我们现在知道了它的存在，不用说，如果它身上遭受了什么灾难，那么所有需要氧气的生命都将岌岌可危。自原绿球藻被发现后的20余年以来，人们做了大量的研究，探寻有什么东西会伤害它以及如何伤害它。具体来说，研究人员一直试图确定海洋变暖是否会限制其吸收二氧化碳的能力，妨碍其产生氧气。

事实证明，目前为止，原绿球藻似乎在愉快地应对地球变暖。它喜欢温暖的海洋，能在其中欣欣向荣。海洋温度的增加很可能导致原绿球藻的范围扩大到新的温暖水域，超出现今的两条40度纬线——其后果，不仅会使向外进入大气的氧气增加，而且可以增加对大气中已经存在的二氧化碳的吸收。

如今，温室气体的扩大排放严重困扰着人类，而这样的发展可能会起到平衡作用，这真是很诱人，但又完全天马行空的想象。原绿球藻范围和数量的扩张很可能是地球自我调节机制的一部分，这对詹姆斯·洛夫洛克（James Lovelock）著名的"盖亚理论"至关重要——他认为，世界可被视为一个自给自足的生命，能够改变自己的方式，来应对变化的环境。这种奇怪的微生物可能比人们起初认为的要更加珍贵：它不只是提供了我们呼吸所需的空气，而且还在以某种方式处理着我们最危险的污染物。但是，这还只是个空想：没有证据，仍然需要进行大量的研究。

然而，这一切都和一种我们首次登月20年以后仍浑然无觉的生命有关。突然间，那些一直声称我们对海洋的了解要远远少于外太空的人，似乎展现出了一种特别的智慧。

○ ◉ ○

在将来某个时候——以人类的标准来说，是很长的一段时间以后——最初创造了大西洋的巨大力量也会将它毁灭。这些力量是地壳构造机制的一部分，现在，人们已经比20世纪60年代首次发现这些力量时，对它们有了更多的了解，但它们仍然是个谜。它们难以弄清的部分原因，是它们非常复杂，另外也是因为所涉及的时间尺度：我们只见证了造成世界地形改变的微小的累积运动和变化，即使这样微小的变化对人类来说往往是灾难性的，可怕而致命。

地震、火山爆发和海啸，在人类能够纪事的2000年间撼动着世界，似乎已经是天大的事情——对人类而言，规模巨大的死亡和毁灭在各次事件中如雨点般落下，这些事件现在早已是大家熟知的历史：1755年的里斯本地震、1883年的喀拉喀托火山爆发、1906年的旧金山大地震、2004年的苏门答腊地震和海啸。以行星的尺度来看，这样的事件几乎没有任何意义。它们只是微小的形变，只有数以百万计类似的事件，在数百万年的时间里累积起来，才会变得真正重要。2004年12月26日的苏门答腊海啸，使25万人丧生，可能是整个人类历史上最大的自然灾害之一——但它只把苏门答腊南边的海底向北移动了几米而已，而苏门答腊南边的海域有几千英里宽。要经过100万年，印度洋的海底地震才能稍稍改变世界这一角落的模样。

　　大西洋是构造地质学上的一个意外，它是地质最稳固的海洋。印度洋则被俯冲带和地质断层弄得伤痕累累，在地质界看来，2004年的海啸会发源于那里是毫不奇怪的。从日本到阿拉斯加、从加利福尼亚州到智利、从堪察加半岛到新西兰，太平洋几乎完全被火山所包围，地震不断发生。但相比之下，大西洋的地质中心只有大西洋中脊，当然，它一直在开裂，并不断喷出熔岩——但喷得有气无力，似乎昏昏欲睡，按照相邻海洋的标准，实在称不上地震猛烈。1930年，喀拉喀托火山在爪哇海岸诞生时，它展现了可怕的暴力和戏剧性的场面；33年后，叙尔特塞岛在冰岛海岸诞生时，虽然效果看起来壮观，但却更像是剧烈外渗而非灾难性的火山爆发。

　　这并不是说大西洋就没有令人难忘的地质活动。发生了许多事情，而且最近的事件都得到了忠实而全面的记录，远甚于其他地方，这是因为，相比于其他大洋，成熟的、有组织的、对科学感到好奇而又在技术上有能力的人们在大西洋沿岸生活的时间比较长[①]。例如，有许多关于葡萄牙和亚述尔群岛之间、大西洋东部剧烈地震活动的早期记录，最早的纪录是关于1531冬天的塔霍河（Tagus）洪水，以及附近海面上的巨浪摧毁了猝不及防的渔船和航行的船只。再有就是1755年11月1日，几乎摧毁了里斯本的大地震：据说，它在马德拉和阿加迪尔(Agadir)掀起了巨浪，这应该在意料之中，但它还给远在加勒比海的马提尼克岛造成了破坏。

　　2004年的印度洋巨浪迅速蔓延，在孟加拉到斯里兰卡及更远地带造成了大量伤亡，自此以后，破坏性海啸是否有可能跨越大西洋的问题引起了人们的关注。从记录上看，很少有可信的记载显示大西洋中产生了长距离海啸——里斯本事件可能是唯一的一次。1929年11月，纽芬兰南部一场里氏7.2级的地震引发了大浅滩地震，人们对此做了非常详细的研究——被称为“浊流”的含沙巨浪冲入海底峡谷，切断了许多海底电报电缆，突然失去的信号留下了精确的13个小时连续断线的记录——但在圣劳伦斯河口以外，似乎并没有造成太多的地震震动。同样，

---

① 这并非贬低其他地方人们在很早的时期就展现出的在地球科学上的兴趣和能力。

第4章中提到的1917年12月哈利法克斯海港大爆炸，确实引起了一些翻滚的津波，但只持续了几分钟，并没有波及大海。

沿着苏格兰东海岸、邓巴（Dunbar）和因弗内斯（Inverness）之间的一条300英里长的沙床，被认为是8000年前挪威海岸的一次著名的海底滑坡导致的。人们认为，这在海洋另一边造成了各种剧烈的地质运动，使阿加西湖垮塌，但尚未发现物理上的证据能证明有海啸发生，尽管研究人员希望能在拉布拉多海的西海岸找到一些化石沙洲。在此之前，唯一能体现阿加西大洪水跨洋影响的，只有一条证据不足的推断：黑海农业模式的改变是由于海平面上升了一米。

人们之所以担心破坏性的超级海浪可能会跨越大西洋，部分是因为2004年的印度洋事件；但在很大程度上，这也是因为2000年媒体上出现的一种大胆猜想——加那利群岛的拉帕尔马岛（La Palma）上即将发生山崩，纽约市存在被淹没的危险。有些新闻媒体更加激动——BBC做了一部很长的纪录片——说将有约马恩岛面积大小的玄武岩块从康伯利维亚火山（Cumbre Vieja Volcano）的西侧脱落，美国总统应该立即注意，免得被以每小时500英里的速度越过大洋向西飞驰的海浪打个措手不及，等它过来时，会有数十英尺高的水墙将美国的主要城市淹没。

后来发现，最早通知媒体并帮助BBC制作影片的研究人员，虽然属于伦敦大学，但资金来自芝加哥的一家大型保险公司"怡安奔福"，这家公司无疑会乐意看到对祥和世界前所未有的离奇威胁的公开报道把公众弄得人心惶惶——无敌巨浪将吞噬曼哈顿！地震学界普遍对这些报告嗤之以鼻，表示它们所使用的数学模型是过时的、错误的，拉帕尔马岛发生这样的山体滑坡的可能性是微乎其微的，而且鲜有海啸横跨大西洋的历史，尽管承认原因不明。相关研究人员退回去"疗伤"；BBC发布了撤销声明；而且欧洲航天局表示，将对康伯利维亚火山进行调查，确定其稳定性，并可能试图向世界保证，纽约不会被淹，短期内肯定不会，而且可能永远不会。

大西洋的火山也普遍比其他地方的火山更温和。当然，也有凶狠的例子，大多数是在加勒比海地区。在马提尼克岛，最著名的培雷火山（Mont Pelée），曾在1902年的耶稣升天节爆发，它滚滚的火红色火山灰云团和灼热的空气，几乎使山下小镇里2.8万名居民全部丧生。一个因犯在几乎空气耗尽的牢房中活了下来，并加入了"巴纳姆和贝利马戏团"。帕特里克·雷·弗莫尔（Patrick Leigh Fermor）写了《圣雅克的小提琴》（*The Violins of Saint-Jacques*）这本小说，想象了人们开着庆祝舞会的时候，爆发的火山把他们全部卷入了海中的场景，说出海的渔民直到今天还能听到海面下乐团不屈的弹奏声。

▲▲

大西洋中间的火山岛——特里斯坦–达库尼亚群岛上居住着不到300人，有7个家庭，相互都是亲戚。该岛位于南非海岸以西1800英里。一般来说，它孤零零的与世隔绝。岛上的居民一直担心它们的火山可能会再次爆发，1961年，它真的爆发了。

另一些火山与其说是灾难性的，不如说是给人添麻烦——例如，蒙特塞拉特的苏弗里耶尔火山（Soufrière Hill），在地质上与培雷火山相似，曾在1995年爆发，这一次受难的人数要少得多，但破坏了岛上的首府普利茅斯，迫使人们抛弃了这个地方。2010年，冰岛南部的埃亚菲亚火山（Eyjafjoll）喷发出的灰尘，严重扰乱了整个欧洲的航空运输。而早在1961年，南大西洋上的特里斯坦–达库尼亚群岛有大约250个居民，在火山爆发后，直接威胁到了岛上的唯一的定居点"七海爱丁堡"（Edinburgh-of-the-Seven-Seas），使得全部人口不得不被疏散到英格兰。

当火山爆发开始时，所有的岛民，包括高龄老妪和襁褓中的婴儿，全都乘坐长船去了20英里外的夜莺岛（Nightingale Island），躲在海滩边等待救援——比起祖先们当初选择定居的坚实陆地，大西洋似乎为他们提供了更安全的庇护。但两年后，一等火山再次平息下来，多数岛民又都选择返回故地。他们至今仍生活在那里，自豪地向过往船只宣扬自己住在"世界上最偏远的人居岛屿"。火山可能还会发出沉沉的低吼、冒出腾腾的蒸汽，含硫的气体可能造成大范围疾病，岛上居民与世隔绝的环境可能带来近亲繁殖的各种弊端，居民们还可能遭受经济上的无休止的重重困难，但在这个除了他们以外人迹罕至的大西洋角落里，人类像帽贝一样不屈地坚守着，仿佛试图提醒海洋：究竟是谁说了算。

特里斯坦300英里以南是它的兄弟岛戈夫岛（Gough Island）。戈夫岛气象站里的一些技术人员，还有一些特里斯坦的岛民，可能会注意到最近几年还出现了一些非比寻常的事情。

这两个地方——尤其是在戈夫岛上——都盛行西风。戈夫岛上往往风力强劲：此岛位于南纬约40度31分，基本在南纬40度的咆哮西风带上，而这里的西风确确实实总在咆哮，一刻也不停歇。

或者至少以前是这样。在过去的大约30年间，该纬度地区的气候有所改变。西风不再刮得那么猛、那么频繁了，也没那么连绵不绝了，如今它们似乎移在以南几英里的地方。就好像南大洋超级环流——主要就是这种气候力量造成了南极周围的强风带，也即水手们所说的"咆哮40度""狂暴50度"和"尖叫60度"——近来南移了，向南极靠近了。造成这种现象的原因，气候学家坚持说，是人为因素引起的南极西部大气中的臭氧损耗：似乎风会南下滑向臭氧空洞，填补臭氧消失留下的缺口，确证了古老的"大自然憎恶真空"原则。

大西洋风带南移造成了完全意想不到的效果：这引起了温暖而湿咸的海水从印度洋一点点渗入了大西洋。这是一种人们前所未知的深海现象，叫作"厄加勒斯泄漏"（Agulhas Leakage）。这种温暖的盐海水似乎进入了北巴西洋流——一股复杂的、沿着巴西海岸向加勒比海流动的北向洋流。人们认为，这股水流之后可能进入墨西哥湾流的诞生水域，并进一步改变它的强度、温度、盐度和方向，比如今它正在改变得还要大。

因此，大西洋中混合的海水变得更加复杂了——如果填充臭氧空洞的理论是正确的，那么几乎可以肯定，是人类造成了这种复杂。大海周围的天气模式将进一步改变——尽管目前没有人能判断，是变好还是变坏。唯一能肯定的就是：随着佛得角形成新的更加猛烈的飓风；蒙特塞拉特火山爆发；鹿特丹海平面上升；东格陵兰冰川融化；海底的黑色烟柱和白色烟柱产生更多的热量和红外线，养育大西洋中脊附近的团团嗜热细菌；叙尔特塞岛再次崛起；埃亚菲亚火山喷出滚滚烟尘；冰岛继续开裂；横跨大浅滩的电缆面临再一次断裂的危险，原绿球藻扩大范围，向空气中吐出更多氧气；还有，像现在这样，印度洋的水泄漏到大西洋中，让戈夫岛、巴西和加勒比附近的海域变暖、变咸——随着这其中一件或全部事件的发生，让人非常怀疑，人类是否能够应对，还是说，它们预示着人类与这片至关重要的海洋的关系已经走到了尽头——很明显，今天的大西洋上正在发生一些非常奇怪的事情，而没有人清楚到底是为什么。

尾声
世界尽头的灯塔

> 大千世界就是一座舞台，
> 男男女女都不过是演员：
> 他们都有下场的一刻……

终有一天，人称"世界尽头的灯塔"的那座小灯塔，会与如今远在1万英里之外、地球另一边的同类相聚。到那时，灯塔和灯塔之间将发生最缓慢又最温柔的碰撞，我们所认识的大西洋也将不复存在。

据估算，大西洋存在的最后时刻，大约将在1亿7千万年后到来。这将由一场看似极不可能的"板块体操"造成：南美洲的尖端将蛇形南下，包裹住整个南极大陆，然后转身北上，撞上马来半岛尖端的新加坡地区。

要达到未来世界的这一幕，必须做大量的数学建模。得克萨斯州一个由克里斯多夫·史考提斯（Christopher Scotese）领导的、专门从事古地理和未来地质板块研究的小组，已经完成了大部分的计算。还有一个英国的小组，俗称"狂野未来"（The Future Is Wild），有着更为明显的商业野心，他们精心建造了地球未来的地质和生物模型，希望在好莱坞和出版业找到一片市场。两个小组都设想了未来几亿年即将发生的情景：双方都同意，曾经分崩离析、形成了大西洋的超大陆——盘古大陆——总有一天会重建自身[①]，他们也同意将其命名为"终极盘古大陆"。现存的这些大陆究竟会如何变成这个样子，仍然是学术上争论的一个问题，

[①] 地球物理界有一种普遍的看法，认为地球上的土地和水的数量是有限的，两者都在周期性地不断改变形状和彼此间的关系。海洋的定期重排甚至被命名为"威尔逊周期"，以纪念板块构造理论之父——加拿大的J. 图佐·威尔逊（J. Tuzo Wilson）。信徒们认为，大陆也会每隔400万年到500万年分裂又重组，而地球目前的形态正处在大陆极度分散和下一次重新聚而为一的中间状态。

但大家一致认为，最终，世界上将只有一片大陆，其周围都是海洋，当前存在的所有海洋，包括大西洋，到那时都早已湮没在历史之中。

然而，至少在现在正发生着相反的情况。大西洋完全没有走向历史，反而越来越大、越来越宽。大西洋中脊沿线的火山和裂缝继续向地表喷出新的地幔物质，海下的对流继续向海底山脊的两侧分头行动，就像方向相反的传送带：美洲在不断西移，非洲和欧亚大陆则笨重地滑向东部。所有的地质学家都认为这个过程还将持续，也许还要500万年，也许是更长的时间。而在此之后，数学模型才开始出现与之的不同。

一个小组预测将出现"外向运动"（extroversion），在这个过程中，大陆会像盛开的花朵般绽开，然后再移回，最终合并为一体。在这种情况下，大西洋将继续外展，不断扩宽；南北美洲将围绕西伯利亚旋转，与东亚碰撞，同时将太平洋慢慢挤拢；非洲、印度和南极将成为一体，共同向南亚的众多半岛和岛屿运动；最终形成"终极盘古大陆"，到那时世界将会停顿下来，巨大的大陆周围环绕着一个更巨大的、新形成的海洋。

另一组建模者则支持"内向运动"（introversion）。这个方案较为复杂：大西洋经过一段时间的扩张后，会突然开始萎缩，因为南北美洲的东部海岸沿线将形成俯冲带。火山线将出现在纽约市、哈利法克斯和里约热内卢——尽管这些地方，以及其他所有人类居住的中心，到这个时候都早已不复存在——而海底将开始消失在美洲大陆下方。与此同时，欧洲和非洲将继续发生碰撞，最终将地中海榨干；下加利福尼亚州会向北滑动；南极洲将向北。从这时开始大约2亿年后，北美洲将与非洲相撞，南美洲将绕过非洲南部的尖端，向东北运动，直到与东南亚相撞。

就是这个剧本下，至少在理论上，会出现两个灯塔相撞的诱人前景。

南美洲的尖端，也就是安第斯山脉一分为二扎入两片大洋的地方，有着生动而孤独的美丽。这里生活的生命都承受着无穷无尽、冰冷彻骨的强劲西风。合恩角，一个低矮的棕色小岛，从外观上并不像它的历史那样突出——但它是人们对这个区域的主要认识印象——但也还有火地岛冰雪皑皑的峰顶，巴塔哥尼亚尘土飞扬的平原，海风吹拂的大农庄中，羊群贴着栅栏，卡拉法特（calafate）的灌木丛在风暴中瑟瑟发抖；还有带有瓦楞铁屋顶的肉类工厂，农民和高乔人（gauchos）将他们的羔羊带来这里屠宰和运输；死去已久的鲸鱼发白的骨骸，躺在麦哲伦海峡的岸边，多年前快船对过合恩角遭遇致命失败而沉没，留下泛白的旗杆躺在它们疾行的海湾中——正是这些，使安第斯山脉的南端如此可怕而又迷人。

大陆东端20英里外有一个小岛——当地人叫它"埃斯塔多斯岛"，是斯塔顿岛的西班牙语翻译，因为这里连绵起伏的尖峰深谷、低矮的毛榉树、泥炭沼泽和陈旧的战俘营废墟，是最先由荷兰人发现并命名的，这个名字是为了纪念指挥这次探险的那位将军。这是"另一座"斯塔顿岛；尽管在纽约的另一个荷兰人聚居地，现在已经是一个容纳50万人口的繁华大型郊区，但南美洲的这个斯塔顿岛却没有一个常住人口。这里荒凉、环境恶劣，不适合人类居住。建成的一系列灯塔也因为大风而被废弃了；即使是1899年建立的一所坚固的军事监狱，也只撑了3年就被风暴毁坏了，还引发了骚乱和越狱。如今，它已被宣布为麦哲伦企鹅的领地，成了野生动物保护区，有一小队阿根廷水兵被派来做为期45天的轮流执勤：他们全都不喜欢这座岛，痛恨这里恶劣的天气和不宜居住的地理环境。

儒勒·凡尔纳一生都对埃斯塔多斯岛抱有一种奇特的迷恋，虽然他从来没有去过。他的最后一部小说——《天边灯塔》（*Lighthouse at the End of the World*）——描述了该岛上欢乐的反叛行径，集中刻画了灯塔如何奄奄一息，如何吸引经过的商船来到岛上。一个世纪以后，一个名叫安德烈·布朗纳（André Bronner）的巴黎航海爱好者，曾心血来潮地带着法国人的疯狂劲儿，重建了废弃后倒塌的最后一个灯塔。后来他说，他意识到，这一点朦胧闪烁的灯光，对于所有在一片漆黑中绕过合恩角的伟大船只来说是多么重要；他对蛮荒之地的小小灯光所具有的浪漫气息，产生了盲目的痴迷，于是想办法从巴黎的富豪朋友们那里筹到了资金，建起了一个替代品。

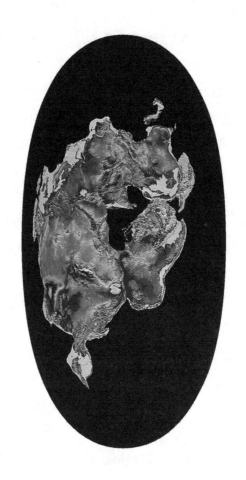

▲▲
距今2.5亿年后，所有的大陆就会合并为另一个盘古大陆，其内的唯一水体就是停滞的
印度洋遗迹——摩羯海。大西洋在诞生4.4亿年后，将会消失得无影无踪。

　　布朗纳和7个同样走火入魔的同伴，花了长夏中的两个月才建成了新灯塔。他带了香肠、干邑白兰地和体面的勃艮第葡萄酒来维持这一帮人的生存，并聘请作曲家写了一部《世界尽头的交响曲》(*Symphony at the End of the World*)，在1998年3月，向阿根廷海军移交灯塔时奏响这支曲子。现在由驻守基地的水兵们照看灯塔。它使用太阳能电池板供电，几乎不需要怎么维护，而且和它之前的大多数埃斯塔多斯岛的灯塔一样，只是给所有绕过合恩角的人一个几乎无用的警告。以前的灯塔太小，而且由于一些奇怪的原因，都建在了山脉后面，被挡住了。随着GPS导航的出现，布朗纳这个新版本灯塔的价值也变得有限，即使是最脆弱的船只，有了GPS，也能安全通过合恩角。

从大西洋的寿命这个故事来说，埃斯塔多斯岛灯塔的象征意义远远超出了它的实用性。它所在的那个岬角——小岛东北端的悬崖，就在理查森山（Mount Richardson）和皮克斯吉尔角（Pickersgill Point）下面——等预想的世界移动的狂欢结束以后，可能将是美洲与亚洲碰撞时首先接触的部分。

如果这个数学模型是正确的，那么在略少于2亿年的时间后，理查森山上的灯塔将慢慢向现在马来半岛最南端的一个灯塔移动。这是莱佛士（Raffles）灯塔，建于1854年，同时照耀着新加坡港和马六甲海峡的入口。但是，当莱佛士和理查森相遇，当新加坡碰到埃斯塔多斯岛时，大西洋已被长期慢慢挤压的海水将被迫流往别处。克里斯多夫·史考提斯创造的地图上展现了一个小内海，毗邻印度、阿拉伯、东非、阿根廷和苏门答腊；但是这几乎算不上海，无论如何也无法持续存在，它唯一一点悲哀之处，就是含有曾经地球上最古老以及——就其周围的文明而言——最宏伟的海洋所残存的最后一点水分子。

大西洋诞生在1.9亿年前；考虑到它可能的死亡机制和时间，它大约还将继续作为海洋，存活1.8亿年。其总寿命会因此而达到4亿年——这段时间里，几乎全部发生着恢宏的地质大戏、几乎不可想象的宏大规模的气候现象，以及数千种动物、鸟类、鱼类、植物、单细胞生物及其间所有阶段的生物的进化和灭绝。

在这4亿年间的大约20万年中，人类在海岸边生活、兴盛。古老先民们首先聚居在大海的东边，随即遍布世界远端的整个陆地，几千年以后又出现在同一片海洋的西侧。在很多个世纪中，人类对海洋万分惧怕，认为它代表了已知世界的边缘，其中充斥着可怕的怪物。他们畏畏缩缩地涉足海洋，然后迅速退了回来——然后终于跨过了它，从东到西横穿而过，按照现代记录的时间，这是在11世纪；他们还在此过程中发现，大西洋非但不是世界的边缘，反而成了一座通往新世界的桥梁。

人们花了4个世纪才真正明白这一点。但是，一旦新世界的存在成为一个清晰、确定，不可否认的事实，一旦人们接受了他们刚刚跨过的水体实际上是一片全新认知的海洋，那么这个北宽3000英里、南宽4000英里、非洲和巴西之间的中腰还不足2000英里的水体，就成了人类各色族群的中心舞台，上演了种种最惊人的伟业和奇迹。

从某种意义上说，海洋是现代西方文明的摇篮——西方文明世界的内海，一个新的泛大西洋文明本身的家园。各种各样的发现、发明、觉醒、思想，推动了人类前进的点点滴滴的碎片，发生在大西洋及其周围，或与它有着某种间接的联系；议会制；世界犹太人的家园；远距离无线电通信；文兰地图；奴隶制的抑制；大陆漂移和板块构造的发现；《大西洋宪章》；大英帝国；挪尔、克勒克艇、加利恩大型帆船、铁壳船和战舰；经度的发现；鳕鱼；厄斯金·奇尔德斯（Erskine Childers）；温斯洛·荷马；护航体系；圣赫勒拿岛；马德林港；德彪西；莫奈；蕾切尔·卡逊；埃里克森、哥伦布、韦斯普奇；汉萨同盟；欧内斯特·沙克尔顿；黑球航线；海底电报电缆；莱特兄弟、阿尔科克和布朗、林德伯格；贝丽尔·马卡姆；潜艇；埃利斯岛；飓风；大西洋溪；冰山；"泰坦尼克"号；"卢西塔尼亚"号；托里峡谷；埃迪石灯塔；深水鱼；原绿球藻；海运集装箱；北约；圩田；格陵兰冰盖；英国、巴西、阿根廷、加拿大、美国。

所有这些，还有成千上万的事物、人、动物、事件、发现，共同构成了今天的大西洋。它们提醒着人们，这片海洋是如此复杂，它对于人类历史至关重要。这些构成了一门近年来被称为"大西洋历史"的新学问，这门学科现在被人们广泛学习，被看得十分重要，以至于现在成为"历史的历史"。对大西洋身份的认同对于当代和未来世界都变得无比关键。

但是这样的想法，虽然是学术世界的必需食粮，但对于那些只是喜欢站在大西洋的悬崖顶部、凝视着滚滚向前直到天边的大海、思索它可怕的威严的人来说，可能只是些深奥难解、捉摸不定的概念罢了。我为他们——毋宁说是为我们，因为这个故事是讲给那些不把大海当作一个概念，而是当作水、浪和风，海陆动物和鸟儿，船舶和人的混合体的人的——奉上最后一个故事。这个故事讲述的是一个被遗忘的人，讲述的是他与这片海之间渺小而孤独的斗争。在这场斗争中，大海一如既往地取得了胜利。这是一个关于沉船、救援和孤独死亡的故事。

也许我们每个人都有一个珍藏的"沉船故事"——可能是当冰冷的雨水拍打着窗玻璃、大风疯狂地摇晃着树木，而我们躺在温暖的床上，窝在鸭绒被中，默默为在这样可怕的夜晚中出海的水手们祈祷时，想起的一段传奇故事。我自己珍藏的这个故事来自我读过的一本书。那正是一个让人想起海上水手的夜晚——寒气逼人，风狂雨骤——我待在巴塔哥尼亚南部一个偏僻的牧场里，蜷缩在一团熊熊大火旁，手里拿着一杯热威士忌。我正就着昏暗的台灯，阅读着半个世纪前在500英里之外的大西洋彼岸发生的一个不平凡的有关沉船和毁灭的故事。

这个故事讲述的是发生在遥远的大西洋海岸边的英勇救援，而传说中，去那里救援沉船的水手是不可想象的：那里遍布着岩石和暗礁，是非洲西南边一个完全没有水的多沙的角落，人称"骷髅海岸"。

失事的第一艘船，也就是1942年南半球夏天发生这起扣人心弦的事件的根本原因，是MV"但尼丁星"号——一艘有着7年历史、重13000吨的冷藏货物船，建于利物浦，帅气而优雅不足。船上有64名船员和21名乘客，大多是欲逃离轰炸的伦敦人。

船当时正向南航行。11月29日，一个星期天的晚上，它大胆地靠近海岸，以躲避潜行的德国U型潜艇，结果撞到了家族高山浅滩［Clan Alpine Shoal，在航海地图上被标为不吉利的PD（position doubtful），意为"位置存疑"］。吃水线以下的船体撞裂了，船长别无选择，只能靠岸。他设法发出了SOS呼叫，然后没电了。大约42名乘客和船员赶在救生艇发动机坏掉之前，穿过凶险的海浪，到了条件极为恶劣的海岸。其余的人则被迫留在船上。

在接下来的几天里，有4艘船赶来协助救援。其中有艘名叫"查尔斯·艾略特爵士"号（为纪念一位殖民地的大公而命名）的沃尔维斯湾拖船，也搁浅了。两名船员在试图游上岸的时候被淹死了。一个是船上的大副——一个名为安格斯·麦金太尔（Angus Macintyre）的苏格兰人，他的尸体一直没能找到；另一个是纳米比亚人，名叫马蒂亚斯·克雷色布（Matthias Koraseb）。

其他3艘船勇敢地尽力帮助那些留在岸上的人，而幸存的男人们寻找浮木，并试图钓鱼，但只是徒劳，妇女和儿童蜷缩在临时庇护所里躲避烈日。海上的船员试图用筏子将食物和水漂去海岸，但大多数东西都被凶猛的洋流卷去了北边，或是在肆虐的海浪中翻倒了。然后，救援船只本身也一个又一个消耗完了食物和水，于是离开了，沮丧的船长只能通过日光反射信号器打出"祝好运"。

接着，空军的飞机试图来帮忙，首先空投了食品和水——但食物的包装全都摔破了，幸存者们只有骇然地看着珍贵的水白白渗进沙子里。其中两架飞机是文图拉轰炸机，上面满载着补给物资，降落在了人群附近，但都陷在了沙丘里。经过4天的挖掘，其中一架成功挣脱飞走了——只是在半小时后坠入了大海。机组人员幸免于难，游上了岸，自己也不得不等人来解救。

当时，大家还都不知道，另一群警察和士兵组成的救援队，也正通过陆路从500英里以南的温得和克艰苦赶来。条件非常恶劣：沙地和盐碱地脆弱的外壳意味着，这支8辆车的车队用了几天才走了两三英里。但救援人员慢慢地、小心地爬向北方——终于，在灼人而缺水的燥热中经受了26天难以想象的痛苦后，他们终于抵达了目的地。所有的人，甚至一个暂时失明的婴儿都还活着。于是，他们安全到达了南边的一家军医院，时间恰好是圣诞前夜。

在后来的战争时期，这个故事一直没有走漏出去：殖民地当局竭力不让德国海军知道盟军在西非海岸沿线的军事部署。直到1958年：南非一位名叫约翰·马什（John Marsh）的海军历史学家发现了官方文件，写了一本《骷髅海岸》（Skeleton Coast），也就是多年以后令我在巴塔哥尼亚沉迷不已的那本书。

于是我当即决定，总有一天我将去一次骷髅海岸——它之所以叫这个名字，是因为那里遍布着在此失事的人和船只的遗——看看我能不能找到一丝"但尼丁星"号的痕迹。几年后，我找到了一艘商船，把我从巴塔哥尼亚往东，一路途经马尔维纳斯群岛、南乔治亚岛和特里斯坦-达库尼亚群岛，最终到了开普敦；我又从那里飞到了纳米比亚的温得和克，最终登上一架双引擎的塞斯纳飞机，飞到了北部沙漠中央，靠近安哥拉边境的一个小型帐篷营地。

骷髅海岸的海浪就在远处怒吼。据说，这个地方完全荒无人烟：只有零星的海豹群、成群猎食豺狼、连绵数英里的沙丘，以及从海上飘来的滚滚晨雾和永不停息的冰冷海浪。第二天，我带上地图和沉船遗址的GPS定位，就和两个当地导游出发了。我们开着一辆又大又破的路虎，它有一对变速箱，并配有差速锁，还有轮胎充气的设备以及在沙漠深处旅行的其他所有必需品。我们离开的那个夜晚一片漆黑，只有头顶闪亮的一层星星。天还很冷，而且在我们到达海边之前，一路鸦雀无声，只有微弱的风吟和远处大海的轰鸣。

我们在沙漠里蜿蜒颠簸了好几个小时，一路在山坡低谷间起伏行进，有时会循着多半是想象出来的前人留下的轨道走，但基本都行驶在处女地上，碾过海浪冲刷的沙滩或灼热的花岗岩山坡。之后，我们来到一个我认识的地方。这是一个叫"弗里亚角"（Cape Fria）的海岬，有一片宽阔的海狗栖息地，又臭又吵，周围还有一圈黄眼豺围成的警戒线，它们正忙着把瘦弱的海狗幼崽叼走。这个海岬是一个地标，书里曾经提到过，"但尼丁星"号搁浅的地方距离这里不超过15英里。但当时躲在庇护所里的人们都没有无线电，从来不知道他们距离这里，这个潜在的食物来源这么近，因为海狗很容易捕到，而且做熟了会非常有营养。他们对此一无所知，很可能还是一件幸事：在灼热缺水的条件下，他们根本不可能走到这个海岬。这可望不可即的诱惑，反倒会严重损害他们日益低迷的士气。

这时，沙漠的热浪开始升起来了。气温超过90华氏度（约32.2摄氏度），夏天的空气又燥又干。海洋上清冷的晨雾此刻已经消散，而迅速升起的太阳像一个铜盘般映衬着近乎白色的天空。我们经过了几千只幽灵蟹——大批幽灵蟹军团都涌向海边。沙滩上有成群的海鸟、大量搁浅的鲸鱼骨架、偶尔还有木制的电缆卷盘以及埋在沙里的瓶子和木桅。然后，从弗里亚角向北走了半小时，走过一道长长的亮闪闪的盐田北端几英里之后，我看到了一些东西：有两个东西，在我们的视野中变得越来越大。

其中一个是半埋在沙里的金属圆筒，已经腐蚀得厉害，大约40英尺长，上半部分烂掉了，一根金属棒从它的腹部刺向天空。在这个庞然大物的东北和西南方向，排着几排腐烂的木箱、一些舱盖一样的东西、几小盒卡口灯泡（就我所知，曾是英国特有的一种设计），还有一些散落的瓶子。总的来看，这个地方有300英尺长。

另一个东西在300多码外，是大约50根木条组成的一片小树林。木条被深深地、牢牢地插在沙子里，形成一系列简陋的房间。如果上面盖上布料——比如帆布或水手们用的防水油布——很容易就能变成简单的庇护所。正是发现了这一点，让我突然相信，我们大概是到了目的地。

我有地图坐标，是温得和克的一个人给我的，他一辈子迷恋着"但尼丁星"号的故事。我举起他的信纸，打开了随身携带的GPS。它花了一会儿连上了卫星网络，然后屏幕突然固定在了一组数字上——南纬18°28'，东经12°0'。

这和我那张纸上潦草的数字完全一样。这里——庇护所、圆筒（估计是个锅炉或燃料罐，应该是船上的物品）、那一堆仍未破碎的灯泡——确实是沉船的全部遗迹。它的位置距离最初搁浅的地方有足足200码远——这提醒了我们，非洲西海岸正慢慢朝海的方向移动，正如大海在另一边，在卡罗来纳的科德角，同样无情地蚕食着陆地一样。

我们在那里待了几个小时，就那样坐着，入了迷。早上，风力渐渐增大，尽管我对着录音机说了一些想必非常深刻的思绪，但当我后来在大风的呼啸中打开它时，却发现风沙刮到麦克风上发出的嘶嘶声，几乎弄得什么也听不见了。但我能听到自己说了什么，我直到今天仍有同样的感受：能来到这样一个地方，想到这么多人在经历了这样的困苦之后，差点没能挺过去——但终究挺过去了，实在让人万分感动。

我们本来不应该从这样的地方拿走任何东西的。但我拿了，我觉得我有很好的理由。我在投弃的货物中发现了一个小玻璃瓶，我想是"但尼丁星"号上哪位老太太放在她手提包里的，里面装着挥发盐，以防她发病晕倒。现在里面当然已经空空如也；但它的螺旋盖还能工作，而且有着优雅的磨砂表面；我拿它是有用的，如果我能完成这趟远征的话，如果我能找到那最后一样东西的话。

我们几乎遇上了大麻烦。发现沉船残骸让我的向导万分欢欣，以至于沿着海滩回程的时候，他把车开得飞快。没有路；理想的替代办法是在海滩上精心挑选出的坚实的硬沙地。但"精心挑选"四个字非常重要。太靠近陆地，沙子会变得很深很干，车轮只能陷在里面空转，让你不得不把自己"挖"出来。太靠近大海，沙滩又会变成一摊糨糊，你的车轮就会转向大海，把你困在那里，或许会向之前成千上万的船只那样，被卷入涌来的潮水中。

情况就是这样。司机沿着海滩飞速前进，但他"精挑细选"的那道坚实路面却意外地越来越窄，直到我们左侧靠近陆地的一边耸起了一道低矮的悬崖。海浪从右边冲来，气势汹汹。我们直到完全没路可走时才停了下来，迎面而来的海浪开始在朝海的窗户上拍起水花。

司机狠狠咒骂。我们已经知道无线电没用了，所以如果被困在这里，根本无法求救。他挂上倒挡，大吼一声，并让我们所有人祈祷。一阵灰色的脏水突然在车前升起了巨大的帷幕，车轮子徒劳地在潮湿的泥浆里空转，直到突然一个轮胎，可能是后轮之一，撞到了一小块硬沙地，车子才向后飞去。

它动起来了——但是他必须让它持续运转，让车继续直线后退，而且要非常非常快。这时，水迅速漫了过来，盖住了紧实的沙地——但在宝贵的一瞬间，它还未能和沙粒混合起来，还未能破坏沙子的表面张力，还未能开始改变其稠度和黏度。于是，车子向后从水上飞了过去，就好像走在水面上一样，简直像是奇迹——然后，经过5分钟这样的稳步后退，我们碰到了造成了这次麻烦的那座低崖，挤出了一小群四处逃窜的幽灵蟹——谢天谢地，我们安全了。

司机颤抖着手，抹了一把额头上的汗水。我们默默地坐在热浪之中，凝视着大海。车窗开着，迎着岸边的清风。在浪花那边，绿色的大西洋咆哮着，似乎永远不会停息。它有一种冷静的得意劲儿，有人说。这种自鸣得意仿佛在说，是的，我们逃出了它的魔掌，但它知道只要有时间，它还会逮到另一个受害者——

一个，又一个。总有足够多的人，为了各自的目的，被它吸引到或深或浅的海水中，这一点完全可以肯定。

○ ◉ ○

最终，我们成功到达了洛基角（rocky point）。正是在这里，在"但尼丁星"号失事处60英里以南，"查尔斯·艾略特爵士"号也搁浅了，它的两名船员因此被淹死。有人告诉我这里有一座坟墓，它鲜为人知，也很少有人见到。

拖船的残骸还可以看到。浪花搅动着岸边的海水，不断形成起白色的漩涡，但在某些时刻，还是可以看到海面上冒起的两个两三英尺的黑色的细长尖顶。这就是全部了：两根被腐蚀的支柱，或者天线，或是部分上层建筑，只在波浪之间短暂地刺破大西洋的海面。20年前，你还可以看到船桥和部分烟囱；但现在全都不见了，现在，这些破败的残迹可能还能持续一年左右。

附近岸上，在还能看到沉船的地方，在一处海洋的"暴行"形成的浅浅的环礁湖保护着的沙洲上，矗立着那座坟墓。这一定是世界上最遥远和最人迹罕至的墓地，而且，令人悲痛的是，它还非常简陋，只是四面红砖垒成的一个箱形结构，一块大大的铜牌匾歪歪地挂着，倒向北方。它的上面覆盖着些鲸鱼骨，其中一些是被海水冲来的，大多数则是偶尔到来的访客放在这儿的。

这座墓是对马蒂亚斯·克雷色布的第一个也是最重要的纪念。他来自西南非[①]，人们发现了他的尸体，将他葬在此处，葬在他诞生地的沙地里。但牌匾上也提到了安格斯·坎贝尔·麦金太尔，他的尸体一直没有找到：他是"艾略特"号的大副。我按照古老的苏格兰传统，在石冢上留下了一块石头——我早就想在这个墓边留下点什么，如果我能见到它的话。

可以说，我站在大西洋的风中，听着海浪的咆哮，伴着这座孤独的小墓，万

---

① 纳米比亚的旧称。——译者注

分感动。于是，虽然我当时就知道这么做有些矫情，但我还是写了一张纸条。上面的内容很简单："非常感谢你的努力。现在安息吧。"我签上名字，并注明日期，然后把它叠得小小的，通过细细的瓶颈，塞进了我从沉船上拿来的泛着咸味的瓶子里。我拧紧瓶盖，把这个小小的纪念放在覆盖坟茔的石堆、鲸鱼骨和浮木下，把它留在了那里。瓶子里有一条寄语，我希望它能在那里保存很多年。

▲▲

在这里，在著名的骷髅海岸边孤独的海滩上，坐落着马蒂亚斯·克雷色布的坟墓和有关一直未能找到的安格斯·麦金太尔的纪念牌。1942年，他试图援救"但尼丁星"号的幸存者却失败了，因此失去了生命。本书亦献给安格斯·麦金太尔。

安格斯·坎贝尔·麦金太尔是一个苏格兰人。他出生在北大西洋的岸边，在一次伟大的善举中，死在了远离家乡的南大西洋。这是多么残酷的对比啊，我想。当我靠着坟墓、望着大海时，我回想起近半个世纪前的那个早上，我第一次跨洋航行所乘坐的那艘客轮——从苏格兰港口出发前往新世界——也曾为了类似的仁慈之举停下来，帮助在海上遇到困难的人。那一次，我们得到了眷顾：海中会合安全完成，避免了危机。

但麦金太尔这一次——往往如此——占上风的是大海：狂野的洋流将人类卷走，仿佛他们也不过是些浪花和泡沫。那个人不见了；他的船也几乎消失了；将来，这座坟墓也会被上涨的海水淹没，有关这次小事件的所有坚实的回忆都将被冲走。这本书向有关他的回忆致敬，我希望这能使某些人从中领略到一些东西。

但无论麦金太尔的命运如何，他长眠的这片海洋都会长存。以这样或那样的形式，这样或那样的形状，或许还会有其他的名字，而不再是为纪念阿特拉斯的这个名字。只要地球存在，这些水域就将一直存在。海水将一直灰蒙蒙地翻滚着、冲刷着、等待着，向深处延伸，向遥远的地平线伸展，并漫向更远、更远的地方。人类可以来来去去，但大西洋都将以某种形式存续，永远拍打着海滩的尽头或悬崖的底部。它总在运动。它总会存在。人们见或不见，听或不听，它都泰然自若、不可抗拒。正如诗人说的，它就"在那里"，永远只顾做着自己的事情，"永不停歇"。

致　谢

　　毫无疑问，为了写作这样一本书，我去到了遥远而多姿多彩的摩洛哥、巴西、阿根廷、纽芬兰、蒙地卡罗、纳米比亚、挪威等地方，以及圣赫勒拿、格陵兰岛、特里斯坦-达库尼亚群岛、百慕大、马克尔弗拉加及其他一众岛屿，这一切都极有意思且充满乐趣。但更让人快乐的是，无论是在国外还是在国内，我都获得了很多人的善意和帮助。虽然我很担心，可能漏掉了某个让我在他的海边小屋里借住了一个长周末的人，或把他整个私人收藏的有关航海历史的文物书籍借给我的人，但我还是希望能写下几行文字，至少感谢一下大部分人，没有他们的帮助，我就不可能完成这项创作。

　　书写大西洋的这个想法，其实是在印度洋的海岸边诞生的。一天晚上，在斯里兰卡科伦坡的加勒菲斯酒店的阳台上，英国作家兼外交官汤姆·欧文·埃德蒙兹（Tom Owen Edmunds）、加勒文学节的主要组织者利比·索斯韦尔（Libby Southwell）、我的妻子节子，还有我，一起凝视着落日，悠闲地聊到有很多关于世界伟大海洋的历史关联。夜渐渐深了，我们清楚地认识到，虽然印度洋和太平洋也生机勃勃，但要论到对现代世界的塑造，大西洋可以说是起到了无可比拟的重要作用。所以我要感谢汤姆和利比——他们现在已经结婚了，在伊斯兰堡幸福地生活在了一起——感谢他们帮助启发了我的灵感；也感谢节子，感谢她看到了两个事物间的联系，感谢她的远见、亲切耐心和无尽的实际支持。

很快我就发现不止我一个人为大西洋着迷。埃克塞特大学的安妮-芙洛·拉略（Anne-Flore Laloë），当时也正在写作一篇研究欧美知识分子和大西洋之间联系的历史的论文，正好给我提供了帮助。我们第一次见面是在格林尼治的国家海事博物馆，陪同的还有在那儿工作的两名研究者兼策展人克莱尔·沃利尔（Claire Warrior）和约翰·麦卡利尔（John McAleer）。这三位专家帮我列了最初的一些文献参考，包括一些建议指导、书籍、图书馆，还有其他我在之后的旅程中需要的各类用品，令我感激不尽。安妮-芙洛——现在已经是拉略博士，还全程给予我热心的支持，在创作她自己著作的过程中，与我分享她的想法和发现。

波士顿的德博拉·克拉默（Deborah Cramer）和纽约的理查德·埃利斯（Richard Ellis），都曾写过一些广受好评的专门研究大西洋和一般海洋及海洋生物的书。他们都大方地给了我很多时间和建议，我真心感谢他们慷慨的精神以及深厚的航海知识。

特德·尼尔德（Ted Nield），是我在伦敦地质学会的一位老朋友，撰写过大量有关超级大陆的形成和短暂存在的历史的书，他带领我穿过数百万年的时间迷宫，从乌尔大陆和盘古大陆，曲曲折折地走到今天。约翰·杜威（John Dewey），一位牛津大学前地质学教授，现在是美国加州大学戴维斯分校的名誉退休教授，友善地和我分享了他对锆石和地球起源的想法，而现在牛津的斯蒂芬·莫巴斯（Stephen Moorbath），纽约特洛伊的伦斯勒理工学院的布鲁斯·沃森（Bruce Watson），北卡罗来纳大学教堂山分校的约翰·罗杰斯（John Rogers）都在此基础上增加了自己的见解；备受推崇的英国评论家、研究板块构造的乔·麦考尔（Joe McCall）则给予了大力反驳。

以在得克萨斯大学阿灵顿分校的PALEOMAP项目中，创造了传奇般的板块构造图景而著称的克里斯多夫·史考提斯，也拿出了自己的宝贵时间和专业知识；他那些精细绝伦的地表图像，生动展现了世界过去的样子，以及未来最可能的面貌。

还有其他很多人都花了时间和精力给我帮助，我万分感激，他们是：马萨诸塞剑桥的阿米尔·艾克塞尔（Amir Aczel）；大卫·阿格纽（David Agnew）和马丁·柯林斯（Martin Collins），他们分别从伦敦和马尔维纳斯群岛的办事处，为我提供了关于南大西洋渔业状况的明智忠告；莱斯利·贝鲁斯（Lesley Bellus）和纳米比亚温得和克"荒野保护协会"的工作人员，他们帮我解决了在骷髅海岸的住宿和后勤；美国国家地理学会的档案员，勒妮·布拉登（Renee Braden），给我提供了丰富的早期地图的信息；哥本哈根大学的肯特·布鲁克斯（Kent Brooks），他就格陵兰东海岸的冰原情况给了不少建议；麻省理工学院的佩妮·奇泽姆，她是阿末尔·奥采尔（Amir Aczel）介绍给我的，给了我有关她浮游植物研究的最新信息；伦敦的查尔斯·克洛弗（Charles Clover），他撰写远洋渔业对环境的影响；伦敦的西蒙·戴（Simon Day）和比尔·麦圭尔（Bill McGuire），他们是研究加那利群岛上可能爆发的马别哈火山的专家；卡尔加里的苏珊·伊顿（Susan Eaton），还有新不伦瑞克省大马南岛的格雷戈里·麦克宏（Gregory McHone），他们一起帮助我理解了北大西洋海岸匹配边缘的概念——也就是地质上的"吻合"；加州大学洛杉矶分校的克里斯·埃雷特（Chris Ehret）、亚利桑那州立大学的柯蒂斯·马雷恩（Curtis Marean），和宾夕法尼亚大学的莎拉·蒂什科夫（Sarah Tishkoff），他们研究非洲南部的人类起源；罗格斯大学的保罗·法尔科夫斯基（Paul Falkowski），他为我提供了一系列非常专业的大西洋海底地图；迈阿密国家飓风中心的丹尼斯·费特根（Dennis Feltgen）和克里斯·朗诗（Chris Landsea）；英格兰南安普敦的国家海洋学中心主任，艾德·希尔（Eel Hill）；英属哥伦比亚杜华逊的伊恩·霍格（Ian Hogg），他在南大西洋与我相伴，后来还好心地阅读第4章，并作为前皇家海军军官，以其丰富的战争知识，给出了批评意见；阿根廷科尔多瓦的苏珊娜·洛佩斯·拉兰纳（Susana Lopez Lallana），她帮我在埃斯塔多斯岛联系了一些有帮助的朋友；伦敦英国航空公司的保罗·马斯顿（Paul Marston）和理查德·古德费洛（Richerd Goodfellow），多亏他们安排，我得以参与希思罗机场和肯尼迪机场之间速鸟113飞前简报的过程；美国海军的克里斯托弗·梅尔休伊什（Christopher Melhuish，已退役），他是USS"宪法"号的前指挥官，现在居住于弗吉尼亚州诺福克，担任美国海军舰队部队总部民间政策规划的智囊；马里兰大学的埃达·梅丽迪兹（Eyda Merediz），她写过关于加那利群岛的文章；英国属地特里斯坦–达库尼亚岛的殖民总行政官戴维·莫利（David Morley）；前英国外交官伊恩·奥尔（Iain Orr），现在是伦敦研究生物多样性的领军人物；杜克大学的亚历克斯·罗兰（Alex Roland），他是研究北大西洋商业航运史的专家；珍妮·塞尔（Jenny Sayle）和穆雷·塞尔（Murray Sayle）夫妇，现在居住于澳大利亚的悉尼，他们的婚姻有一个特别的开始——穆雷当时乘坐一艘小艇穿越大西洋，大部分时间他都是独自一人，途中遭遇了一场风暴，而珍妮在罗得岛的纽波特，通过无线电一路安慰他；加州大学欧文分校的帕特里夏·熙德（Patricia Seed），他在有关南大西洋的早期葡萄牙航海家，特别是吉尔·埃阿尼什尝试对过博哈多尔角这个问题上给了我很大的帮助；牛津大学的克里斯滕·谢福德-巴尔（Kirsten Shepheid-Barr），他领我进入了法罗群岛的文学世界；南安普敦国家海洋学中心的阿西娜·特拉卡达斯（Athena Trakadas），她为我生动详细地讲解了索维拉的海螺中提取紫色染料的方法；摩纳哥国际海道测量组织的主任罗伯特·沃德（Robert Ward）上尉；赫尔大学的玛丽·威尔斯（Mary Wills），她的研究领域是对奴隶贸易的镇压。

　　我要感谢百慕大总督理查德·戈兹尼（Richard Gozney）爵士，感谢他的善良，以及在欧洲移民该岛400周年之际，我拜访这片英国殖民时，他和戈兹尼夫人的热情款待。

　　BBC/ WGBH"世界"项目的卡罗尔·卓尔（Carol Zall），为我的旅行提供了极大的支持。西布莉·汤姆（Cybele Tom），她当时在纽约牛津大学出版社，在我第一次构思这本书时，给了我很多有用的指导，本书的结构在相当程度上反映了她的智慧。当然，还有我不知疲倦的大儿子鲁珀特·温彻斯特（Rupert Winchester），他在伦敦，每当我需要查询或检查什么信息，或有事得跑腿时，他总是不吝帮忙，他给我近期的工作提供了巨大的帮助。

　　如果这本书最终能收获一些好评——当然，任何谬误或过失都完全是我自己的责任——那么这在很大程度上要归功于我纽约的编辑，亨利·菲利斯（Henry Fenrris）无可替代的高超技巧。这是我们合作的第三本书，虽然他是一个果决强硬的编辑，但他的体贴和礼貌，使这个必不可少的编辑过程变得好受多了。传统上，研究和写作是创作一本书时最有趣的部分，而编辑修改时就是受罪的时候了。但和亨利一起并非如此：我发现这些日子以来，我总是很期待收到他的意见，不管陈述得多么激烈，他的编辑建议又多么繁多。他的不懈努力使这本书大有改善，所以如果你喜欢你今天手上阅读的这些文字，那么你应该知道真正的功劳该归谁。

他在选择助手方面也是一个天才。彼得·哈伯德（Peter Hubbard），他现在已经在哈珀柯林斯公司内获得了当之无愧的晋升，却仍然在为我们提供中肯而有益的意见；他的继任者，丹尼·戈德茨坦（Danny Goldstein），也适时出现，巧妙地把这样一本复杂的书变得机敏、高效、充满无尽的喜悦。在伦敦，我也很高兴能与马丁·雷德芬（Martin Redfern）合作，他娴熟地指导了本书英国版的制作工作。

最后，我还要向我在威廉·莫里斯奋进文娱公司的代理人们敬一杯——在纽约，是活力惊人的苏珊娜·格鲁克（Suzanne Gluck），她最初的助手是莎拉·赛格拉斯基（Sarah Ceglarski）和伊丽莎白·庭格（Elizabeth Tingue），最近改为卡罗琳·多诺弗里奥(Caroline Donofrio）和米娜·夏嘎吉（Mina Shaghaghi）；在英国伦敦，是神通广大的欧仁妮·弗尼斯（Eugenie Furniss）。祝福大家，谢谢。

西蒙·温彻斯特

马萨诸塞州，桑蒂斯菲尔德

参考书目

Adams, Captain John. *Remarks on the Country Extending from Cape Palmas to the River Congo.* London: Whittaker, 1823.

Adkins, Roy. *Trafalgar: The Biography of a Battle.* London: Little, Brown, 2005.

Adkins, Roy, and Lesley Adkins. *The War for All the Oceans: From Nelson at the Nile to Napoleon at Waterloo.* London: Penguin, 2006.

Agnew, David. *Fishing South: The History and Management of the South Georgia Fisheries.* St. Albans: Penna Press, 2004.

Air Ministry. *Atlantic Bridge: The Official Account of RAF Transport Command's Ocean Ferry.* London: HMSO, 1945.

Amos, William H., and Stephen H. Amos. *Atlantic and Gulf Coasts.* National Audubon Society Nature Guides. New York: Knopf, 1985.

Anstey, Roger. *The Atlantic Slave Trade and British Abolition*, 1760-1810. London: Macmillan, 1975.

Archibald, Malcolm. *Across the Pond: Chapters from the Atlantic.* Latheronwheel, Caithness, UK: Whittles Publishing, 2001.

Armitage, David, and Michael J. Braddick, eds. *The British Atlantic World*, 1500-

1800. Basingstoke, UK: Palgrave Macmillan, 2002.

Armstrong, Warren. *Atlantic Bridge: From Sail to Steam to Wings.* London: Frederick Muller, 1956.

Bailyn, Bernard. *Atlantic History: Concept and Contours.* Cambridge, Mass.: Harvard University Press, 2005.

——. *Voyagers to the West: A Passage in the Peopling of America on the Eve of the Revolution.* New York: Knopf, 1986.

Barty-King, Hugh. *Girdle Round the Earth: The Story of Cable and Wireless.* London: Heinemann, 1979.

Bathurst, Bella. *The Lighthouse Stevensons.* New York: HarperCollins, 1999.
Baumann, Elwood D. *The Devil's Triangle.* New York: Franklin Watts, 1976.

Belloc, Hilaire. *The Cruise of the "Nona."* London: Penguin, 1958.

Blum, Hester. *The View from the Masthead: Maritime Imagination and Antebellum American Sea Narratives.* Chapel Hill: University of North Carolina Press, 2008.

Bonsor, N. R. P. *North Atlantic Seaway: An Illustrated History of the Passenger Services Linking the Old World with the New.* Prescot, Lancashire, UK: T. Stephenson, 1955.

Bonturi, Orlando. *Brazil and the Vital South Atlantic.* Washington, D. C. : National Defense University, 1988.

Booker, Christopher. *The Real Global Warming Disaster.* London: Continuum, 2009.

Borgstrom, Georg, and Arthur Heighway, eds. *Atlantic Ocean Fisheries.* London: Fishing News (Books) Ltd., 1961.

Braudel, Fernand. *The Mediterranean and the Mediterranean World in the Age of Philip II.* New York: Harper and Row, 1973.

Breverton, Terry. *Admiral Sir Henry Morgan: King of the Buccaneers.* Gretna, La.: Pelican, 2005.

Bridges, E. Lucas. *Uttermost Part of the Earth.* London: Hodder and Stoughton, 1951.

Brinnin, John Malcolm. *The Sway of the Grand Saloon: A Social History of the North Atlantic.* New York: Delacourt, 1971.

Buckley, William F., Jr. *Atlantic High: A Celebration.* New York: Doubleday, 1982.

Butel, Paul. The Atlantic. Translated by Iain Grant. London: Routledge, 1999.

Buttress, Rob, and Andy duPort. *Reeds Nautical Almanac.* London: A and C Black, 2009.

Carr, J. Revell. *All Brave Sailors: The Sinking of the Anglo-Saxon, August 21, 1940.* New York: Simon & Schuster, 2004.

Carson, Rachel. *The Sea Around Us.* New York: Oxford University Press, 1951.

Chapin, Miriam. *Atlantic Canada.* Toronto: Ryerson Press, 1956.

Clover, Charles. *The End of the Line: How Overfishing Is Changing the World and What We Eat.* Berkeley: University of California Press, 2006.

Coote, John, ed. *The Faber Book of the Sea.* London: Faber, 1989.

Cordingly, David. *Under the Black Flag: The Romance and Reality of Life Among the Pirates.* New York: Random House, 1996.

Cramer, Deborah. *Great Waters: An Atlantic Passage.* New York: W. W. Norton, 2001.

——. *Ocean: Our Water, Our World.* Washington, D. C. : Smithsonian Books, 2008.

Cullen, Vicky. *Down to the Sea for Science.* Woods Hole, Mass. : Woods Hole Oceanographic Institution, 2005.

Cunliffe, Barry. *Facing the Ocean: The Atlantic and Its Peoples, 8000 BC-AD 1500.* Oxford: Oxford University Press, 2001.

Cuny, Paul J. *Lloyds Nautical Year Book.* London: Lloyds of London Press, 1991.

Danson, Edwin. *Weighing the World: The Quest to Measure the Earth.* New York: Oxford University Press, 2005.

Davies, David Twiston, ed. *The Daily Telegraph Book of Naval Obituaries.* London: Grub Street, 2004.

Davies, Hunter. *A Walk Around the West Indies.* London: Weidenfeld and Nicolson, 2000.

Dawson, Jeff. *The Dunedin Star Disaster.* London: Weidenfeld, 2005.

DePaolo, Donald J., et al. *Origin and Evolution of Earth: Research Questions for a Changing Planet.* Washington, D. C. : National Academies Press, 2008.

Dolin, Eric Jay. *Leviathan: The History of Whaling in America.* New York: W. W. Norton, 2007.

Donnelly, Ignatius. *Atlantis: The Antediluvian World.* New York: Harper and Brothers, 1949.

Durschmied, Erik. *The Weather Factor: How Nature Has Changed History.* London: Hodder, 2000.

Earle, Sylvia, and Linda Glover, eds. *Ocean: An Illustrated Atlas.* Washington, D. C. : National Geographic Society, 2009.

Eddy, Paul, and Magnus Linklater. *War in the Falklands.* New York: Harper and Row, 1982.

Ellis, Richard. *Deep Atlantic: Life, Death, and Exploration in the Abyss.* Knopf, 1996.

——. *Encyclopedia of the Sea.* New York: Knopf, 2006.

——. *Men and Whales.* New York: Knopf, 1991.

——. *Tuna: A Love Story.* New York: Knopf, 2008.

Emanuel, Kerry. *Divine Wind: The History and Science of Hurricanes.* New York: Oxford University Press, 2005.

Emmons, Frederick. *The Atlantic Liners, 1925-70.* New York: Bonanza, 1972.

Fanning, A. E. *Steady as She Goes: A History of the Compass Department of the Admiralty.* London: HMSO, 1986.

Fernández-Armesto, Felipe. *The Americas: A Hemispheric History.* New York: Modern Library, 2003.

——. *Amerigo: The Man Who Gave His Name to America.* London: Weidenfeld and Nicolson, 2006.

——. *Columbus and the Conquest of the Impossible.* London: Weidenfeld, 1974.

——. *Ideas That Changed the World.* New York: DK Publishing, 2003.

——. *Pathfinders: A Global History of Exploration.* Toronto: Viking Canada, 2006.

——. ed. *The Times Atlas of World Exploration.* London: HarperCollins, 1991.

Finamore, Daniel, ed. *Maritime History as World History.* Salem, Mass. : Peabody Essex Museum, 2004.

Forbes, Jack D. *The American Discovery of Europe.* Urbana: University of Illinois Press, 2007.

Fox, Robert. *Antarctica and the South Atlantic: Discovery, Development and Dispute.* London: BBC Books, 1985.

Fox, Stephen. *Transatlantic: Samuel Cunard, Isambard Brunel, and the Great Atlantic Steamships.* New York: HarperCollins, 2003.

Franck, Irene M., and David M. Brownstone. *To the Ends of the Earth: The Great Travel and Trade Routes of Human History.* New York: Facts on File, 1984.

Fuller, Major-General J. F. C. *Decisive Battles of the Western World and Their Influence upon History.* 3 volumes. London: Cassell, 1951.

Gaskell, T. F. *The Gulf Stream.* New York: John Day, 1973.

Gillis, John R. *Islands of the Mind: How the Human Imagination Created the Atlantic World.* New York: Palgrave Macmillan, 2004.

Gilroy, Paul. *The Black Atlantic: Modernity and Double Consciousness.*

Cambridge, Mass. : Harvard University Press, 1993.

Gimlette, John. *The Theatre of Fish: Travels Through Newfoundland and Labrador.* London: Hutchinson, 2005.

Gordon, John Steele. *A Thread Across the Ocean: The Heroic Story of the Transatlantic Cable.* New York: Walker, 2002.

Graham, Gerald S. *Empire of the North Atlantic: The Maritime Struggle for North America.* Toronto: University of Toronto Press, 1950.

Gruber, Ruth. *Haven: The Dramatic Story of 1, 000 World War II Refugees and How They Came to America.* New York: Three Rivers, 1983.

Guthrie, John. *Bizarre Ships of the Nineteenth Century.* London: Hutchinson, 1970.

Hall, Rear Admiral G. P. D. (Hydrographer of the Navy). *Ocean Passages for the World.* Taunton, UK: Ministry of Defence, 1973.

Hamilton-Paterson, James. *The Great Deep: The Sea and Its Thresholds.* New York: Random House, 1992.

Harris, Michael. *Lament for an Ocean: The Collapse of the Atlantic Cod Fishery.* Toronto: McClelland and Stewart, 1998.

——. *Rare Ambition: The Crosbies of Newfoundland.* Toronto: Penguin, 1992.

Hastings, Max, and Simon Jenkins. *The Battle for the Falklands.* London: Michael Joseph, 1983.

Hattendorf, John B., ed. *The Oxford Encyclopedia of Maritime History.* 4 volumes. New York:Oxford University Press, 2007.

Hattersley, Roy. *Nelson.* New York: Saturday Review Press, 1974.

Hearn, Chester G. *Tracks in the Sea: Matthew Fontaine Maury and the Mapping of the Oceans.* Camden, Maine: International Marine, 2002.

Hendrickson, Robert. *The Ocean Almanac.* London: Hutchinson, 1992.

Heyerdahl, Thor. *The Ra Expeditions.* New York: Signet, 1972.

Higgins, Jack. *Storm Warning.* New York: Holt, Rinehart and Winston, 1976.

Hoare, Philip. *Leviathan; or, The Whale.* London, Fourth Estate, 2008.

Hobhouse, Henry. *Seeds of Change: Five Plants That Transformed Mankind.* London: Macmillan, 1992.

Hughes, Richard. In Hazard: *A Sea Story.* London: Penguin, 1938.

International Hydrographic Organization. *Names and Limits of Oceans and Seas.* Monaco: International Hydrographic Organization, 2002.

Jablonski, Edward. *Atlantic Fever.* New York: Macmillan, 1972.

Jackson, E. L. *St. Helena: The Historic Island from Its Discovery to the Present Date.* London: Ward, Lock, 1903.

Jacobsen, Jørgen-Frantz. *Barbara.* Norwich, UK: Norvik Press, 1993.

Johnson, Donald S. *Phantom Islands of the Atlantic: The Legends of Seven Lands That Never Were.* New York: Walker, 1996.

Kay, F. George. *The Atlantic Ocean: Bridge Between Two Worlds.* London: Museum Press, 1954.

Keegan, John. *A History of Warfare.* New York: Knopf, 1993.

———. *The Price of Admiralty: War at Sea, from Man of War to Submarine.* London: Hutchinson, 1988.

Kemp, Peter, ed. *The Oxford Companion to Ships and the Sea.* Oxford: Oxford University Press, 1976.

Kennedy, Sr. Jean de Chantal. *Biography of a Colonial Town: Hamilton, Bermuda, 1790-1897.* Hamilton: Bermuda Book Stores, 1961.

Kennedy, Ludovic, ed. *A Book of Sea Journeys.* New York: Rawson Wade, 1981.

Kent, Rockwell. *Voyaging Southward from the Strait of Magellan.* Hanover, N. H. : University Press of New England, 1951.

Kirk, Stephen. *First in Flight: The Wright Brothers in North Carolina.* Winston-

Salem, N. C. : John F. Blair Publishers, 1995.

Klein, Bernhard, and Gesa Mackenthun. *Sea Changes: Historicizing the Ocean.* New York: Routlcdge, 2004.

Knecht, G. Bruce. *Hooked: Pirates, Poaching, and the Perfect Fish.* New York: Rodale, 2006.

Knight, Franklin W., and Peggy K. Liss, eds. *Atlantic Port Cities: Economy, Culture, and Society in the Atlantic World, 1650-1850.* Knoxville: University of Tennessee Press, 1991.

Kopper, Philip. *The Wild Edge: Life and Lore of the Great Atlantic Beaches.* Chester, Conn. : Globe Pequot Press, 1991.

Kraus, Michael. *The Atlantic Civilization: Eighteenth-Century Origins.* Ithaca, N. Y. : Cornell University Press, 1949.

Kunzig, Robert. *Mapping the Deep: The Extraordinary Story of Ocean Science.* New York: W. W. Norton, 2000.

Kurlansky, Mark. *The Big Oyster: New York on the Half Shell.* New York: Ballantine, 2006.

———. *Cod: A Biography of the Fish That Changed The World.* New York: Walker, 1997.

———. *The Last Fish Tale: The Fate of the Atlantic and Survival in Gloucester, America's Oldest Fishing Port and Most Original Town.* New York: Ballantine, 2008.

———. *Salt: A World History.* New York: Walker, 2002.

Labaree, Benjamin W., ed. *The Atlantic World of Robert G. Albion.* Middletown, Conn. : Wesleyan University Press, 1975.

Lambert, Frank. *The Barbary Wars: American Independence in the Atlantic World.* New York: Hill and Wang, 2005.

Landes, David S. *The Wealth and Poverty of Nations: Why Some Are So Rich, and*

Some So Poor. New York: W. W. Norton, 1998.

Leonard, Jonathan Norton. *Atlantic Beaches.* New York: Time-Life Books, 1972.

Lester, Toby. *The Fourth Part of the World: The Race to the Ends of the Earth, and the Epic Story of the Map That Gave America Its Name.* New York: Simon & Schuster, 2009.

Linebaugh, Peter, and Marcus Rediker. *The Many-Headed Hydra: Sailors, Slaves, Commoners, and the Hidden History of the Revolutionary Atlantic.* Boston: Beacon Press, 2000.

Lodwick, John. *The Forbidden Coast: A Journey Through the Rio de Oro.* London: Travel Book Club, 1956.

Longstreth, T. Morris. *To Nova Scotia: The Sunrise Province.* Toronto: Ryerson Press, 1935.

Lundy, Derek. *Godforsaken Sea: The True Story of a Race Through the World's Most Dangerous Waters.* New York: Random House, 1998.

Mac Donald, Laura. *Curse of the Narrows.* New York: Walker Books, 2005.

MacLean, Rory. *The Oatmeal Ark: From the Scottish Isles to a Promised Land.* London: HarperCollins, 1997.

Maddocks, Melvin. *The Atlantic Crossing.* Alexandria, Va. : Time-Life Books, 1981.

Manchester Guardian. C. P. Scott, 1846-1932: The Making of the Manchester Guardian. London: Frederick Muller, 1946.

Mann, Charles C. 1491: *New Revelations of the Americas Before Columbus.* New York: Vintage, 2005.

Marcus, G. J. *The Conquest of the North Atlantic.* Woodbridge, Suffolk, UK: Boydell Press, 1980.

Marsh, John, and Lyman Anson. *Skeleton Coast.* London: Hodder and Stoughton, 1958.

Masselman, George. *The Atlantic: Sea of Darkness*. New York: McGraw-Hill, 1969.

Matthiessen, Peter. *Men's Lives*. New York: Vintage, 1986.

Maury, Matthew Fontaine. *The Physical Geography of the Sea and Its Meteorology*. Mineola, N. Y. : Dover, 2003.

McCalman, Iain. *Darwin's Armada: How Four Voyages to Australasia Won the Battle for Evolution and Changed the World*. Melbourne: Viking, 2009.

McEwen, W. A., and A. H. Lewis. *Encyclopedia of Nautical Knowledge*. Cambridge, Md. : Cornell Maritime Press, 1953.

McGrail, Seán. *Boats of the World: From the Stone Age to Medieval Times*. Oxford: Oxford University Press, 2001.

McKee, Alexander. *Against the Odds: Battles at Sea, 1591-1949*. Annapolis, Md. : Naval Institute Press, 1991.

Merediz, Eyda M. *Refracted Images: The Canary Islands Through a New World Lens*. Tempe: Arizona Center for Medieval and Renaissance Studies, 2004.

Middlebrook, Martin. *Convoy*. New York: Morrow, 1976.

Miles, Jonathan. *The Wreck of the Medusa: The Most Famous Sea Disaster of the Nineteenth Cen-tury*. New York: Atlantic Monthly Press, 2007.

Monsarrat, Nicholas. *The Cruel Sea*. London: Penguin, 1951.

Mooney, Chris. *Storm World: Hurricanes, Politics, and the Battle over Global Warming*. Orlando, Fla. : Harcourt, 2007.

Moorehead, Alan. *Darwin and the Beagle*. New York: Harper and Row, 1969.

Morison, Samuel Eliot. *Admiral of the Ocean Sea: A Life of Christopher Columbus*. Boston: Little, Brown, 1942.

———. *The European Discovery of America*. 2 volumes. New York: Oxford University Press, 1971.

Morris, J. *The Pax Britannica Series*. 3 volumes. London: Faber, 1978.

Morris, Robert D. *The Blue Death: Disease, Disaster, and the Water We Drink.* New York: HarperCollins, 2007.

Morrison, H. Robert, and Christine E. Lee. *America's Atlantic Isles.* Washington, D. C. : National Geographic, 1981.

Murphy, Dallas. *To Follow the Water: Exploring the Ocean to Discover Climate, from the Gulf Stream to the Blue Beyond.* New York: Basic Books, 2007.

Murphy, Hugh, and Derek J. Oddy. *The Mirror of the Seas. A Centenary History of the Society for Nautical Research.* Greenwich, UK: Society for Nautical Research, 2010.

Neill, Peter, ed. *American Sea Writing: A Literary Anthology.* New York: Library of America, 2000.

Nichols, Peter. *Sea Change: Alone Across the Atlantic in a Wooden Boat.* New York: Penguin, 1997.

Nicolson, Adam. *Seamanship: A Voyage Along the Wild Coasts of the British Isles.* New York: HarperCollins, 2004.

———. *Sea Room: An Island Life.* London: HarperCollins, 2001.

Nield, Ted. Supercontinent: *Ten Billion Years in the Life of Our Planet.* London: Granta Books, 2007.

O'Hanlon, Redmond. *Trawler: A Journey Through the North Atlantic.* London: Hamish Hamilton, 2003.

Oliver, Mary. *Why I Wake Early.* Boston: Beacon Press, 2004.

O'Siochain, P. A. *Aran: Islands of Legend.* Dublin: Foilsiuchain Eireann, 1962.

Outhwaite, Leonard. *The Atlantic: A History of the Ocean.* New York: Coward-McCann, 1957.

——. *Atlantic Circle: Around the Ocean with the Winds and Tides.* New York: Scribner's, 1931.

Owen, David, ed. *Seven Ages: Poetry for a Lifetime.* London: Penguin, 1992.

Parker, Bruce. *The Power of the Sea.* New York: Palgrave Macmillan, 2010.

Patterson, Kevin. *The Water in Between: A Journey at Sea.* Toronto: Vintage, 2000.

Pauly, Daniel, and Jay Maclean. *In a Perfect Ocean: The State of Fisheries and Ecosystems in the North Atlantic Ocean.* Washington, D. C. : Island Press, 2003.

Pearson, Michael. *The Indian Ocean.* London: Routledge, 2003.

Perry, Richard. *Lundy: Isle of Puffins.* London: Lindsay Drummond, 1940.

Pestana, Carla Gardina. *The English Atlantic in an Age of Revolution, 1640-1661.* Cambridge, Mass. : Harvard University Press, 2004.

Philbrick, Nathaniel. *Sea of Glory: America's Voyage of Discovery; The U. S. Exploring Expedition, 1838-1842.* New York: Viking, 2003.

Pike, Dag. *The Challenge of the Atlantic: Man's Battle with the World's Toughest Ocean.* Wellingbrough, UK: P. Stephens, 1988.

Pohl, Frederick J. *Atlantic Crossings Before Columbus.* New York: W. W. Norton, 1961.

Preston, Diana. *Lusitania: An Epic Tragedy.* New York: Berkley Books, 2002.

Price, Jacob M. *The Atlantic Frontier of the Thirteen American Colonies and States.* Aldershot, UK: Variorum, 1996.

Pritchard, H. Hesketh. *Through the Heart of Patagonia.* London: Heinemann, 1902.

Proctor, Noble S., and Patrick J. Lynch. *A Field Guide to North Atlantic Wildlife.* New Haven, Conn. : Yale University Press, 2005.

Prosser de Goodall, Rae Natalie. *Tierra del Fuego.* Ushuaia, Argentina: Ediciones Shanamaiim, 1970.

Raban, Jonathan. *Coasting.* London: Harvill, 1986.

——, ed. *The Oxford Book of the Sea.* Oxford: Oxford University Press, 1992.

Riley, Captain James. *Sufferings in Africa: The Incredible True Story of a*

Shipwreck, Enslavement, and Survival on the Sahara. New York: Skyhorse, 2007.

Roberts, Alice. *The Incredible Human Journey: The Story of How We Colonised the Planet.* London: Bloomsbury, 2009.

Roberts, Callum. *The Unnatural History of the Sea.* Washington, D. C. : Island Press, 2007.

Robinson, Adrian, and Roy Millward. *The Shell Book of the British Coast.* Newton Abbott: David and Charles, 1983.

Rodgers, Daniel T. *Atlantic Crossings: Social Politics in a Progressive Age.* Cambridge, Mass. : Harvard University Press, 1998.

Rogers, John J. W., and M. Santosh. *Continents and Supercontinents.* New York: Oxford University Press, 2004.

Roland, Alex, W. Jeffrey Bolster, and Alexander Keyssar. *The Way of the Ship: America's Maritime History Reenvisioned, 1600—2000.* Hoboken, N. J. : John Wiley and Sons, 2008.

Rozwadowski, Helen M. *Fathoming the Ocean: The Discovery and Exploration of the Deep Sea.* Cambridge, Mass. : Harvard University Press, 2005.

Safina, Carl. *Eye of the Albatross: Visions of Hope and Survival.* New York: Henry Holt, 2002.

——. *Song for the Blue Ocean.* New York: Henry Holt, 1997.

Sanderson, Michael, ed. *Catalogue of the Library of the National Maritime Museum.* 7 volumes. London: HMSO, 1968.

Sandler, Martin. *Atlantic Ocean: An Illustrated History of the Ocean That Changed the World.* New York: Sterling, 2008.

Schei, Liv K., and Gunnie Moberg. *The Faroe Islands.* Edinburgh: Birlinn, 2003.

Schlee, Susan. *On Almost Any Wind: The Saga of the Oceanographic Research Vessel Atlantis.* Ithaca, N. Y. : Cornell University Press, 1978.

Schoeman, Amy. *Skeleton Coast.* Johannesburg: Southern Book Publishers, 1984.

Schwartz, Stuart, ed. *Tropical Babylons: Sugar and the Making of the Atlantic World,* 1450-1680. Chapel Hill: University of North Carolina Press, 2004.

Scientific American. Oceans: A Scientific American Reader. Chicago: University of Chicago Press, 2007.

Scott, R. Bruce. *Gentleman on Imperial Service: A Story of the Transpacific Telecommunications Cable.* Victoria, BC: Sono Nis Press, 1994.

Seed, Patricia. *Ceremonies of Possession in Europe's Conquest of the New World, 1492-1640.* New York: Cambridge University Press, 1995.

Segal, Aaron. *An Atlas of International Migration.* London: Hans Zell, 1993.

Severin, Tim. *The Brendan Voyage: A Leather Boat Tracks the Discovery of America by the Irish Sailor Saints.* New York: McGraw-Hill, 1978.

Sewell, Kenneth, and Jerome Preisler. *All Hands Down: The True Story of the Soviet Attack on the USS Scorpion.* New York: Simon & Schuster, 2008.

Shackleton, Keith, and Ted Stokes. *Birds of the Atlantic Ocean.* Feltham, UK: Country Life Books, 1968.

Shaw, David W. *Daring the Sea: The Dramatic True Story of the First Men to Cross the Atlantic in a Rowboat.* New York: Kensington Books, 1998.

Sherry, Frank. *Raiders and Rebels: A History of the Golden Age of Piracy.* New York: Morrow, 1986.

Simpson, Colin. *The Lusitania.* London: Little, Brown, 1972.

Slocum, Joshua. *Sailing Alone Around the World.* Teddington, UK: Echo, 2006.

Snow, Edward Rowe. *Great Atlantic Adventures.* New York: Dodd, Mead, 1970.

Snow, Richard. *A Measureless Peril: America in the Fight for the Atlantic.* New York: Scribner, 2010.

Solomon, Susan, et al., eds. *Climate Change 2007: The Physical Science Basis.* New York: Cambridge University Press, 2007.

South, Mark. *The Cure for Anything Is Salt Water: How I Threw My Life Overboard and Found Happiness at Sea.* New York: HarperCollins, 2007.

Springer, Haskell, ed. *America and the Sea: A Literary History.* Athens: University of Georgia Press, 1995.

St. Clair, William. *The Grand Slave Emporium: Cape Coast Castle and the British Slave Trade.* London: Profile Books, 2006.

Steele, Ian K. *The English Atlantic, 1675-1740: An Exploration of Communication and Community.* New York: Oxford University Press, 1986.

Stick, David. *Graveyard of the Atlantic: Shipwrecks of the North Carolina Coast.* Chapel Hill: University of North Carolina Press, 1952.

Stone, Roger D. *The Voyage of the Sanderling.* New York: Knopf, 1989.

Studnicki-Gizbert, Daviken. *A Nation Upon the Sea: Portugal's Atlantic Diaspora and the Crisis of the Spanish Empire, 1492-1640.* New York: Oxford University Press, 2007.

Thoreau, Henry David. *Cape Cod.* New York: Crowell, 1961.

Tomalin, Nicholas, and Ron Hall. *The Strange Last Voyage of Donald Crowhurst.* Camden, Maine: International Marine, 1995.

Ulanski, Stan. *The Gulf Stream: Tiny Plankton, Giant Bluefin, and the Amazing Story of the Powerful River in the Atlantic.* Chapel Hill: University of North Carolina Press, 2008.

Verne, Jules. *Lighthouse at the End of the World.* Translated by William Butcher. Lincoln: University of Nebraska Press, 2007.

Weightman, Gavin. *The Frozen Water Trade: How Ice from New England Lakes Kept the World Cool.* London: HarperCollins, 2001.

Wells, H. G. *The Outline of History: Being a Plain History of Life and Mankind.* London: Cassell, 1920.

Wertenbaker, William. *The Floor of the Sea: Maurice Ewing and the Search to*

Understand the Earth. Boston: Little, Brown, 1974.

Westall, Dorris, ed. *Maine: WPA Guide.* Boston: Houghton Mifflin, 1937.

White, David Fairbank *Bitter Ocean: The Battle of the Atlantic, 1939-1945.* New York: Simon & Schuster, 2006.

Williamson, Kenneth. *The Atlantic Islands: A Study of the Faeroe Life and Scene.* London: Collins, 1948.